高等学校法学系列教材
Gaodeng Xuexiao Faxue Xilie Jiaocai

华东政法大学
课程和教材建设委员会

主　任　叶　青
副主任　曹文泽　顾功耘　刘晓红　林燕萍　唐　波
委　员　刘宪权　吴　弘　刘宁元　程金华　杨正鸣
　　　　　余素青　范玉吉　张明军　何　敏　易益典
　　　　　杨忠孝　丁绍宽　王　戎　孙黎明　何益忠
　　　　　金其荣　贺小勇　徐永康
秘书长　唐　波（兼）

Law of Obligation (2nd edition)

债权法学

(第二版)

崔吉子 / 著

北京大学出版社
PEKING UNIVERSITY PRESS

图书在版编目(CIP)数据

债权法学/崔吉子著.—2版.—北京:北京大学出版社,2016.2
(高等学校法学系列教材)
ISBN 978-7-301-26879-7

Ⅰ.①债… Ⅱ.①崔… Ⅲ.①债权法—法的理论—中国—高等学校—教材 Ⅳ.①D923.31

中国版本图书馆CIP数据核字(2016)第022074号

书　　　名	债权法学(第二版) Zhaiquan Faxue
著作责任者	崔吉子　著
责 任 编 辑	徐　音
标 准 书 号	ISBN 978-7-301-26879-7
出 版 发 行	北京大学出版社
地　　　址	北京市海淀区成府路205号　100871
网　　　址	http://www.pup.cn
电子信箱	sdyy_2005@126.com
新浪微博	@北京大学出版社
电　　　话	邮购部 62752015　发行部 62750672　编辑部 021-62071998
印 刷 者	三河市博文印刷有限公司
经 销 者	新华书店
	730毫米×980毫米　16开本　27.25印张　519千字 2012年4月第1版 2016年2月第2版　2018年2月第3次印刷
定　　　价	58.00元

未经许可,不得以任何方式复制或抄袭本书之部分或全部内容。
版权所有,侵权必究

举报电话: 010-62752024　电子信箱: fd@pup.pku.edu.cn
图书如有印装质量问题,请与出版部联系,电话: 010-62756370

修 改 说 明

2017年10月1日,我国正式施行《民法总则》。《民法总则》通过后暂不废止《民法通则》,《民法总则》与《民法通则》规定不一致的,根据新法优于旧法的原则,适用《民法总则》的规定。因此,为配合新法的出台,本书借此次重印机会,在前版的基础上,对有关《民法通则》的内容在《民法总则》中产生变动的知识点及法条进行梳理和更改。现对修改内容说明如下:

(1)《民法通则》与《民法总则》中均有规定的内容,以《民法总则》为准,替换援引法条;(2)《民法总则》相较于《民法通则》有增加和修改的部分,以《民法总则》为准,新增援引法条,并增加对应的说理;(3)对于《民法通则》有规定而《民法总则》暂未规定的具体内容(如合同、所有权),由于需要在编纂民法典各分编时进一步整合,所以保留了援引的《民法通则》与《民通意见》的相关内容。

作者谨识

二〇一八年一月二十九日于华政园

二版前言

本书自再版以来，颇受广大师生的欢迎，并于2015年获得"上海市普通高校优秀教材奖"。随着新的司法解释的出台，本书在前两版的基础上对相关法条和知识点再次进行修订，将《关于审理买卖合同纠纷案件适用法律问题的解释》《最高人民法院关于审理融资租赁合同纠纷案件适用法律问题的解释》《最高人民法院关于审理民间借贷案件适用法律若干问题的规定》等司法解释的相关内容纳入，并对其作进一步的研究与思考。此外，此次修订尚涉及部分观点的更新和用语的勘误，以确保本书的时效性、严谨性。

本版也旨在对读者了解和掌握债法提供相应的帮助。吾知有涯，而知无涯，加之修订时间紧张，虽竭力为之，但疏漏难免，还望广大读者批评指正。

本书新版工作中，作者的学生赵美玲博士生、刘成硕士生及宋赟硕士生在材料的搜集和文本的校对上提供了相应的帮助，北京大学出版社的徐音编辑亦为新版工作付出了辛勤的劳动，在此一并表示感谢。

崔吉子谨识

二〇一五年八月于华政园

一版前言

本书初版于2006年，曾先后八次印刷。此次修订，涉及章节调整、示例添加、注释增补、字词纠错及部分见解变更。于2010年7月1日起，我国实施《中华人民共和国侵权责任法》，此次修订在"侵权行为"一章纳入了新法条文。此外，由于《最高人民法院关于审理城镇房屋租赁合同纠纷案件具体应用若干问题的解释》《最高人民法院关于适用〈中华人民共和国合同法〉若干问题的解释（二）》的施行以及其他相关法律的修订，本书亦于相关部分对其加以说明。

作者希望该书再版能为读者提供更为准确、全面、系统的债法知识。同时，债法体系宏大，理论精深，虽倾其全力，不完善之处亦在所难免，欢迎读者不吝指正。

鉴于本书的体系及内容，将《债法通论》更名为《债权法学》，敬请读者谅解。

崔吉子谨识

二〇一二年三月于华政园

原 版 前 言

大陆法民法的体系,由民法总则、物权法、债法、亲属法、继承法构成。民法的本质为私法自治。民法体系之中,债法最能体现民法的性格。粗略言之,债法可分为两大领域:一为交易法,一为救济法。交易法以合同法为基石,以契约自由为灵魂,最全面地体现了民法作为自治法、任意法的品格,体现了私法与公法的性质区别;救济法以侵权行为法与不当得利法为主干,以填补损害与恢复原状为宗旨,最直观地体现了民法作为补偿法的特性,体现了私法与公法的功能分工。

本书围绕债法的上述特性,以合同法与侵权行为法为两大主线,以债法总论总其成。全书重点在于债法总论、合同总论与侵权行为总论。债法体系宏大,理论精深,撰写通论本非作者力所能及,奈何为教研任务所迫,不得不知难而进,勉力为之,而草成此书;又因国内债法体系化著作较少(相对于其他民法著作而言),不得不对外国著述多加参引,尚请读者宽谅。

关于本书的体例与特色,谨说明几点:

1. 本书以阐明现行法为基本任务,但不拘泥于现行法。对现行法无规定、规定不明确或规定不合理的事项,尽量结合一般法理与比较法作出阐释。有关比较法背景的评介,以楷体字标明[比较法],以供进一步学习研究之用。

2. 本书在阐明通说的同时,也对某些问题表明作者的见解。尤其对于理论与实务上有争议的问题,力图展示本书立场。此举并非妄图提供相关法律问题的确定的、终局的、唯一的答案,而是旨在提供开放性的思考模式。此类见解或见于正文,或以楷体字标明[争议点]。

3. 本书在某些重要问题上设有若干[示例],作为辅助性说明。

4. 本书在阐明国内法的同时,注重分析代表现代债法趋势的国际法律文件,以反映债法的新近动向。

债法内容错综复杂,初学者常感不易窥其门径。在此,借鉴国内外权威学者的见解,冒昧略陈几点学习债法的建议,谨供参考:

1. 理解法律规范的立法目的。解读法律条文时,应探究条文的立法目的、价值取向、法理基础,始终要思考法律所要保护的利益,唯有如此,才能正确理解法律规范的含义。

2. 独立思考，不停留于读和听的学习。常有学生误认为，通过看书、听课能够达到学习目的，但看书、听课仅为获取知识的途径之一，欲在方法、能力上有所突破，需要随时注重学习与思考紧密结合。诚所谓"学而不思则罔，思而不学则殆"，不加批评、思考地接受现成结论，无助于法律思维的形成。

3. 灵活运用各种渠道，及时解决问题，尽量避免拖延。平时学习中遇有不理解部分，可以借助于参考书、专题论文，并应勇于、勤于、善于向导师、学长等提问。

4. 培养阅读判例的习惯。随时关注司法实践，对于典型判例，应深入思考、探究法官判决的根据或理由，思考原告与被告之间存在何种利益冲突，而不应拘泥于判决书上字面表述之理由。可尝试分别从原告、被告及法官的角度运用法律，作出切合各自角色与立场的法律判断。

5. 慎重选书。从各类教科书中，选取一本量较少、质较精的，反复阅读研习。教科书之外参考书中的重要部分，可记载于教科书的空白部分，以便于随时参阅使用。

6. 反复学习。学习法律，绝非一朝一夕之功，在转学、新学其他部门法之余，有必要不断重温已学知识，巩固既有成果，避免考试结束即将已学知识抛诸脑后的情况发生。

上述建议，于学习民法其他部分亦可酌情适用。至于本书，若能为学习、研究债法提供些许助益，则幸甚！

本书成稿仓促，错误遗漏之处在所难免，恳请读者诸君不吝指正。意见或建议烦请发送至作者邮箱 hgfyjzx@sina.com，不胜感激！

崔吉子谨识
二〇〇六年一月十二日于华政园

法律法规及缩略语

	全称	缩略语
法律	中华人民共和国民法通则(1987年)	民法通则
	中华人民共和国反不正当竞争法(1993年)	反不正当竞争法
	中华人民共和国海商法(1993年)	海商法
	中华人民共和国担保法(1995年)	担保法
	中华人民共和国劳动法(1995年)	劳动法
	中华人民共和国刑法(1997年)	刑法
	中华人民共和国合同法(1999年)	合同法
	中华人民共和国招标投标法(2000年)	招标投标法
	中华人民共和国产品质量法(2000年修正)	产品质量法
	中华人民共和国中国人民银行法(2003年修正)	中国人民银行法
	中华人民共和国水污染防治法(2008年修订)	水污染防治法
	中华人民共和国侵权责任法(2010年)	侵权责任法
	中华人民共和国道路交通安全法(2011年修正)	道路交通安全法
	中华人民共和国劳动合同法(2012年修正)	劳动合同法
	中华人民共和国建筑法(2011年修正)	建筑法
	中华人民共和国国家赔偿法(2012年修正)	国家赔偿法
	中华人民共和国民事诉讼法(2012年修正)	民事诉讼法
	中华人民共和国公司法(2013年修正)	公司法
	中华人民共和国消费者权益保护法(2013年修正)	消费者权益保护法
	中华人民共和国海洋环境保护法(2013年修正)	海洋环境保护法
	中华人民共和国环境保护法(2014年修订)	环境保护法
	中华人民共和国证券法(2014年修正)	证券法
	中华人民共和国保险法(2015年修正)	保险法
	中华人民共和国拍卖法(2015年修正)	拍卖法
	中华人民共和国民用航空法(2015年修正)	民用航空法
	中华人民共和国铁路法(2015年修正)	铁路法
	中华人民共和国食品安全法(2015年修订)	食品安全法
	中华人民共和国商业银行法(2015年修正)	商业银行法
	中华人民共和国民法总则(2017年)	民法总则
	中华人民共和国城市规划法(失效)	城市规划法
	中华人民共和国技术合同法(失效)	技术合同法
	中华人民共和国经济合同法(失效)	经济合同法
	中华人民共和国涉外经济合同法(失效)	涉外经济合同法
行政法规	医疗事故处理条例(2002年)	无
	旅行社管理条例(失效)	无
	储蓄管理条例(失效)	无

(续表)

	全称	缩略语
司法解释	最高人民法院关于贯彻执行《中华人民共和国民法通则》若干问题的意见(试行)(1988年)	民通意见
	最高人民法院关于审理名誉权案件若干问题的解释(1998年)	无
	最高人民法院关于被盗机动车辆肇事后由谁承担损害赔偿责任问题的批复(1999年)	无
	最高人民法院关于适用《中华人民共和国合同法》若干问题的解释(一)(1999年)	合同法解释(一)
	最高人民法院关于适用《中华人民共和国合同法》若干问题的解释(二)(2009年)	合同法解释(二)
	最高人民法院关于适用《中华人民共和国担保法》若干问题的解释(2000年)	担保法解释
	最高人民法院关于购买人使用分期付款购买的车辆从事运输因交通事故造成他人财产损失,保留车辆所有权的出卖方不应承担民事责任的批复(2000年)	无
	最高人民法院关于确定民事侵权精神损害赔偿责任若干问题的解释(2001年)	精神损害赔偿解释
	最高人民法院关于审理触电人身损害赔偿案件若干问题的解释(2001年)	触电人身损害赔偿解释
	最高人民法院关于民事诉讼证据的若干规定(2002年)	无
	最高人民法院关于审理人身损害赔偿案件适用法律若干问题的解释(2004年)	人身损害赔偿解释
	最高人民法院关于审理建设工程施工合同纠纷案件适用法律问题的解释(2005年)	建设工程合同解释
	最高人民法院关于审理技术合同纠纷案件适用法律若干问题的解释(2005年)	技术合同解释
	最高人民法院关于审理城镇房屋租赁合同纠纷案件具体应用若干问题的解释(2009年)	房屋租赁合同纠纷解释
	关于审理买卖合同纠纷案件适用法律问题的解释(2012年)	买卖合同解释
	最高人民法院关于审理融资租赁合同纠纷案件适用法律问题的解释(2014年)	融资租赁合同解释
	最高人民法院关于审理民间借贷案件适用法律若干问题的规定(2015年)	规定

(续表)

	全称	缩略语
国际公约、示范法律文件	联合国国际货物买卖合同公约(1980年)	CISG
	联合国国际贸易中应收款转让公约(2001年)	无
	欧洲合同法通则(2002年)	PECL
	国际商事合同通则(2004年)	PICC
	欧洲侵权行为法(2004年草案)	无
	荷兰民法典(1992年)	无
	瑞士债务法(1999年)	无
	德国民法典(2004年)	无
	法国民法典(2004年)	无
	意大利民法典(2004年)	无
	美国统一商法典(2005年)	UCC
	韩国民法典(2005年)	无
	日本民法典(2005年)	无

目　录

第一编　债法总论

第一章　序论 (1)
　第一节　债 (1)
　第二节　债法 (6)
第二章　债的种类 (13)
　第一节　概述 (13)
　第二节　意定之债与法定之债 (13)
　第三节　单一之债与多数人之债 (14)
　第四节　特定之债与种类之债 (20)
　第五节　货币之债与利息之债 (21)
　第六节　单纯之债与选择之债 (22)
第三章　债的效力 (23)
　第一节　概述 (23)
　第二节　债的履行 (26)
　第三节　债的不履行 (35)
　第四节　债务不履行之救济 (44)
　第五节　债的保全 (50)
第四章　债的担保 (64)
　第一节　概述 (64)
　第二节　保证 (68)
　第三节　定金 (80)
第五章　债的变更和转移 (85)
　第一节　债的变更 (85)
　第二节　债的转移概述 (86)
　第三节　债权转让 (87)
　第四节　债务承担 (98)
　第五节　债权债务的概括转移 (102)

第六章　债的消灭 (105)
第一节　概述 (105)
第二节　提存 (106)
第三节　抵消 (110)
第四节　免除 (112)
第五节　混同 (113)

第二编　合同总论

第七章　合同概述 (115)
第一节　合同与合同法 (115)
第二节　合同的自由及其限制 (117)
第三节　合同与格式条款 (122)
第四节　合同的分类 (126)

第八章　合同的订立 (133)
第一节　概述 (133)
第二节　要约 (138)
第三节　承诺 (144)
第四节　合同的成立 (147)
第五节　缔约过失责任 (150)

第九章　合同的效力 (154)
第一节　概述 (154)
第二节　有效合同 (155)
第三节　无效合同 (156)
第四节　可撤销的合同 (163)
第五节　效力未定的合同 (169)

第十章　合同的履行 (178)
第一节　概述 (178)
第二节　双务合同履行中的抗辩权 (178)
第三节　涉他合同 (184)
第四节　情事变更制度 (187)

第十一章　合同的解除 (193)
第一节　概述 (193)
第二节　解除权的发生原因与行使 (194)
第三节　合同解除的效力 (199)

第四节　解除权的消灭 …………………………………………（203）
第十二章　违约责任 ……………………………………………………（205）

第三编　合 同 分 论

第十三章　转移财产所有权的合同 ……………………………………（211）
　　第一节　买卖合同 ………………………………………………（211）
　　第二节　互易合同 ………………………………………………（225）
　　第三节　供用合同 ………………………………………………（227）
　　第四节　赠与合同 ………………………………………………（229）
第十四章　财产使用合同 ………………………………………………（234）
　　第一节　租赁合同 ………………………………………………（234）
　　第二节　融资租赁合同 …………………………………………（239）
　　第三节　借款合同 ………………………………………………（243）
　　第四节　借用合同 ………………………………………………（249）
第十五章　交付工作成果的合同 ………………………………………（252）
　　第一节　承揽合同 ………………………………………………（252）
　　第二节　建设工程合同 …………………………………………（258）
第十六章　提供服务的合同 ……………………………………………（268）
　　第一节　雇佣合同 ………………………………………………（268）
　　第二节　运输合同 ………………………………………………（271）
　　第三节　保管合同 ………………………………………………（281）
　　第四节　仓储合同 ………………………………………………（284）
　　第五节　委托合同 ………………………………………………（288）
　　第六节　行纪合同 ………………………………………………（293）
　　第七节　居间合同 ………………………………………………（298）
　　第八节　旅游合同 ………………………………………………（301）
　　第九节　储蓄合同 ………………………………………………（304）
第十七章　技术合同 ……………………………………………………（310）
　　第一节　技术合同 ………………………………………………（310）
　　第二节　技术开发合同 …………………………………………（312）
　　第三节　技术转让合同 …………………………………………（317）
　　第四节　技术咨询合同和技术服务合同 ………………………（321）

第四编　侵　权　行　为

第十八章　侵权行为 (325)
　　第一节　侵权行为总论 (325)
　　第二节　侵权行为的归责原则 (337)
　　第三节　侵权行为的抗辩事由 (345)

第十九章　一般侵权行为 (351)

第二十章　特殊侵权行为 (358)
　　第一节　高度危险责任 (358)
　　第二节　机动车交通事故侵权责任 (361)
　　第三节　产品责任 (367)
　　第四节　环境污染责任 (371)
　　第五节　工作物致害责任 (373)
　　第六节　地面施工致人损害的侵权责任 (375)
　　第七节　饲养动物损害责任 (376)
　　第八节　使用人责任(雇用人责任) (377)
　　第九节　无行为能力人和限制行为能力人致人损害的侵权责任 (382)
　　第十节　国家侵权责任 (384)
　　第十一节　共同侵权行为与共同危险行为 (386)

第二十一章　侵权的民事责任 (391)

第五编　不当得利、无因管理、单方允诺

第二十二章　不当得利 (399)
　　第一节　概述 (399)
　　第二节　不当得利的要件与效力 (403)

第二十三章　无因管理 (409)

第二十四章　单方允诺 (416)

主要参考书目 (421)

第一编　债法总论

第一章　序　　论

第一节　债

一、债的含义及性质

我国现代民法中所使用的债的概念，不同于我国固有法中与"责"字相通的"债"的概念①或"欠债还钱""债台高筑"中的"债"的含义，而是借鉴了罗马法以来大陆法国家的法律中采纳的债的概念，是指发生在特定主体之间请求为特定行为的法律关系。此不仅指合同所生之债，亦包括因侵权责任、不当得利、无因管理等所生之债及缔约过失、单方允诺等产生之债，其发生原因逐渐扩大。总而言之，现代民法上所称的"债"，不局限于金钱之债，也不局限于义务与责任，并且给付的内容也不仅仅以财产为限。虽然如此，对于债的给付，终究应以有形的或无形的利益为依归。并且当债不能得到履行时，能够转变为损害赔偿的结果。因此，一般人观念上所谓的"感情之债""人情之债"及宗教上所称的"宿债"等，均非民法上的债。

债从权利方面而言，称为"债权关系"，例如韩国、日本民法直接将第三编命名为"债权"；从义务方面而言，称为"债务关系"，例如瑞士、加拿大魁北克法均以"债务法"（law of obligation）名之；也有以"债法"统称者，如1930年《中华民国民法》。究其实质与内容，并无大异。《民法总则》第118条从权利的角度出发，规定："债权是因合同、侵权行为、无因管理、不当得利以及法律的其他规定，权利人请求特定义务人为或者不为一定行为的权利。"

对债权性质的认识可从以下几点入手：

---

① 在我国古代法中，"债"与"责"的概念是通用的，有时"债"也仅指金钱债务。我国传统习惯所使用的债的概念仅指义务和责任，而不包括权利。在债的范围中也不包括侵权行为之债、不当得利之债等内容（参见李志敏：《中国古代民法》，法律出版社1988年版，第136页）。

1. 债权的主要特性为请求权

债的内容主要表现为债权人有权向债务人请求为特定行为或不为特定行为,债务人有义务为特定行为或不为特定行为。因此,债权内容主要是请求权而不包含支配权,债权人只能依据债的内容请求债务人为特定行为,而不能直接支配债务人的财产,更不能支配债务人的人身。债权的客体为给付,而给付系债务人的特定行为,债权人并不能直接支配该行为。

债权不仅具有请求的权利,还可发生抗辩、抵消、解除、撤销及代位等权利。因此请求权只能称为债权的主要内容,并非等于债权的全部。如诉讼时效的经过可导致请求权的消灭,但并不消灭受领权,故债权人仍可有效地受领给付。

债权也可独立作为处分的客体,此与物权的法律上的处分性质相同,故又具有一定的支配性。债权人对其债权也是一种支配权,在处分其债权时,债权人的地位与所有人的地位本质并无区别。债权人的这一权利,在德国法上称为"类似所有权之地位"(Eigentumeihnliche Stellung)。美国法学者亦认为在此意义上债权也是一种财产权,而不仅仅是一种对人权(personal right)。[①] 债权不仅可以出卖、赠与,亦可用于质押、设定让与担保,此类情形并不需要债务人的积极协助,在此意义上而言,体现了债权的支配性。但债权的支配性毕竟不完全等同于物权的支配性,债权人不能直接支配权利客体。

2. 债权为相对权,但同样具有不可侵性

在债的法律关系中,债权债务只存在于特定的当事人之间,债权人只能向债务人请求给付,对于债务人以外的一切人,债权人都不得主张债权,因此债权是一种相对权。上述特性即为"债的相对性"。[②] 但相对性原则在现代民法上已被部分突破,如在由第三人履行的合同中债权人有权请求第三人为给付;租赁权已物权化,具有对抗效力;期房债权因预告登记而有否定其后产生的抵押权、所有权的效力。随着社会变迁与民事法律关系的复杂化,在各国理论与实务中出现了债权能否成为侵权行为的侵害对象即债权是否具有不可侵性的问题,对债权的相对权理论形成挑战。对该问题存在肯定说和否定说两种观点。债权不具备不可侵性论者认为:(1) 债权是一种相对权,只对义务人有约束,不能约束第三人;(2) 债权是一种可得利益,尚未取得时,不存在侵权,期待利益不受保护;(3) 权利可分为相对权和绝对权,如果债权具有不可侵性,则无区分的意义。债权具有不可侵性论者则认为:(1) 债权是一种民事权利,是权利就要保护;

---

① See Arthur L. Corbin, Corbin on Contracts § 860 (1951).
② 英美法并无体系化意义上的、抽象的债法,合同法(law of contracts)、侵权法(law of torts)以及恢复原状与不当得利法(law of restitution and unjust enrichment)三大领域共同构成相当于大陆法概念上的债法。合同法的一般规则实际上充当着债法总则的角色,故体现债的相对性的法则为"合同相对性"(privity of contract)。

（2）期待利益也受保护，如果妨碍期待利益的实现，也是侵权；（3）绝对权与相对权的划分是相对的，其标准本身就是有争议的。

本书认为，债权的不可侵性，是指债权对抗债的关系当事人以外的其他第三人的效力。债权具有相对性，仅在特定当事人之间发生效力，这是债权的对内效力；就对外效力而言，债权与其他民事权利一样都具有不可侵害性，当此种权利受到第三人侵害之后，债权人有权获得法律上的救济。英国、美国、法国以及日本的判例皆采肯定说。[①] 不过债权仅发生在双方当事人之间，并可任意设定，对第三人缺乏公示性，且宽泛地规定侵害债权的构成要件，将使第三人动辄得咎，从而妨碍自由竞争，损害经济效率，因此对于侵害债权的构成要件要比侵害人格权、物权等有形权利或固有权利的构成要件规定得严格，通常必须以行为人故意为要件。

二、债权与其他权利的关系

1. 债权与物权的联系与区别

债权与物权同属民法上的两大基本财产权，两者之间存在下列差异，由此构成民法财产关系法的基本体系区分。

（1）社会功能的差异

人的生存必须利用外界资源，但资源有限，并非取之不尽、用之不竭，因而各人对于资源的需要，在量的方面难获满足。人类为定分止争，确立了物权制度。物权的功能，旨在确立对各人所生产与获得的物的专属权利，使之可以自由利用，并排除外界的干涉。由于物权的作用在于保护永续的、恒常的支配的静的状态，因此物权又可称为"保护静的安全的权利"。物权秩序构成一个国家、民族或地区最基本的财产秩序。

资源的稀缺性决定了任何人均不可能独自拥有自身生存与发展所需的全部资源，由此产生了交换与交易的社会需求。人与人之间的交易关系成为社会关系的常态，为保护该种关系，债权与债法开始发达。债权的功能，在于保护动的安全。尤其随着经济生活的复杂化，人类的交易关系从现存财货的交换发展到现存财货与将来财货的交换，进而发展为将来财货与将来财货的交换。至此，人类对于资源的支配，打破了时间上的障碍及空间上的间隔。债权的功能更为突出，其重要性渐有凌驾物权之势。诞生于19世纪末期的《德国民法典》在体例

---

① 例如英国 1853 年 Lumley v. Gye 案件，原告戏院主人 Lumley 与某女演员订立合同，约定后者于一定期间内应专在原告的戏院演剧，被告 Gye 知道此事后，唆使女演员毁约，去其戏院演出，原告因此请求被告为损害赔偿。法院认为被告恶意侵害原告与演员间的雇佣合同，令其赔偿。其后的 1881 年 Bower v. Hall 案件中，又发生了同样的争执，法院再次支持了原告的请求。1901 年 Qninn v. Leathem 案件，法院不再仅局限于有无利己或害人的恶意，认为只要侵害他人的权利，就不能免除法律上的责任。

上将债的关系法置于物权法之前,正是债权在近代开始占据财产关系法之统治地位的一个显著标志。

综上,物权的功能重在保护资源的归属与静态利用,而债权的功能重在保护资源的交易与动态利用。但两者的关系并非截然区分、互相对立,毋宁为相辅相成、相互协作而共同实现民法作为基本法的目的。物权为债权提供交易的前提与客体,并发挥保障交易安全的作用,构成债权的内在支撑;债权又以促进财产的利用价值最大化为依归,巩固了物权的地位,加强了物权的功能。形象而言,债权与物权恰如血肉与骨架的关系:物权不立则债权无所依附,债权不存则物权了无生机。

(2) 法律效力的差异

第一,债权无排他效力,即对于同一债务人,可同时成立同一内容的数个债权;而物权则有排他效力,即同一标的物上,不容许性质不相容的两个或两个以上的物权同时存在。第二,债权无优先效力,即数个债权不论其成立的先后,均同等受偿;而物权则有优先效力,即不仅债权与物权竞合时,以物权优先,即使数个物权并存时,成立在先者也优先于成立在后者。第三,债权无追及效力,而物权有追及效力。追及效力是指物权不论辗转落于何人之手,权利人均有权追及其所在,进而主张权利。债权原则上仅可向特定人主张,一旦越出此范围,则与无权利相差无几。第四,债权的种类与内容原则上由当事人任意约定(法定之债例外),以奉行合同自由原则为其特色;而物权的种类与内容必须由法律规定,以奉行物权法定原则为其特色。第五,债权原则上因其消灭方得到满足;而物权原则上因其存续而得到满足。

债权与物权的联系,突出地体现在物权债权化与债权物权化。债权与物权在商品经济高度发达的今日,二者渐有互相转化、消除对立的倾向,此即学者所谓的"物权债权化"与"债权物权化"。就所有权而言,本应是典型的物权,其内容原以所有人直接支配其标的物而使用、收益,但于商品经济体制下,所有权的内容逐渐分裂:或将所有物的交换价值,以担保的形态归属于担保债权人,或将所有物的使用价值,以租赁的形态归属于承租人,所有权人则将由担保债权人处借入的资金或由承租人处收取的租金,作为物权的利益而享有。可见一向以对物支配为内容的所有权,如今已变为供担保或供使用的对价请求权。此种对价请求权实际属于债的形态,故而学者称之为"物权债权化"。从另一方面看,债权不仅夺占了所有权的内容,且债权已有代替物权、发挥对物直接支配的作用的趋势。例如,不动产承租人的租赁权本属债权,但实际上,承租人不仅能够直接支配其标的物,且可以之对抗第三人(买卖不破租赁)。可见此时债权已超越其固有的功能范围之外,发挥了物权的作用。此种情形学者称为"债权物权化"。①

2. 债权与身份权的联系与区别

债权与身份权都是对于特定人的权利,这是二者的相同之处。其不同之处在于:

(1) 债权为财产权,而身份权则是非财产权。

(2) 债权为请求权,而身份权则以人格的结合关系为基础,原则上具有支配权的性质。当然,这两者皆有例外。例如,扶养请求权虽是身份权,却有请求权的性质;委托、雇佣合同等虽是债权,但亦具有人身色彩。当然,债权的人身性、身份性等概念之含义不同于人身权法、身份法上的相应概念,对此应予注意。

(3) 债权的对应义务(债务)原则上可以强制履行,而身份权的对应义务(如夫妻同居义务)则不然。

(4) 债权以可自由转让为原则,而身份权则恰恰相反。

三、债务

(一) 债务的概念与特征

债务是债权的对应概念,与债权系一体之两面。债务是特定人(债务人)对特定人(债权人)为特定给付的行为。其特征可从以下两个方面理解:

1. 债务是一种义务。义务即法律上所课的作为或不作为的拘束。债务人对于债务的履行,既不得随意变更,也不得自行免除,而必须受其拘束,故债务是一种义务。

2. 债务是特定人对特定人为特定给付的义务。债务虽为一种义务,但义务并非全属债务,如一般人对于物权均有不妨害物权的义务。因此债务的特征主要表现在义务人的特定与内容的具体。如前述一般人对于物权人的物权有不妨害的义务,但其义务人既不特定,其内容亦不具体,因而在一般情形下,其义务也不显现。

(二) 债务与责任的联系与区别

罗马法并未对债务和责任加以明确的区分,责任常随债务而生,二者有不可分离的关系。而在日耳曼法上,债务与责任两概念的对立则相当明显。债务是指为一定给付的义务,而责任是强制实现此义务的手段,从某种意义上说即是此义务的担保。债务仅属于法的当为,而不含有法的强制的意义,因而依合同或其他事由所发生的债务,并不一定伴有责任;而责任须另依以发生责任为标的的合同或其他事由才能成立。

---

① 参见郑玉波:《民法债编总论》,中国政法大学出版社2004年版,第4页。

责任有人格责任与财产责任之分。债务最早的形态属于刑罚的一种。古代法上,犯罪人对于被科的赎罪金,如不履行,并不能直接强制其履行,仅能判定犯罪人藐视法律,而从社会中加以放逐,即对其进行"和平剥夺"(Friedlosigkeit)的宣告。和平剥夺的效力,不仅及于其人格,也及于其财产,即将财产没收,作为赔偿被害人赎罪金之用,同时将其本人交与被害人,听候处置。此时,因犯罪而负担债务的人,对于被害人发生人格及财产上的责任。随着法律的进步,此种因犯罪而发生的法律责任,转入私法领域,当事人之间依合同也可发生。在此过程中,人格的责任逐渐绝迹。而对于财产的责任,特定财产的责任发展为担保物权,一般财产的责任当然附随于债务人的总债务,作为债务的总担保,债务人的全部财产即构成"责任财产"。因此债务与一般财产责任具有不可分离的关系。现代法上,责任与债务二者可离可合,而即便有重合,有时也因主体及范围不同而存在差异:

1. 有债务而无责任的,称为"自然债务"。自然债务的债权人,不能通过诉讼的方式请求强制履行。但如债务人已经履行,则其履行有效,不得请求返还,如罹于消灭时效的债务。

2. 无债务而有责任的,如物上保证人的责任,以及抵押物由第三人取得时第三人所负的责任。

3. 责任先于债务而存在,如为附停止条件的债务所设定的担保。

4. 债务与责任同时并存,但仍有所差异的情形:(1) 主体不一致的,如保证;(2) 范围不相同的,债务人同时负有责任,但责任的范围较债务更为狭窄,此即有限责任。当债务人不履行时,债权人原则上可就债务人的全部财产为强制执行的,称为"无限责任"。反之,有限责任则是法律上或合同上限定只就债务人的财产的一部分为强制执行的情形。

第二节 债 法

一、债法的渊源

(一) 形式意义上的债法与实质意义上的债法

债法依其渊源,可分为形式意义上的债法与实质意义上的债法。形式意义上的债法专指民法典中的债编。我国尚未制定民法典,《民法总则》第五章"民事权利"、第八章"民事责任"与《合同法》一起,实际上发挥着民法典债编的功能。《民法总则》生效前,由于《民法通则》中关于债权的规定过于简略,因而在《合同法》总则中规定了大量原本属于债法总则的内容,以填补法律漏洞。因此在解释适用时,对于非合同之债中法无明文规定的事项,可以类推适用《合同法》的规定。

[示例] A驾车撞伤B。为逃避责任,A将自有房屋等贵重财产无偿转让给C。B提起撤销权诉讼。法院不得以B之诉讼无法律依据为由予以驳回,而应基于法律的历史解释与目的解释,类推适用《合同法》及其司法解释中关于债权人撤销权之规定。

实质意义上的债法,不仅包括民法典债编的规定,还包括其他法律中关于债之关系的一切规范。主要有:

1. 民法中的特别债法。如《继承法》中关于遗赠扶养协议的规定;《婚姻法》中关于离婚损害赔偿请求权的规定。

2. 商法中的特别债法。我国现行法采民商合一体制,不存在独立的商法典,但商事特别法的大量存在乃是不争的事实。商法中的特别债法主要可分三类:(1) 关于特种债权的规范,如《票据法》中的票据关系,即属于一种特别的债的关系。票据债权为证券化债权的典型,有别于一般债法的调整对象,因此其设定、转移、履行、消灭等适用特别规范。(2) 关于特定合同的规范,例如《保险法》中的保险合同,《海商法》中的海上货物运输合同、海上保险合同、拖航合同等。此类合同往往具有独特的历史传统和沿革轨迹(有的甚至在一般债法发展之前已高度发达,如各种海商合同),并且具有鲜明的行业特色,因此往往与适用于该领域的其他公法性或私法性规范混合规定于特别法中。(3) 关于特殊状态下债之关系的规范,典型者如《破产法》。《破产法》实质上是调整在债务人丧失清偿能力这一特殊状态下债权之行使与变动的法律。债务人破产时,债权的行使显然不同于通常状态,此时各债权人已联结成为一个休戚相关的利益共同体,不再如同一般债法的环境下孤立而自由;任一债权的行使都可能影响到其他债权人的利益,故而不能再纯粹由每个债权人的自由意志决定,而须受制于法律为维护债权人共同体利益而设的特别限定(例如债权人不得个别地对债务人进行诉讼或强制执行)。

3. 其他部门法中的特别债法。例如《国家赔偿法》中关于行政赔偿与刑事赔偿的规定,可视作对一类特殊侵权行为的规范;《劳动合同法》中关于劳动合同和集体合同的规定。

形式意义上的债法与实质意义上的债法的适用关系如何？如前所述,实质意义上的债法自有其独立的背景与体系,兼有特殊的立法目的,往往不同于一般债法促进交易的目的,因此不能将两者简单地视为普通法与特别法的关系,即认为在特别债法对其中的债之关系无明文规定时,当然适用一般债法。而应该在特别债法未设明文时,适用该特别法的一般原则,并考虑部门法的目的;特别法中无一般原则可适用或不能适用时,方可适用一般债法的规定。

(二) 债法渊源的效力层次

债法的渊源依据效力层次的不同,可划分为:

1. 宪法

债法的某些基本原则,不仅关乎私人权益和民事秩序,更与基本价值、社会秩序和福利息息相关,典型者如合同自由主义,即为许多法域的宪法所承认(如美国宪法),相关的条款在实际的法律适用中发挥着重要作用。债法原则在宪法上的宣示与地位提升,有助于在法律体系中贯彻债法的理念与精神,为对抗排除公权力的不正当干涉与侵入提供指导与依据,兼具警示意义、倡导意义与实用意义。我国现行《宪法》虽无明文规定,上述做法有值得借鉴之处。

2. 法律

债法法律主要有民事基本法和特别法,如《民法总则》《民法通则》《合同法》《票据法》《担保法》等。

3. 行政法规、行政规章以及地方性法规

债的制度属于民事法律基本制度,依《立法法》规定,属于法律保留事项之一,原则上应由法律规定。但由于法律的滞后性和不完备性,行政法规、行政规章与地方性法规在债法领域仍有较大的作为空间,其规范大多集中在特定类型的合同与侵权,如《技术进出口合同登记管理办法》《物业管理条例》《医疗事故处理条例》等。另外,地方性法规、部门规章与地方政府规章中也有不少关于格式条款规制、合同监督管理的规定,如《江苏省合同监督管理办法》、国家工商行政管理局《关于查处利用合同进行的违法行为的暂行规定》。

4. 司法解释

司法解释并非法定的正式渊源,但实际上具有正式渊源的效力,发挥着填补制定法漏洞的功能。主要的债法司法解释包括《最高人民法院关于适用〈中华人民共和国合同法〉若干问题的解释(一)》《最高人民法院关于适用〈中华人民共和国合同法〉若干问题的解释(二)》《最高人民法院关于审理买卖合同纠纷案件适用法律问题的解释》《最高人民法院关于审理人身损害赔偿案件适用法律若干问题的解释》《最高人民法院关于适用〈中华人民共和国担保法〉若干问题的解释》等。

5. 国际公约

民商事领域的国际公约具有优先于法律的效力,但中华人民共和国声明保留的条款除外。迄今在债法领域最重要的公约是1980年《联合国国际货物买卖合同公约》(CISG),即《维也纳公约》。我国已加入该公约。该公约对"国际合同"采用营业地标准,营业地位于我国境内的民事主体与营业地位于其他国家的民事主体订立货物买卖合同的,除当事人另有约定外,自动适用该公约。

6. 国际惯例

中华人民共和国法律和中华人民共和国缔结或者参加的国际条约没有规定的,可以适用国际惯例(《民法通则》第 142 条第 3 款)。债法领域最重要的国际惯例,当属《国际贸易术语解释通则》。《2000 年国际贸易术语解通则》于 2000 年 1 月 1 日起生效。2010 年 9 月 27 日,国际商会正式推出《2010 国际贸易术语解释通则》,与《2000 年国际贸易术语解通则》并用,新版本于 2011 年 1 月 1 日正式生效。

7. "软法"

(1)《国际商事合同通则》(PICC)

软法并非法定的正式渊源,但在债法领域,尤其在自治性较强的合同法领域,软法可以发挥正式法律渊源的作用。试以 PICC 为例说明软法的作用与意义。债法领域最典型、最重要的软法当推 PICC。PICC 旨在为国际商事合同制定一般规则。PICC 由国际统一私法协会制定,扬各国法之长而避各国法之短,具有较高的权威性和合理性,受到立法者、商人、律师、仲裁员与法官的广泛欢迎。PICC 相比 CISG 的优势在于:

首先,适用范围较宽。PICC 的适用范围不限于货物买卖合同,而广及于投资合同、特许合同、专业服务合同等各类商事交易;并且,对"国际合同"概念作尽可能广义的解释,而不单纯以营业地为划分标准。

其次,规范内容全面。CISG 是缔约国妥协的产物,在各国分歧难以统一的问题上多采用了回避的态度,如合同的有效性、时效问题等。PICC 的制定则更为独立、灵活,因此对合同法的基本方面均有所涉及。

PICC 具有下列功能:

第一,作为准据法。在当事人同意其合同适用 PICC 时,应当适用 PICC;在当事人同意其合同适用法律的一般原则、商人法(lex mercatoria)或使用类似措辞所指定的规则时,可以适用 PICC,例如国际商事合同当事人对选择某一特定的国内法作为合同准据法不能达成一致、又不愿受冲突法规范管辖时,可以约定合同适用"法律的一般原则"或"国际贸易习惯与惯例";在当事人没有选择任何准据法时,可以适用 PICC。另外,尽管 PICC 是为国际商事合同而规定,但这并不妨碍民事主体同意将 PICC 适用于纯粹的国内合同。当然此类合同必须遵守适用于该合同的国内法中的强行性规则。

第二,用以解释或补充国际统一法律文件。传统上,国际统一法依据国内法规定的原则与标准进行解释和补充。该国内法可能是法院地法,也可能是根据冲突法规则指向的国内法。由于法律体系的差异,这种做法对法律适用造成巨大的不确定性,有碍于国际商事交易。晚近以来,法院与仲裁庭都更多地倾向于摒弃这种"冲突式"的解决途径,转而以自主性的和国际统一的原则与标准来解释、补充国际统一法。PICC 为此提供了便利。

第三,用以解释和补充国内法。在适用某一特定的国内法时,若国内法内部规则之间发生抵触,或者出现法律漏洞,可以考虑借助于 PICC 谋求解决方案。

第四,作为国内和国际立法的范本。PICC 的制定具有比较优势、后发优势和中立优势,尤为适应债法的国际化性质,其规则源于各国,用于各国,被各国立法广泛仿效。我国《合同法》亦有众多规定移植自 PICC,因此在解释适用时,多有参考 PICC 的余地。

第五,其他功能。如 PICC 可作为起草合同的指引,可用作比较法教学的资料等。

(2)《欧洲合同法通则》(PECL)

1998 年开始公布、2002 年全部完成的 PECL 是债法领域的又一重要的"软法"。在未来的欧洲民法典制定时,该通则将被作为债法总则的基石。该通则基本模式仿自 PICC,功能亦与 PICC 相近,[①]但又有自己的特色。其适用范围扩及于包括商事合同与消费者合同在内的任何合同,更具普遍意义。

二、债法的内容

债法以债的关系为调整对象。债的关系由债的主体、债的客体、债的内容、债务的变动等方面构成,债法的内容围绕上述方面而展开。债依发生原因的不同,分为合同之债、侵权之债、不当得利之债、无因管理之债、单方允诺之债等。各种债又各有其构成要件与法律效果。调整具体债务之关系的特别规范,构成债法分则。各种债之关系的共通规定,则抽象为债法总则,于债法分则无特别规定时予以适用。

三、债法的特性

1. 债法为财产法

民法之基本体系,划分为人身法与财产法。债法与物权法又构成财产法的两大支柱。人身法上虽也可发生财产关系(如夫妻财产关系),但此类财产关系以身份关系为基础,具有较强的身份与伦理色彩,有别于财产法调整的纯粹财产关系。古代债务法也附有浓厚的身份色彩,但自近代经历"从身份到契约"运动以来,债法已归于纯粹的财产法领域。债之发生、变动、救济均已与特定当事人的人身相脱离。

2. 债法具有最强的任意法性质

民法之中,人法事关民事主体之地位与基本权利,身份法事关社会基础、伦

---

① 参见 PECL 第 1:101 条。

理秩序,物权法事关财产归属秩序与公共交易安全。故而尽管皆属私法,却以强行法规范居主导地位。但从人法到身份法到物权法,随着规范基础与规范目的的变化,强行法的色彩与比重渐次减弱,到债法时,任意法已跃居主角地位,此系债法的规范基础与规范目的使然。债的发生原因以当事人意思为主要形式,债之关系一般只关系到当事人间权利义务的分配,不涉及公共利益,若由强行法大规模介入,非但不具有必要性,更会造成低效率的结果(以强行法替代当事人自治作为交易的指挥棒,效果将与计划经济无异)。而任意法则可充分尊重私人意思自治,允许其自由创设、开展、变动各种交易关系,法律仅在当事人意思不明确时发挥补充功能,由此可最大限度地降低交易成本,提高经济效益,促进当事人利益最大化,整体上增进社会福利,此即契约自由意义之所在。这恰与刚性的物权法定原则相辅相成,于提高交易效率的同时,保障交易安全,共同实现财产法的目的。

值得注意的是,契约自由原则经历了一个兴盛—衰落—复兴的过程,债法的任意法性质也随之起落浮沉,体现了经济发展与社会变迁对法律的冲击和塑造作用。契约自由勃兴于资本主义革命时期。契约为当事人之间的法律,而债法的规定不过是备作填补不完全契约之作用而已。19世纪末期至20世纪中叶,工业社会进入发达阶段,社会危机层出不穷,自由放任思潮渐趋褪色,国家管制空前广泛和深入。具有明显的强行法特征的各种特别法大举侵入债法,契约自由原则多受侵蚀、修正、调整,债法的强行法色彩日渐增加。如格式条款的规制、房屋承租人的特别保护、劳动合同法从一般债法中的分化,无不体现了债法在个人本位与社会本位之间的挣扎与徘徊。20世纪七八十年代以来,新一轮经济危机与社会问题的暴露,又凸显出国家管制的弱点与不足,自由主义重新抬头。在去管制化(deregulation)思潮的影响下,契约自由开始呈现复兴的态势。但今日之契约自由已非昔日之契约自由,今日之任意法也非昔日之任意法。例如,当代债法在弱化、精简化强行法管制的同时,更强调交易惯例与习惯、自治性团体的标准契约等在任意法形成与适用中的独特作用。

任意法性质主要针对意定之债而言。侵权行为、不当得利、无因管理等法定之债又自有其个性。法定之债的主旨在于对不正常的社会经济和关系进行补救和矫正,债的关系仅依事实行为或事件的发生即可形成,当事人一般没有事前协商形成债之关系的机会。有关法定之债的发生内容的规范多属于强行法,意思自治的空间较为狭窄。

3. 债法具有最强的国际化、统一化性质

债法原则上属于交易法,即以交易关系为调整对象之一。交易关系在社会经济关系中最具统一性,交易的规则不因国家、地域、民族而存在实质性差异,又因经济组织的发达与交通手段的便利,现代交易关系已扩展至全球,出于降低交易成本、提高交易效率之需要,交易形式也趋于一致。债法有经济全球化作为助推器,其国际化、统一化已如燎原之火,不可阻挡。国际化、统一化之深度与广度也非任何其他私法或公法部门所能比拟,而对其他民商法律国际化的促进也功不可没。CISG、PICC、PECL等均为债法国际化、统一化的卓越成果,它们不仅占据国际交易规范的统治地位,更对各国国内法产生深刻影响。

就侵权法而论,虽未如合同法国际化、统一化一般成就斐然,国际化的阶段性成果同样不容轻视。例如《欧共体产品责任指令》,不仅实质性促进了欧盟各国产品责任法的统一,且广泛为其他国家(包括我国在内)所借鉴。接近竣工阶段的《欧洲侵权行为法》《欧洲侵权法通则》,对如何弥合法国法系、德国法系和普通法系侵权法的分歧,挖掘国际侵权法的核心规范(common core rule),最终推动侵权法的统一化作出了卓有成效的努力。而海商海事法、航空法领域一系列关于侵权责任的国际公约,已经在国际交往实践中成熟适用多年,对国际交易的顺利运行发挥着重要保障作用,并通过对国内法的影响而使本领域的侵权法实际上达到了统一化的水平。

物权法(或普通法系中的财产法,law of property)尽管也以交易关系作为调整对象之一,但由于物权法与一国的基本财产制度密切相关,兼有浓厚的历史传统与浓郁的地域色彩,并且物权法以不动产为调整重心,而现代国际交易主要围绕动产、无形财产和服务而展开,不动产交易因其固有的特性,在国际交易中比重甚微,对统一化规则需求不大,故而物权法的国际化缺少动力与压力。而家庭法、继承法的固有法色彩更为浓厚,其国际性、统一性更为薄弱。人法(自然人法与组织法)的现状与走向则多受制于一国的制度需求与权利保护水平,虽有一系列国际公约或示范性法律文件(如《经济、社会、文化权利国际公约》、经合组织(OECD)的《公司治理准则》等)确立了某些较为统一的原则,但具体规则毕竟深受具体社会经济文化及政治状况影响,其国际化、统一化的可行性与必要性尚待观望。知识产权法在基本类型知识产权的保护规则上已基本实现国际化,但非典型的知识产权(如民间文学艺术作品权利)与新技术类型的知识产权(软件著作权)的规则仍受制于一国实情与科技发展,统一化远非易事,是否有必要统一亦无定论。总而言之,债法作为法律国际化与统一化的领军者,其地位在可预见的将来仍将维持不堕。

第二章 债的种类

第一节 概 述

债因发生原因的不同及债的要素的不同,可以作不同分类。按发生原因的差异,债可以分为意定之债与法定之债;按债的主体要素的差异,债可以分为单一之债与多数人之债,其中,多数人之债又可分为按份之债、连带之债、可分之债和不可分之债;按债的标的要素的差异,债可以分为特定之债与种类之债、货币之债与利息之债、单纯之债与选择之债等。

第二节 意定之债与法定之债

意定之债,是指依当事人的双方或单方意思表示而发生的债,包括合同之债与单方允诺之债;法定之债,是指由法律直接规定而非意思表示而发生的债,包括侵权之债、不当得利之债、无因管理之债、缔约过失之债等。

区分意定之债与法定之债的意义在于:

第一,法律适用依据不同。意定之债适用合同法、单方允诺的相关法律规定以及民法总则中有关意思表示和法律行为的规定。上述规定主要是任意法。当事人另有约定或允诺以及另有交易习惯且不违反强行法与公序良俗的,应优于任意法规定适用。法定之债则直接适用制定法的规定。此类规定以强行法为主,一般不存在由约定排除适用或变通适用的余地。

第二,规范目的不同。有关意定之债的法律规范,目的在于促进交易,鼓励民事主体通过意思自治实现利益的最大化,重在调整正常的社会经济关系。有关法定之债的法律规范,目的主要在于维护公平,消除因侵权行为、不当得利等非正常行为导致的恶果,补偿民事主体因非自愿行为所遭受的损失,重在矫正非正常的社会经济关系。因此,在制定法律规范时,应考虑两者的区别:一方面,防止对意定之债作过于细密的不适当的管制和阻碍,强调法律规则的确定性,使法律规范能够充分发挥事前鼓励功能;另一方面,应尽量避免法定之债的法律漏洞,对民事主体的权利义务关系作全面细致的考量,强调法律原则的灵活性,使法律规范能够充分发挥事前威慑的功能和事后补偿、惩罚的功能。在法律规范的解释与适用时,应充分考虑规范的目的。

第三节 单一之债与多数人之债

第一目 概　　述

一、单一之债与多数人之债

单一之债是指债的主体即债权人与债务人各为一人的债;多数人之债是指债的主体为多数人的债,包括债权人为多数人、债务人为多数人、债权人与债务人均为多数人三种情形。多数人之债不仅在债的双方之间存在权利义务关系,在多数人一方内部以及一方个别主体与对方整体之间也会产生错综复杂的权利义务关系。因此,本书重点讨论多数人之债。

二、按份之债与连带之债

按份之债,是指债的复数主体各自按照确定的份额分享债权或分担债务的债(《民法通则》第86条、《民法总则》第177条)。数个债权人就各自应当分享的债权份额有要求和接受清偿的权利,称为"按份债权";数个债务人就各自应当承担的债务份额负担的清偿义务,称为"按份债务"。按份之债的债权人只能就属于自己的份额享有请求权,按份之债的债务人只就自己的份额负担清偿义务。按份之债的效力因复数主体的债权债务份额是否确定而有所不同。其权利和义务范围可以确定的,各自按其确定的份额分享权利或者分担义务;未特别约定各自权利义务范围的,由各债权人或者债务人平均分享权利或者分担义务。但法律另有规定的除外。

连带之债,是指债的主体一方或双方在行使债权或履行债务方面存在连带关系的债。连带关系体现为:享有连带权利的每个债权人,都有权要求债务人履行义务;负有连带义务的每个债务人,都负有清偿全部债务的义务,履行了义务的人,有权要求其他负有连带义务的人偿付他应当承担的份额(《民法总则》第178条)。

在连带债权中,数债权人中的任一债权人均可单独向债务人请求全部给付,如受领全部给付的债权人嗣后陷于无资力或者不诚实,难免损害其他债权人的利益。且任一债权人与债务人之间的事项,对于其他债权人亦发生效力。可见,连带债权对债权人并不有利。故在实践中连带债权较少见,且不如连带债务重要。各立法例往往着重规定连带债务,而对连带债权的规定比较简略。

第二目 连带债务

连带债务,是指多个债务人对债权人均承担清偿全部债务之责任的债务。法律规定连带之债的目的,在于保障债权人的利益。因连带之债的每一个债务人对于全部债务都负有清偿义务,债权人可以选择向最具清偿能力的债务人请求清偿,实际上是以全体债务人的全部资产作为履行债务的担保,其中一个债务人陷于无资力时,不致影响债权人的债权之实现。

连带债务的目的,在于通过加重债务人的责任来确保债权的实现。因此,连带债务的成立,以债务人明示或者法律特别规定为限。

连带之债的效力,分为对外效力与对内效力。前者是就债务人与债权人之间的相互关系而言,后者是就债务人内部关系而言。

连带债务和连带责任具有一定的联系和区别。在多数情况下,所谓的连带责任就是连带债务,如合伙人的连带责任、连带保证责任等。但仍存在连带责任属于真正意义上的民事责任的情形,如共同侵权行为人的连带责任。两者区别的意义在于,民事责任意义上的连带责任自责任成立的次日开始起算诉讼时效,而民事义务层面上的连带债务(连带责任)一般于履行期限届满时,债务人未履行连带债务、责任人未承担连带责任的,才适用诉讼时效制度。

一、连带债务的对外效力

连带债务的对外效力,内容包括两项:(1)债权人的权利;(2)就某一连带债务人所发生的效力。就某一连带债务人所发生的能够对其他债务人发生效力(即涉他效力)的事项为绝对效力事项;仅能就该个别债务人发生效力而无涉他效力的事项为相对效力事项。

连带债务对债权保障极为有利,这体现在:债权人可以向连带债务人中的一人或数人或全体,同时或分别请求全部或部分履行。连带债务未全部履行前,全体连带债务人仍负连带责任。债权人有权选择任一债务人起诉,因此,不发生必要共同诉讼问题,不得以尚有其他债务人为由追加被告、延缓诉讼。连带债务中各债务人的给付具有目的上的同一性,但连带债务毕竟为多数债务,彼此之间独立存在,并无主从关系。连带债务性质上可以单独转移、担保,且各债务的时效、附条件或附期限等未必一致,因此就某一债务人所发生的事项未必当然发生涉他效力。但连带债务的目的在于保障债权的实现,个别债务人的某一事项若已使债权实现(如清偿及视同清偿的事项),自应使其他债务人同受其益,以免债权人仍可向其他债务人主张债权而获得额外利益。同时连带债务制度虽以保障债权为重心,但并非置债务人利益于不顾。在某一债务人因债权人的行为(如免除)或其他事件(如时效完成)或个别事件获有利益时,此利益应由其他债务人分享,以免债权人的个别行为有损债务人的利益。基于上述立法目的,法律以相对效力事项为原则,绝对效力事项为例外,即明文列举发生绝对效力的事项,除此之外的事项均仅仅发生相对效力。

1. 绝对效力事项

绝对效力事项又可分为完全绝对效力事项与限制绝对效力事项,完全绝对效力事项的效力范围及于债务人全体。

(1) 债务消灭。一个连带债务人因清偿、代物清偿、提存、抵消而使债务消灭的,其他债务人的债务同时消灭。一个连带债务人与债权人发生混同的,仅该债务人应分担的债务部分消灭,其他债务人的债务并不消灭。代物清偿、提存、抵消虽非清偿,但实际上使债权人取得债权实现的利益,具有等同于清偿的效果。清偿及视同清偿事由,使债权人与债务人的关系归于消灭;否则债权人与其他债务人之间仍存续债的关系,无异于许可债权人另得请求非分利益。

混同虽为债务消灭原因之一,但发生混同时,债权人债务人身份合一,债权实际上并未得到满足,若使其他债务人的债务一并消灭,将使债权目的不能实现,因此仅应发生限制涉他效力,即仅该债务人应分担的债务部分消灭,其他债务人的债务并不消灭。债权人向某一债务人表示免除全体债务人的债务时,发生涉他效力。

(2) 确定判决。一个连带债务人就连带债务受到有利或者不利判决时,判决的效力及于其他债务人,但该判决基于该债务人个人关系的除外。判决时对其他债务人发生效力,不宜理解为其他债务人直接援引判决对抗债权人。根据既判力的理论,判决的效力只能及于诉讼当事人或其权利义务承继人,其他债务人不在此范围内,故涉他效力仅指其他债务人在与债权人另案争讼时,可援用该确定判决所载的有利事由,请求法院作出胜诉判决而已。① 所谓判决基于个人关系,例如因债务人无行为能力而判决债务关系无效。

(3) 免除与时效完成。债权人对一个连带债务人免除债务或者诉讼时效完成,其他债务人就该债务人应分担的部分以外的债务负连带清偿义务。债权人仅免除一个连带债务人的连带义务时,其他债务人仍应就全部债务负连带清偿义务。一个债务人因免除或时效完成获得利益时,原则上应由其他债务人分享其利益。

(4) 其他债务人主张抵消。一个连带债务人对于债权人有债权时,其他债务人就该债务人应分担的部分,可以主张抵消。抵消为债权的处分行为,债务人原本无权处分他人之债权,但为避免循环求偿,简化法律关系,而设上述规则。②

---

① 参见邱聪智:《新订民法债编通则(下)》,中国人民大学出版社2004年版,第397页。
② 详细论述可参见郑玉波:《民法债编总论》,中国政法大学出版社2004年版,第395页。

（5）债权人请求履行，导致时效中断。债权人请求履行将发生时效中断的效力，规定该事项具有涉他效力，使得债权人无须对每一债务人请求履行方可中断其时效，有助于降低债权维护成本，充分保障债权人利益。

（6）债权人迟延。债权人对一个连带债务人受领迟延时，其效力及于其他债务人。任一连带债务人向债权人提出履行，债权人应对自己的迟延承担责任。若规定债权人迟延无涉他效力，债权人可转向其他债务人请求履行，而其他债务人无法抗辩，由此使债权人能轻易规避其责任，有违公平原则，故为法律所不许。

2. 相对效力事项

凡绝对效力事项外的事项皆只对该个别债务人发生效力，主要包括债务人迟延履行、履行不能、瑕疵履行、拒绝履行、债权转让、债务承担、合同解除、合同终止、更新、变更等。此外，各连带债务人对债权人所承担的债务彼此独立存在，其所发生的原因并不相互依存，只是各连带债务人对同一债务向债权人承担全部给付的义务。故各连带债务人对债权人承担的债务是否有效，应当就各连带债务人的法律行为分别进行判断。任一连带债务人所为法律行为无效或者被撤销，不妨碍其他债务人的债务的效力。

有关相对效力事项之规定系任意法规范，当事人可以约定上述事项发生绝对效力。

二、连带债务的对内效力

连带债务的对内效力主要包括两项内容：

（一）债务分担

连带债务的所谓连带，仅系对债权人而言，但内部关系仍为按份关系，各债务人就各自应分担部分承担债务，分担标准为各连带债务人平均分担债务，但法律另有规定或债务人之间另有约定的除外。某一债务人应单独负责的事由所致的损害或所支付的费用，皆由该债务人负担。所谓应单独负责的事由，例如为清偿某一连带债务，提前取出整存整取的银行存款导致的利息损失。

（二）债务人求偿权

1. 债务人求偿权的含义

任一连带债务人因清偿、提存或其他消灭债务的行为使自己实际承担了超过分担部分的债务时，发生债务人求偿权，即有权请求其他债务人偿还其各自应分担的部分，包括自债务消灭时起的利息和清偿债务的必要费用。

2. 求偿权的代位效力

求偿权人在求偿范围内，承受债权人的权利，称求偿权人的代位权。从性质上以及履行上讲，这属于法定的债权转移。赋予求偿权人以代位权，旨在加强求偿权人的权利，保障求偿目的的实现。例如，债权附有担保时，其担保将当然地转移于求偿权人享有。但代位权的时效为债权的时效,早于求偿权的时效(求偿权自成立之时起算,求偿权人以清偿、提存或其他事由消灭连带债务之时,即为求偿权成立之时),是其不利之处。法律赋予求偿权以代位权效力,两者可累加适用,给求偿权以足够的保障。代位权效力为求偿权的法定效力,故两者并不存在竞存关系。

3. 求偿权的扩张

任一连带债务人无清偿能力或基于其他原因不能履行其应分担部分的债务时,不能清偿部分由求偿权人和其他有偿还能力的债务人按其各自负担部分分担,但不能偿还的原因在于求偿权人的过失时,不得请求其他债务人分担,此即求偿权的扩张。消灭债务的连带债务人对其他连带债务人有求偿权,其他连带债务人对求偿权人原则上按照比例分担连带债务。若有连带债务人失去清偿能力,则求偿权人便不能就该债务人应当分担的债务部分获得求偿。在这种情形下,如使求偿权人自行承担求偿不能的不利后果,未免有失公平。因此,有连带债务人失去清偿能力时,其他连带债务人应当共同分担连带债务。但因可归责于求偿权人的事由造成连带债务人失去清偿能力的,依照民法自己责任原则,求偿权人应当承担求偿不能的不利后果,不能将这种不利后果转嫁给其他连带债务人。

三、不真正连带债务

(一) 不真正连带债务的含义

不真正连带债务,是指多数债务人基于不同的发生原因而就同一内容的给付各负全部履行的义务,任一债务人的履行均可使全部债务消灭,而债务人间无连带关系的一种债务。

各国民法对不真正连带债务一般未设明文规定,但学说与判例多予承认。

(二) 不真正连带债务与连带债务的异同

不真正连带债务与连带债务存在下列共同点:债务人为两人以上;债之标的同一;各债务人均负全部履行的义务;任一债务人的履行均可使全部债务消灭。

不真正连带债务与连带债务存在下列区别:

(1) 不真正连带债务中各个债务的发生原因各不相同;连带债务中各个债务的发生原因或为相同,或为不同。

(2) 涉他事项和非涉他事项的范围不同。不真正连带债务人之间原则上不存在牵连关系,因此其中的涉他事项只限于清偿、提存、抵消等足以使债权目的实现的事项;连带债务的涉他事项则较为宽泛。

(3) 不真正债务人之间无分担部分,原则上也不存在求偿关系,即使存在求偿关系,其性质亦与连带债务中的求偿关系不同;连带债务人之间则有分担部分与求偿关系。

(4) 不真正连带债务人仅就自己的债务负责,因此不因为承担不真正连带债务而加重自己的负担;不真正连带债务系因法规竞合而发生,并非法律有意设定。连带债务则是法律为特别保护债权人而设,具有加重各债务人债务的作用,系出于特定的立法目的。

(5) 不真正连带债务只能因法规竞合而发生;连带债务则因法律规定或当事人约定而发生。

因不真正连带债务与连带债务存在上述重大区别,不真正连带债务不能当然准用关于连带债务的规定。

(三) 不真正连带债务的发生原因

不真正连带债务因法规竞合而发生,具体发生原因又可分为:

(1) 侵权行为竞合。此为实践中最为常见的情形之一。如 A 开车撞伤受害人,医生 B 因医疗过失致受害人感染死亡。此处所谓"侵权行为竞合",仅限于数人分别实施侵权行为的情形,若数人共同实施侵权行为,则构成共同侵权,债务人应承担连带责任。

(2) 债务不履行竞合。如发包人分别与 A、B 签订合同,由 A 负责建筑工程设计,由 B 负责施工,因 A 设计有误且 B 施工不当,A、B 即对发包人负有不真正连带债务。

(3) 侵权行为与债务不履行竞合。如因保管人的过失致使保管物被第三人损毁,即发生不真正连带债务。

(4) 合同债务与侵权行为竞合。典型情形为因第三人对保险标的的损害而造成保险事故,此时被保险人可向第三人主张侵权责任或向保险人主张合同债务,第三人与保险人即对被保险人负有不真正连带债务。

(5) 合同债务与债务不履行竞合。如出口商与进口商 A 签订买卖合同,与保险人 B 签订出口信用保险合同,当 A 违约时,B 即应支付保险金,此时 A、B 对出口商负有不真正连带债务。

(四) 不真正连带债务的效力

1. 对外效力

债权人可以向不真正连带债务人中的一人或数人或全体,同时或分别请求全部或部分履行,任一债务人的履行均可使全部债务消灭。

2. 就债务人一人所发生的事项的效力

不真正连带债务属于数个债务,在客观上有单一的目的,因而就任一债务人发生的满足该目的的事项,如清偿、抵消、提存,以及对终局责任人的免除等,均发生绝对效力。但涉他事项仅此而已,此外均为非涉他事项,如对债务人一人所为的免除、时效完成等,在连带债务情形中为涉他事项,在此则均为非涉他事项。

因不真正连带债务一般无求偿关系,故在连带债务中为避免循环求偿所设的涉他事项,在此均不能适用。①

3. 对内效力

不真正连带债务人之间原则上不发生求偿关系,但因其各自所负债务性质的差异,如某一债务人应承担终局的责任,则其他债务人清偿债务后,可向终局责任人求偿。需特别注意的是,债权人免除终局责任人的债务时,发生涉他效力,即其他债务人的债务随之免除,否则将剥夺其他债务人对终局责任人的求偿权,有失公平。例如,因第三人对保险标的的损害而造成保险事故时,保险人向被保险人赔偿保险金后,被保险人未经保险人同意放弃对第三人请求赔偿的权利的,该行为无效(《保险法》第46条)。

第三目　不可分之债

不可分之债,是指以不可分给付为标的的复数当事人的债。不可分给付,分为基于给付性质上的不可分和基于当事人意思表示上的不可分。不可分之债的成立,除买卖契约形式外,还因合伙、夫妇共同财产制、共同继承等形式而成立。

不可分债权,亦称"共同债权",其成立要件是:第一,债的主体必须是复数;第二,债的标的必须是同一给付或不可分的给付。其效果是,各债权人可以就全体债权人的债权向债务人请求履行,而债务人向任一债权人履行了全部给付后,即可免除债务履行的责任,但并不妨碍债务人对其他债务人行使求偿的权利。

不可分债务,是指数人负担给付不可分的同一债务。因债务的给付不可分,故数个债务人对全部债务承担清偿责任,效果上类似于连带债务。有关不可分债务的履行、债权人请求权的行使、因债务人之一人所生事项的效力、数个债务人相互间的关系等,准用关于不可分债权及连带债务的规定,但法律另有规定的除外。

第四节　特定之债与种类之债

特定之债,是指债之标的物具体确定的债。债之标的物或者依照法律行为的性质确定,或者依照当事人的意思表示确定。特定之债并不限于债之标的物在债成立时特定的情形。在债成立时,其标的物尚不特定,但在债之给付期届满时,依照法律行为的性质或者当事人的意思表示,债之标的物特定的,亦成立特定之债。特定之债的债务人负有交付特定物的义务,债权人也只能请求债务人交付特定物。

---

① 参见郑玉波:《民法债编总论》,中国政法大学出版社2004年版,第427页。

种类之债,是指给付的标的仅以种类确定,而未对具体品质作出指定的债。种类之债的标的物依法律行为的性质或者当事人的意思表示不能确定其品质的,债务人应当给付中等品质的标的物。

区分特定之债与种类之债的意义在于:第一,特定之债履行时,非经债权人同意,债务人不得以其他标的物代为履行;种类之债则无此限制。第二,特定之债的标的物毁损、灭失,发生履行不能时,债权人不能请求实际履行,只能请求损害赔偿;种类之债的标的物毁损灭失时,债权人可以请求实际履行。

[争议点] 另有学说认为,特定之债的标的物所有权自债成立之时发生转移,标的物毁损、灭失的风险亦随之转移;种类之债的标的物所有权,只能自交付之时起转移,其风险亦自交付之时起转移。[1] 此说沿袭苏联民法立法与学说,未为当代立法所采。各国法律及国际公约、国际示范法均未区分特定之债与种类之债,一概规定标的物所有权自交付之时起转移,当事人另有约定或法律另有规定者除外。上述学说欠缺法理基础:标的物交付前,买受人对之并无控制力,令其承担风险显失妥当;无论特定之债或种类之债,债权人在标的物交付前均处于相同处境,区别对待令特定之债的债权人承担远高于种类之债债权人的风险,并无正当理由。

第五节 货币之债与利息之债

货币之债是指以一定数额的货币为给付标的之债。但不包括记载一定金额的票据之债,票据之债应该适用票据法的规定。对于货币之债,当事人就货币的种类已有意思表示的,债务人应当按照当事人的意思表示支付货币。当事人未约定货币种类的,债务人应当以通用货币支付。通用货币,是指我国合法流通的货币,不限于本国货币。当债务人以通用货币清偿货币之债时,若法律规定仅可以本国货币支付的,债务人应当以本国货币支付。货币之债不发生履行不能的问题以及因不可抗力而免责的问题。

货币之债原则上附有利息。因货币之债产生的利息,称为"利息之债"。利息之债为货币之债的从债,货币之债不成立、无效或者被撤销,利息之债亦不存在。从属于货币之债的利息之债,具有相对的独立性,债权人可单独请求支付利息,并可单独转让或消灭利息之债。利息之债应当按照当事人确定的利率计算利息。当事人之间没有就利率作出约定的,应当按中央银行公布的法定利率计算利息之债。约定利率不得超过法定利率的四倍。约定利率超过法定利率的四倍的,超过部分无效。当事人就利息之债的利率可以作出约定,本属于意思自治

---

[1] 参见彭万林主编:《民法学》,中国政法大学出版社2002年版,第455页。

原则的范畴,但若对当事人约定的利率不加限制,势必导致债权人的暴利行为和高利贷泛滥,不仅损害债务人利益,而且严重危害国家金融秩序。各立法例对利息之债的最高利率均有限制性规定。我国改革开放以来的司法实务,以不超过法定利率四倍为约定利率的最高限制。

第六节　单纯之债与选择之债

单纯之债,又称"简单之债",是指标的单一的债。选择之债,是指标的为复数,可由当事人选择确定标的的债。《消费者权益保护法》第24条规定,经营者提供的商品或者服务不符合质量要求的消费者可以依照国家规定、当事人约定退货,或者要求经营者履行更换、修理等义务。此为现行法上选择之债的典型。履行选择之债前必须先确定选择之债的标的,使选择之债转化为特定之债。除法律有规定或当事人另有约定外,选择权属于债务人。选择权属于形成权的一种,债务人、债权人或者第三人行使选择权的,应当以意思表示为之。行使选择权的意思表示,属于单方的意思表示,一经送达相对人即发生效力,非经相对人同意,不可撤销。

选择权定有行使期限的,如于该期限内未行使的,其选择权改由相对人行使。选择权未定行使期限的,清偿期届至时,相对人可指定相当期限催告选择权人行使选择权。所指定期限届满而选择权人未行使选择权的,其选择权改由相对人行使。由第三人选择的情形,如第三人不能选择或者不欲选择,选择权由债务人行使。选择之债因选择权人不行使选择权而未能特定的,债的履行成为不可能,将直接妨碍交易秩序,损害无选择权的当事人的利益。即在债权人不行使选择权时,债务人无法履行自己的债务;在债务人不行使选择权时,债权人将会因债的给付标的不能确定而无法请求强制履行;在第三人不行使选择权时,将会给债权人和债务人双方带来不便和不利。因此,在选择权人不行使选择权时,法律应当给予不享有选择权的当事人以救济。

在可以选择的数种给付中有不能给付的,债权债务关系仅存在于剩余的给付。

选择权的行使有溯及力。选择权一经行使,选择之债自其成立时起即为特定之债,当事人就特定给付享有权利和承担义务。但选择权行使的溯及力,并不影响给付标的的第三受益人或者受让人所取得之权利。自选择之债成立后到选择权行使期间,如果有第三人取得了被选择之给付标的的权利,从交易安全考虑,该第三人的利益需要得到保护。

第三章 债的效力

第一节 概 述

一、债的效力的含义

对于债的效力的含义并无定论。有的认为,广义的债的效力是指实现给付或填补给付利益之作用,包括债之履行与债不履行之效果,狭义的债的效力则仅指债务不履行的效果;[①]有的认为,债的效力是指债之关系发生后,为实现其内容,法律上赋予的效果或权能,对债权债务双方而言,则为效果,对债权一方而言则为权能。[②]

债为特定人之间的法律关系,依其本义,债的效力仅存在于特定人之间,即债的履行与不履行的效果。但现代法上债的效力已有所扩张,一定范围内可及于第三人。因此债的对外效力,应包括在债的效力之内,故债的效力的完整含义,应指法律为实现债的内容而赋予债之关系的效果,包括债的对内效力和对外效力,对内效力又包括对债权人的效力和对债务人的效力。对债权人的效力,是指债权人受领债务履行的权利、请求债务不履行救济的权利,以及保全债权对抗第三人侵害的权利;对债务人的效力是指债务人履行的义务和不履行的责任。

二、债的效力的内容

(一) 对内效力与对外效力

债的效力依其作用范围的不同,可分为对内效力与对外效力。对内效力即债权人与债务人之间的效力,对外效力即债权人对第三人的效力。

对内效力是债之效力的核心,债权能否实现根本上有赖于债务人完全履行债务,并且以债务人的作为为主要形式,此系债权与物权、知识产权等对世权的最大不同点,后者通常依赖权利人自己的行为即可得以实现,无须义务人给予积极的配合。因此,债务履行是债的对内效力的基本内容。

[①] 参见史尚宽:《债法总论》,中国政法大学出版社2000年版,第327页。
[②] 参见郑玉波:《民法债编总论》,中国政法大学出版社2004年版,第244页。

债之关系对债务人的拘束,首要地体现为债务人应当完全履行债务,债务履行后,债权人即有权保有履行所得利益,债务人不得请求返还,此即债权的"给付保持力";债务人不履行时,债权人可请求履行或请求损害赔偿,此即债权的"给付请求力"。给付保持力与给付请求力构成债权的对内效力。从债务人角度而言,履行的义务与不履行的责任固然是债之效力的基本内容,但需要债权人合作时,债权人负有协作履行义务,债权人未尽协作义务时,可发生债务人责任减轻或免除、赔偿债务人所生损害等效力,因此协作履行义务及责任也为债的对内效力之一。

债的对内效力固然是债权实现之根本,但仅有对内效力,仍不足以保障债权的实现,例如在债务人将其大部分资产低价转让给第三人的情况下,债权人纵能极尽请求之能事,终难免权利落空,因此在一定情形下,法律需赋予债权对抗第三人的效力,方能维护其周全。债法上的对外效力主要包括两项:

(1) 侵权行为救济权。债权具有不可侵性,第三人侵害债权构成侵权行为的,债权人有权主张停止侵害、损害赔偿等救济。但债权侵害与物权侵害不同,实施侵害债权行为的第三人不易察觉特定人之间债权关系的存在,如果轻易认定债权侵害,将会无限加重第三人的责任。因此,债权人对侵害其债权的第三人的救济权,必须设定极其严格的适用条件。[①]

(2) 债权人代位权与撤销权。债务人的责任财产是债权实现的根本保障,当债务人对第三人的行为或债务人与第三人的行为导致责任财产的减少,危及债权的安全时,债权人可行使代位权与撤销权,其效力及于第三人。

(二) 一般效力与特别效力

债的效力依其地位与功能不同,又可分为一般效力与特别效力。以上所述对内效力与对外效力属于债的一般效力,无论债的发生原因如何均可通用。但各种类之债基于其特殊性质与目的,又有各自的特别效力,而在合同之债与侵权之债中,又有合同之债的一般效力与特别效力之分,侵权之债的一般效力与特别效力之分:一般效力设置于合同法总则或侵权法的一般规定之中,例如合同之债中的合同解除、终止,双务合同的效力等,侵权之债中的损害赔偿,衡平责任之责任分担等;特别效力设置于合同法分则或各种侵权行为规定之中,例如合同之债中承揽合同定作人的任意解除权、委托合同受托人赔偿责任的区别对待等,侵权之债中监护人责任的减轻、产品责任的特有免责事由等。

区别一般效力与特别效力的意义在于法律适用的规则不同。对于某一具体之债,法律规定有特别效力的,应适用该规定;无特别效力规定的,适用一般效力的规定,但以性质上或规范目的上不相抵触为限。发生抵触时,应不适用该一般效力的规定,而适用适当的其他规范。

[示例]　个体运输车主 A 载运乘客 B 前往某地,将到达目的地时,B 称付

---

① 参见张民安:《债权法》,中山大学出版社2013年版,第258页。

不起钱,遂发生争执,A一时怒起,将B打伤。B起诉A,A主张以B欠付票费抵消。对于本案,《合同法》有关运输合同一章中对抵消无规定,应适用《合同法》总则中关于抵消的规定,但依该规定,A可以主张抵消,这显然有悖于人身损害赔偿之债的债务人不得抵消的法律政策。(人身损害赔偿之债的债务人不得抵消的规则,旨在保护受害人的利益,使受害人实际得到赔偿金以填补损害。)因此A对B的债权不应发生可抵消的一般效力,而应受到禁止。

正确区分与理解债之效力规定,有助于恰当界定债法制度的体系功能与位置,从而明确其适用范围。例如情事变更原则,学说上多认为该原则系债法总则的制度,情事变更为债之关系的一般效力。① 但情事变更原则之宗旨,在于排除因法律关系发生当事人不可预见的情事变更而产生的不公平的结果,补正当事人缔结法律关系时固有的认识能力与预见能力的欠缺,便利法律关系的调整符合交易基础的实情和当事人的本意与利益平衡。因此,情事变更仅在意定之债(主要是合同领域)方有适用余地。对于法定之债,债之关系本非依当事人意思而发生,根本不存在交易基础和当事人对情事不变的假设。且法定之债的给付数额,并非自法律关系成立之日确定,至债权人实际提出请求之日方可确定,此时如情事已变(如通货膨胀),法院在判定给付(如损害赔偿数额)时,自会考虑通货膨胀,不存在增减预先确定的给付的问题,至于解除合同更无从谈起,因此,情事变更充其量只能属于合同之债的一般效力,应置于《合同法》总则中方为妥当。

上述债的效力层次庞杂,特列图如下,以供参考。

---

① 参见邱聪智:《新订民法债编通则(下)》,中国人民大学出版社2004年版,第258页;郑玉波:《民法债编总论》,中国政法大学出版社2004年版,第250页。

第二节 债的履行

一、概述

债的履行指债务人依照当事人的约定、允诺和法律规定实行其给付的行为。履行与给付、清偿三个概念互相联系而又具有不同的含义。给付指债的标的而言,即债务人应为的特定行为,具有抽象和静态的意义;履行指债务人实行给付的行为,即债务人实施债的内容所要求的特定行为,具有具体和动态的意义;清偿指债务人履行的效果,通常在债的消灭原因的意义上使用。这三个概念均与债务人的行为有关,故可以通用,本书不作严格区分。

债的履行是整个债法的核心。债权不同于物权、知识产权之处,即在于其实现不能仅靠权利人自身的行为,而必须依赖于义务人的行为,即履行。履行是债的归宿。债的保全与担保、债务不履行的救济等制度,皆服务于债的履行这一终极目的,而债的履行制度完善与否,直接影响到债权的价值,进而影响到债权转让制度的效率。

二、债的履行原则

债的履行原则,是当事人履行债务时所应遵循的基本准则。《合同法》第60条规定,当事人应当按照约定全面履行自己的义务(第1款)。当事人应当遵循诚实信用原则,根据合同的性质、目的和交易习惯履行通知、协助、保密等义务(第2款)。

债的履行原则是履行的基本准则,具有下列功能:

第一,指导功能。在解释与适用债的履行规则时,应当考虑债的履行原则。

第二,补充功能。在债的履行规则不明确或不存在债的履行规则时,可直接适用债的履行原则。

第三,修正功能。在债的履行规则具体适用于个案而发生违反公平正义的结果时,可依据债的履行原则修正、调整履行规则,以谋求较为合理的结果。

债的履行原则具有如下特性:其性质属于强行法,当事人不得变通或排除适用。此与债的履行规则主要属于任意法明显不同。

债的履行原则种类如何,学说上有不同观点。下列原则为各国法所公认:

(一) 全面履行原则

全面履行原则,是指当事人应当按照债的内容全面履行债务(《合同法》第60条第1款)。债的内容是指由法律规定或当事人约定的债的一切事项,包括债的标的、履行时间、履行地点、履行方式、履行费用等,债务人履行债务时与其中任何一项相背离,即构成广义上的债务不履行。

(二) 诚实信用原则

诚实信用原则最初在债法中占据统治地位,其后扩及于民法的全部领域。瑞士、日本及我国先后将之确定为民法基本原则。但诚实信用原则主要适用领域仍为债法,且重心又在于债的履行。在私法上并不一般性地认可诚实信用原则的普通法系诸国,也多将诚实信用原则确认为合同法的基本原则。[①] 债法领域的国际公约、国际示范法亦普遍明定该原则的基本原则之地位。[②] 诚实信用原则除具有间接适用功能外,还派生出告知、照顾、保密等附随义务。附随义务具有直接适用效力,债务人违反附随义务致债权人受损害的,同样构成债务不履行,应承担赔偿责任。但附随义务不可单独请求履行,因附随义务仅为保障债权的实现而设,承担辅助主义务履行的功能,其内容一般是债务人的某种行为,且与特定债务人密切相关,由其他人履行并无助于债权的实现,故难以强制履行。此即附随义务附随性之所在。

(三) 协作履行原则

债务人履行债务时,有理由期待债权人的协作,债权人亦应当提供协作,包括提供履行条件、协助办理特定手续等。协作义务同样派生于诚实信用原则,但其规范对象为债权人,正与附随义务相反。因此新近的国际示范法均对其作出独立规定。[③] 在债的关系中,债务人所负的给付义务大多为积极的行为义务,通常情况下,接受债务人的给付(受领)是债权人的一种权利。既为权利,债权人当然可以不行使。但在许多情形,债务人的给付需要债权人的协助,否则不能完成,甚至无法履行债务。如不能完成履行,债务人的债务便不能消灭。因此,使债权人负担协助义务、实施协助行为,从而使债务人完成债务的履行,更符合债权人和债务人的利益。债权人协助履行的义务与债务人的给付义务有质的区别。此种义务履行的直接效果,是使债务人能够实施和完成债务履行;其最终效果,则是使债权人自己取得给付利益。因此,此种义务在某种意义上,也是债权人为实现自己的利益所负担的义务。

三、债的履行规则

债的履行规则属于任意法,即补充性规则(default rule),仅在当事人未约定

---

① 美国《统一商法典》明定当事人在履行合同时负有诚实信用与公平交易的义务。该规定为《合同法重述(第二次)》沿用,从而成为合同法的基本原则。See UCC § 1—304(2005); Restatement (Second) of Contracts § 205(1981). 普通法上并无债法总则的独立体系,一般合同法实际上承担债法总则的功能。
② 参见 PICC 第 1.7 条;PECL 第 1:201 条。
③ 参见 PICC 第 5.1.3 条;PECL 第 1:202 条。

债的内容又未能达成补充协议且依交易习惯仍不能确定时,方可适用。

债的履行规则,包括有关履行主体、履行期限、履行地点、履行方式、履行费用、替代履行、履行抵充等规则。债的履行,从债的消灭角度而言,为债的最通常的消灭事由。有关债的履行规则,各国立法体例不尽相同,或集中规定于债之给付一章,或集中规定于债之消灭一章,或分散规定于债之给付、债之消灭等章。考虑到体系简洁的需要,本书将债的履行规则集中置于本部分予以论述。

(一) 履行的主体:履行人

1. 债务人及履行辅助人

履行人,又称"清偿人",通常情况下为债务人,但不限于债务人。除有例外情形之外,债务人无须亲自履行,可由债务人的履行辅助人履行。所谓"例外情形",是指依债务的性质必须由债务人亲自履行,例如讲座教授的授课义务、特聘的法律顾问提供法律服务的义务、不作为债务等。履行辅助人的行为视同债务人自己的行为,由债务人负责。因此,履行辅助人的履行,并非所谓的第三人履行。若给付性质属于法律行为的,亦可由代理人履行。

2. 一般的第三人

债务可以由第三人履行。债务的履行,无非在于使债权人满足利益。如第三人的履行能使债权人满足利益,同时又不对债务人造成不利,原则上第三人的履行应为有效。第三人代债务人履行的原因多种多样。第三人履行后,第三人与债务人之间的关系,应就各具体情况决定。第三人以赠与为目的而代债务人履行时,履行后第三人对债务人无求偿权。非以赠与为目的的,可构成无因管理。第三人非以赠与为目的的履行,有可能对债务人造成不利。例如第三人因代替债务人履行后取得对债务人的求偿权,致使债务人原本对债权人享有的抗辩无法对该第三人主张。如债务人认为第三人履行对自己不利,可提出异议,此时债权人有权拒绝该第三人的履行;但如债权人不予拒绝而仍然受领,则第三人的履行仍属有效。在债务人提出异议后,第三人仍代为履行,给债务人造成损害的,第三人应当予以赔偿。

债务原则上可由第三人履行,但有下列情形之一的除外:

(1) 当事人约定不得由第三人履行的。

(2) 依债的性质不得由第三人履行的。此例外情形与上述履行辅助人的例外情形相同。但如债权人同意由第三人履行,自应允许。

(3) 债务人对第三人履行有异议并为债权人拒绝的。债务人对第三人履行有异议的,债权人可以拒绝受领。

无论何种情形,第三人不履行债务的,由债务人对债权人承担债务不履行的责任,此乃债的相对性使然,也是第三人履行不同于债务承担之处。

3. 有利害关系的第三人(代位清偿)

债务原则上可由第三人履行,但第三人因与履行有无利害关系而有所不同:(1)债务人对一般第三人履行有异议,且债权人拒绝受领的,第三人不得履行;有利害关系的第三人清偿时,即使债务人有异议,债权人也不得拒绝受领,否则构成债权人迟延。(2)一般第三人履行后,只能对债务人取得求偿权;但有利害关系的第三人履行后,可代位行使债权人的债权,以确保求偿权。因此利害关系人的履行,称为"代位履行"。

代位履行,又称为"代位清偿""清偿代位",是指对履行有利害关系的第三人因清偿债务而对债务人有求偿权时,为加强求偿权的效力,在其履行的限度内可以代位行使债权人的权利的制度。所谓"对履行有利害关系",是指因代债务人履行而取得利益或者解除负担。例如,保证人为消灭保证责任而履行;以自己财产为债务人提供抵押的人为消灭抵押权而履行;抵押权顺位在后的人为使自己的抵押权顺位提前而向顺位在前的抵押权人履行;无担保权的债权人向有担保权的债权人履行;合伙人履行合伙的债务;受让人为涤除受让标的物上的抵押权而代出让人履行抵押权所担保的债务。对履行有利害关系的人不包括连带债务人。连带债务人中的一人履行债务的,是履行自己的债务,而非履行他人的债务——尽管两者可发生类似的法律效果。对履行有利害关系的第三人代替债务人履行,对债务人的利益并无损害,不仅对债权人有利,且对该第三人自己也有利,更可以简化债权债务关系,因此对有利害关系的第三人所为的履行,债务人纵有异议,债权人也不得拒绝受领,否则即构成债权人迟延。

代位履行后,债权人的债权即发生法定转移,第三人并可行使债权的从权利(如担保物权)。而单纯享有求偿权时,则无从行使债权的从权利,故代位权对求偿权具有加强与保障的效用,此与连带债务人之间的求偿权与代位权无异。代位行使债权人权利的,准用债权转让中关于通知债务人后才对债务人发生效力,以及债务人对于债权人的抗辩权不受影响的规定。

(二) 履行的主体:受领权人

履行必须向有受领权的人提出,而且经过有受领权人的受领,才能发生消灭债务的效力。所谓"有受领权人",包括:

1. 债权人

债权人当然有受领履行的权利,是最重要的受领权人。债务人的履行,一经债权人受领,债的关系便当然归于消灭。但在下列情形,债权人不得受领履行:

(1)债权已经出质的。债权人的债权如已经出质给他人的,则其受领履行的权利便受限制,非经质权人的同意,不得受领,否则将使质权落空,因为一旦履行,债权即归于消灭,质权亦将不复存在。

(2)债权已被强制执行的。债权人的债权,如被法院强制执行,则执行法院应依职权禁止其受领,并禁止债务人向其履行。

(3) 债权人已被宣告破产的。债权人被宣告破产后即丧失处分权,不得为有效的受领。

(4) 债权人已在代位权诉讼中胜诉的。债权人胜诉后,次债务人即应直接向债权人履行(《合同法解释(一)》第20条),债务人(次债务人的债权人)丧失受领资格。

2. 其他受领权人

债权人以外的受领权人包括债权人的代理人或表见代理人、债权人的受托人、破产管理人、债权质权人、表见受领权人。

表见受领权人即持有债权人签名的收据或者持有有效的债权凭证的人,法律将此类人视为有受领权人。债务人对其所作履行有效,但债务人已知或者因过失而不知其无权受领的除外。该规则旨在保护善意债务人的信赖利益。持有债权人签名的收据或者持有有效的债权凭证的人向债务人请求履行时,债务人难以判断其是否确实为真正的债权人。若不赋予债权人签名的收据或有效的债权凭证以外观保护效力,将迫使债务人在面对收据或凭证持有人时不敢随意履行,而需待实际查清持有人身份后方敢履行,由此必然损害交易效率,增大债务人的成本,且确定持有人的真实身份往往并非易事,债务人完全可能因耽于调查确认而陷入迟延履行。故而法律为保护交易安全,特设该规定以保护债务人。但债务人已知或者因过失而不知持有人无权受领的,已构成恶意,法律自无特别保护的必要。

[示例] A与其友B、C聊天时,偶然泄漏其银行存折的密码。B因财起意,窃走A的存折,并伪造A的身份证前往银行取款。银行对B所为清偿有效。但若A已事先向银行办理挂失,而银行因手续上的疏漏未能察知B非真正债权人,则应向A清偿。

(三) 履行的期限

1. 履行期限的意义

确定期限有下列意义:

(1) 履行期限届至,债务人即应履行,债权人有权请求履行。债权人可以拒绝债务人提前履行债务,但提前履行不损害债权人利益的除外。债务人提前履行债务给债权人增加的费用,由债务人负担(《合同法》第71条)。当债务人提前履行时,如果提前受领对债权人没有不利或者不便(如偿还借款),债权人不得拒绝受领。因债务对债务人而言属于一种拘束或负担,提前从债务的拘束中解脱出来,为债务人的一种利益。根据诚实信用原则,在不损害债权人利益的情况下,债权人应照顾债务人的利益。

(2) 决定迟延履行的构成。履行期限届满而未履行的,即构成迟延履行。

除有免责事由外,债务人应负债务不履行的责任。

(3) 决定债权人迟延的构成。履行期限届满,债务人提出履行,而债权人未受领或未提出其他协作的,即构成债权人迟延。

(4) 决定时效期间的起算。履行期限届满,债权人即可行使债权(请求履行),故时效自此起算。

2. 履行期限的确定

履行期限,除当事人另有约定、法律另有规定或另有交易习惯外,依据下列规则确定:

(1) 定期债务,债务人应当在该特定期限内履行。定期债务如果不在特定期限内履行,对债权人将无利益,甚至会对债权人造成损害。故要求债务人应在该特定期限内履行。

(2) 履行附有条件的,债务人应当在知道或者应当知道条件成就或者确定不成就时履行。以条件成就为履行前提的,债务人应在知道或者应当知道条件成就时履行;以条件确定不成就为履行前提的,债务人应在知道或者应当知道条件确定不成就时履行。债务人是否知道或者应当知道条件成就或者确定不成就,应由债权人证明。但该条件成就与否为众所周知的事实的,无须当事人举证证明。

(3) 不定期债务,债权人可以随时请求债务人履行,债务人也可以随时履行,但应当给对方必要的准备时间(《合同法》第62条第4项)。当事人未约定履行期限且无法依法律规定及交易习惯确定履行期限的,债务为不定期。侵权行为之债、不当得利之债、无因管理之债等法定之债,不存在履行期限问题。债的关系一旦成立,债务即告到期,债务人应即时履行,故有"侵权即构成迟延"的法谚。但此种要求未免对债务人过苛,且与社会观念及实际生活不符,故将其视为不定期债务似更适宜。

(四) 履行的地点

1. 履行地点的意义

确定履行地点有下列意义:

(1) 债务人应在履行地履行,债权人应在履行地受领。

(2) 确定提存地。提存应在履行地的提存机关进行。

(3) 确定合同诉讼管辖地。因合同履行纠纷提起的诉讼,由合同履行地或被告住所地法院管辖(《民事诉讼法》第23条)。

(4) 确定合同准据法。发生法律冲突时,履行地往往作为合同最密切联系地而决定合同准据法。

2. 履行地点的确定

履行地点,除当事人另有约定、法律另有规定或另有交易习惯外,依下列规则确定(《民法通则》第88条第2款第3项、《合同法》第62条第3项):

(1) 履行货币的,在接受货币一方所在地履行。履行金钱(包括有价证券)的,在债权人所在地履行,由债务人自行决定交付方式并承担风险。

(2) 交付不动产的,在不动产所在地履行。这一方面符合不动产的性质,且便于债权人查核验收;另一方面,在当事人位于不同的住所地时,还可能需要办理变更登记等法定手续,故以不动产所在地为履行地有利于提高交易效率。

(3) 其他标的,在履行义务一方所在地履行。所谓"其他标的",常见的是交付动产。动产在债务人所在地交付,系因如动产有瑕疵,可当场予以修理或者更换,较之"赴偿",可免劳顿奔波,便于债权的尽快实现。

(五) 履行的方式

除当事人另有约定、法律另有规定或另有交易习惯外,债务人应当按照最有利于债权人的方式履行。在合同之债中,应按照有利于实现合同目的的方式履行。最有利于债权人的方式,包括最能为债权人节省受领费用和应当由债权人负担的费用以及时间、债权人受领最为便利等。例如由债务人代办托运的,虽有空运、陆运、海运可资选择,在陆运上又可选择铁路运送或者汽车运送时,如果债权人急需该标的物,债务人即应采用较为快捷的运送方式;而在其他情况下,则应选择较为节省费用的方式。

对于一次性债务(区别于租赁、雇佣等继续性债务、连续性债务而言),以债务人一次完成全部履行为原则。债权人可以拒绝债务人部分履行债务,但部分履行不损害债权人利益的除外。债务人部分履行债务给债权人增加的费用,由债务人负担(《合同法》第72条)。

此外,对于超额履行的,《合同法》第162条规定,出卖人多交标的物的,买受人可以接收或者拒绝接收多交的部分。买受人接收多交部分的,按照合同的价格支付价款;买受人拒绝接收多交部分的,应当及时通知出卖人。

(六) 履行的费用

履行费用,指债务人进行履行所支出的必要费用,如标的物的运输费用、交通费用、邮寄费用、登记费用、产权转移税费等,但不包括标的物本身的价值,也不包括债权人的受领费用。除当事人另有约定、法律另有规定或另有交易习惯外,履行费用由履行义务一方(即债务人)负担(《合同法》第62条第6项)。但债的关系成立后,因债权人的原因致履行费用增加,例如债权人将债权转让于第三人、债权人住所变更、债权人受领迟延、债权人指示变更履行地点等,增加的费用由债权人负担。

(七) 替代履行

替代履行,又称"替代给付""代物清偿",是指债权人受领其他种类的给付以代替原定给付,而使债的关系消灭的合同。替代履行包括以另一标的物代替原定标的物,以另一质量的标的物代替原定质量的标的物,也包括以他种标的代替原定标的,如以支付金钱代替物的交付。但以他种标的代替原定标的有违公序良俗的,应予禁止。例如原定支付金钱,虽可以提供劳务代替,但若有辱债务人的人格或者对债务人的人身自由施加过分限制,则不允许。替代给付是以他种给付代替原定给付,有违既定的债的内容,故必须经债权人同意受领方发生清偿的效力。债权人已经受领替代给付的,视为债权人已默示同意受领。原定给付与他种给付在价值上不相同时,当事人应就其价值差额的处理予以约定。如无约定,则视为替代给付与原定给付价值无差别。另外,代物清偿属于有偿合同,准用买卖合同的规定(《合同法》第174条),清偿人对替代给付标的物负有瑕疵担保义务。

在实务中,当事人订立了以物抵债合同,但大多数只有双方的合意而没有现实交付。我国现行法并未明文规定代物清偿,但通说认为,必须现实受领他种给付,才能构成有效的代物清偿,据此,此类以物抵债的合同因债权人未现实受领抵债之物而不具有法律效力。但如此处理将损及债权人的合法权益。那么,对于此种情形应当如何认定?我国台湾地区"民法"第320条规定:"因清偿债务而对于债权人负担新债务者,除当事人另有意思表示外,若新债务不履行时,其旧债务仍不消灭。"也就是说,有消灭原债务的意思时,为债的更新;没有消灭原债务的意思时,为新债清偿。《德国民法典》第364条第1款也要求代物清偿须"债权人受领"他种给付,其第2款更是明确规定:"债务人为使债权人受清偿而对债权人承担新债务的,有疑义时,不得认为债务人承担该债务以代替履行。"《日本民法典》第482条也明文规定代物清偿须债权人承诺且已完成该他种给付,其给付才与清偿具有同一效力。因此,如果当事人之间约定以他种给付代替原定给付,并未现实履行或现实受领时,应依当事人的意思确定其究竟为消灭原来债务的债的更改,还是不消灭原来债务的新债清偿。[①]

(八) 履行的抵充

履行的抵充,又称"清偿的抵充",指债务人对同一债权人负担数宗同种类债务,而债务人的履行不足以清偿全部债务时,决定该履行抵充某宗或某几宗债务的规则。在数宗债务中,有的附有利息,有的未附利息;有的附有担保,有的未附担保;有的附有期限,有的未附期限;等等。清偿人所提出的给付,如果不足以

[①] 参见柳经纬:《债法总论》,北京师范大学出版社2011年版,第149页。崔建远、韩世远、于敏:《债法》,清华大学出版社2010年12月版,第49页。

清偿全部债务额,究竟先清偿何宗债务,在当事人间具有重要的利害关系。因此法律上设有履行的抵充规则,以避免在当事人不能达成约定时发生无谓争执。其构成要件如下:须数宗债务的种类相同;须由同一债务人对同一债权人负担;须债务人履行不足以清偿全部债务。

履行的抵充包括约定抵充、指定抵充和法定抵充。

1. 约定抵充

约定抵充是指当事人就抵充的方法达成合意。依据合同自由原则,"有约定从约定",约定抵充应当优先于指定抵充和法定抵充。约定抵充既可以在清偿前约定,也可以在清偿时约定。我国《合同法解释(二)》第 20 条承认了约定抵充优先的规则。由此可见,在当事人另有约定的情况下,原则上应尊重当事人的约定,在当事人没有就清偿抵充作出约定的情形下,才适用法定的抵充规则。[①]

2. 指定抵充

指定抵充,是指债务人对同一债权人负担数宗同种类债务,而债务人的履行不足以清偿全部债务时,由清偿人指定该履行抵充某宗或某几宗债务的规则。指定抵充亦适用于第三人进行的清偿。指定的方法,由清偿人单方面指定其给付系清偿何种债务。指定在性质上属于形成权的行使,应向受领权人为意思表示,一经指定,清偿人不得撤销。指定的时期,是在清偿之时。

3. 法定抵充

为兼顾债权人和债务人双方的利益,清偿人在清偿时,如果并未指定其应抵充的债务的,法律应当设定一个抵充的顺序,称为"法定抵充"。我国《合同法》对此没有规定,但基于公平原则,一般顺序为:

(1) 先抵充已届履行期的债务。

(2) 如果债务均已届履行期或者均未届履行期,应按下列规则决定抵充的先后:第一,先抵充无担保或担保最少的债务。即债务未设担保的,先于设有担保的债务抵充;债务均设有担保,但担保如有轻重之分的,则先抵充担保最少的债务。例如,约定有保证债务的,其较设有担保物权的债务先抵充。第二,担保相等的,先抵充债务人因履行而获益最多的债务。债务如设有担保,其担保又无轻重之分,或均无担保的,以债务人因履行而获益最多的尽先抵充。第三,获益相等的,先抵充最先到期的债务。债务均已届履行期或均未届履行期,各债务提供的担保相等,且债务人因履行所获的利益又无高低多少之分时,以先到期的债务尽先抵充。未定履行期的债务,因在该债务发生的同时,即已届履行期,所以应以发生债权债务关系的时间为履行期。第四,获益及履行期均相等的,各按比例抵充其一部分。

[①] 参见王利明:《债法总则研究》,中国人民大学出版社 2015 年版,第 691 页。

以上所述为原本债务的抵充,如果债务人除了原本的债务外,尚应支付利息和费用,而清偿人的给付不足以清偿其全部债务的,则应依费用、利息、原本债务的顺序抵充。①

第三节 债的不履行

第一目 概 述

债的不履行,是指债的当事人未依当事人的约定、允诺或法律规定履行其义务,包括履行不能、拒绝履行、迟延履行、瑕疵履行和债权人迟延等各种形态。原则上,有关债的不履行的免责与救济规定适用于不履行的任何形态,但在若干情形下存在法律效果上的差异,因此仍有加以区分的意义。本书将先行讨论各种不履行形态的特殊效果,再就不履行的一般效力进行论述。

[**比较法**] 对不履行的形态进行具体分类并分别规定其效力,可称为"分别调整模式",德国旧债法为其典型。日、韩、中华民国民法沿袭之。德国法原先仅规定债务不履行的两种形态,即履行不能与迟延履行,且将履行不能作为履行障碍法的核心概念。其后学说与判例又发展出第三种形态——不完全履行。随着时间推移,履行法的重心亦逐渐变动。实务中,履行不能大多只是一种边缘形态,迟延履行与不完全履行才是不履行的主流形态。以分别调整为基本模式并以履行不能为核心的债法逐渐不能与社会实践相适应,由此催生了德国债法百年来的最重大变革。2001 年德国《债法现代化法》建立了以"违反义务"为核心概念的新体系,"违反义务"概念涵盖一切债务不履行的形态,法典就违反义务的一般要件与效果作统一规定,再针对各种具体形态规定其特殊效果。德国新债法的体系深受国际统一法与示范法的影响。其"违反义务"的概念取自统一法的"不履行"概念,仅作了措辞上的变通。

1964 年《国际货物买卖统一法公约》与 1980 年《联合国国际货物买卖合同公约》均未对不履行的形态作出一般分类,而仅就不履行作统一规定,再就个别之处设置拒绝履行、瑕疵履行的特殊规定,可称为"统一调整模式"。PICC 与

---

① 我国民法上原无清偿抵充规则,2009 年颁布的《合同法解释(二)》第 20 条、第 21 条采纳了与民法法理及比较法通行规则相当的规则。第 20 条规定:"债务人的给付不足以清偿其对同一债权人所负的数笔相同种类的全部债务,应当优先抵充已到期的债务;几项债务均到期的,优先抵充对债权人缺乏担保或者担保数额最少的债务;担保数额相同的,优先抵充债务负担较重的债务;负担相同的,按照债务到期的先后顺序抵充;到期时间相同的,按比例抵充。但是,债权人与债务人对清偿的债务或者清偿抵充顺序有约定的除外。"第 21 条规定:"债务人除主债务之外还应当支付利息和费用,当其给付不足以清偿全部债务时,并且当事人没有约定的,人民法院应当按照下列顺序抵充:(一) 实现债权的有关费用;(二) 利息;(三) 主债务。"

PECL 亦从此例。统一调整模式最大限度地简化了不履行的法律规范体系,使得债务不履行法更为清晰、简洁、便于适用,有助于减少法律适用的成本。不履行形态的分类不再成为处理不履行案件的必要前提,而只需在涉及个别特殊问题时再作分类,从而减少了长期困扰理论与实务的区分问题的困难与麻烦。

债的不履行包括可免责的不履行和不可免责的不履行。① 不履行仅系一种事实评价,当事人不履行债务时,债务人应否承担责任,权利人是否有权主张救济,尚需判断是否存在免责事由方可得出结论。大陆法系各国原先多采用"列举式归责"模式,即以债务人存在故意或过失作为归责事由,债权人不能证明存在归责事由的,债务人不承担不履行的责任。此种过错责任模式之下免责事由较为宽泛,对债权人保护不力。英美法系则采严格责任原则。新近的国际公约与示范法受英美法影响,采"排除式归责"模式,即仅仅明文列举有限的几种免责事由,债务人不能证明存在免责事由的,即应承担责任。我国现行法亦采用严格责任原则。

[争议点] 大陆法系学理上尚有狭义的债务不履行的用法,即债务不履行仅指存在归责事由的债务不履行,②其要件有二:(1) 发生履行障碍事实;(2) 不存在免责事由。此种用法存在概念不清的缺陷,易导致一义多用。例如,在认为债务不履行的形态包括给付不能、给付迟延、不完全给付时,又认为履行障碍事实包括给付不能、给付迟延、不完全给付,相互矛盾;③既认为债务不履行的形态包括给付不能等,此处所称"给付不能",即应仅指可归责的给付不能,但同处却又将给付不能分为可归责的给付不能与不可归责的给付不能,用语之混乱可见一斑。④ 采广义的债务不履行概念,则可使概念体系简洁明了,前后一致,更为可取。

免责事由一般包括:

1. 不可抗力

因不可抗力不能承担民事义务的,不承担民事责任,法律另有规定的除外。不可抗力,是指不能预见、不能避免并不能克服的客观情况(《民法总则》第180条、《合同法》第117条)。金钱债务不存在因不可抗力而免责的问题。

2. 债权人的行为

债权人的行为导致债务不履行的,债务人可以免责。典型情形有二:

---

① 参见 PICC 第 7.1.1 条;PECL 第 1:301 条第(4)项。
② 参见邱聪智:《新订民法债编通则(下)》,中国人民大学出版社 2004 年版,第 271 页;郑玉波:《民法债编总论》,中国政法大学出版社 2004 年版,第 255 页。
③ 同上。
④ 参见邱聪智:《新订民法债编通则(下)》,中国人民大学出版社 2004 年版,第 283—284 页;郑玉波:《民法债编总论》,中国政法大学出版社 2004 年版,第 265—267 页。

其一,债权人违反协作义务,无论债权人对违反协作义务有无归责事由。

[示例] 承包人 A 依合同约定欲进入发包人 B 的工地进行施工,但 B 关闭了工地大门并且不允许 A 进入,则 B 不能请求 A 承担债务不履行的责任。即使 A 不能进入工地是因 B 的工人举行罢工阻挡大门所致,也发生同样效果。①

其二,未履行对待给付。当事人双方应同时履行义务的,债务人可在对方提交履行前拒绝履行;双方应相继履行义务的,后履行的债务人可在应先履行的一方当事人完成履行前拒绝履行。

3. 免责条款

基于意思自治原则,当事人可以通过事先或事后订立免责条款免除债务不履行的责任。但下列免责条款无效:造成人身伤害的;因故意或者重大过失造成财产损失的(《合同法》第 53 条)。法律设此限制,旨在防止当事人滥用谈判力量、违背强行法与公序良俗。

第二目 债务不履行的形态

一、履行不能

履行不能,是指债务人客观上已不可能履行债务。履行不能包括事实上不能和法律上不能。前者如应当交付的标的物已失其存在,债务人失去劳务能力;后者如应当交付的标的物被法律规定为禁止流通物或标的物被第三人善意取得。事实不能与法律不能的法律效果并无差别,其区分仅具有提示意义。

传统民法另有自始不能与嗣后不能、客观不能与主观不能的分类。自始客观不能的,债务不成立,债权人因此受损害时,仅可依缔约上的过失请求赔偿,而不得主张债务不履行的责任;自始主观不能的,债的关系有效成立,债务人应负债务不履行的责任。此种分类缺少实益,不仅实际法律效果并无实质性区别,且分类标准高度抽象,难以妥善确定概念之间界限,徒增理论上的复杂性。CISG、PICC、PECL 等相继废弃此种分类,而对履行不能规定统一的法律效果。德国新债法亦已抛弃该传统分类。

履行不能作为不履行类型的意义,或者说履行不能的特有法律效果在于:

1. 排除强制履行的适用。债务人履行不能时,债权人不能请求强制实际履行。

2. 履行期届满前已经发生履行不能事由的,债权人可以行使不安抗辩权或以构成预期违约为由追究债务人的责任。

---

① 参见 PICC 第 7.1.2 条,例证 1。

二、拒绝履行

拒绝履行,又称"给付拒绝",指债务人应当履行且能够履行,而向债权人为不履行之表示。拒绝履行,包括债务人以明确的方式表示自己将不履行债务,或者债务人以自己的行为表明将不履行债务(《合同法》第94条第2项、第108条),即明示的拒绝履行和默示的拒绝履行。在前一种情形下,债务人须有不履行债务的意思通知,且其通知到达债权人。而通知采用口头、书面或者其他方式,在所不问。在后一种情形下,债务人须有能够表明其将来不履行债务的行为,且该行为系基于债务人的自由意思。值得注意的是,债务人仅为缺乏履行能力的陈述,不构成拒绝履行。但若债权人有合理的理由相信该陈述已足以表明拒绝履行的意思,应认定构成拒绝履行。此外,拒绝履行还可分为期前拒绝履行与期中拒绝履行,前者是指债务人在履行期届至前拒绝履行;后者是指债务人在履行期已届至,但未届满之时拒绝履行。

一般而言,债务人于履行期届至后为给付拒绝的,债权人即可请求法院强制其履行,或者请求损害赔偿;而债务人于履行期届至前为给付拒绝的,债权人可以不经催告,即解除合同。根据《合同法》第94条第2项,在履行期届满之前,当事人一方明确表示或者以自己的行为表明不履行主要债务的,相对人可以解除合同。此项法定解除权,无论合同履行期限是否届至,均可行使。有学者认为,债权人还应享有受领拒绝权,例如因债务人给付拒绝之结果,债权人另行购入契约之标的物或已另雇他人时,纵债务人再欲给付,债权人亦得拒绝,而不受领,同时得请求因给付拒绝所生损害之赔偿。①

此外,在双务合同中,债务人表示拒绝履行后,其享有的同时履行抗辩权消灭。债权人有先履行义务的,可拒绝自己的履行,即可行使不安抗辩权。

三、迟延履行

迟延履行,又称"债务人迟延",指债务能够履行,而债务人于履行期限届至时未为履行。债务履行定有确定日期的,该日期为履行的确定期限;定有履行期间范围的,以最后期限为履行的确定期限;分期履行的债务是否迟延,应以每一期是否按期履行而定;未定履行期的债务,债权人可以随时请求履行,但要给债务人必要的准备时间(《民法通则》第88条第2款第2项、《合同法》第62条第4项),该期间届满,债务人未履行债务的,构成迟延履行。可见,构成履行迟延,一是须有有效的债务存在,二是债务履行期限届满而未履行,三是须能够履行,四是债务人履行不具有正当事由。

---

① 参见郑玉波:《民法债编总论》,中国政法大学出版社2004年版,第270页。

迟延履行有下列特有效果：

1. 债务人迟延履行金钱债务的，应当支付迟延期间的利息。有息债务，按照当事人约定的利率计算利息；无息债务，自迟延之日起支付利息，利率按照法定利率计算，但法律或者行政法规另有规定的，依照其规定。债务人就迟延履行支付利息，是金钱之债债务人迟延履行时对债权人利益的保护。无息借款的迟延履行亦需支付利息，是因债务人未如期偿还，债权人将可能失去利息收益。但债权人无须证明自己已将收回的款项另行贷与他人，债务人也不得以债权人未将款项另作他用为由主张抗辩。不要求债权人就迟延利息举证，除有保护债权人的考虑之外，还基于诉讼经济原则，便于法院便捷、快速地解决纠纷。

2. 因债务人迟延，履行对于债权人已无利益的，债权人可以拒绝受领其履行，代之以请求损害赔偿。履行是否无利益，应依诚实信用及具体情形进行判断。迟延履行已经导致债权目的不能实现的，应认定履行对债权人无利益，例如承揽人在圣诞节之后方才向定作人交付圣诞贺卡。值得注意的是，原则上金钱债务不适用此项规则，因金钱债务在一般情况下并不因时间变化而减少或丧失效用，但仍有例外。例如买卖某种特定外汇的交易，在迟延履行期间国家外汇政策发生变化，禁止该类外汇流通，此时债权人自得拒绝受领该种外汇。

3. 债务人应对迟延期间发生的不可抗力负责。根据《合同法》第117条后段，当事人迟延履行期间发生不可抗力的，不能免除责任。

4. 法律对迟延履行的责任有特别规定的，依照其规定。例如，《民事诉讼法》第253条规定的迟延履行金；《合同法》第114条第3款规定的迟延履行的违约金。但在债权人因债务人迟延履行而解除合同时，应先予催告并给债务人确定合理的履行准备期限。只有当债务人仍不履行时，方可解除合同（《合同法》第94条）。

四、不完全履行

不完全履行，又称"瑕疵履行"，指债务人的履行不符合当事人约定的或者法律规定的条件。瑕疵履行与履行不能、拒绝履行、迟延履行的不同之处，在于债务人已经履行，但履行不符合债的内容。

瑕疵履行发生下列特有的法律效果：

1. 债权人有请求补正瑕疵履行的权利。常见的补正方法包括修补和替代，如修补瑕疵货物、改善不足的服务、在无法修补时给付替代货物等。如同一般的请求强制履行的权利一样，瑕疵履行补正权也受到一定的限制。主要包括：

（1）时间限制。基于诚信原则，债权人受领后，发现标的物或服务有瑕疵时，应于合理时间内通知债务人，否则不得再请求补正。

（2）方法限制。瑕疵履行的补正实际上属于强制履行的一种特殊形态，因此在补正会造成不合理的负担或费用时,不得适用,而只能适用损害赔偿。例如,在定制装饰品的合同中,因个别成品存在微小瑕疵,债权人即要重新定型制作,显属不当。标的物虽能补正,但补正对债权人已无利益的,债权人可拒绝补正。

2. 瑕疵履行不能补正的,债权人只能请求损害赔偿。例如特定物的给付存在瑕疵,债权人受领后该物灭失,则不能适用补正。

3. 瑕疵履行构成加害履行。一般情况下,瑕疵履行仅导致履行的价值或效用的减少、丧失,损害债权人的期待利益,但瑕疵履行也可能对债权人的固有利益造成损害。例如出卖人虽按约定时间、地点、数量交付了家畜饲料,但饲料不符合卫生标准,致使买受人的家畜病死;会计师向客户出具了第三人的财务情况说明书,但内容存在重大遗漏,致使客户错误评估第三人的资信而遭受损失。此种情况即构成加害履行。

加害履行,又称"加害给付",指因债务人的履行行为有瑕疵,使债权人的人身或者其他财产受到损害。所谓"其他财产",指债权人原有的财产,债的标的物本身不包括在内。履行不能和履行迟延属于债务人应为而不为,而加害履行则属于不应为而为之,故理论上称之为"积极侵害债权"。一方面,债务人的履行本身不符合法律规定或者当事人的约定,构成瑕疵履行;另一方面,债务人的行为又损害了债权人的其他利益,可能构成侵权行为。因此,应构成债务不履行责任与侵权责任的竞合,债权人可以择一请求。但如债务人的履行行为本身并无瑕疵,或者与履行债务无关的行为给债权人的人身或者其他财产造成损害的,仅构成侵权行为,不适用债务不履行的规定,而只能适用侵权法的规定。

五、债权人迟延

(一) 概念

债权人迟延,又称"受领迟延",是指债权人对已提出的履行未受领或未进行其他为完成履行所必需的协作的事实。

[**争议点**] 债权人迟延的定义

"债权人迟延"或"受领迟延"一语,存在着名不副实的缺陷。未为协作不仅包括未依约定时间受领(即迟延受领),也包括未依约定条件受领(例如约定由债权人以集装箱轮赴港载运,但债权人只遣普通货轮前来,致使债务人无法按时装货)、拒绝受领、受领不能等情形,仅以"迟延"一语概括之,不仅概念之名称不足以包括概念之内容,且易与"迟延履行"相混淆,产生不必要的误解。

(二) 债权人迟延的性质

债权人迟延性质如何,为学说上长期争论的问题。该问题又与受领的性质直接相关。受领是否属于债权人的义务?对此有不同认识。有的认为受领为债权人的义务,债权人迟延即构成债务不履行;有的认为受领为债权人的权利,仅在法律特别规定情况下才属于义务,而债权人迟延仅使债权人受不利益,并不构成债务不履行责任。

受领性质及债权人迟延性质之争,其实益在于对于债权人迟延的构成要件有不同影响。依受领义务说,债权人迟延责任的构成要件应与债务不履行责任相同,故须债权人对其迟延有故意或过失时,方负迟延责任;依受领权利说,债权人迟延属于权利不行使(致债务人损害时构成权利滥用),自无须适用债务人不履行归责事由,故多认为存在债权人不受领的客观事实即为已足,因其系权利不行使之故,无所谓故意与过失要件。至于债权人迟延的法律效果,无论何种学说似均无实质性争议。上述区别在债务不履行采过错责任的法律体系下才有意义,在严格责任法制下则仅具有理论意义。在后者,债务不履行不以故意过失为要件,无论对债权人迟延的性质作何种认定,效果均无差异。

[比较法] 受领迟延制度与迟延履行制度同起源于罗马法,但罗马法上未完整地明确其定义。近代民法在此问题上发生分化。《法国民法典》并未规定独立的债权人迟延制度,判例学说多认为受领为债权人的义务,与迟延履行同以过错为归责要件。德国民法典将债权人迟延单列一节,与给付义务(包括债务不履行的规定)一节并列规定,已明示两者之不同。学说与判例一般认为,除法律特别规定外(买卖与承揽),债权人无受领义务。《瑞士债务法》第91条规定:债权人不正当地拒绝受领及时提出的履行或拒绝履行其义务造成债务人不能履行债务的,构成债权人迟延。但解释上不认为"不正当"即为过失,而认为仅具客观意义,债权人迟延并不以过失为要件。《荷兰民法典》将债权人迟延与债务不履行的效力并列,明示两者为不同的制度,但仅规定债权人迟延须有可归责于债权人的事由,[1]至于该事由是否仅以债权人过错为限,法无明文。《意大利民法典》规定债权人迟延包括无法定理由而未受领给付或未履行必要的协作义务,并未以故意或过失为要件。[2] 代表欧洲合同法最新趋势的 PECL 明文规定(债务)不履行的概念包括不履行协作义务,[3]将债权人迟延明确定性为债务不履行,而适用一般的严格责任归责原则。由债法的发展史可知,与债务人责任的逐渐严格化相适应,债权人的责任也有渐趋加重的倾向,体现了债法在分配债务人与债权人的利益时所持的衡平立场,也体现了债之关系作为一个当事人利益共同体的性质的加强。

我国现行法一般性地规定了合同当事人的附随义务,债权人协作的义务性

---

[1] 参见《荷兰民法典》第6:58、6:59条。
[2] 参见《意大利民法典》第1206条。
[3] 参见 PECL 第1:301条。

已得到明文确认。此外在某些有名合同中更明文规定债权人协作义务及其违反后果。受领作为债权人协作义务的最主要内容,自应受上述规范调整。兼因我国法对债务不履行采严格责任,无须以债权人过错为要件,已至为明显。《合同法》第 101 条虽规定仅在债权人无正当理由拒绝受领或不能受领时,债务人方可以提存方式进行补救,但此处的"正当理由"一般是指债务人的履行不符合债的内容而言,与债权人有无过错无关。

(三) 债权人迟延的要件

债务人欲以债权人迟延为由减免其责或主张其他救济,须证明下列要件:

1. 债务履行需要债权人协作

债务的履行若无须债权人受领或提供其他协作,当然不发生债权人迟延。例如不作为债务,仅依债务人自身行为即可履行。履行所需协作,可能是作为(如接收标的物),也可能是不作为(如不干扰承包人施工)。协作是否必要,应依当事人的约定及一般交易习惯、社会观念决定。

2. 债务人提出履行

债务人未提出履行,将使得债权人无从受领或提供其他协作,自不发生债权人迟延的问题。但履行须以债权人实施协作行为为前提的,只有债权人适时地实施该行为,才需要提出履行。

提出履行,是指债务人依当事人约定、允诺或法律规定的债的内容完成履行所必要的一切行为,使债权人处于随时可受领的状态。不符合债的内容时(如货物数量不符),不发生提出履行的效力,债权人有权拒绝受领。提出履行包括现实提出与言词提出两种方式。[1] 原则上应为现实提出,例外情形下可为言词提出。

(1) 现实提出。即债务人实际上完成履行所必要的行为,例如将标的物运至交货地点,以待接收。

(2) 言词提出。即债务人将准备履行的事实通知债权人,而不必现实地提出履行。言词提出属于意思通知,准用意思表示的规定。言词提出须在具备法定情形时方可适用。即仅当债权人预先表示拒绝受领或履行兼需债权人的行为时,才可以言词提出代替现实提出。债权人预先表示拒绝受领时,若要求债务人须现实提出履行方可构成提出,无异于浪费准备履行的时间、费用与精力;履行兼需债权人行为时,若债务人事先未予通知而径自前往履行,则债权人未必能准备就绪、及时受领,有碍于履行效率。故法律允许债务人以言词提出代替现实提出,以减轻其负担。

3. 债权人未受领或未提供其他协作

未受领原因包括拒绝受领或不能受领。拒绝受领即能受领而不受领,可以

---

[1] 参见《德国民法典》第 294、295 条。

是积极拒绝(如明示不肯收货)或消极拒绝(如不腾出仓库空位以备收货)。不能受领可以是永久不能或暂时不能。履行期限不确定,或债务人有权在所确定的时间之前履行的,债权人暂时不能受领不构成债权人迟延,但债务人已在适当时间之前通知债权人履行的除外。

(四)债权人迟延的效力

债权人迟延虽归于债务不履行的一种形态,但其效力与债务不履行不尽相同。债权人迟延时,原则上不得请求强制履行其协作义务,因协作义务性质上一般属于行为债务,且非由债权人亲自履行往往不足以实现其目的,故而不适于强制履行。债权人迟延造成债务人损失的,应承担损害赔偿责任。该损失包括提出履行的费用和保管标的物的必要费用,也包括债务人的其他损失。

[示例] 承包人 A 至发包人 B 的工地施工。工地的安全施工设施年久失修,B 疏于检查维护,致使 A 身受重伤。B 应依债务不履行的规定赔偿 A 所受损害。

除此之外,依据现行法及比较法上的做法,债权人迟延尚可发生下列特有效果:

1. 债务人有权将标的物提存,以消灭债务(《合同法》第 101 条)。有关提存的详细内容,参见本书"债的消灭"一章中的相关论述。

2. 债务人履行义务的免除。经债务人请求,法院可以免除债务人的履行义务,免除可以附条件或不附条件。①

3. 迟延履行的阻却。只要债权人处于迟延状态,即使履行期限届至,债务人未履行,也不构成迟延履行。②

4. 债权人强制履行的排除。债权人处于迟延状态时,不得向债务人请求强制履行。③

5. 债务人责任的减轻或免除。因债权人迟延过程中发生的事件致使履行全部或部分不能时,债务人不承担责任,但债务人有过错的除外;④债权人处于迟延状态时,债务人无须支付利息;⑤债务以返还标的物的孳息为内容的,债务人仅须返还已收取的孳息,⑥而不再负有收取孳息的义务。

上述内容为债权人迟延的一般效力。除债法总则外,各种类之债中亦有关于债权人迟延效力的特别规定,如《合同法》第 259、283 条,即特别效力,将于债

---

① 参见《荷兰民法典》第 6:60 条。
② 参见《荷兰民法典》第 6:61 条。
③ 参见《荷兰民法典》第 6:62 条。
④ 参见《荷兰民法典》第 6:64 条;《意大利民法典》第 1207 条。
⑤ 参见《德国民法典》第 301 条;《意大利民法典》第 1207 条;
⑥ 参见《德国民法典》第 302 条;《意大利民法典》第 1207 条。

法分论中述及。

（五）债权人迟延的消除（终了）

1. 债权人迟延消除的原因

债权人迟延因下列事由消除：

（1）迟延免除。当事人协商同意或债务人同意变更债权人协作期限或协作内容时，债权人迟延状态消除。

（2）迟延涤除。债权人提供协作、表示愿意协作时，债权人迟延状态消除。

（3）履行不能。债务人履行不能时，债权人迟延状态消除。

（4）债权消灭。债权无论基于何种原因消灭，债权人迟延状态消除。

2. 债权人迟延消除的效力

债权人迟延消除后，债务人应依债的内容履行，因债权人迟延所享受的优待归于消灭。但债权人迟延的消除无溯及力，债务人已实施的提存等行为无须回转，已减免的责任不得回复，债权人应负的责任不受影响。

第四节 债务不履行之救济

区分债务不履行形态的意义，在于确定各种形态的特殊法律效果，已如前述。债务不履行的一般效果，自债权人角度而言，为债务不履行的救济；自债务人角度而言，则为债务不履行的责任。债务不履行的一般效果主要包括强制履行与损害赔偿。

第一目 强制履行

一、强制履行概述

强制履行，是指债权人借助于法院的强制力迫使债务人履行债务的救济方法。在拒绝履行、迟延履行、瑕疵履行三种情况下，债权人有权请求强制履行，自无疑问；在履行不能的情况下，尽管事实上无法强制履行，只能请求损害赔偿，但债务人不履行赔偿义务时，仍得对该损害赔偿债务强制履行，[①]故强制履行仍不失其一般效果的地位。

[比较法] 强制履行与损害赔偿的关系

强制履行是实现债权目的的最直接手段，大陆法向来对之持肯定态度，并将其作为债务不履行救济的首要方式。一般而言，法院在对是否准予强制履行的问题上并无自由裁量权，只要债权人诉诸强制履行，非有特别事由，法院即应予

---

① 参见郑玉波：《民法债编总论》，中国政法大学出版社2004年版，第280页。

以支持。普通法对强制履行的态度则截然不同。强制履行在普通法系称为"特定履行"(specific performance)。传统普通法上合同救济方式唯有损害赔偿一种,因不足以适应社会发展、实现公平正义,衡平法上遂创设强制履行之救济以济其穷。但长期以来强制履行仅作为损害赔偿的补充与例外,仅当损害赔偿不足以充分救济债权人时,方可适用强制履行。法院在决定是否适用强制履行时,可斟酌债务违反后果、债权人所受损害、其他救济的充分性等多种因素而判定适用强制履行是否适当,有较大的裁量权。但20世纪后期以来,此种模式屡受学者批评与反思,制定法与判例法上已渐有向大陆法系靠拢的趋向,开始对强制履行与损害赔偿的并行地位持宽松态度。

二、强制履行的限制

对金钱债务的强制履行不存在限制(《合同法》第110条),但非金钱债务的强制履行则可能涉及债务人人格尊严的保护、诚实信用与公平交易原则的要求以及出于经济合理性的考虑,此时债权人的强制履行请求权应让位于这些更高位阶的利益或秩序。具体而言,具有下列情形之一时,不适用强制履行,而只能适用损害赔偿或其他救济:

1. 履行在法律上或事实上不可能(《合同法》第111条第1项)。此种情形下要求强制履行,无异于强人所难,自应否定。欲以履行不能为由排除债权人的履行请求,应由债务人对其是否履行不能承担举证责任。因为债务人对是否存在履行不能的事实最为清楚,最有条件加以证明。

2. 履行会造成不合理的负担或费用(《合同法》第111条第2项)。在例外情况下,特别是当债务履行的条件已发生重大变化时,尽管履行仍然可能,但却可能付出不相称的代价,若强求履行,将有悖于诚实信用和公平交易的基本原则。

3. 债务的标的不适用强制履行(《合同法》第111条第2项)。典型情况是具有完全的人身属性的履行,对此类债务实施强制履行,将会妨害债务人的人身自由,无异于古代法中"债奴"制度的复活,有悖于现代法的根本理念。而且,强制履行往往会削弱履行的质量与效果。何谓"完全的人身属性"?现代法的趋势是将其界定为具有独特性质的履行。本项例外不适用于法人或其他组织承担的债务,因为组织可以委托或指派其他受过类似训练、具备类似技能的人实施履行。

[示例] 一个建筑师事务所承担的十座私人住宅的设计能够被强制履行,因为该事务所可以将此工作指派给另一建筑师或者雇用一个本所之外的建筑师来完成。相反,由一名世界著名建筑师承担的一项体现21世纪城市构想的城市建筑项目的设计不能被强制履行,因为该债务具有高度的不可替代性并且需要

运用极为专业化的技能。①

4. 债权人在合理期限内未要求履行。债务人通常需要为履行付出特定的准备与努力。如果债权人在履行期满之后的合理期限内未提出履行的要求,债务人有理由假定债权人不再坚持要求履行。如果对强制履行不作时间限制,将使债权人可以任意将债务人置于长期不确定的状态,对债务人造成不公平的风险与负担。

三、强制履行的方法

强制履行的方法分为三种:

1. 直接强制

直接强制为强制履行的最常用方法,即凭借国家机关的强制力直接实现债的内容。此种方法一般仅适用于财物之债,而不适用于劳务之债、不作为之债,因民事程序法的强制力原则上不得及于人身。

2. 代履行

代履行,又称"代执行""代替执行""强制履行的替代"等,指由第三人或债权人代替债务人实现债的内容,而由债务人承担费用的强制履行方法(《民事诉讼法》第252条)。此种方法主要适用于可由他人代行的行为债务,例如会计师未应客户的要求制作财务报表,客户可另行聘请会计师完成该工作,其费用由债务人负担,费用的数额应依代履行时的市场价格决定。债权人已经先行支付而债务人能够证明该费用不合理的,法院可酌情予以调整。

3. 间接强制

间接强制,是指通过课处罚款、迟延履行金等手段迫使债务人履行债务的强制履行方法。当债务不适用直接强制,并且难以由他人代履行时,间接强制即有用武之地。间接强制属于强制履行方法之一,因此其适用并不排除债权人请求损害赔偿的权利。迟延履行金的支付应被视为对债权人所遭受的、按照损害赔偿的规则无法计算与弥补的损失的补偿,因此不应计入损害赔偿之中。

第二目 损 害 赔 偿

一、损害赔偿概述

损害赔偿为最常见的债务不履行的救济方法。与强制履行相比,损害赔偿适用条件限制较少、可救济将来之损害且较易执行,并且无论主义务的不履行还是附随义务的不履行,均可适用损害赔偿,此皆是其优点;但损害赔偿的证明、计

---

① 参见 PICC 第 7.2.2 条评注 3. d。

算与确定,往往并非易事(在当事人未作约定的情形下尤其如此),此又较强制履行不利。

二、损害赔偿与其他救济的关系

损害赔偿原则上可与其他救济方法并用,但以不超过债权人的期待利益为限。所谓"期待利益",指债务完全履行时债权人所能获得的利益。因此,如债权人已通过强制履行获得救济,即不得再请求损害赔偿;但在迟延履行的情况下,即使已适用强制履行,债权人仍可请求赔偿迟延导致的损失,因迟延导致的损失并非事后的履行所足以补偿。

三、损害赔偿的要件

损害赔偿的成立须具备以下要件:

1. 有损害存在

损害,包括所受损失与所失利益。所受损失包括受害人财产的减少,也包括债务的增加,例如债权人因未得到债务人的支付而被迫通过其他途径借款而导致债务与责任的增加。所失利益,又称"间接损失"或"后续性损失"(consequential loss),是指债务适当履行时受害人正常可得到的利益。

损害可以是物质损害(material harm),也可以是非物质损害(non-material harm)。非物质损害包括人格权的损害和精神痛苦、丧失生活愉悦、丧失美感等精神利益的损失。传统债法上债务不履行的损害赔偿大多限于物质损害,但现代债法基于充分保护债权人期待利益的考虑,已突破此项限制。尤其对于以提供精神利益、满足精神生活需要为目的的债务,更对非物质损害的可赔偿性放宽限制。

[示例1] 演艺公司A与歌手B签约,后A因娱乐媒体传播B从事不当行为的报道而提前解除与B的合同,造成B名誉进一步受损,并屡遭其他公司拒聘。B可请求A赔偿名誉损害及丧失与其他公司缔约机会的损失。

[示例2] 旅行社A组织多名游客参加"黄山三日游"。旅游开始后,A擅自变更旅游路线、克减预定景点、降低食宿标准,未满三日即草草而返。此种情况旅客可请求非物质损害赔偿。

损害赔偿数额原则上应由债权人举证证明,但有例外:(1) 金钱债务不履行所致损害无须证明,依法定利率计算即可(现行的罚息计算标准为本金的万分之二点一/日);(2) 精神损害事实的存在和严重程度难以举证,应适用经验法则认定。法院不得以债权人未证明具体数额为由驳回诉讼请求,而应依职权决定赔偿数额。

2. 存在债务不履行的事实,且债务人无免责事由

债权人应证明存在债务不履行的事实;债务人则须对不存在免责事由承担举证责任。

3. 存在因果关系

债务不履行与损害之间必须存在因果关系。损害必须是债务不履行的直接结果。因果关系过于遥远的损害通常也是不确定的、不可预见的,不能予以赔偿。

四、损害赔偿的范围

损害赔偿的范围分为约定范围和法定范围。当事人对赔偿范围未作约定或约定不明的,适用法定赔偿范围;但法定损害范围规则中的强行性规范无论当事人有无约定均应适用。

1. 约定损害赔偿范围

约定有事前约定和事后约定两种方式。在意定之债(尤其是合同之债)中,当事人往往预先约定损害赔偿的范围或计算方式(《合同法》第114条第1款),法律上称之为"预定损害赔偿"(liquidated damages);而在法定之债中,当事人基本上不可能事先作出约定。

约定损害赔偿避免了赔偿证明与计算上的固有困难,有助于减少纠纷解决的成本,快速便捷地了结争议,保障交易秩序的顺畅运作,具有法定损害赔偿无法取代的优势。因此,对约定损害赔偿的有效性应予以充分尊重,只要不违反强行法规定、不存在无效和可撤销事由,即使其范围较之法定的完全赔偿范围有所扩大或缩减,法院也不应轻易否定其效力,否则有违于约定损害赔偿制度的宗旨,将会削弱约定损害赔偿的制度价值。

2. 法定损害赔偿的范围

(1) 完全补偿原则(principle of full compensation)

受害人对债务不履行所导致的损害有权得到完全的补偿,此即完全补偿原则,亦称为"完全赔偿原则"。损害包括因不履行所遭受的任何损失,也包括因不履行被剥夺的任何收益,已如前述。完全补偿原则旨在填补损害,故不允许受害人获得超过损害的额外利益,也不允许受害人将不可归责于债务人的事由所致的损害转嫁给债务人。

(2) 完全补偿原则的限定之一:确定性规则

损害应具有合理的确定性(certainty)。包括两层含义:其一,损害的发生应具有合理的确定性。损害不必是已经实际发生的损害,将来的损害只要可合理地确定,也可请求赔偿,例如医师违反医疗合同所造成的合理的后续治疗费用。若将可赔偿的损害范围严格限定于实际损害,将迫使债权人等待每次损害实际

发生后方可提出请求,不仅有失公平,兼且增加讼累。因此,确定性的程度只需满足"合理"的标准,而不是绝对的确定性。其二,损害的程度应具有合理的确定性。某些损害的存在确定无疑,但却无法量化,典型的例子包括机会损失与非物质损害。对此应以社会的一般观念及案件的具体情形确定其程度。[①]

[示例1] A 将一份投标书交给快递公司 B,B 允诺在投标截止日前将投标书送到招标委员会,但途中发生延误,送到时已超过截止日,导致 A 的投标被拒绝。此时,损害赔偿额取决于 A 的投标书的中标概率,因此需要与其他被接受考虑的投标申请进行对比。赔偿额将以与 A 相应比例的可得利益为据进行估算。[②]

[示例2] 顾客 A 在高级宾馆 B 住宿时,因电梯突发故障、宾馆未能及时营救而被困五小时,获救后发生心理障碍。此时,损害赔偿额除去治疗费用外,并应根据精神损害的确定性进行认定。

(3) 完全补偿原则的限定之二:可预见性规则

可预见性规则是指损害赔偿范围不得超过不履行一方在订立合同时所预见到或应当预见到的因不履行可能造成的损失。可预见性规则的目的在于合理限定可赔偿的损害的边界,避免将过于遥远的、漫无边际的损害课加于债务人而使债务人承担过高的风险,进而使得当事人慑于高风险而不敢轻易从事交易,有碍社会经济生活的顺畅运行。根据《合同法》第 113 条,当事人一方不履行合同义务或者履行合同义务不符合约定,给对方造成损失的,损失赔偿额应当相当于因违约所造成的损失,包括合同履行后可以获得的利益,但不得超过违反合同一方订立合同时预见到或者应当预见到的因违反合同可能造成的损失。

[示例] 独资企业主 A 欲赴外地签订一项金额达 1000 万元的重要合同,遂与出租车公司 B 约定次日清晨 8 点整由 B 派车接送 A 赴机场。届时 B 因调度不当,未及时派车,致使 A 延误班机,谈判一事告吹。A 的合同预期利润损失非 B 所能预见、所应预见。(若 A 订车时特别强调准时到达的重要性,如何认定损害范围? 若 A 订车时特别强调准时到达的重要性并示知行程目的及主要内容,又如何认定损害范围?)

(4) 完全补偿原则的限定之三:责任相抵

在债务不履行责任采用过错责任原则的法律体系中,损害的发生部分归因于受害人的故意或过失时,损害赔偿数额应扣除受害人过错导致的损害部分。各国普遍认可该规则,但称谓不尽相同,诸如过失相抵、过错相抵、与有过失、比较过失、助成过失等,不一而足。在债务不履行责任采用严格责任原则的法律体

---

① 参见 PICC 第 7.4.3 条评注 1、2。
② 参见 PICC 第 7.4.3 条。

系中,债务人的可归责事由扩大,受害人的可归责事由亦应扩展到过错之外,方符合公平原则。如果损害的发生部分归因于受害人的行为或者由其承担风险的其他事件,该部分损害应由受害人自负其责。① 因此,该规则的名称可相应修正为"责任相抵规则"。

(5) 完全补偿原则的限定之四:减损义务

债务人不履行债务时,债权人应当采取适当措施防止损害的扩大。此项义务称为"减损义务"。未尽减损义务致使损害扩大的,不得就扩大部分的损害要求赔偿;为采取减损措施付出的合理费用,应由债务人承担(《合同法》第119条)。上述规则称为"减损规则"。减损义务与责任相抵出于同一法理,即债权人不得将归责于自身的事由所致损害转嫁于债务人承担。两者不同之处在于,前者系针对损害的发生而言,后者则是针对损害的扩大而言。

[示例] 食品公司 A 向农场 B 订购苹果五吨。B 将苹果运至时,因途中受热,已有轻度腐烂,A 收货后一味指责 B 违约,而疏于采取合理措施处置,致使该批苹果全部腐烂。A 不得就扩大部分的损失要求 B 赔偿。

(6) 完全补偿原则的限定之五:损益相抵

损益相抵,又称"损益同销",是指受害人因同一赔偿事由获有利益时,应将所得利益从所受损害中扣除,以确定损害赔偿范围。所得利益的形式多种多样,可以是免于支付本应支付的费用或成本,也可以是免于承担本应遭受的损失。

[示例] A 公司向船运公司 B 预订某货轮舱位十个,价格五万元。开航时 A 未能依约装货上船,致使货舱空置。货轮航行途中在某港口停靠时,C 公司订用了这十个空舱,价格两万元。B 对 A 的赔偿请求中应扣除该笔价款。

第五节 债的保全

第一目 概 述

债的保全,也称"责任财产的保全",是指债权人为确保其债权的获偿,而防止债务人财产减少的一种手段。根据债的效力,债的关系一经成立,债务人的全部财产即成为"责任财产",成为债的一般担保。债务不履行时,该责任财产将成为强制执行的标的。因此,责任财产的状况如何,直接影响到债权人的债权能否得以实现。当责任财产发生不当减少并影响到债权的清偿时,法律便赋予债权人以防止债务人责任财产减少为目的的权利,从而达到直接维持债务人的财产状况,以间接确保自己债权得以获偿的目的。

---

① 参见 PICC 第 7.4.7 条。

债的保全制度作为一般担保,与债法特设的特别担保制度相比,有着更全面的功能,使债权人得到更广泛的保障。在债的各种特别担保制度中,保证要取决于保证人等第三人的意思,抵押的设定需办理登记手续,留置作为法定担保,仅限于特定的债权债务方能适用,定金对于交付定金者的保护不力。可见,特别担保的保护不够周延。此外,当债务人不履行债务时,债权人虽可诉请法院强制执行或令债务人给予损害赔偿,但该程序严格且复杂,而且仅能针对债务人的现有财产,债务人应能增加而未增加的财产或者任意不当减少的财产,不能成为强制执行的标的。为弥补这些特别担保制度上的缺陷,债的保全制度应运而生。

债的保全制度首先是以撤销之诉的形式发端于罗马法。它原本是为破产而设,而后又扩展适用到非破产的情形。至《法国民法典》,除撤销之诉外,又增设了债权人的代位权。至此,在现代民法上,作为债的保全的手段,主要表现为两种具体制度:一为代位权制度,二为撤销权制度。前者是指当债务人消极地听任其财产减少时,债权人有权代为维持债务人财产的制度;后者是指当债务人作出积极的减少其财产的行为时,债权人有权要求撤销该行为,以恢复财产原状的制度。两者都是债权人基于债的效力对债务人以外的第三人直接发生效力,故又称为"债的对外效力"。不过另有学者认为,债权的对外效力仅指债权的不可侵性,而债的保全仍属债权的对内效力,其及于第三人的效力只是其对内效力的反射作用而已。

第二目 债权人代位权

一、债权人代位权的意义与性质

代位权,是指当债务人怠于行使其对第三人享有的权利而危及债权人的债权实现时,债权人可以自己的名义代位行使债务人对于第三人的权利,以保全其债权的权利。该第三人又称为"次债务人"。

债的关系成立后,债务人对于第三人的以财产为标的的权利,应当及时行使,使之加入债务人的责任财产中,以增加自己对债权人所负债务的清偿能力。倘若债务人客观上能够行使而怠于行使其对于第三人的权利,使自己的责任财产能够增加而未增加,从而危及债权人的债权实现时,法律为平衡债权人与债务人的利益、债务人的意思自由和交易安全,即允许债权人代位行使债务人对于第三人的权利,使债务人的责任财产得以增加,以排除债权危害,保障其债权实现。《合同法》第73条明确确立债权人的代位权制度,即规定:"因债务人怠于行使其到期债权,对债权人造成损害的,债权人可以向人民法院请求以自己的名义代位行使债务人的债权,但该债权专属于债务人自身的除外。代位权的行使范围以债权人的债权为限。债权人行使代位权的必要费用,由债务人负担。"此规定对解决过去我国严重存在的三角债以及债务人逃债废债的现象极有实益。

在比较法上,债权人代位权制度的沿革及功能尚无明确说法,但一般认为其作为补充强制执行制度的不完善,起源于《法国民法典》第1166条规定的"间接诉权"(action indirecte)或"斜行诉权"(action oblique)。但德国民法和瑞士民法均不予认定该制度。

对于代位权的性质,可从以下几个方面加以分析:

1. 代位权是债权的一种效力而非从属于债权的特别权利。此效力具有保全债权请求力的作用,故为请求力的保全效力。

2. 代位权属实体上权利而非诉讼上的权利。在代位权的成立要件具备后,债权人可以保全其债权为目的,直接以自己的名义代债务人行使其权利,而非扣押债务人的权利或就收取的财产享有优先受偿权。

3. 代位权是固有权而非代理权。代位权与代理权表面上看来都是行使他人的权利,二者似无不同,其实区别显著:一是名义不同,代理权是代理人以被代理人的名义实施法律行为,代位权则是债权人以自己的名义行使对第三人的权利;二是发生原因和权限不同,代理权发生于被代理人的委托或法律直接规定,权限也限于委托或法定范围,代位权则发生于法律的直接规定,权限以保全债权人的债权的必要为限。

二、债权人代位权行使的要件

（一）须债务人怠于行使其权利

代位权的成立要件,首须债务人怠于行使其权利。倘若债务人并未怠于行使其权利,而仅是行使方法不当,或行使结果不佳,债权人则无权过问,即不发生代位权。而所谓怠于行使,是指债务人应行使且能行使而不行使权利,其有无故意过失或其原因如何,在所不问。

根据《合同法解释（一）》第13条,《合同法》第73条规定的"债务人怠于行使其到期债权",是指债务人不履行其对债权人的到期债务,又不以诉讼方式或者仲裁方式向其债务人主张其享有的具有金钱给付内容的到期债权。次债务人（即债务人的债务人）不认为债务人有怠于行使其到期债权情况的,应当承担举证责任。

（二）须债权人有保全其债权的必要

传统理论认为,债务人虽怠于行使其权利,但当对于债权人的债权并无影响时,债权人亦不能行使代位权。具体而言,在不特定债权或金钱债权的场合,应以债务人无清偿资力为要件,而在特定债权或其他与债务人资力无关的债权场合,则以有必要保全债权为要件,而不问债务人有无清偿资力。例如,以交付某特定物为标的的债务,该标的物为第三人占有时,债务人若怠于请求第三人交付该物,债权人即可不问债务人有无清偿资力,代位请求第三人交付该物。另外,债权人代位权的行使,旨在维持各债权人的共同担保,没有必要限于除代位权外即无其他救济方法的情形,因此纵使该债权人的债权另有质押、抵押权等特别担保,仍不妨碍成立代位权。

然而,倘若严格执行此一要件,将会直接导致实践当中代位权无用武之地的结果。事实是,很少有债权人能证明债务人无清偿资力,并且法律也很难明确债务人的状况恶化到何种程度方可认为是无清偿资力。鉴于此,在司法实践过程中,对这一要件作了变通的规定。《合同法解释(一)》第13条对《合同法》第73条规定的"债务人怠于行使其到期债务,对债权人造成损害的"作了进一步的说明:"是指债务人不履行其对债权人的到期债务,又不以诉讼方式或者仲裁方式向其债务人主张其享有的具有金钱性质给付内容的到期债权,致使债权人的到期债权未能实现。"显然,这条解释实质上已经把"有保全必要"或"无清偿资力"这一要件略去。

(三) 须债务人对债权人的债务履行已陷于迟延

已发生的债权,在债务人迟延履行前,债权人的债权能否实现尚难预料。即使此时债务人已陷入无清偿资力的状况,仍不能排除其有筹措他项方法,届时清偿债权的可能。只有在债务人已陷于迟延而仍怠于行使其对第三人的权利,且又无资力清偿其债务时,债权人的债权方有不能实现的现实危险,此时才有保全债权的必要。

《合同法解释(一)》第11条也要求债权应已到期,但对此要件也应有例外情形存在。例如附停止条件的债权或附始期的债权,因债务人怠于行使其权利将造成该债权难以实现的,或债权人专为保存债务人权利的行为(保存行为),如中断时效、申请登记、申报破产债权等,此时债权人的债权虽未到履行期,但债务人的债权可能因时效完成或者未及时申报破产债权而不能实现的,债权人可提前行使代位权。对于前种情形,债权人行使代位权时,由于债权人的债权在条件成就或者始期到来之前尚不具有清偿效力,因此应当将第三人支付的清偿金额提存,待债权人的债权所附停止条件成就或者所附始期到来时用于清偿该债权。如所附停止条件已确定不成就,则债权人的债权已确定不生效,应当将提存金额返还于债务人。

(四) 须债务人的债权不是专属于债务人自身的债权

所谓"专属于债务人的债权",包括依照法律规定或者权利性质不得让与的债权、不得强制执行的债权及其他应由债务人本人行使的债权。《合同法解释(一)》第12条列举了以下几种专属于债务人自身的债权:基于扶养关系、抚养关系、赡养关系、继承关系产生的给付请求权和劳动报酬、退休金、养老金、抚恤金、安置费、人寿保险、人身损害赔偿请求权等权利。

三、债权人代位权的行使

(一) 代位权的行使主体

债权人应以自己的名义行使代位权。因代位权是以债务人权利为内容的法定权能,属于管理权的一种,因此行使时应尽到善良管理人的注意义务,若因违反该项义务给债务人造成损失的,债权人应负赔偿责任。两个或者两个以上债权人以同一次债务人为被告提起代位权诉讼的,根据《合同法解释(一)》第16条第2款,人民法院可以合并审理。

(二) 代位权的行使范围

代位权的行使范围,应以保全债权的必要为限。若债权人代为行使债务人权利所获得的价值,超过债权保全的限度,则应在必要限度内,对债务人的权利进行分割后方能行使。而对于不能分割行使的,也可行使全部权利,因为权利行使的结果总是归属于债务人,对其有利无害。另外,代位权的行使原则上限于管理行为,并不包括处分行为,例如纯粹的债务免除、权利的抛弃、期限的犹豫等,都属于处分行为。但若处分的结果可增加债务人的财产的,如因抵消而消灭债务人财产上的负担、处理易腐烂品等,也属于代位权的行使范围。

(三) 代位权的行使方法

债权人代位权的行使方法,立法例并无限制。一般而言,债权人可以诉讼方式或者非诉讼方式行使代位权。如韩国、日本即规定债权人代位权与撤销权不同,不以裁判上行使为限。[①] 根据《合同法》第73条,代位权似只能通过诉讼方式行使。其立法目的应在于防止滥用代位权,不当损害债务人与次债务人的利益。经实践证明,这一规定不仅能够使债权人受司法程序的保护,债务人、次债务人也有充分的机会进行抗辩,可以较好地贯彻债权人代位权的政策目的,避免债权人代位权制度之滥用,兼顾债务人和第三人的正当利益。

代位权诉讼的被告为次债务人,《合同法解释(一)》第16条第1款规定,"债权人以次债务人为被告向人民法院提起代位权诉讼,未将债务人列为第三人的,人民法院可以追加债务人为第三人。"

四、债权人代位权的效力

(一) 对于第三人的效力

债权人系代位债务人行使其权利,因而作为其权利指向的第三人,并不能较债务人自己行使其权利时处于更不利的地位。因此,第三人得以对抗债务人的一切抗辩,均能用以对抗债权人;但第三人得以对抗债权人的抗辩,不得在债

---

① 参见崔吉子译:《韩国最新民法典》,北京大学出版社2010年版,第185页,第404条。

人行使代位权时对抗债权人。

（二）对于债务人的效力

代位权行使的效果直接归于债务人，即因行使代位权所获利益应直接加入债务人的责任财产中。但若债务人怠于受领，债权人可代位受领。

债权人代位行使债务人之权利后，债务人对于该权利的处分权应受限制。否则法律上一方面允许债权人行使代位权，另一方面仍允许债务人处分其权利，则代位权的行使将落入有名无实的境地。但根据《合同法解释（一）》第22条，债务人在代位权诉讼中，对超过债权人代位请求数额的债权部分，仍享有处分权，可以起诉次债务人。债务人的起诉符合法定条件的，人民法院应当受理。然在代位权诉讼裁决发生法律效力以前，应当依法中止债务人提起的诉讼。

（三）对于债权人的效力

传统民法上的债权人代位权制度，目的仅在维护和增加债务人的责任财产，以作为债务人的全部债权受偿的一般担保，行使代位权的债权人并不能优先受偿。但关于债权人代位权的最新判例学说，则肯定了行使代位权的债权人有优先受偿之权，从而视债权人代位权为债权实现的特殊手段。现行《合同法》第73条规定债权人代位权之后，学者间关于代位权行使结果之归属，有不同解释意见。一些学者沿袭民法传统理论，强调债权人代位权作为一般担保手段的性质，认为应将次债务人支付的金额判归债务人，再由债务人的全体债权人按债权额比例分配。多数学者以现行《合同法》规定债权人代位权的政策目的为根据，并参考关于债权人代位权的最新判例学说，认为应判决次债务人直接向原告支付，而由行使代位权的债权人优先受偿。

考虑到《合同法》制定当时的背景，即严重存在的所谓"三角债"已经影响到市场经济的正常发展，《合同法》规定债权人代位权制度的目的，是要刺激债权人的积极性，促使债权人主动行使代位权，以解开"三角债"的死结。假如行使代位权的结果先归属于债务人，再由其全体债权人按债权额比例分配，则债权人无须行使代位权亦可坐享其利益，而积极行使代位权的债权人必将得不偿失，必然挫伤债权人行使代位权的积极性，而导致该条立法目的落空。有鉴于此，《合同法解释（一）》第20条规定："债权人向次债务人提起的代位权诉讼经人民法院审理后认定代位权成立的，由次债务人向债权人履行清偿义务，债权人与债务人、债务人与次债务人之间相应的债权债务关系即予消灭。"此条解释，肯定了行使代位权的债权人可以优先受偿，使代位权的行使简便易行，能充分发挥代位权保全债权的作用，正确体现了《合同法》规定债权人代位权制度的政策目的，且符合关于代位权制度判例学说的发展潮流，在裁判实践中已经收到良好的效果。

第三目 债权人撤销权

一、债权人撤销权的意义与性质

撤销权,是指债权人对于债务人实施处分其财产或权利的行为而危及其债权实现时,得请求法院予以撤销的权利。

《合同法》第74条规定:"因债务人放弃其到期债权或者无偿转让财产,对债权人造成损害的,债权人可以请求人民法院撤销债务人的行为。债务人以明显不合理的低价转让财产,对债权人造成损害,并且受让人知道该情形的,债权人也可以请求人民法院撤销债务人的行为。撤销权的行使范围以债权人的债权为限。债权人行使撤销权的必要费用,由债务人负担。"

[示例] 甲欠乙30万元,乙多次催促,甲拖延不还。后乙告甲必须在半个月内还钱,否则起诉。甲立即将其市价50万元的房屋以10万元价格卖给知情的丙。乙可诉请法院撤销甲丙之间的买卖合同。

撤销权与代位权虽均以保全债务人的责任财产为目的,但代位权系代位行使债务人的现有权利,无论对于债务人或对于第三人而言,都只是对本来应有事态的重申而已,其影响甚小;而撤销权是撤销债务人所为行为,从第三人处取回财产,是对已成立的法律关系加以破坏,使债务人与第三人间发生本不应有的事态,其影响极大。因此,在对撤销权案件的审理上,应慎之又慎。

关于撤销权的性质,应从以下几点进行认识:

1. 撤销权为实体法上的权利

鉴于撤销权的行使可能使债务人与第三人之间的行为归于无效,于第三人的利益关系重大,各国法律均规定,债权人行使撤销权须采用诉讼方式。但这并不能成为将撤销权定性为诉讼法上权利的证据。通观各国,均以民事实体法对撤销权加以规定。

2. 撤销权为附属于债权的权利

撤销权为附属于债权人的一项权利。撤销权随债权的存在、消灭、转移而发生、消灭、转移,不得与债权分离而单独存在。

3. 撤销权兼具形成权和请求权的性质

关于撤销权的性质,素有争议,主要有形成权说、请求权说、折中说等。我国学者多认为,撤销权兼具形成权和请求权的性质。一方面,其以撤销债务人的行为为内容,否定诈害行为的效力,故有形成权的性质;另一方面,其含有请求恢复原状的作用,将债务人的责任财产恢复至行为前的状态,故兼含有原状恢复之请求权,非单纯的形成权或请求权。法国和日本判例亦采此说。然此说中,又分为撤销权请求权同等说(日本判例所采)、以请求权为主撤销权为从说、以撤销权为主请求权为从说,仍存在分歧。韩国民法以立法解决。①

二、债权人撤销权的要件

撤销权的成立要件,可分为客观要件和主观要件。在无偿行为场合,债权人撤销权要成立,仅须具备客观要件即可,原因在于债务人于资力不足之时仍为无偿行为,其有害于债权,甚为明显,且与其保护无偿受益之第三人,不如保护权利危殆之债权人;②而在有偿行为场合,撤销权若要成立,则必须同时具备客观要件与主观要件。

(一) 客观要件

1. 须有债务人的行为

此所指行为,不仅包括法律行为,而且包括除事实行为及无效行为以外的其他减少财产或增加负担的适法行为。《合同法》第74条第1款规定了债权人可以撤销债务人的三种行为:一为放弃到期债权的行为;二是无偿转让财产的行为;三是以明显不合理的低价转让财产的行为。但撤销权之目的在于撤销债务人所为的危害债权的行为,恢复债务人责任财产,而维持债务人之清偿资力。按目的衡量之,合同法所列举的行为范围仍过于狭窄,如债务人以自己财产为他人债务设定担保对债权人造成损害即不在此列。因此应当通过目的性扩张解释的方法,无论转让或赠与财产、免除债务、提供保证、设立抵押或质押,还是催告、和解、抵消,只要债务人实施了导致其责任财产不当减少的行为,并危及债权人的债权实现的,均可成为撤销权行使的对象。

2. 债务人的行为须以财产为标的

债务人的行为须以财产为标的,方可成为撤销权行使的对象。不以财产为标的的行为,如结婚、离婚、收养、非婚生子女的认领、继承的抛弃等,纵使对债务人的责任财产有所不利,债权人亦不得要求撤销。不仅如此,即使是财产行为,但只能间接地影响财产利益的法律行为(如债务人的不作为、以债务人的劳务为标的的行为),或对财产上利益拒绝的法律行为(如拒赠与或遗赠),均不得作为债权人行使撤销权的对象。因为撤销权的立法目的在于防止债务人的责任财产不当减少,并不在于使其增加。

3. 债务人的行为须在债权发生后有效成立且继续存在

债权人撤销权所保护的债权,是债务人为处分行为时已经存在的债权,即债权成立在先,债务人为处分行为在后。债务人为处分行为之后成立的债权,应不受债权人撤销权的保护。当然,对于债务人在债权成立之前所为处分行为,如能

---

① 参见崔吉子译:《韩国最新民法典》,北京大学出版社2010年版,第186页,第406条第1款。
② 参见史尚宽:《债法总论》,中国政法大学出版社2000年版,第491页。

证明债务人具有损害将来债权的目的,并证明债务人处分行为的相对人已知其事实并参与了预先安排的情况,债权人也可以主张撤销债务人在债权成立之前所为的处分行为。

4. 债务人的行为须危及债权

只有在债务人的行为足以减少其责任财产以至于危及全体债权人的一般债权时,债权人方能行使撤销权。这包括两种情形,一是债务人积极地减少财产,二是债务人消极地增加债务。若仅有害于以给付特定物为标的的债权,则不得行使撤销权,因为并非危及全体债权人的一般债权。值得注意的是,即使债务人积极地减少其财产,但当其资力雄厚、偿债尚绰绰有余时,债权人仍不得对其行为妄加干涉。必须当债务人减少财产的行为,足以有害于债权的受偿时,才有撤销权的用武之地。申言之,应将债务人行为后的资力状况,与一般债权的总额加以比较,如显有支付不能的情形或风险存在,即认定为有害于一般债权。具体而言,可从债务人的资力、债权人的债权两方面加以分析:

(1) 债务人的资力

在对债务人的责任财产进行估算时,应将债务人的信用、劳力等评价算入,而其对他人享有的附条件或附期限的债权,也应作适当评价后算入。

债务人为他人提供担保时,应认定为足以影响其资力,构成诈害行为。例如为一部分债权人设定抵押权,则可使该部分债权人获得其担保物的优先受偿权,因而不免减少其他债权人的共同担保;又如债务人负担保证债务也应认为是诈害行为。

债务人无偿或以不合理低价处分其财产,属于诈害行为。但以相当的对价出卖不动产或其他财产时,又应如何处理? 日本判例认为:出卖不动产,使其变为极易消费、隐匿或散逸的金钱,势必削减共同担保的效力,因而不问其对价如何,一概认定为诈害行为(大正六年六月十七日大民判)。唯一的例外情形是:债务人因清偿到期债务,或为缴纳租税,或为购置与出卖不动产对价相当的其他有用物件,以相当对价出卖不动产,则债务人的行为属于正当行使处分权,不认为是诈害行为(大正十三年四月二十五日大民判)。但日本近年多数学者则认为:以相当对价出卖不动产,并不会使债务人的责任财产有所减少,且如果一概认为此行为构成诈害行为,则势必妨碍债务人运用不动产谋取经济上更大的利益。同时,对于债务人将对价作何种用途,作为买方的第三人无法知悉与控制,令其承担交易被撤销的风险,将严重损害交易安全。因而以相当对价出卖不动产,不应认定为诈害行为。本书认为,以相当对价出卖不动产,原则上不应认定为诈害行为。

(2) 债权人的债权

债权人的债权问题,主要应从以下几点加以考量:

第一,附有物的担保的债权。若担保物的价额不足以清偿的债权额,债权人可行使撤销权。

第二,附有人的担保的债权。例如,债务人附有保证或为连带债务等债权,此时,担保人虽有清偿资力,但债权人却没有优先受偿的权利。因此债权人可就其债权的全额行使撤销权。

第三,附条件或期限的债权。债权人行使撤销权不以其债权已届清偿期为必要,因而撤销权也应适用于附条件或附期限的债权。

(二) 主观要件

《合同法》第 74 条第 1 款对债务人以明显不合理的低价转让财产,对债权人造成损害的情形,要求行使撤销权以受让人知道该情形为要件。[①] 由此解释之,对债务人有偿行为的撤销,除须具备上述客观要件之外,还须具备下列主观要件:

1. 须债务人为恶意

此要件为撤销权的成立要件,是债权人行使撤销权的前提。对于"恶意"的认定,有希望主义和认识主义之分。[②] 依希望主义,债务人在行为时须有积极的希望,方为恶意。该主义源于罗马法,并为德国、奥地利和瑞士所继受。而依认识主义,债务人明知其行为可能引起或增加其无资力状态而将危及债权,即构成恶意,只要消极的认识即可,不需积极的追求,法国、日本及我国台湾地区民法采用此观点。

债务人的恶意,以其行为时为准,行为时不知而后才知的,不成立恶意行为。其行为是否出于过失,在所不问。债务人的行为由他人代理的,以代理人的主观状态认定债务人有无恶意。另外,考虑到债务人为他人的债务提供担保的行为及期前清偿对其他债权人的债务的行为,虽不属于以明显不合理的低价处分财产,但其减损债务人责任财产致债权人的债权不能获得清偿的实际效果,与债务人以明显不合理的低价处分财产无异,故也应对此两种行为进行规制。

2. 须受益人也为恶意

受益人又称"受让人""取得人",是因债务人的行为而直接或间接取得利益的人,通常是指与债务人发生法律行为的相对人。例如债务人乙,将不动产廉价售于丙,丙又转售于丁,则丙为第一取得人,丁为转得人。转得人为从受益人处

---

① 《合同法解释(二)》第 19 条规定:对于《合同法》第 74 条规定的"明显不合理的低价",人民法院应当以交易当地一般经营者的判断,并参考交易当时交易地的物价部门指导价或者市场交易价,结合其他相关因素综合考虑予以确认。转让价格达不到交易时交易地的指导价或者市场交易价百分之七十的,一般可以视为明显不合理的低价;对转让价格高于当地指导价或者市场交易价百分之三十的,一般可以视为明显不合理的高价。债务人以明显不合理的高价收购他人财产,人民法院可以根据债权人的申请,参照《合同法》第 74 条的规定予以撤销。

② 参见史尚宽:《债法总论》,中国政法大学出版社 2000 年版,第 492 页。

取得权利之人。

此要件为撤销权的行使要件。债权人行使撤销权,不仅债务人须为恶意,受益人也须为恶意方可。此恶意采认识主义,即受益人在受益时知道债务人的行为将危及债权,即为恶意,而无须受益人自己具有损害债权的意图,也无须受益人认识到债务人是否有损害债权的故意。受益人的恶意,以受益时为限。在为第三人利益的合同中,受益人为第三人,此时受益人有恶意即为已足,不问与债务人为法律行为的相对人有无恶意。

受益人的恶意,原则上应由债权人举证证明,但债权人能够证明受益人应当知道债务人的行为将危及债权的,应推定受益人为恶意。鉴于夫妻关系、家庭关系的特殊性,于债权成立后,债务人以明显不合理的低价将财产转让给与其有夫妻关系、家庭关系的相对人的,按照一般人的社会生活经验,可以推定该相对人明知该转让行为有害于债权人的利益。这种情形,如仍要求债权人承担举证责任,显然有悖情理。因此,债权成立后,夫妻之间、家庭成员之间以明显不合理的低价处分财产,导致债权人的债权不能获得全部满足的,推定相对人明知该处分行为有害于债权人的利益。其结果是,免除行使撤销权的债权人的举证责任,而使与债务人有夫妻关系、家庭关系的相对人,就其不知债务人的行为有害于债权人的利益,承担举证责任。因关联企业之间以不合理的低价处分财产,与夫妻之间、家庭成员之间以明显不合理的低价处分财产具有类似性,因此此种情形下也应推定受益人恶意。

3. 转得人的恶意

转得人为从受益人处直接或间接取得债务人行为标的之物或权利的特定承受人。《合同法》虽未规定转得人,但债权人若欲对转得人主张撤销权,应以转得人受让财产时有恶意为行使要件。转得人须于转得时为恶意,该恶意亦采认识主义,即知道债务人之行为有害于债权人。至于转得人是否知道受益人为恶意,与转得人之恶意无关。

三、债权人撤销权的行使

(一) 撤销权的行使主体

债权人撤销权的行使主体是因债务人的行使而被危及债权实现的债权人。《合同法解释(一)》第25条第2款规定,两个以上债权人以同一债务人为被告,就同一标的提起撤销权诉讼的,人民法院可以合并审理。债权的发生,应以当时债务人的资力为其信用基础,因而可通过债权人撤销权保全的债权须是在债务人行为前产生的债权。于债务人行为时尚未发生的债权,一般不存在因其行为而受害的可能。但债权于诈害行为前发生,于诈害行为后让与他人,此时他人虽系在诈害行为后取得债权,但因撤销权是从权利,随同债权的转移而转移,因此他人仍可成为撤销权的主体。

（二）撤销权的客体

撤销权的客体为债务人的行为,该行为若为单方行为时,则被撤销的仅为债务人本身的行为;若为契约时,被撤销的是债务人与受益人之间的行为,以及第一取得人与转得人之间的行为。若转得人于转得时知悉债务人与受益人之间的行为有撤销原因的,债权人撤销的效果,及于该转得人。另外,债务人所为的行为,若是以不得扣押的财产为标的,则不得撤销。因为不得扣押的财产,并非属于债权的一般担保的范围之内。

（三）撤销权行使的范围

撤销权行使的范围,原则上以该撤销权人自己的债权额为标准,即使另有其他债权人存在,也不得超过自己的债权额。《合同法》第74条作了如是规定。因此,若诈害行为的标的较其债权额较多,且其标的可分,则债权人只能于债权额的范围内就一部分行使撤销权;但若标的不可分,或其他债权人申请加入分配,则行使撤销权的债权人可就超过自己债权额的范围申请撤销。

（四）撤销权的行使方式

债权人行使撤销权,必须以自己的名义通过诉讼程序行使,这主要是考虑到撤销权对于第三人的关系重大,应由法院加以严格审查,以防债权人滥用撤销权。撤销权的行使应依债权保全之需要为之。若仅撤销债务人之行为即可达到保全债权的目的,如债务人与第三人成立财产转让合同而财产权利尚未移转时,撤销权之行使采用形成之诉即可;如财产权利已经移转,撤销权之行使不仅需要撤销该财产转让合同,且需要依给付之诉请求该第三人返还该动产。

债权人向人民法院提起行使撤销权的诉讼,应以债务人为被告,当无疑问。但在撤销权诉讼中,如何处理债务人行为之相对人(受益人或者受让人)的诉讼地位,是以该相对人为共同被告,抑或以该相对人为诉讼第三人,存在争议。依《合同法解释(一)》第24条,债权人提起撤销权诉讼,应以债务人为被告,可以相对人为诉讼第三人;如债权人提起撤销权诉讼,只以债务人为被告,而未将受益人或者受让人列为第三人的,人民法院可依职权将受益人或者受让人列为第三人。而于学说上,我国通说为折中说,即当债务人与第三人通过合同已经转移财产时,原则上应以债务人与第三人为被告;若财产尚未转移时,应以债务人为被告。

四、债权人撤销权的效力

（一）对于债务人的效力

债务人的行为被撤销时,视为自始无效,即财产的赠与,视为未赠与;债务的免除,视为未免除;物的买卖,视为未买卖。

(二) 对于受益人的效力

因债务人处分财产行为属于有偿或者无偿,使得受益人所处的地位有所不同:

1. 债务人无偿处分财产的,受益人处于受赠人的地位,为纯粹的受益人。因债务人的无偿处分行为被撤销,要求受益人返还其所取得的财产或利益,对受益人而言并无损失。但受益人无偿取得债务人处分之财产,可能会因标的物瑕疵而受到损害,无偿处分行为的被撤销,并不影响受益人请求债务人赔偿的权利。此时,受益人若为善意,则仅在其所得利益的限度内负返还责任;若为恶意,则以财产价额为限负返还责任。

2. 债务人有偿处分财产的,相对人处于双务合同一方当事人的地位,在债务人的有偿处分行为被撤销时,受让人承担返还财产的责任,同时有权请求债务人返还其所获得的利益。此时受益人一定为恶意,否则不会被撤销,因此受益人以财产价额为限负返还责任。但对于转得人的效力又应如何?债权人行使撤销权仅限于债务人与第一取得人之间的行为,而第一取得人与转得人之间的行为不在撤销之列。但撤销的结果,势必对转得人产生影响,而此影响应视被撤销人的行为是无偿抑或有偿而不同。对于无偿行为,一经撤销,视为自始无效,则第一取得人视为自始未取得权利,因而转得人自无权处分人处受让,若为恶意(无偿行为转得人可为恶意,亦可为善意),转得人则不能取得权利,应负返还义务。此时债权人在申请法院撤销时,可一并申请命转得人恢复原状。但转得人若为善意,则不受影响,仅由受益人负责。在对有偿行为撤销时,受益人与转得人皆为恶意(因转得人若为善意,则根本不能撤销),因此均视为未能取得权利,应负返还义务。

另外,债务人的行为被撤销时,因是否已经发生物权的转移不同,又可分为以下两种情形:

(1) 诈害行为仅发生债权关系,尚无物权的转移时,其债权关系因撤销而消灭,不发生恢复原状或所有物返还的问题;

(2) 诈害行为所导致的债权关系已经发生物权的转移时,则因撤销的结果,其债权行为与物权变动均自始无效时(如动产转让),债务人可基于物上请求权请求该给付物的返还,行使撤销权的债权人也可请求受益人返还该给付物给自己;但若仅撤销债权行为,而物权变动未被撤销时(如不动产转让后业已登记的),则因债权行为的无效,受益人成为不当得利的受领人,应负不当得利的返还义务。

(三) 对于债权人的效力

在受益人或受让人应当返还受赠或者受让财产的情形下,债权人可否请求该受益人或者受让人直接向自己返还财产?按照关于债权人撤销权之多数立法例,债权人撤销权仅具有保全债务人责任财产的效力。债权人撤销权的行使,仅具有增加债务人责任财产的效果,其增加的财产应当作为债务人清偿其全部债权的一般担保,行使撤销权的债权人不能请求受益人或者受让人直接向自己返还。但按照意大利及我国澳门地区立法例,行使撤销权的债权人可以请求受益人或者受让人直接向自己返还。最高人民法院解释《合同法》第 74 条规定的债权人撤销权,肯定债权人撤销权的行使效果,使债务人的处分行为自始无效,而对债权人可否直接要求受益人或受让人返还财产,未表明态度。为使债权人撤销权的行使简便易行、效果直接,充分发挥其保全债权的作用,贯彻设立债权人撤销权制度的政策目的,应规定债权人可以请求受益人或者受让人返还财产,并由该财产直接清偿其债权。

根据《合同法》第 74 条第 2 款后段,债权人行使撤销权的必要费用,由债务人负担。此外,依据《合同法解释(一)》第 26 条,债权人行使撤销权所支付的律师代理费、差旅费等必要费用,由债务人承担;第三人有过错的,应当适当分担。

五、债权人撤销权的消灭

《合同法》第 75 条规定:"撤销权自债权人知道或应当知道撤销事由之日起一年内行使。自债务人的行为发生之日起五年内没有行使撤销权的,该撤销权消灭。"

依此规定,债权人知道或者应当知道撤销事由的,债权人应当在知道或者应当知道撤销事由之日起一年内以诉讼方式行使撤销权。债权人自知道或应当知道撤销事由之日起经过一年,而未以诉讼方式行使撤销权的,其撤销权因除斥期间的经过而消灭。自债务人的处分行为发生之日起经过五年,而债权人未以诉讼方式行使撤销权的,即使债权人不知有撤销事由,其撤销权也因除斥期间的经过而消灭。《合同法》实施以来的裁判实践表明,肯定五年的期间为除斥期间,不发生中止、中断和延长,对于规范撤销权的行使有良好效果。

债权人向人民法院提起行使撤销权的诉讼,债务人和债务人处分行为之相对人(受益人或受让人)均可以除斥期间已经经过为由,对抗债权人行使撤销权的诉讼请求。但债务人或债务人处分行为之相对人应当就除斥期间经过承担举证责任,自不待言。鉴于除斥期间具有公益性,不论诉讼当事人是否援引,法院得依职权主动援用。如除斥期间已经经过,即使债务人和相对人均未主张抗辩,法院可以除斥期间经过为由,直接驳回债权人的诉讼请求。

第四章 债的担保

第一节 概　　述

一、债的担保的概念

民法理论中,广义的债的担保,包括债的一般担保和债的特别担保,是指法律规定的或当事人约定的促使债务人履行债务和债权人实现债权的各种法律制度。所谓"一般担保",并不是特别针对某一债权,无论债的种类及成立先后,一般担保对债务人的所有债权人都一视同仁,以债务人自己的全部财产来清偿其全部债务。为了保证债务人以其全部财产清偿其全部债务,法律赋予债权人以代位权与撤销权。债权人的代位权与撤销权又称为"债的保全",已如前述。

众所周知,债的一个重要特征是不具有排他性,同一债务人就同一项财产可同时或先后成立若干债,各债权之间在法律效力上无优劣之别。结果是,就某一债权而言,在其成立之时,债务人财产尚足以提供充分担保,但其后债务人又可接二连三地同其他人成立新的合同之债,其结果可能使债权人的权益得不到充分保障。而债的保全仅是保障债务人的全部债权人利益的,并不能保证某一特定债权人的债权的实现。因此,在一般担保之外,法律特设特别担保制度,以使特定债务人采取特别的担保手段来保证债务人履行债务。一般而言,债的担保仅指狭义的债的担保,即《担保法》中所称的"担保"及《物权法》所称的"担保物权"。

二、债的担保的性质

（一）债的担保具有从属性

从属性指担保的发生、变更与消灭依附于债权债务的发生、变更与消灭。债权债务关系因清偿等原因消灭或缩小的,其担保也随之消灭或缩小;在附条件或期限的债权债务中,债的关系未发生效力时,担保也不发生效力;债权债务关系不成立、无效或者被撤销时,其担保同样归于消灭;担保的范围除非另有约定,否则仅就其成立时所担保的已确立的债权债务的数额为限。

（二）债的担保具有补充性

补充性指的是只有在债的担保所担保的主债务不履行时才能执行担保财

产。此时,即使债务人放弃了抗辩权,保证人仍可以行使债务人对债权人的一切抗辩。特别是在一般担保中,只有首先执行主债务人的财产且执行后仍不足以清偿债务时,才能执行保证人的财产。

(三) 债的担保具有相对独立性

相对独立性是指因担保成立而发生的与其担保的主债务有别的法律关系。表现在:

(1) 当事人须另外达成合意;

(2) 担保的范围须当事人另行约定,不必然和担保的债务范围相同;

(3) 由第三人提供担保的,须债权人与第三人以合同约定;

(4) 担保可有自己的发生原因、成立要件和消灭原因;

(5) 担保不成立、无效或被撤销时,对其所担保的主债务不发生影响。①

三、债的担保的方式

(一) 担保方式的概念和特点

担保方式是指担保人用以担保债权的手段。具体而言,是指担保债务人履行债务的手段或方法,或指债权人为确保实现其债权而要求对方提供的保障手段或方法。

担保方式具有法定性的特点。所谓法定性,是指债担保方式由法律直接规定,而不由当事人任意决定。担保固然具有自愿性的特点,当事人采取何种方式担保,完全应由当事人决定。然而,在担保中,原则上当事人对于担保方式仅有选择权,而无创设权。即当事人一般只能在法律规定的担保方式中选择自己所需要的担保方式,而不能在法律规定的方式外另创设新的担保方式。当事人以法律规定以外的担保方式设定担保,只是不能发生担保法或物权法上的效力,不能适用担保法或物权法的规定,但并非该行为无效。该行为是否有效或发生何种效力,应根据合同法的规定来确定。

担保方式的确定,既取决于债法的发达程度,也取决于物权法的发达程度。例如,在古代的简单商品经济社会,债法与物权法不够发达,最初的物的担保方式主要是占有质,其后出现不动产抵押。自近代以来,由于商业信用的发展和动产登记制度的建立,出现动产抵押等担保方式。在现代社会,随着无形财产的增多和法律的完善,权利质的范围也不断扩大。

(二) 担保方式的种类

根据不同的标准,可将担保方式作不同的分类。

---

① 参见张广兴:《债法总论》,法律出版社 1997 年版,第 213—215 页。

1. 典型担保与非典型担保

根据法律适用和类型化的程度的不同,担保可分为典型担保与非典型担保。

(1) 典型担保

典型担保是指法律上明确规定的、其主要功能为担保的担保方式。例如,我国《担保法》第 2 条第 2 款规定:"本法规定的担保方式为保证、抵押、质押、留置和定金。"因此,此五项均属典型的担保方式。除此之外,其他法律中规定的一些担保方式也应属于典型担保,如《海商法》《民用航空法》规定的优先权,也应属于典型担保。

(2) 非典型担保

非典型担保又可分为两种情形:

第一,法律上尚未予以类型化,在实务上还不具有典型意义的担保方式,如让与担保、所有权保留。这些担保方式虽不够典型,但适用范围有扩大之势。

第二,虽有担保作用,但法律未明确规定为担保方式或者其主要功能并不在于担保的担保方式。如违约金,这是合同当事人经常适用的担保合同履行的重要方式,就其功能而言,违约金确有保障合同履行的担保作用,但设定违约金的根本目的不在于担保债权,因此,违约金应属非典型担保。又如并存的债务承担,因第三人加入到债的关系与债务人共同承担债务而使债权的实现更有保障,因此其也有担保的作用,但性质上属于债的转移,也不属于典型的担保方式。再如,抵消权亦有担保作用(参看示例),但抵消不是当事人为确保债权的实现而特别设定的,也不属于典型的担保方式。

[示例] A 与 B 互负债务、互享债权,债的标的种类相同,且双方债务均已届清偿期限。A 因资不抵债,申请破产。此时,B 因享有抵消权,可直接主张抵消权,而不必先偿还债务,再与其他债权人一起参与破产债权的分配。B 实际上因为享有抵消权,其债务比其他无担保的债权人优先得到了清偿。

2. 约定担保与法定担保

根据债的担保发生的依据不同,担保可分为约定担保和法定担保。

(1) 约定担保

约定担保,是指完全由当事人双方自行约定的担保,是当事人自愿设定的担保。约定担保从担保的方式、担保的条件到担保的范围、担保权的行使等均可由当事人自行约定。约定的保证、抵押、质押以及定金等担保方式均属于这种担保。

(2) 法定担保

法定担保,是指由法律直接规定而不是由当事人约定的担保。典型的法定担保为优先权。优先权成立的条件、担保的当事人、担保债权的种类、担保的范围等都由法律规定,优先权的成立无须当事人约定,当事人也不得排除其适用。

另一种法定担保,其发生的条件是由法律直接规定的,但当事人可以约定排除其适用。这种担保以留置权为代表。留置权的成立条件是由法律明确规定的,当事人不得约定,因而留置权被称为"法定担保物权"。但留置权的法定性与优先权的法定性不同,当事人可以事先约定排除留置权的适用。因此留置权带有法定担保和约定担保的双重特质。

3. 人的担保、物的担保与金钱担保

根据用于担保的标的不同,担保可分为人的担保、物的担保、金钱担保。

(1) 人的担保

所谓"人的担保",是指由自然人或者法人以其自身的资产和信誉为他人的债务提供的担保。连带债务、并存的债务承担等都属于人的担保。人的担保的典型方式为保证。保证是以保证人(债权人与债务人以外的第三人)的信用担保债权实现的。设定保证担保后,保证人与债权人之间就债权的实现成立一种债的关系,于债务人届期不履行债务时,保证人即应依约以自己的财产清偿主债务人所负担的义务。故保证等于扩大了主债务人的责任财产的范围,以第三人的信用保障债权人的利益。正因为人的担保是以第三人的信用为担保标的,而第三人的信用也是浮动的,其财产也会处于不断的变动之中,因此,债权人为确保自己利益的实现,在设定保证担保时,有必要认真审查保证人的信用情况。

人的担保的形式较为复杂。既有一般法上的保证担保,又有特别法中的票据保证、信用证担保等。随着现代信用需求的发展,为保障保证人承担保证责任,一方面出现了以为他人提供担保为营业的专业担保公司,这类公司提供担保时与被保证人之间的关系为有偿关系;另一方面产生了一些使保证人提供的保证更可靠的特殊保证,这类保证为独立的、不可撤销的、无条件付款的保证。

(2) 物的担保

所谓"物的担保",是指由自然人或者法人以其自身的财产为自己或他人的债务提供的担保。物的担保不是以扩大债务人的责任财产来实现担保的,而是以特定财产的价值来直接保障债权的实现,因此,它具有确定性的特点。物的担保的典型形式为担保物权,属于物权法范畴,本书不作探讨。

(3) 金钱担保

金钱担保是指以金钱为标的的担保。金钱担保即定金担保,指的是合同当事人一方依约定于合同履行前交付一定金钱给对方作为债权担保的担保方式。由于金钱也是物,故从本质上说,金钱担保也可归入物的担保。但金钱毕竟是一般等价物,是种类,以金钱为标的的担保与以其他物为标的的担保有着重要区别。因此,在法律上,定金作为一种不同于物的担保的独立担保方式而存在。

(三) 反担保

所谓"反担保",又称"求偿担保",是指为了换取担保人提供担保,债务人或者第三人向为主债务人提供担保的担保人所提供的、保障担保人将来追偿权实现的新设担保。《担保法》第4条第1款规定:"第三人为债务人提供担保时,可以要求债务人提供反担保。"《物权法》第171条规定:"第三人为债务人向债权人提供担保的,可以要求债务人提供反担保。反担保适用本法和其他法律的规定。"从本质上说,反担保也是担保,称其为反担保只是为了与原担保相区别。

反担保的意义实际上是担保人减少、转移或规避风险的一种措施,担保人面临风险,因为在主债务人不履行债务时,担保人须依约定或者法律规定替债务人在担保范围内清偿债务。因此,反担保使担保人的利益得到保障,具有促进担保制度发展的功能。

需要注意的是,首先,反担保的设定属于民事行为,故应符合《民法总则》第143条规定的条件;其次,反担保也是担保,因此反担保须符合《担保法》《物权法》对各种具体担保形式的法律规定。例如,《担保法》第41条规定以土地使用权、地上房屋等设立抵押时,应当办理登记手续;第37条规定不得抵押的财产,也不得设定反担保。

第二节 保 证

一、保证的概念

保证是指保证人和债权人约定,当债务人不能履行其债务时,保证人按照约定履行债务或者承担责任的担保方式。这里的债权人既是主合同的债权人,又是保证合同中的债权人。

保证作为一项债的担保制度,自古有之。查士丁尼《法学总论》第三卷第二十篇即为规定保证人的内容。"被称为保证人的他人得为承诺者承担债务,债权人往往要求这样做,借以获得更大的保障。"同时,现代各国民法也都有保证制度。如《法国民法典》第2011条规定:"债务的保证人,在债务人不履行其债务时,对债权人负履行其债务的责任。"《德国民法典》第765条规定:"(1)因保证契约,保证人约定对第三人的债权人负有履行第三人债务的义务。(2)对将来的或有条件的债务,亦得承担担保。"

《担保法》第6条规定:"本法所称保证,是指保证人和债权人约定,当债务人不履行债务时,保证人按照约定履行债务或者承担责任的行为。"由此可见,保证具有以下三方面的含义:其一,保证是双方法律行为;其二,保证是为了保证债务人履行债务而设立;其三,保证是由当事人约定在主债务人不履行债务时由保证人承担责任的法律行为。

[示例] 甲向乙借款20万元,同时丙与乙订立合同,约定甲届期不能偿还

借款,将由丙来承担还款责任,乙丙之间的合同即为保证合同,丙为保证人。

保证涉及保证人、债权人与主债务人三方面法律关系,因而需要有三个性质不同的合同来联结和固定彼此的权利义务关系。

第一个合同是债权人与主债务人之间的合同,如买卖合同、借贷合同等。这一合同的成立和存在是保证关系成立和存在的先决条件。

第二个合同是主债务人与保证人之间订立的委托合同。这一合同是内部性的委托合同,发生在债务人和保证人之间,债权人对此并不过问。

第三个合同是保证人与债权人之间订立的保证合同。保证人依保证合同就主债务人的债务清偿问题履行应尽义务。保证合同大多数是在主债务合同成立以后订立,但有时也可在主债务合同成立前订立。

二、保证的法律性质

(一) 从属性

保证合同的从属性主要表现在下列方面:

1. 保证的存在从属于主债务,保证合同以主合同的有效存在为存在的前提,保证债务以主债务的存在为存在的前提。有时可先于主合同而订立保证合同,但前提是,后成立的主债务必须有效存在。因此,债权人要求保证人承担保证债务时,债权人不仅须证明保证合同的存在,而且须证明主债务的存在。在主合同无效或者被撤销时,因主债务已不存在,除法律另有规定或当事人另有约定外,保证债务也就不能存在。

2. 保证的范围与强度从属于主债。保证人与债权人可以协商保证人担保的债权范围,但双方约定的保证债务的范围与强度不得大于主债务。例如,约定的保证担保的利息高于主债利息的,应减至与主债相同的利息;约定的保证债务的履行期先于主债务履行期的,应于主债务履行期限届满后为保证债务的履行期;约定的保证担保的债务数额高于主债务的,应减至与主债务相同的数额;主债务的数额于保证合同成立后减少的,保证债务的数额也相应减少。

3. 保证债权随主债权的转移而转移。债权人的保证债权从属于主债权,在保证期间,债权人将主债权转让给第三人时,债权人对保证人的保证债权原则上也随同转移,保证人仍在原担保的范围内承担保证责任。但若当事人在保证合同中约定仅对特定的债权人承担保证责任或者债权人不得转让债权的,则主债权转让时保证债权不转移,保证人的保证责任消灭。《担保法解释》第28条规定:"保证期间,债权人依法将主债权转让给第三人的,保证债权同时转让,保证人在原保证担保的范围内对受让人承担保证责任。但是保证人与债权人事先约定仅对特定的债权人承担保证责任或者禁止债权转让的,保证人不再承担保证责任。"

4. 保证债务随主债务人债务的存在而于保证期限内存在。保证是保证人对特定的债务人履行债务的信用所作出的担保,因而原则上仅随被保证的特定债务人的债务的存在而存在,主债务人转移主债务给第三人时,保证人不再承担保证债务。但保证人明确表示对主债务人的转移承担保证责任时,保证人的保证债务不消灭,在此情况下,实际上保证人对新的债务人的债务履行提供担保。

5. 保证债务随主债务的消灭而消灭。保证债务具有从属性,主债务因清偿等原因而消灭时,作为从债务的保证债务当然也随之消灭。

(二) 相对独立性

保证合同不是主合同内容的组成部分,保证债务也不是主债务的组成部分。保证的独立性是其区别于并存的债务承担的重要标志。后者的实质是新加入的债务人负担的债务与原债务人的债务具有同一的原因、同一的内容,并无独立性,与保证承担的保证债务性质不同。

正因为保证债务独立于主债务,因此,保证人可就一部分债务成立保证;主债务不附条件的,保证债务可以附条件;债权人免除保证人的保证债务,主债务并不能随之消灭;保证合同无效的,主合同的效力不受影响;基于保证合同而发生的抗辩权,主债务人不能主张,只能由保证人单独行使;主债务人与债权人之间诉讼的判决,其效力并不能当然地及于保证人,主债务人受败诉的判决时,保证人得于另一诉讼中以自己的证据证明主债务的不存在、无效、已消灭或者其他事由。

(三) 无偿性

在保证关系中,债权人享有保证债权,并不以偿付一定的对价为条件,保证人承担保证债务也不以从债权人处取得一定对价为前提。当然,保证人愿意承担保证责任自有其原因,但这些原因并不在保证的法律关系中发挥作用,因此并不影响保证的无偿性。

(四) 单务性

保证合同为单务合同,保证人一方负担保证义务,而债权人一方原则上仅享有权利,不负担义务。即使当事人约定债权人也负一定义务,如债权人应定期报告债务履行情况,债权人的义务与保证人的保证义务也不具有对待给付性。

(五) 补充性

只有当债务人不履行债务时,保证人才按照约定履行债务或者承担责任,因此保证具有补充性。债权人要求保证人承担保证责任时,不仅要证明保证债务的存在,而且须证明主债务人未履行债务的事实。在主债务的履行期未届满之前,不发生债务人不履行债务的事实,债权人不能请求保证人履行保证债务。

[争议点] 对于保证的法律特征,学者们从不同的角度作了不同的表述。其中争议较大的是保证是否具有人身性。有的学者持肯定的观点,认为主债务

人和保证人之间因相互信任而产生了委托关系。有的学者却主张保证关系的人身性虽是人的担保的特性，但没有必要作为保证的基本特征说明。因为此处的人身性只是说明保证是一种对人的关系，并不表示保证债务具有人身性。本书认为，保证的存在与债务人的特定资信密切相关（体现在保证是为特定的债务人履行债务提供担保），具有比一般的合同更强的人身依附性，因此应肯定保证的人身性这一法律性质。

三、保证的方式

依《担保法》第16条，保证有一般保证和连带责任保证两种。

（一）一般保证

一般保证是指保证人仅对债务人的不履行债务负补充责任的保证。《担保法》第17条第1、2款规定："当事人在保证合同中约定，债务人不能履行债务时，由保证人承担保证责任的，为一般保证。一般保证的保证人在主合同纠纷未经审判或者仲裁，并就主债务人财产依法强制执行仍不能履行债务前，对债权人可以拒绝承担保证责任。"一般保证的保证人享有先诉抗辩权。一般情况下，一般保证的债权人请求保证人承担保证责任的，不仅须证明债务人不履行债务的事实，而且须证明已就主债务人的财产依法强制执行后仍不能完全受偿的事实。

（二）连带责任保证

连带责任保证是指保证人在债务人不履行债务时与债务人负连带责任的保证。《担保法》第18条规定："当事人在保证合同中约定保证人与债务人对债务承担连带责任的，为连带责任保证。连带责任保证的债务人在主合同规定的债务履行期届满没有履行债务的，债权人可以要求债务人履行债务，也可以要求保证人在其保证范围内承担保证责任。"在连带责任保证中，保证人不享有先诉抗辩权，只要有债务人履行期届满而不履行债务的事实，保证人即应承担保证责任。

保证人承担何种方式的保证，应由当事人在保证合同中约定。《担保法》第19条规定："当事人对保证方式没有约定或者约定不明确的，按照连带责任保证承担保证责任。"

四、保证责任的范围

保证责任的范围即保证人承担的保证债务的范围。根据保证人承担保证责任的范围不同，保证可分为有限保证和无限保证。

（一）有限保证

有限保证是指保证人仅在约定的限度内承担保证责任，即当事人在保证合同中明确约定了保证债务范围的保证。如前所述，因保证债务独立于主债务，因而当事人可以约定保证债务的范围,但仅限于主债务的范围。对于超出约定范围的债务,保证人不负保证责任。

(二) 无限保证

无限保证是指保证人对主债务人的全部债务清偿而非部分债务的清偿负保证责任。《担保法》第21条规定:"保证担保的范围包括主债权及利息、违约金、损害赔偿金和实现债权的费用。保证合同另有约定的,按照约定。当事人对保证担保的范围没有明确约定或者约定不明确的,保证人应当对全部债务承担责任。"无限保证的保证范围包括:

1. 主债权

主债权是于保证合同成立时债权人对主债务人享有的债权。保证合同成立后,主债权数额减少的,保证担保范围也相应减少;主债权数额增加的,保证担保的范围不能随之扩大。

2. 利息

利息可分为法定利息和约定利息。只有于保证成立时约定的利息才能列入保证债务范围。但债权人与主债务人间约定的利息高于法律最高限度的,超过部分不受法律保护,当然不在担保范围内。

3. 违约金

违约金是债权人与债务人约定的或者法律规定的于债务人违约时付给债权人的款项。只有于保证合同成立时约定为主债务人应付的违约金才属于保证责任范围,而嗣后新约定的违约金不属于保证责任范围。

4. 损害赔偿金

损害赔偿金,是指主债务人不履行债务时给债权人造成损害而应向债权人偿付的款项。由于损害赔偿债权是因主债权未受偿而发生的债权,其目的在于保障债权人利益不受损害,因此损害赔偿金也在担保范围之内。只要是因可归责于债务人的事由造成的,均在保证债务范围内。

5. 实现债权的费用

实现债权的费用是债权人为实现债权而支付的费用,是从属于主债务的必要负担。此费用为债权人实现其利益所必需,也是保证人设定保证债务时应当预见的,因此属于保证责任范围,例如债权人为请求债务人履行而支付的有关费用如诉讼费用。

五、保证的效力

(一) 保证对保证人与债权人之间的效力

保证合同为单务合同,故保证人仅负担给付义务却不享有要求给付的权利。但保证人仍旧享有对抗债权人的防御性权利。保证在保证人与债权人之间发生的效力体现为债权人的权利与保证人的权利。

1. 债权人的权利

债权人对保证人的请求权是以主债务人不履行债务为生效条件的。若此时债权人对保证人负有同种类的债务,也可主张以自己对保证人的债务与保证人的保证债务相抵消。当然,债权人对保证人的请求权的行使因保证方式属于一般保证还是连带责任保证而不同。保证方式的不同,直接决定着保证人是否享有先诉抗辩权,也就直接决定了债权人行使请求权的前提与时机。

2. 保证人的权利

保证人享有的权利主要包括:

(1) 主债务人享有的权利

对于主债务人享有的抗辩权和其他类似抗辩权的权利,保证人也可向债权人主张。

第一,主债务人享有的抗辩权。《担保法》第20条规定:"一般保证和连带责任保证的保证人享有债务人的抗辩权。""抗辩权是指债权人行使债权时,债务人根据法定事由,对抗债权人行使请求权的权利。"保证人得主张的债务人的抗辩权主要包括以下几种情况:债权未发生的抗辩,但若保证人明知合同无效而仍为保证的,保证人仍应对因合同无效而发生的债务人承担的后果负担保证责任;债权已消灭的抗辩;债权人未履行义务的抗辩,即债权人应向主债务人履行义务而未履行的,债务人得以债权人未履行义务而对抗债权人的请求,保证人也得行使该项抗辩权;诉讼时效期间届满的抗辩,但保证人对已经超过诉讼时效期间的债务承担保证责任或者提供保证的,不得以超过诉讼时效为由抗辩(《担保法解释》第35条);不安抗辩权。

第二,主债务人享有的其他类似于抗辩权的权利,主要包括撤销权与抵消权。

(2) 一般债务人享有的权利

在保证之债中,保证人为债务人,当然也享有一切债务人均应享有的防御性权利。保证人可主张保证债务不成立、消灭、可撤销的抗辩,在保证人对债权人享有债权时,可主张抵消等。

(3) 保证人专属的抗辩权

专属于保证人的抗辩权包括催告抗辩权和先诉抗辩权,但连带责任的保证人不享有此权利。

催告抗辩权是指,债权人请求保证人履行债务时,保证人可要求债权人先向债务人催告,由债务人履行,如债权人未先向债务人催告履行而要求保证人履行的,保证人有权拒绝履行保证债务。最高人民法院法发[1994]8号文《关于审理经济合同纠纷案件有关保证的若干问题的规定》第6条规定:"保证合同约定保证人承担代为履行责任的,经债权人请求被保证人履行合同,被保证人拒绝履行时,债权人可以请求保证人履行,保证人不能代为履行合同,且强制执行被保证人财产不足以清偿其债务的,由保证人承担赔偿责任。"此即保证人的催告抗辩权。

先诉抗辩权,又称为"检索抗辩权",是指保证人在债权人未就主债务人的财产强制执行而无效果前,可拒绝债权人要求其承担保证责任的请求。先诉抗辩权从性质上说,属于延期性的抗辩。保证人行使先诉抗辩权,只能起到暂时拒绝清偿的作用,而不能起到否认债权人权利的作用。

[争议点] 在债权人同时起诉债务人与保证人,要求保证人承担保证责任,而保证人行使先诉抗辩权时,法院能否作出同一判决,判决在债务人不能履行时由保证人承担保证责任?对此有不同的观点。司法实践中,有观点认为法院得以债务人和保证人为共同被告,作出一个判决。其理由主要是可以简化手续,方便诉讼。也有学者认为,这样做等于剥夺了保证人的先诉抗辩权,法院若在此前就已确定保证人承担保证责任,等于不许可保证人答辩。对此,《担保法解释》第125条采取了折中的规定:"一般保证的债权人向债务人和保证人一并提起诉讼的,人民法院可以将债务人和保证人列为共同被告参加诉讼。但是,应当在判决书中明确在对债务人财产依法强制执行后仍不能履行债务时,由保证人承担保证责任。"

有关先诉抗辩权的丧失,《担保法》第17条第3款规定,有下列情形之一的,保证人丧失先诉抗辩权:债务人住所变更,致使债权人要求其履行债务发生重大困难的;人民法院受理债务人破产案件,中止执行程序的;保证人以书面形式放弃先诉抗辩权的。

(二) 保证对保证人与债务人之间的效力

主债务人与保证人之间的关系不影响保证人与债权人之间的关系,保证的效力却也及于保证人与主债务人。此时,保证人为权利人,主债务人为债务人。保证人享有的权利主要包括求偿权、代位权以及免责请求权。

1. 保证人的求偿权

(1) 保证人求偿权的概念

保证人的求偿权,又称为"追偿权",是指保证人于履行保证债务后,得向主债务人请求偿还的权利。《担保法》第31条规定:"保证人承担保证责任后,有权向债务人追偿。"

(2) 保证人求偿权的成立要件

第一,须保证人向债权人承担了保证责任。不论保证人承担的是全部保证责任,抑或是部分保证责任,都可发生求偿权。

第二,须保证人的履行没有过错。假如保证人在履行保证债务时未尽到自己应有的注意而使债务人的利益受到不应有的损失时,则保证人在因其过错而承担的保证责任范围内丧失对主债务人的求偿权。

第三,须主债务人因保证人承担保证责任而免责。所谓"债务人免责",质言之,即主债务人对债权人的债务消灭,主债务人不再负有向债权人履行债务的责任。如保证人履行了保证债务,但债务人对债权人的清偿责任并未免除,则主债务人并未从保证人履行保证债务中受益,因此保证人的求偿并无依据,此时保证人只能依不当得利法向债权人主张权利。

(3) 保证人求偿权的效力范围

保证人的求偿权的范围,依保证人为保证的基础关系的不同而不同,可分为两种情形:

第一,保证人因受委托而为保证的求偿权的范围。此种情形下,保证人在履行保证债务后,得依委托合同的约定向债务人求偿。当事人在委托合同中对求偿权的范围没有约定或约定不明确的,则保证人求偿权的范围应当包括:保证人所清偿的全部债务的本金;自清偿之日起,本金所发生的利息;清偿期间的必要费用;保证人在履行保证债务过程中所受到的损失。如为无偿委托合同,保证人无权请求主债务人支付报酬;如为有偿委托合同,保证人有权请求主债务人支付报酬。

第二,保证人未受委托而为保证的求偿权的范围。此种情形下,保证人履行保证债务可构成无因管理。《担保法解释》第43条规定:"保证人自行履行保证责任时,其实际清偿额大于主债权范围的,保证人只能在主债权范围内对债务人行使追偿权。"

(4) 保证人求偿权的事前行使

求偿权的事前行使是指保证人于履行保证债务前,因发生法定事由,得预先向债务人行使求偿权。此权利只限于保证人受主债务人委托而为保证的情况。未受主债务人委托而为保证人的,不享有事前行使的权利。法律为避免保证人于承担保证责任后不能实现求偿权,特别规定了事前行使求偿权的制度,以使保证人在存在一定的法定事由时,得在未清偿保证债务前即向主债务人就自己将要承担的保证责任向主债务人求偿。

保证人得事前行使求偿权的法定事由是:"人民法院受理债务人破产案件后,债权人未申报债权"(《担保法》第32条)。在人民法院受理债务人破产案件后,债权人若不申报债权,势必会在将来要求保证人承担全部保证责任。而保证人承担保证责任后,因债务人已破产,其破产财产分配完毕,保证人无法实现求偿权。因此,法律在法院受理债务人破产案件而债权人又未申报时,特许保证人事前行使求偿权,以其拟承担的保证债务额申报债权,参加破产分配。《担保法解释》第45条规定:"债权人知道或者应当知道债务人破产,既未申报债权也未通知保证人,致使保证人不能预先行使追偿权的,保证人在该债权在破产程序中可能受偿的范围内免除保证责任。"

2. 保证人的代位权

保证人的代位权,是指保证人在承担保证责任后,得取代债权人的地位向债务人行使权利的权利。此权利是保障保证人求偿权实现的制度。保证人的代位权实质上是债权的法定转移。

保证人代位权的成立条件是,保证人代主债务人向债权人清偿并使债务人因此而免责。保证人代位权的效力以其求偿权的范围为限。同时,债权人对债务人享有的权利,在保证人代主债务人清偿的限度内全部转归于保证人享有。

保证人代位权的行使,虽使保证人能代债权人的地位向主债务人主张权利,但主债务人基于其与保证人之间的法律关系所生的抗辩权并不因此而受影响,主债务人仍可行使。例如,《德国民法典》第774条规定:"基于主债务人和保证人之间现有的法律关系而发生的主债务人的抗辩,不受影响。"

六、保证责任的免除和消灭

保证责任的免除,是指因法定事由的发生而使保证人不再承担保证责任,保证债务终局性地消灭。

(一) 保证期间届满而债权人未为请求

保证人仅在保证期间内承担保证责任。保证期间可由当事人在合同中约定,也可以由法律直接规定。当事人在合同中约定保证期间的,称为"定期保证";未在合同中约定保证期间的,称为"不定期保证"。

保证人的保证债务履行期自债权人请求时开始起算,因此在保证期间债权人未请求的,保证期间届满后保证人的责任即告免除。由于不同保证方式的保证责任性质不同,因此保证责任因保证期间届满而免除的条件亦不完全相同。

1. 一般保证保证人的保证责任因保证期间届满而免除的条件

《担保法》第25条规定:"一般保证的保证人与债权人未约定保证期间的,保证期间为主债务履行期届满之日起六个月。在合同约定的保证期间和前款规定的保证期间,债权人未对债务人提起诉讼或者申请仲裁的,保证人免除保证责任;债权人已提起诉讼或者申请仲裁的,保证期间适用诉讼时效中断的规定。"值得注意的是,若当事人在合同中约定的保证期间与债务清偿期一致的,不能视为约定了保证期间。对此,《担保法解释》第32条规定:"保证合同约定的保证期间早于或者等于主债务履行期限的,视为没有约定,保证期间为主债务履行期限届满之日起六个月。保证合同约定保证人承担保证责任直至主债务本息还清为止等类似内容的,视为约定不明,保证期间为主债务履行期届满之日起二年。"

[争议点] 对于保证期间的性质是属于除斥期间还是诉讼时效这一问题,学界争论颇大。依《担保法解释》第 31 条,"保证期间不因任何事由发生中断、中止、延长的法律后果",保证期间似属除斥期间。但依《担保法》的规定,在保证期间内,债权人对债务人提起诉讼或者申请仲裁的,保证期间适用诉讼时效中断的规定。另外,保证期间中断后,在重新起算的时间上,学界亦有不同的观点。有的学者认为应自法院或者仲裁机构受理之日起算;有的学者认为应从法院或者仲裁机构作出裁判之日起算;有的学者认为应当自法院或者仲裁机构的裁判执行完毕之日起算。鉴于有先诉抗辩权的保证人只有在债权人对债务人的财产依法强制执行仍不能满足其请求时才承担保证责任,本书认为,应以法院或者仲裁机构作出的裁判执行完毕之日起算为宜。

2. 连带责任保证人的保证责任因保证期限届满而免除的条件

《担保法》第 26 条规定:"连带责任保证的保证人与债权人未约定保证期间的,债权人有权自主债务履行期届满之日起六个月内要求保证人承担保证责任。在合同约定的保证期间和前款规定的保证期间,债权人未要求保证人承担保证责任的,保证人免除保证责任。"

债权人要求保证人承担保证责任的,可以诉讼的方式,也可以非诉讼的方式,但须能够证明其确于保证期间内请求保证人承担保证责任。在连带责任保证中,债权人要求保证人承担保证责任,可以仅向保证人提出请求,也可以向保证人和债务人同时提出请求。但债权人仅向债务人提出承担责任请求而未向保证人提出的,不发生要求保证人承担保证责任的法律后果。

此外,关于最高额保证合同的保证期间,《担保法解释》第 37 条规定,最高额保证合同对保证期间没有约定或者约定不明的,如最高额保证合同约定有保证人清偿债务期限的,保证期间为清偿期限届满之日起六个月。没有约定债务清偿期限的,保证期间自最高额保证终止之日或自债权人收到保证人终止保证合同的书面通知到达之日起六个月。

(二) 债权人放弃物的担保

《担保法》第 28 条规定:"同一债权既有保证又有物的担保的,保证人对物的担保以外的债权承担保证责任。债权人放弃物的担保的,保证人在债权人放弃权利的范围内免除保证责任。"在人的担保和物的担保发生竞合时,因人的担保仅有债权的效力,而物的担保有物权效力,在保证人承担保证责任后,保证人得依其代位权取得担保物权,故为保障保证人的代位权,法律规定债权人应先行使担保物权。

[争议点] 《担保法解释》第 38 条规定:"同一债权人既有保证又有第三人提供物的担保的,债权人可以请求保证人或物的担保人承担担保责任。当事人对保证担保的范围或者物的担保范围没有约定或者约定不明的,承担了担保责

任的担保人,可以向债务人追偿,也可以要求其他担保人清偿其应当分担的份额。"有学者据此认为,只有在债务人为物的担保人时,债权人才应优先行使担保物权。本书认为不论物的担保为何人提供,担保物权均有优先的效力,债权人均可优先行使。不过在保证人与物上保证并存时,若当事人明确约定了各种担保的范围,则债权人只能请求各担保人在各自的担保范围内承担担保责任,各个担保人承担担保责任对其他担保人的责任无影响。

（三）主债务转让给第三人未经保证人书面同意

《担保法》第23条规定:"保证期间,债权人许可债务人转让债务的,应当取得保证人书面同意,保证人对未经其同意转让的债务,不再承担保证责任。"保证是保证人基于特定的债务人的信用而提供的,主债务由第三人承担时,第三人的信用不同于债务人的信用,将增加保证人不能求偿的风险。同理,《担保法解释》第29条规定:"保证期间,债权人许可债务人转让部分债务未经保证人书面同意的,保证人对未经其同意转让部分的债务,不再承担保证责任。但是,保证人应当对未转让部分的债务承担保证责任。"

（四）主债务变更

《担保法》第24条规定:"债权人与债务人协议变更主合同的,应当取得保证人书面同意,未经保证人书面同意的,保证人不再承担保证责任。保证合同另有约定的,按照约定。"

[争议点] 主合同的变更,是指合同更新,还是包括任何变更? 一种观点认为,凡变更主合同,除另有约定外,只要未经保证人书面同意,保证人就不再承担保证责任。另一种观点则认为,变更主合同是指狭义上的变更,即主合同客体和内容方面的变更。第三种观点认为,主合同变更,应当是指合同更新（债务内容、性质变更）,而不包括一般的合同变更。对此,《担保法解释》第30条规定:"保证期间,债权人与债务人对主合同数量、价款、币种、利率等内容作了变动,未经保证人同意的,如果减轻债务人的债务的,保证人仍应当对变更后的合同承担保证责任;如果加重债务人的债务的,保证人对加重的部分不承担保证责任。债权人与债务人对主合同的履行期限作了变动,未经保证人书面同意的,保证期间为原合同约定的或者法律规定的期间。债权人与债务人协议变动主合同内容,但并未实际履行的,保证人仍应当承担保证责任。"

（五）主债务消灭

保证债务为从债务,因此,在主债务因履行、抵消、免除、混同等原因而消灭时,保证人的保证债务也消灭。《担保法解释》第39条规定:"主合同当事人双方协议以新贷偿还旧贷,除保证人知道或者应当知道的外,保证人不承担民事责任。"

第四章 债的担保

（六）保证合同的解除或终止

保证合同是保证人承担保证责任的根据,因此在保证合同解除或者终止时,保证人的责任当然消灭。

七、两种特殊保证方式

（一）最高额保证

《担保法》第14条规定:"保证人与债权人可以就单个主合同分别订立保证,也可以协议在最高债权额限度内就一定期间连续发生的借款合同或者某商品交易合同订立一个保证合同。"此即最高额保证。其特殊性表现在以下五个方面:

1. 最高额保证的是未来的债权。保证原则上是对已存在的债权的担保,而最高额保证是对未来债权的保证。最高额保证合同订立时,不仅主债权债务并未发生,而且将来能否发生也不能确定。

2. 最高额保证所担保的债权是基于数个合同发生。若当事人是就一个合同所发生的债权订立保证合同的,即使该合同债权是分期分批受偿的,当事人所设定的保证也不属于最高额保证。

3. 最高额保证所担保的债权是在一定期间内连续发生。最高额所担保的债权尽管是由数个合同产生,但其须是在一定期间内连续发生的,相互之间有关联性。就不同种类的债权不能成立最高额保证。

4. 最高额保证所担保的债权是特定范围内的债权。最高额保证并非是无限额的担保,其债权数额确定有两个限制:（1）应为规定期间内发生的债权,在规定期间外发生的债权不在担保范围之内;（2）须在最高额限度之内,超过最高限额的债权不在保证范围之内。

5. 未约定保证期间的最高额保证,保证人有权单方终止保证合同。《担保法》第27条规定:"保证人依照本法第十四条规定就连续发生的债权作保证,未约定保证期间的,保证人可以随时书面通知债权人终止保证合同,但保证人对于通知到债权人前所发生的债权,承担保证责任。"根据《担保法解释》第37条的规定,最高额保证合同对保证期间没有约定或者约定不明的,如最高额保证合同约定由保证人清偿债务期限的,保证期间为清偿期限届满之日起6个月;没有约定债务清偿期限的,保证期间自最高额保证终止之日或者自债权人收到保证人终止保证合同的书面通知到达之日起6个月。

（二）共同保证

共同保证是指数人共同担保同一债务的履行的保证。共同保证的特点在于担保同一债务履行的保证人是数人而不是一人。因此,在共同保证中尽管被保证人的债务人可以是数人,债权人也可以为数人,但主债权却仅为一个。如果同一人为数个债务人的同一债务履行为信用担保,则不属于共同保证。若数人分别为不同的债权提供保证,则也不属于共同保证。

第三节 定 金

一、定金的概念和特征

(一)定金的概念

定金,是指当事人一方在合同履行之前,在应给付数额内预先支付另一方一定比例金钱的担保形式。

《担保法》第89条规定:"当事人可以约定一方向对方给付定金作为债权的担保。债务人履行债务后,定金应当抵作价款或者收回。给付定金的一方不履行约定的债务的,无权要求返还定金;收受定金的一方不履行约定的债务的,应当双倍返还定金。"依此规定,定金有以下含义:

1. 定金为债权的担保。定金所担保的债权一般为合同债权,定金只能于合同履行前交付,履行后债权已消灭,无使用定金的必要。

2. 定金为金钱担保,只能以金钱为担保物。

[争议点] 有观点认为定金兼具金钱质的特点,也有观点认为定金属于权利转移型的担保方式。本书认为,由于定金不具备将作为质物的金钱特定化(即采封金等形式)、质权人对作为质物的特定化金钱不能使用这两个重要特征,因此定金不属于金钱质。定金也不属于权利转移型担保。尽管定金交付后,定金的所有权转移,但一方面交付定金方不能对金钱占有、使用,另一方面,在债务履行后收受定金的债权人也不返还原物。一方的债权是以收受定金的一方不履行债务时将双倍返还定金来担保的,而收受定金一方的债权则是以给付定金的一方不履行债务时将丧失定金来担保的。因此,定金担保既不同于让与担保,也不同于所有权保留。

3. 定金为依照法律规定或双方约定由债务人向债权人交付的金钱。若一方未依照法律规定或者双方的约定将定金交付给对方,则不存在定金。

4. 定金于债务人履行债务后,应当抵作价款或者收回。

(二)定金的法律特征

1. 定金具有从属性。定金合同以主合同的有效存在为存在前提,随主合同的存在而存在,随主合同的消灭而消灭。

2. 定金合同为实践性合同。虽有当事人双方关于定金的约定,但应交付定金的一方当事人未实际将定金给付给对方的,定金担保不能成立。

3. 定金担保双方的债权。其他担保一般仅担保一方当事人的债权,定金虽是一方交付给对方的,但对方不履行债务时,也须双倍返还定金,因此,定金实际担保着当事人双方的债权。

二、定金的种类

定金是一种古老的担保方式,亦为现代各国法普遍认可。但法律上的各种定金,其性质并不完全相同,主要分成五类:

1. 立约定金。此为保证订立主合同而交付的定金。此种定金的双方一般有预约。给付定金的一方如不与对方订立主合同,则丧失给付的定金;收受定金的一方如不与对方订立主合同,则应双倍返还定金。关于立约定金的效力,《担保法解释》第 115 条明确规定,当事人约定以交付定金作为订立主合同担保的,给付定金的一方拒绝订立主合同的,无权要求返还定金;收受定金的一方拒绝订立合同的,应当双倍返还定金。

2. 成约定金。此种定金是以其交付为合同成立的要件。《担保法解释》允许当事人约定以交付定金作为主合同成立或者生效要件,承认了成约定金。成约定金的效力是定金的交付使主合同成立,不交付原则上主合同不成立,亦不发生定金罚则的效力。《担保法解释》第 116 条,当事人约定以交付定金作为主合同成立或者生效要件的,给付定金的一方未支付定金,但主合同已经履行或者已经履行主要部分的,不影响主合同的成立或者生效。

3. 证约定金。此种定金的交付是为证明主合同的成立,但并不是主合同的成立要件。我国现行法没有相关证约定金的规定,但学说大多认为,定金的交付一般标志着合同的存在,除非当事人可以证明定金的交付另有原因,而非合同成立的标志。此外,定金的交付只能证明合同的成立,至于合同的效力如何,应该适用法律关于合同效力的规定,具体判断是否存在无效、可撤销或效力未定的情形。[1]

4. 违约定金。此种定金是以违约赔偿为目的的定金,具有间接强制债务履行的效力。违约定金通常也有证约定金的作用。《担保法》第 89 条规定:"给付定金的一方不履行约定的债务,无权要求返还定金,收受定金的一方不履行约定的债务的,应当双倍返还定金。"一般而言,适用违约定金的定金罚则须具备以下条件:第一,须有定金担保的存在。第二,须主合同有效。主合同不成立或无效,定金随之无效,不能适用定金罚则。第三,须有当事人一方根本违约的事实。第四,须不履行债务的债务人有过错。《担保法解释》第 122 条规定:"因不可抗力、意外事件致使主合同不能履行的,不适用定金罚则。因合同关系以外第三人的过错,致使主合同不能履行的,适用定金罚则。受定金处罚的一方当事人可以

---

[1] 参见崔建远、韩世远、于敏:《债法》,清华大学出版社 2010 年版,第 118 页。

依法向第三人追偿。"

违约定金在债务人拒绝履行和不能履行两种情况下发生罚则效力,不完全履行、迟延履行致使合同目的落空时也可适用。《担保法解释》第120条明确规定:"因当事人一方迟延履行或者其他违约行为,致使合同目的不能实现,可以适用定金罚则。但法律另有规定或者当事人另有约定的除外。"

5. 解约定金。此种定金为当事人一方保留解除合同权利的代价。在解约定金中,交付定金的一方得以丧失定金为代价而解除合同;收受定金的一方得以双倍返还定金为代价而解除合同。《担保法解释》第117条规定,定金交付后,交付定金的一方可以按照合同的约定以丧失定金为代价而解除主合同,收受定金的一方可以双倍返还定金为代价而解除主合同。对解除主合同后责任的处理,适用《合同法》的规定。

三、定金与相关制度的异同

（一）定金与违约金的异同

定金与违约金均为当事人一方应向另一方交付的款项,且都有担保合同履行的作用。但两者仍然存在较大区别:

1. 根本目的不同。定金以确保债权的实现为目的,是债权担保的一种方式;违约金的根本目的是事前制约违约行为和事后填补违约损害,为民事责任的承担方式。有关定金的约定为从合同,具有相对独立性;关于违约金的约定则为合同内容的一部分。

2. 交付时间不同。定金只能于合同履行前交付;而违约金只能于当事人一方违约后交付。故定金有预先给付和证约的作用,而违约金不具有此类作用。

3. 发生根据不同。定金由当事人于定金合同中约定;而违约金则包括约定违约金与法定违约金。

4. 确定标准不同。定金的数额不能超过法定数额,超过法定数额部分的定金无效;而违约金不存在数额限制,但过分高于实际损失时可予以减少。

5. 法律效果不同。适用定金时,不存在变更定金数额的余地;违约金数额低于或过分高于实际损失时,法院可依当事人请求予以增减。

当事人既约定违约金,又约定定金的,一方违约时,对方可以选择适用违约金或者定金条款(《合同法》第116条)。即两者不得并用。

（二）定金与预付款的异同

定金在合同履行后可以抵作价款,并且定金是于合同履行前交付的,因此定金有预先给付的性质,与预付款有相似之处。两者的区别在于:

1. 性质和作用不同。定金是债权的担保方式,通过定金罚则担保合同履行;预付款的作用只是为一方当事人履行合同提供资金上的便利。

2. 发生基础不同。定金依据定金合同发生,且实际交付后才能成立;而预付款是主合同内容的一部分,一方当事人不按照合同的约定交付预付款的,其行为构成对合同义务的违反。

3. 法律效果不同。定金适用定金罚则,发生丧失定金或者双倍返还定金的法律效果;而交付和收受预付款的当事人一方违约时,不发生丧失或双倍返还预付款的后果,预付款应返还预付的一方。

4. 有无数额限制不同。定金有最高数额限制,预付款则无。至于预付款数额不高于债权总额,自属当然。

四、定金的成立

(一) 定金合同

定金合同的当事人原则上为主合同的债权人和债务人。但若当事人约定定金担保,第三人代应交付定金的一方交付定金的,可成立定金担保。

定金合同为要式合同。《担保法》第 90 条规定:"定金应当以书面形式约定。"定金合同的内容包括定金的交付期限、定金的数额以及定金罚则。定金的数额由当事人决定,但不得超过主合同标的额的 20%(《担保法》第 91 条),超过的部分,人民法院不予支持(《担保法解释》第 121 条)。

(二) 定金的交付

定金合同不仅需要当事人双方意思表示一致,而且需要支付定金。《担保法》第 90 条后段规定:当事人在定金合同中应当约定交付定金的期限。定金合同从实际交付定金之日起生效。同时,《担保法解释》第 119 条规定:"实际交付的定金数额多于或少于约定数额,视为变更定金合同;收受定金一方提出异议拒绝接受定金的,定金合同不生效。"

五、定金的效力

定金具有下列效力:

(一) 证约效力

证约效力,是指定金具有证明主合同成立的效力。定金是从合同,以主合同的存在为前提。因此,没有主合同,当事人之间不可能发生交付定金的事实;反之,当事人之间有交付定金的事实,足以证明当事人之间存在主合同。司法实践中,对于口头合同,在当事人就合同是否成立发生争议时,当事人之间交付和收受定金的事实,可作为证明合同成立的证据。如无相反的证据,应认定主合同成立。

(二) 预先给付效力

债务人履行债务后,定金应当抵作价款或者收回。故定金具有预先给付的效力。

（三）担保效力

定金的担保效力是定金的基本效力，也是定金目的的根本体现。定金的担保效力通过适用定金罚则来实现。适用定金罚则须具备以下条件：

1. 须有定金担保的存在。

2. 须主合同有效。主合同不成立或无效，定金随之无效，不能适用定金罚则。

3. 须有当事人一方根本违约的事实。

4. 须不履行债务的债务人有过错。《担保法解释》第122条规定："因不可抗力、意外事件致使主合同不能履行的，不适用定金罚则。因合同关系以外第三人的过错，致使主合同不能履行的，适用定金罚则。受定金处罚的一方当事人，可以依法向第三人追偿。"

第五章 债的变更和转移

第一节 债的变更

一、债的变更的含义

债的变更有广义和狭义之分。狭义的债的变更，指债的内容的变更；另将债的主体的变更称为"债的转移"，即在不改变债的内容的前提下，债权、债务或债权债务总体转移于第三人。广义的债的变更，包括债的内容的变更和债的主体的变更。各国立法多采用狭义的债的变更，我国亦同。

二、债的变更与债的更新(更改)

债的更新(novation)，又称"债的更改"，是指变更债的要素，以成立新债务的方式消灭旧债务的合同。我国民法未规定债的更新。

债的更新与债的变更有下列区别：

1. 更新为债的消灭事由之一，变更则维持原债的存在。
2. 更新须有债的要素的变动，变更则否。所谓"债的要素"，是指债的主体、客体。若仅变动债务履行期限、履行地点等，均非债的要素的变更，不成立更新。
3. 更新发生旧债消灭、新债产生的效力，故债的同一性发生变化，即旧债所附的担保等从权利、从债务及抗辩均归于消灭；变更后的债并不丧失同一性，从权利、从债务及抗辩等继续存在。

三、债的变更的原因

债的内容可因法律规定、法院判决和当事人的意思表示而变更。

1. 法律规定。例如债务履行不能时，债务内容变更为损害赔偿。
2. 法院判决(包括仲裁机构裁决)。例如发生情事变更时，法院或仲裁机构得变更债的内容；可撤销合同当事人请求变更的，法院或仲裁机构可酌情变更。
3. 当事人的意思表示。原则上债的变更须由当事人合意为之，一方不得擅自变更。变更行为本身是一个合同，其成立与效力适用合同法和民法总则的规定。在法律特别规定的情况下，当事人可以单方变更合同，但须承担变更给付造成的损失,例如定作人的变更权(《合同法》第 258 条规定,定作人中途变更承揽工作的要求,造成承揽人损失的,应当赔偿损失)、托运人的变更权(《合同法》第308 条规定,在承运人将货物交付收货人之前,托运人可以要求承运人中止运输、返还货物、变更到达地或者将货物交给其他收货人,但应当赔偿承运人因此受到的损失)。单方变更属于单方法律行为,适用民法总则中关于民事法律行为和意思表示的规定。

四、债的变更的效力

变更合同无效或被撤销的,不发生变更的效力,当事人仍受原债的约束。有效的变更发生下列效力:

1. 当事人须受变更后的债的约束。变更原则上无溯及力,仅对未履行的部分有效,但当事人另有约定的除外。

2. 变更后的债不失同一性,原有的从权利、从债务和抗辩继续存在。但由第三人提供担保的,如变更后的债加重了债务人的责任,担保人对加重部分不承担担保责任;变更后的债减轻债务人责任的,担保人仅对减轻后的债务承担担保责任。

3. 变更不影响要求损害赔偿的权利。《民法通则》第 115 条规定,合同变更,不影响当事人要求赔偿损失的权利。例如变更因重大误解而订立的合同,在相对人遭受损失的情况下,误解人应赔偿相对人的损失。

第二节 债的转移概述

一、债的转移的含义与沿革

债的转移,又称"债的移转",是指不改变债的同一性而发生债的主体的变动。债的转移仅仅是将原样态的债权或债务转移于新的主体,债的内容并无变动,故有别于债的变更和更新。

债的转移的基本类型包括债权转让与债务承担。两者虽然同属于一类制度,但具有不同的经济意义与实践地位,法理基础与法律构造亦不相同。债权转让旨在最大化地发挥债权作为财产权的流通价值(特别是融资价值),有利于转让人与受让人而不损及债务人,因此法律规则重在予以积极鼓励。债务承担则因债务人的变动而可能使债权人蒙受更大风险,有损债权的安全与价值,故法律规则重在加以严格控制。债权转让在现实经济生活中的意义大于债务承担。

罗马法上曾将债的关系定性为"法锁",债的关系一经成立,即告固定,不允许在不同主体之间发生转移。普通法早期亦采取类似立场。随着社会经济发展,债的人格与身份色彩渐趋淡化,开始凸显债权与债务的独立价值。尤其是债权的独立化,有助于充分发挥其财产价值与经济效用,最终打破了债的关系的人身属性。近代各国债法相继确立了债的转移制度。

二、债的转移的原因

债的转移的形态,分为债权转移、债务转移与债权债务的概括转移。其发生原因包括三类:

(一) 法律规定

法定的债权转移,典型者是债权的法定代位,如保证人清偿代位(《担保法》第31条)、连带债务人清偿代位、利害关系人清偿代位(我国台湾地区"民法"第312条)等。法定的债务转移,如法定的债权债务概括转移,包括继承、企业合并(《合同法》第90条)等。

(二) 司法行为

例如法院因债权人强制执行而发出债权转付命令(我国台湾地区"强制执行法"第115条)。

(三) 法律行为

包括因合同发生的债的转移,如债权转让、债务承担、合同承受;因单方行为发生的债的转移,如遗赠债权。

债的转移虽然原因各异,但其法律效果并不因此而异。债权转让、债务承担与债权债务的概括转移,为实践中的主流形态,有关债的转移的法律规范基本上对其而设。依其他原因发生的债的转移,自可类推适用有关上述行为的规定。除特别指明外,本书论述范围亦限定于此。

第三节 债权转让

第一目 债权转让概述

债权转让,又称"债权让与",是指在不改变债的内容的前提下,债权人通过协议将债权转移给他人的行为。债权人为转让人(让与人),另一方为受让人。

债权转让具有下列性质:

第一,债权转让为处分行为。债权转让系以处分债权为标的的法律行为,类同于物权转让,故又被称为"准物权行为"。

第二,债权转让为无因行为。债权转让一般另有原因行为,原因行为可以是买卖或赠与,也可以是清偿先前债务。原因行为原则上不影响债权转让的有效性;原因行为无效或被撤销,不影响债权的转移。无因性的认定有利于保护第三人的利益。

第三，债权让与为不要式行为。债权让与一经当事人之合意，即告成立，是否作成书面，则非所问。债权如有债权证书者，固然需要交付其证书，然此仅为让与人的一项义务，并非债权让与的成立要件。

关于债权让与的要件，通说认为有以下三项：须存在有效的债权；让与人与受让人就债权转让达成合意；被让与的债权具有可让与性。

第二目 债权的可转让性

一、债权转让自由原则

债权以可自由转让为原则。古代法上认为债权具有严格的人身属性，只能依附于债权人。其后随着债权经济价值的提升，债权开始财产化，成为如同物权一般可以自由转让的独立财产权。

二、债权转让自由原则的例外

债权系特定人之间自由创设的向特定人为给付的权利，不同于物权、知识产权等财产权，因此法律上特设限制，限定其转让性的边界。此种限制的理由主要有三类：（1）保障特定类型的、基于人身信赖关系或特殊供需关系的债权的稳定性，保护债务人的合理期待；（2）尊重债权人与债务人的意思自治；（3）保障公共政策的实行。相应的，法律规则上也对某些债权特设例外，《合同法》第79条规定：债权人可以将合同的权利全部或者部分转让给第三人，但有下列情形之一的除外：（一）根据合同性质不得转让；（二）按照当事人约定不得转让；（三）依照法律规定不得转让。

（一）性质上不得转让的债权

转让足以导致债权目的不能实现的，属于性质上不能转让的债权。主要类型有：

1. 旨在保障债权人生活需要的债权。此种债权禁止扣押，不得让与。如抚养费请求权、工资请求权、养老金请求权等。然而债权的可让与性与可扣押性是否一致（换言之，禁止让与是否即禁止扣押，而禁止扣押是否即禁止让与），学者说法不一。有学者认为，债权无让与性，即使扣押也不能达到扣押的目的，故扣押无效。但反对者认为，禁止扣押只是为了保护债权人，而对不依债权人意思的处分予以禁止而已，若债权人依自己的意思所为之处分，应当不在禁止之列。以此为理由，可以认为禁止扣押不必然禁止让与。本书认为，关于这一问题可参考德民的立法例。《德国民法典》第400条规定："债权系禁止扣押者，不得让与。"

2. 转让会使债务人的义务发生实质性转变、明显增加债务人责任和风险的债权。① 例如特定质量货物供应合同项下的债权、专业委托服务合同项下的债权、合作开发技术合同项下的债权等。此类债权多基于特定人之间的特殊信任关系而发生，债权人的变更可能导致此种信任关系的破坏，故非经债务人同意，不得转让。当然，此类合同项下收取报酬或价款的债权，不在禁止之列。

3. 不作为债权，原则上不得让与。不作为债权系为特定债权人利益而存在，若允许转让，无异于为债务人新设债务。故非经债务人同意，不得转让。例外情况下，可随同其他关系一同转移，例如竞业禁止约定项下的债权可同营业一同转让。

4. 具有从权利性质的债权，不得与所附属的主权利分离转让。如保证债权不得与主债权分离转让，请求设立地役权的债权不得与需役地所有权分离转让。

5. 与特定债权人之间有定期计算的特殊关系的债权，如交互计算范围内的债权。不过此种特殊关系一旦消失，则债权的可转让性仍可恢复。

(二) 按照当事人约定不得转让的债权

债权人和债务人可在债权发生前、发生时或发生后特别约定债权不得转让。特约禁止转让在实践中并不罕见，这大多是因为债务人不愿因转让(特别是部分转让)而给自己的簿记工作增加负担。基于私法自治原则，此种特约的效力原则上应予肯定，但因涉及第三人权益，又必须对之加以一定限制。

关于禁止转让特约的效力，我国法无明文规定，比较法上主要有下列规范模式：(1) 完全有效，即不仅使转让人对债务人负有不得转让的义务，且可使已发生的转让归于无效。② 此种模式过于绝对，因禁止转让特约仅在转让人与债务人之间发生，第三人难以知晓，若一概承认此种内部约定具有对世效力，势必妨碍交易安全与第三人正当权益保护。(2) 有效，但不得对抗善意第三人。③ 一般做法是，受让人善意且无过失时，债权转让有效，但不影响债务人向转让人追究违反不得转让义务的责任；反之，债务人有权主张转让无效。此种模式意在当事人意思自治与交易安全之间作出调和，值得我国借鉴。

(三) 按照法律规定不得转让的债权

1. 精神损害抚慰金请求权。此类债权为保障特定人利益而设，且具有不确定性的特点，不得预先让与，以免助长帮讼、揽讼之风。赔偿义务人已经以书面方式承诺给予金钱赔偿，或赔偿权利人已经向法院起诉的不在此限。④

2. 专以诉讼或讨债为目的转让债权。《信托法》第 11 条规定，专以诉讼或讨债为目的设立的信托无效。此规定的立法背景系 20 世纪 90 年代中期以来各

---

① 参见 UCC 第 2-210 条，《德国民法典》第 399 条与此趣旨相同。
② 参见《德国民法典》第 399 条，《瑞士债务法》第 164 条。
③ 参见《日本民法典》第 466 条第 2 款，我国台湾地区"民法"第 294 条。
④ 参见《人身损害赔偿解释》第 18 条第 2 款。

种"讨债公司"的滥设与滥用,损及公共秩序与债务人正当权益,立法目的在于禁止此类不正当揽讼行为。该条虽仅规范设立信托形式的转让,但依目的解释,应认定为专以诉讼或讨债为目的的其他形式的转让,亦应无效。

此外,《担保法》第61条规定,最高额抵押的主合同债权不得转让。《物权法》未保留此条规定。又依《物权法》第178条("担保法与本法的规定不一致的,适用本法"),最高额抵押的主合同债权现可转让。

三、若干特殊形态债权的可转让性

(一) 将来债权

将来有可能发生的债权可否转让,素有争论。传统学说认为,将来债权现尚不存在,故订约当时不能转移。但约定于将来债权发生时应转移其债权的合同可以成立,因合同成立的要件(债权的存在为转让合同发生效力的要件)虽应于合同订立时存在,而合同的效力则不妨日后发生。此说虽有逻辑上的合理性,但不能适应交易实践。在债权融资实务中,转让人通常将某项未来债权一揽子转让,尤其是应收款融资,日益倚重将来债权转让。若认定转让不发生效力,必然损害受让人对交易安全与保障的正常期待,最终也损害转让人的利益。有鉴于此,新近的法律文件均已明文规定,只要当将来债权于存在时能够被确认,其转让于转让合同成立之时即为有效,无须实施新的转让行为。① 我国现行法未明定将来债权转让,对此本书认为,在相关的解释与适用上应持肯定立场。

(二) 集合债权

各项现在或将来债权是否可以一并转让,我国现行法上无确定的规则。最新法律文件予以明文认可:如果集合债权在转让时或实际存在时能够被确认为转让对象,则无须经过特别指定(特定化),无须逐项实施转让行为,即可转让。② 考虑到集合转让为实务中的通常做法,并基于节省交易成本、保障交易便捷的需要,对此应持肯定态度。

(三) 部分债权

金钱债权可以部分转让;非金钱债权可以被分割,且转让不致使债务履行发生严重困难的,可以部分转让。③ 因部分转让增加的履行费用,债务人可请求转让人支付,亦可在向受让人履行时从债权中扣减。

(四) 效力不完全的债权

时效届满后的债权、可撤销(撤销之前)法律行为下的债权等,虽在效力与

---

① 参见《联合国国际贸易中应收款转让公约》第8条第2款,PICC第9.1.5条。
② 参见PICC第9.1.6条,《联合国国际贸易中应收款转让公约》第8条第2款。
③ 参见PICC第9.1.4条。

经济价值上有所减损或有可能减损,但并不丧失作为债权的有效性,自无禁止转让之必要。

第三目 债权转让在转让人和受让人之间的效力

一、债权转移

债权转移后,受让人依原样取得债权,即债权仍保持同一性。受让人有权取得债权受清偿所得的利益;若债务人对转让人清偿,受让人有权请求转让人返还清偿所得利益,无论转让通知是否发出、是否有效。

债权自何时起发生转移,应依下列规则确定:

1. 当事人有约定的,自约定条件成就或约定时间届至时发生转移。此点对转让人保障自身权益尤具意义,因实务中债权转让多系有偿,转让人可通过此种约定保障对价的获取。

2. 法律、法规规定转让权利应当办理批准、登记等手续的,依照其规定(《合同法》第87条)。

3. 无上述情形的,债权自转让合同生效之日起转移。债权为无体财产,无须交付,至于交付债权凭证等,亦非债权转移的要件。

二、从权利随同转移

债权人转让权利的,受让人取得与债权有关的从权利,但该从权利专属于债权人自身的除外(《合同法》第81条)。所谓"从权利",包括担保(人的担保、物的担保)与其他从属性权利(利息债权、违约金请求权、损害赔偿请求权),以及与债权有关的、非独立的辅助性权利和形成权。其他从权利的转移,因法律规定而当然发生,无须办理转移手续。但如依法律规定从权利只有在办理新手续后方可转移或行使的(例如变更抵押权人的登记或转移担保物的占有),转让人有义务办理转移手续。[1] 从权利随同转移的规则属于任意性规范,可以约定排除。[2] 但法律另有强制性规定的除外。[3]

所谓"专属于债权人自身的从权利",典型的是解除权、撤销权等形成权。此类权利之所以不得转移,原因在于一旦允许转移,则当受让人行使上述权利时,合同归于消灭或无效,受让人即负有恢复原状义务,实质上承担了原来应由转让人承担的债务,由此给债务人造成不测的风险。基于充分保护债务人的原则,应认定其不得随债权自动转移。

---

[1] 参见《联合国国际贸易中应收款转让公约》第10条第1款。
[2] 如《担保法》第22条。
[3] 如《担保法》第50条。

三、证明文件的交付与必要情形的告知

转让人应将证明债权的文件交付受让人,并告知关于行使该债权所必要的一切情况。[①] 证明文件包括合同书、债权凭证、附随的票据、信用证、账簿等。必要情形包括履行期限、履行地点、债务人住所。上述情形已在证明文件中载明的,应认定为债权人已履行告知义务。

《合同法》未在"债权转移"一章中明文规定上述义务,但第60条(附随义务)、第136条(出卖人交付单证和资料的义务)、第174条(买卖合同规定准用于其他有偿合同)可作为实证法依据。

四、权利瑕疵担保

除另有规定外,转让人应向受让人保证:(1)该债权有效存在,转让人擅自撤销或解除原始合同的,即违反该项义务,但该转让的债权是将来债权的除外;(2)转让人有权转让该债权;(3)转让人先前未将该债权转让给他人;(4)第三人就该债权不得向受让人主张任何权利;(5)该债权不受债务人任何抗辩或抵消权的影响;(6)非经受让人同意不变更该债权或产生该债权的合同,但变更系出于善意且依其性质受让人不能合理拒绝的除外。[②] 与有体财产的买卖合同法理基础相同,受让人明知或应知上述瑕疵的,转让人不负担保义务。除另有约定外,转让人对债务人的清偿能力不负担保义务。[③] 原因在于,与债权本身瑕疵不同,债务人的信用状况清偿能力非债权人所能控制,令其承担担保义务显然过苛。即使转让人承诺承担担保义务,该承诺也仅适用于债务人在转让之时的清偿能力,而不及于担保债务人将来的清偿能力,除非转让人明确承诺对债务人将来的清偿能力亦负担保义务。[④]

《合同法》在"合同的变更和转让"一章中未明定上述义务,但第150—152条(出卖人的瑕疵担保义务)、第174条(买卖合同规定准用于其他有偿合同)、第191条(赠与人的瑕疵担保义务)可作为实证法依据。

---

① 参见立法例:《法国民法典》第1689条,《德国民法典》第402、403条,《瑞士债务法》第170条第2款,我国台湾地区"民法"第296条,《意大利民法典》第1262条。
② 参见立法例:PICC第9.1.15条,PECL第11;204条,《联合国国际贸易中应收款转让公约》第12条第1款,《法国民法典》第1694条。
③ 参见《联合国国际贸易中应收款转让公约》第12条第2款,《法国民法典》第1644条,《瑞士债务法》第171条,《意大利民法典》第1266条。
④ 《法国民法典》第1695条对此特设规定,可资参考。

第四目　债权转让在受让人与债务人之间的效力

一、债务人保护原则

债权转让无须债务人同意,自不能使债务人的地位因转让而恶化。但因承认债权的可转让性是公共利益之所在,债务人通常应当容忍因债权人变更而给自己带来的不适,如与原债权人相比,新债权人对原合同欠缺理解力。至于因转让而发生的额外费用,债务人有权向转让人或受让人主张补偿。① 常见问题是,转让往往导致履行地变更,对此应区别处理:(1) 转让金钱债权的,受让人有权要求债务人在其他履行地履行。② 在现代支付条件下,金钱债务履行地的改变所增费用甚微,且可由债务人在清偿时径行扣除,故应允许。但不得将履行地改为债务人所在国以外的国家或地区,③因此举将严重增加债务人的风险和负担。(2) 转让非金钱债权的,受让人无权要求债务人在其他地点履行。④ 非金钱债务履行地的改变,不仅导致费用的增加,更需债务人人力、物力的较大耗费,难以计算和补偿;而由受让人赴原履行地受领,由此产生的成本为受让债权的必要代价,且可通过价格机制转嫁于转让人负担。因此采此规则较符合利益平衡的宗旨。

二、转让通知

为保护债务人的合法权益,各国立法对于债权让与对债务人在何种条件下生效多有限定,立法例主要有三种:债务人同意原则、债权自由让与原则、让与通知原则。《合同法》采折中主义,该法第 80 条规定,债权人转让权利的,应当通知债务人。未经通知,该转让对债务人不发生效力(第 1 款)。债权人转让权利的通知不得撤销,但经受让人同意的除外(第 2 款)。

1. 通知的效力

债权转让在债权人与受让人之间发生,债务人难以知晓,为避免债务人错误清偿而招致责任,法律规定:债务人收到转让通知之前向转让人清偿的,其债务消灭。转让人向债务人所为的抵消、免除等行为,亦为有效。但若债务人已经通过其他途径知悉债权转让而向受让人清偿的,其债务亦消灭。理由在于,既然受让人已取得债权,债务人对之清偿即属于正当履行。若转让人在债务人向受让人清偿后,以转让尚未对债务人生效为由主张清偿无效,非但无权为此,更兼违

---

① 参见 PICC 第 9.1.8 条。
② 参见 PECL 第 11:306(1) 条。
③ 参见《联合国国际贸易中应收款转让公约》第 15 条第 2 款。
④ 参见 PECL 第 11:306(2) 条。

背禁反言(estoppel)原则与诚信原则,应不予支持。当然,债务人于此情形欲求免责,须证明其确已知悉转让,由此债务人可能面临举证上的困难,故为稳妥起见,以拒绝受让人履行请求为宜。债务人收到转让通知后,只有向受让人清偿,才可消灭债务,但转让通知中另有指示的,或受让人嗣后在书面通知中另有指示的,债务人须按指示清偿方可消灭债务。

2. 表见让与

表见让与是指转让通知到达债务人后,即使债权并未转让或者转让无效,债务人仍可以对抗受让人的事由对抗转让人。债权人将债权转让的情况通知债务人后,可能并未将债权实际转让第三人,或者债权转让因转让行为有瑕疵而被认定无效或者被撤销。但此种变故仅发生在债权人与第三人之间,债务人无从得知。故在债务人收到转让人否定原债权转让效力的新通知之前已发生的对于受让人的抗辩,仍可向转让人主张;债务人向受让人所为的履行,亦应发生清偿的效果。表见让与和民法上的表见代理、不动产登记的公信力、动产善意取得制度及商法上的经理权之限制不得对抗善意第三人、合伙人事务执行权之限制不得对抗善意第三人等制度源于同一法理,即保护因信赖权利或行为之外观而行事的善意第三人。

有学者认为,表见让与一般只有在债权人为让与通知时才能发生,如果由受让人进行通知,则不产生表见让与的效力。换言之,即使受让人已将债权让与通知了债务人,而债权未能让与或者让与无效时,债务人不能以其对抗受让人的事由对抗让与人。本书认为,如果受让人为债权让与通知时提供了充分的证据,足以使任何善意之人认为债权已经发生移转,在此情形,仍可构成表见让与。

3. 通知的性质

转让通知属于观念通知,准用关于意思表示之规定。通知有无效或可撤销事由时,可确认无效或撤销(例如撤销内容错误的通知),而不论债权转让合同有无无效或可撤销事由。通知自到达债务人之时起生效。

4. 通知的主体

依通例,[①]转让人和受让人均有权作出通知。为防止虚假通知,由受让人作出通知时,债务人可以请求受让人在合理时间内提供转让已发生的充分证据。在受让人提供充分证据之前,债务人有权中止履行。受让人未提供充分证据的,通知不发生效力。所谓的"充分证据",通常是转让人签发的表明转让已发生的书面文件,也可以是其他形式的证据。[②]《合同法》第80条规定,债权人转让权

[①] 参见《联合国国际贸易中应收款转让公约》第17条,PICC第9.1.10条,PECL第11:303条,UCC第9-406(a)条,《法国民法典》第1691条,《德国民法典》第409、410条,《瑞士债务法》第167条。

[②] 参见《联合国国际贸易中应收款转让公约》第17条第7款,PICC第9.1.12条,PECL第11:303条,UCC第9-406(c)条。

利的,应当通知债务人。该条对受让人作为通知主体并无限制,解释上应认为允许。

通知应向债务人或其代理人作出。特定情形有:(1)数债务人负连带债务时,若通知仅向其中一人或数人作出,则只能对收到通知的债务人发生效力。因收到通知债务人并无转通知其他债务人之义务,且由债权人对全体债务人为通知更为便利,故不宜认定对部分债务人之通知效力及于全体债务人。(2)同理,数债务人负不可分债务时,通知须向全体债务人作出,方可对全体债务人生效。(3)债权附有一般担保时,通知对债务人作出的,因保证债务具有附属性,应认定通知的效力及于保证人;通知仅对保证人作出的,应认为效力不及于债务人。

5. 通知的方式与内容

对于通知的方式法律多无限制,①我国法亦同。通知所使用的语言,应为按情理预计可使债务人知道其内容的语言,否则无效。通知使用原始合同的语言作出的,即为满足上述要求。② 这一规则在国际债权交易中尤有意义。

通知的内容,至少应合理地指明被转让的债权,③否则无效。至于受让人的住所、受款地址、受款账号等事项,可在通知中载明,亦可另行向债务人发出指示。

通知可以采取诉讼通知的形式,但通常采取非诉的形式。

6. 通知的撤销(撤回)

通知不得撤销,但经受让人同意的除外(《合同法》第80条第2款)。④ 此处所称"撤销",实为撤回,不以通知具备可撤销事由为要件。又因撤销关系到受让人利益,故不得由转让人擅自实施。

7. 通知的时间

法律上对此并无限制,但解释上应认为最早不得早于债权转让合同成立之时(此种情形实践中几乎不可能发生),因此时被转让债权尚未指明,不能对债务人生效;最迟不能迟于债务履行时间,以免妨碍债务人正常的履行期待。

为减少将来债权与集合债权交易的成本,应允许转让通知中包含通知之后发生的债权。

8. 通知与时效中断

债权转让是否构成消灭时效中断事由,法律未设明文。对此有学者认为,债权让与通知的目的虽然在于指示债务人向新债权人履行债务,但其中当然含有

---

① 参见 PICC 第9.1.10条;但《联合国国际贸易中应收款转让公约》(第5条(d)项)、《欧洲合同法通则》(第11:303条第(1)项)要求通知须为书面形式。
② 参见《联合国国际贸易中应收款转让公约》第16条第1款。
③ 参见《联合国国际贸易中应收款转让公约》第5条(d)项,UCC 第9-406(6)(1)条。
④ 参见《德国民法典》第409条第2款,我国台湾地区"民法"第298条第2款。

向债务人主张债权的意思。最高人民法院《关于审理民事案件适用诉讼时效制度若干问题的规定》第19条规定:"债权转让的,应当认定诉讼时效从债权转让通知到达债务人之日起中断。"

最后有一点需要说明的是,从《合同法》第80条规定来看,我国似采严格让与通知主义,换言之,债权人转让权利的,应当通知债务人,否则对其不产生让与的效力。但是,如果有证据证明债务人已经知道合同让与事实,仍向让与人履行债务的,则显然违反诚实信用原则。在此情形,不应免除其对受让人的责任。此时举证责任应由受让人承担。

三、债务人的抗辩

1. 抗辩的范围

债权转让后不失其同一性,原有的瑕疵一并转移,故债务人对转让人享有的抗辩,可对受让人主张。这也是债务人不得因债权转让而受到损害原则的体现。《合同法》第82条规定,债务人接到债权转让通知后,债务人对让与人的抗辩,可以向受让人主张。此为普通债权转让与证券化债权转让的重大不同点之一。但可主张的抗辩范围如何,比较法上多有差异,主要有下列几种模式:

(1) 无限抗辩模式,即债务人可向受让人主张他对转让人享有的全部抗辩;

(2) 有限抗辩模式,即对抗辩范围设有限定,限定标准一般以转让通知时为限。

无限抗辩主义对债务人保护过于宽泛。转让通知之后发生的抗辩,受让人难以预见和防范,不应由受让人承受。《合同法》第82条对抗辩的范围在文义上未作限制,解释适用时应通过目的论的限缩谋求较为妥当的结果。

2. 抗辩的事由

抗辩不以抗辩权为限,凡足以阻止或排斥债权之成立、存续或行使的一切实体或程序上的抗辩,均在其内。具体可分三种:债权未发生的抗辩、债权消灭的抗辩和拒绝履行的抗辩。

四、债务人的抵消权

债务人对转让人享有的抵消权,可以向受让人主张,该规则与上述抗辩主张规则出于同一目的,即保护债务人避免因未经其同意的转让而导致地位恶化,否则,在债权转让之前,债务人即享有可与原债权人之债权相抵消的到期债权,若因债权的转让而丧失抵消权,对债务人显然不公平。但这对保护受让人的利益显有不周。故关于可主张的抵消权的范围应有所限制,一般限定于转让通知之前。既然抗辩规则与抵消权规则目的相同,上述适用于抗辩规则的理由亦可适用于此。《合同法》亦有类似限定,该法第83条规定:"债务人接到债权转让通知时,债务人对让与人享有债权,并且债务人的债权先于转让的债权到期或者同时到期的,债务人可以向受让人主张抵消。"

[示例] 乙公司欠甲公司30万元,同时甲公司须在2000年9月20日清偿对乙公司的20万元贷款。甲公司在同年9月18日与丙公司签订书面协议,转让其对乙公司的30万元债权。同年9月24日,乙公司接到甲公司关于转让债权的通知。乙公司接到债权转让通知后,即负有向丙公司清偿30万元的义务;乙公司于9月24日取得20万元的抵消权,可以向丙主张抵消。

五、有关抗辩与抵消权的其他问题

1. 不主张抗辩与抵消权的协议

实务中,为提高所转让债权的经济价值,转让人可与债务人订立不向受让人主张有关抗辩和抵消的协议。受让人虽非该协议的当事人,但可据此对抗债务人违反协议而提出的抗辩与抵消权(协议性质可归为使第三人受益的合同)。但基于公共政策考虑,债务人不得放弃下列抗辩:(1) 由于受让人一方实施欺诈性行为引起的抗辩;(2) 因债务人无行为能力可主张的抗辩。① 我国法对此未设明文,但基于私法自治原则,自应允许。

2. 违反限制转让约定所发生的抗辩与抵消权

在承认转让违反限制性约定仍为有效的法律框架下,债务人因转让人违约而发生的抗辩与抵消权,不能向受让人提出,②否则无异于同最大限度地鼓励转让、促进交易的宗旨相矛盾。

六、原始合同的变更

所谓"原始合同"(original contract),即指产生债权的合同。债权转让后,出于各种原因,转让人与债务人可能需要变更他们之间的合同,此举即可能影响到受让人的权利(例如减少债权金额),故需区别处理:(1) 债务人收到转让通知前,变更合同中涉及受让人权利的,对受让人具有效力,受让人相应取得变更后的权利;(2) 债务人收到通知后,变更合同中涉及受让人权利的,对受让人不具有效力,但有下列情形之一的除外:第一,受让人同意该变更;第二,变更是善意地作出的(例如以损害受让人权利为目的而变更,即为恶意),且依其性质,一个合理的受让人会同意此种变更(例如因情事变迁而依据通行的商业准则修改合同)。③ 此项要件旨在防止受让人滥用同意权,损害转让人与债务人在原始合同

---

① 参见《联合国国际贸易中应收款转让公约》第19条第2款。
② 参见《联合国国际贸易中应收款转让公约》第18条第3款。
③ 参见 PECL 第11:308条。美国普通法规则基本相同,应收款转让法上的规则略有不同。参见《联合国国际贸易中应收款转让公约》第20条第2款(b)项,UCC 第9-405条。

项下的固有权利。受让人可与转让人在转让合同中约定,原始合同发生变更的,转让人应承担损害赔偿责任。①

第五目 债权转让在受让人与第三人之间的效力

债权转让在受让人与第三人之间的效力,最常见的情形是重复转让。转让人相继将债权转让给数人时,何人可以取得债权? 我国法未作规定。比较法上规则各异,主要有:

1. 转让时间在先的受让人取得债权。理由在于,第一受让人受让债权后,转让人已无债权可以转让,故第二受让人只能以违反瑕疵担保义务为由向转让人请求赔偿。该规则以德国②、我国台湾地区③为代表。

2. 先通知债务人的受让人取得债权。数受让人之间,先通知债务人者权利优先,但先通知的受让人知道或应当知道先前已有转让的,不能优先于前受让人。英国普通法、法国法、意大利法等采此规则。

3. 先登记的受让人取得债权;均未登记的,先受让人优先于后受让人。美国法、加拿大法等采此规则。

上述三种规则中,第一种规则有逻辑上的合理性,但对第三人保护不利。后受让人无从知道先前已发生转让,难免遭受不测的损害。第二种规则有助于保护第三人,因第三人可以通过向债务人进行询问而得知债权的权属状况,避免重复受让。第三种规则对第三人保护也较为有利,但登记需要较大的制度成本,债权转让的登记也存在一定的操作上的困难,故其合理性尚待进一步确定。我国现阶段似采取第二种规则较为可行。

第四节 债务承担

一、含义与种类

债务承担,是指在不丧失债之关系的同一性的前提下,由第三人承受债务人的债务。承受债务的第三人,称为"承担人"。

[争议点] 有学说将债务承担定性为准物权契约④或处分行为,其合理性值得商榷。处分行为、准物权行为等概念均以财产为对象,而债务是否属于财

---

① 参见《联合国国际贸易中应收款转让公约》第 20 条第 3 款,UCC 第 9-405(a)条。
② 《德国民法典》对此并无规定,学说与实务上采用该规则。
③ 我国台湾地区"民法"对此也未规定,学者通说依德国法。参见史尚宽:《债法总论》,中国政法大学出版社 2000 年版,第 733 页;郑玉波:《民法债编总论》,中国政法大学出版社 2004 年版,第 445 页。
④ 参见郑玉波:《民法债编总论》,中国政法大学出版社 2004 年版,第 447—448 页;邱聪智:《新订民法债编通则(下)》,中国人民大学出版社 2004 年版,第 429 页。

产,不无疑问。学理上固然有财产包括积极财产与消极财产(主要即指债务)一说,但各国法律体系中所用"财产"一语的含义,罕有包括债务者。认定财产包括债务,不仅在法律解释与适用上徒增歧义和混乱,与通常用语习惯相悖,而且欠缺理论上的必要性。准物权契约论的特有价值是借用物权行为无因性理论,以服务于交易安全,但债务与财产权有本质区别:债务通常对取得人(承担人)并无利益可言,并不存在维护承担人交易安全的需求;无论债务承担有因无因,都不至于产生具有实际意义的区别。因此,准物权契约说缺少理论价值。同时,学说上又多认为债务承担为无因契约,[①]该种观点欠缺实益。

债务承担分为两类。原债务人将全部债务移转于他人的,原债务人脱离债的关系,即免于负担债务,称为"免责的债务承担"。第三人加入债的关系,与原债务人共同承担债务的,称为"并存的债务承担"。除当事人另有约定外,并存的债务承担中第三人与债务人连带承担债务。

免责的债务承担与并存的债务承担主要有四点不同:

1. 性质不同。并存的债务承担不使原债务人免除其责任,甚至第三人的债务与原债务人的债务也不必相同,因此实质上是一种新产生的债务,而不是债务的特定承受。免责的债务承担是债务的特定承受,而非新债务的承担。

2. 主体的变更不同。免责的债务承担致使原债务人完全退出狭义债之关系,第三人为新的债务人,债务人完全改变。而并存的债务承担仅使第三人新加入到债的关系。因此,免责的债务承担又被称为"狭义的债务承担",债务承担有时仅指免责的债务承担。

3. 要件不同。免责的债务承担导致原债务人从狭义的债之关系中退出,因此对于债务的履行和债权的实现关系极大,须经债权人同意才能生效。而在并存的债务承担中,原债务人并未脱离债的关系,却有第三人的加入,对债权人有利,因而原则上并不需要取得债权人的同意,只需向债权人发出债务承担的通知。

4. 第三人承担债务责任的方式和范围不同。并存的债务承担由第三人与原债务人承担连带责任,其债务范围不得超过原债务的责任限度(债权人与债务人可另行约定按份责任)。在免责的债务承担中,原债务人完全脱离债的关系,第三人独立承担所移转的债务,其承担的范围通常与原债务及其从债务相同。

二、免责的债务承担

(一) 免责的债务承担的方式

免责的债务承担的方式有三种:第一,债务人与第三人达成债务承担的协议,此种协议须经债权人同意才能发生效力;第二,第三人与债权人达成债务承

[①] 参见郑玉波:《民法债编总论》,中国政法大学出版社2004年版,第447—448页。

担的协议;第三,债权人、债务人和第三人共同订立第三人承担债务的协议。第三种方式实际上是前两种方式的结合。

1. 债务人与第三人达成债务承担的协议,应当经债权人同意(《合同法》第84条)。债权能否实现,根本上取决于债务人的资力与信用。民事主体资信各异,若允许债务人任意转移债务,一旦新债务人资信不足,必然危及债权人。故为保护债权人免受债务承担的损害,各国法普遍要求债务承担须经债权人同意。此即债权转让与债务承担迥异之处。债权人的同意无须法定形式,明示或默示均可。例如债权人知情后直接向第三人请求履行债务的,即可认为是默示同意。

在债权人同意之前,债务承担处于效力未定的状态,为尽早结束此种不确定状态,债务人或第三人可以催告债权人在一定期限内表示同意;债权人逾期未作表示的,视为拒绝同意。债权人拒绝同意的,债务承担效力如何?对此有不同做法。《德国民法典》第415条规定,债权人拒绝同意的,视为未发生债务承担。我国台湾地区"民法"第302条规定,债权人拒绝同意的,债务人或承担人得撤销承担契约。相比之下,前一做法更为合理,理由如下:

(1) 法律既将债权人的同意作为生效要件,则债务承担因欠缺生效要件而自始不发生效力,逻辑圆洽。

(2) 赋予债务人或承担人撤销承担契约的权利,实因于此情形,在债务人与承担人之间,仍生履行承担效力,为避免债务人或承担人关系趋于复杂而设。① 但赋予撤销权并不能完全达到简化法律关系的目的。若债务人与承担人均未及时撤销承担契约,承担人又未向债权人履行债务,此时承担契约效力如何?债务人是否可以请求承担人代替履行债务?债权人既已拒绝同意债务转移,完全可能拒绝受领承担人的履行,此时,承担人又不免陷入尴尬境地。反之,径直规定债务承担自始未发生,既使法律关系简洁明了,又免去了债务人和承担人另行实施撤销行为的麻烦。若第三人仍愿代债务人履行,自可求助于履行承担的规定,并无妨碍。

(3) 债权人拒绝同意时,债务承担合同的目的已然难以实现,与其另设撤销规定,徒劳往复,不如直接视为未曾发生,更符合当事人的本意。

2. 第三人与债权人达成债务承担协议的,自协议生效时起债务转移。债务原则上可由第三人清偿,债权人亦有权处分其债权,故第三人自可与债权人约定由第三人代替债务人承担债务,无须经债务人同意。但债权人应依诚信原则履行通知债务人的义务,以免债务人实施非债清偿。债务人在未受通知前的履行,仍发生清偿的效力。

---

① 参见邱聪智:《新订民法债编通则(下)》,中国人民大学出版社2004年版,第432页。

(二) 免责的债务承担的效力

免责的债务承担不影响债的同一性。分述如下:

1. 抗辩的援用

基于债权人与债务人之间法律关系所发生的抗辩,随债务一并转移,承担人可以向债权人主张。承担人不得以基于债务承担合同可对债务人主张的抗辩对抗债权人。因为基于合同相对性原则,债务承担合同仅能约束债务人与承担人,自不能对债权人发生不利影响。

承担人不得以属于债务人的债权对债权人主张抵消。因债务人对债权人的债权属于债务人的资产,若允许承担人以之抵消,则无异于以他人之资产替自己抵债,即处分他人的权利,为法律所禁止。[①]

2. 从权利的存续

债权的从权利不因债务人的更替而受影响。自债务人角度而言,即从债务随主债务转移,但专属于债务人自身的除外(《合同法》第86条)。从债务包括利息债务、违约金债务、损害赔偿债务等。至于担保债务,虽属于主债务,但由第三人提供(不论人的担保或物的担保)的,因该担保维系于原债务人的资信,债务人的更替可能增加债务不履行的风险,进而增加担保人的风险,因此,除非担保人同意,债务转移时该担保消灭(《担保法》第23条、《担保法解释》第72条)。债务人自己提供的物的担保,当然随同债务转移。

三、并存的债务承担

(一) 概述

并存的债务承担,又称"附加的债务承担""重叠的债务承担",因原债务人并不脱离债的关系,有学者认为其属于类似债务承担的制度,而不属于债务承担。

值得注意的是,《合同法》规定的债务部分转移,不同于并存的债务承担:(1)前者仅适用于可分之债,后者于可分之债与不可分之债均可适用;(2)前者以债权人同意为生效要件,后者无须债权人同意;(3)前者中新旧债务人各就其部分债务负责,属于按份债务关系,后者中新旧债务人负连带责任。

我国现行法对并存的债务承担未作明文规定,依私法自治原则,当事人自行设定并存的债务承担关系时,应为有效。

(二) 并存的债务承担的方式

并存的债务承担的成立方式,与免责的债务承担基本相同,但在采取债务人与承担人达成协议的方式时,无须以债权人同意为生效要件。因债务人并未脱

---

① 参见郑玉波:《民法债编总论》,中国政法大学出版社2004年版,第452页。

离债的关系,且又新增债务人,对债权人即多了一层保障,有利无弊。但债务人依据诚实信用原则,应对债权人负有通知义务,否则可能对债权人造成不利:承担人向债权人履行时,债权人不明缘由,可能拒绝受领,将构成债权人迟延。

(三) 并存的债务承担的效力

并存的债务承担既然无须债权人同意,为保护债权人利益,应认为新旧债务人承担连带责任。另有学者对此持不可分债务、不真正连带债务、保证债务说,这对债权人的保障效果实质相同,故强求细辨似无实益。

因债务人并不脱离债的关系,故承担人亦应就从债务负连带责任,但专属于债务人的从债务,自仍应由债务人履行。第三人担保一如其旧,并不扩及于承担人。虽然从属于债务的从权利和从义务不发生转移或者消灭的问题,但若三方当事人均同意发生转移,则应当从约定。

第五节 债权债务的概括转移

一、概述

债权债务的概括转移不同于债权转让和债务承担之处在于,债的当事人的地位发生整体移转。其主要形态有二:一为合同承受,一为法定概括转移,后者又以企业合并与分立以及物上债权债务关系的概括转移最为常见。其他原因的法定概括转移效果较为明确,已如前述,本节不赘。

二、合同承受

合同承受是指当事人将其在合同中的全部权利义务一并转移给他人(参照《合同法》第 88 条)。

合同承受既然内在地包含了债权转让与债务承担,当然要求具备债权转让与债务承担的生效要件。例如,合同债权应具备可转让性,合同承受应取得债权人(合同相对人)同意。合同承受当然发生债权让与和债务承担的法律效力,例如抗辩随之转移、从权利与从义务随之转移(《合同法》第 89 条)。但合同承受并非债权转让与债务承担的简单相加,某些在债权转让时并不附随转移的权利(如撤销权、解除权),在合同承受时一并转移,而无论转让人与受让人是否特别就此达成合意。理由在于,既然合同承受是当事人地位的整体转移,当事人之本意即在于令转让人彻底脱离合同关系,而转由受让人享受权利、承担义务,自无理由让转让人与原合同藕断丝连,致使法律关系复杂化。但基于契约自由原则,若当事人特别约定保留某些权利或义务,自应认可其约定的效力。

三、法定概括转移

(一)企业合并或分立

债的当事人为法人或其他组织时,可能发生合并或分立。合并有吸收合并和新设合并两种方式。吸收合并,即一个公司将另一个公司吸收并入自己的一部分,被吸收公司解散;新设合并,即两个以上公司合并成立一个新公司,合并各方解散。分立包括派生分立和新设分立两种方式。派生分立,即本公司一部分分立而成立新公司,本公司存续;新设分立,即本公司分立为两个以上的新公司,本公司解散。《民法总则》第 67 条规定:"法人合并的,其权利和义务由合并后的法人享有和承担。法人分立的,其权利和义务由分立后的法人享有连带债权,承担连带债务,但是债权人和债务人另有约定的除外。"(原《民法通则》第 44 条第 2 款)《合同法》第 90 条规定:"当事人订立合同后合并的,由合并后的法人或者其他组织行使合同权利,履行合同义务。当事人订立合同后分立的,除债权人和债务人另有约定的以外,由分立的法人或者其他组织对合同的权利和义务享有连带债权,承担连带债务。"《公司法》第 174 条规定:"公司合并时,合并各方的债权、债务,应当由合并后存续的公司或者新设的公司承继。"《公司法》第 176 条规定:"公司分立前的债务由分立后的公司承担连带责任。但是,公司在分立前与债权人就债务清偿达成的书面协议另有约定的除外。"上述规定虽各有其调整范围,但应类推适用于非企业组织合并、分立时合同债权债务与非合同债权债务的概括转移。

当事人合并、分立时,债权债务自动转移,无须债的相对人同意,但须依法定程序通知相对人。《公司法》第 173 条规定:"公司合并,应当由合并各方签订合并协议,并编制资产负债表及财产清单。公司应当自作出合并决议之日起十日内通知债权人,并于三十日内在报纸上公告。债权人自接到通知书之日起三十日内,未接到通知书的自公告之日起四十五日内,可以要求公司清偿债务或者提供相应的担保。"《公司法》第 175 条第 2 款规定:"公司分立,应当编制资产负债表及财产清单。公司应当自作出分立决议之日起十日内通知债权人,并于三十日内在报纸上公告。"其他企业法中缺少对合并、分立程序的详尽规定,构成法律漏洞。该法律漏洞如何填补?是类推适用《公司法》规定?还是以特别法无规定为由适用《合同法》的一般规定,即要求合并或分立的企业依《合同法》规定通知相对人?

法律对合并、分立情况下的债权债务概括转移特设通知与公告程序,有其目的。合并与分立系企业活动中的经常性行为,合并与收购更是企业控制权交易(transaction of corporate control)的通常手段,若要求对每一相对人逐次进行个别通知,则因企业债权人众多,必将使合并、分立的成本高到难以承受的地步。因此法律允许企业通过公告程序代替繁琐的个别通知手续,同时为确保相对人利益,又赋予其异议权,以资平衡。故在解释适用时,应考虑到企业法的特性,类推适用《公司法》的有关规定。

（二）物上债权债务关系的概括转移

物权具有高度的可自由转让性,此系物权不同于其他权利的特性之一,亦是物权的重要价值之所在。但用益物权、担保物权大多因合同而设定,物权独立转让或随所担保的主债权转让时,其设定合同必随之转移,方足以充分实现该物权的价值。此种转移因物权转移而当然发生,无须相对人(一般是所有权人)同意,否则将使物权的可转让性取决于他人之意思,导致物权根本价值的动摇。《城市房地产管理法》第 41 条规定,房地产转让时,土地使用权出让合同载明的权利义务随之转移,即体现了此种物上债权债务关系的特殊性。另依《合同法》第 229 条规定的买卖不破租赁规则,受让人从出租人手中取得租赁物所有权时,应自动承受出租人的地位。

第六章 债的消灭

第一节 概 述

一、债的消灭的概念与原因

债的消灭是指债权债务关系依某种原因,客观地丧失其存在。债的消灭与债的移转和债的变更不同,债的移转仅变更债的主体,而债权债务继续存在,债务仍须履行;债的变更是债的内容发生变化,而债的关系仍具有同一性而继续存在。

债权债务关系的消灭可能是基于债权人免除债务人给付义务的意思表示,也可能是因为债务人履行了债务,使债的目的得以实现等。对其原因进行简单的归类,大致可分为:

1. 因债的目的的达到而消灭。如清偿。
2. 因债的目的不能达到而消灭。例如,在给付不能时,债的目的不能达到,导致债的消灭。
3. 因当事人的意思而消灭。例如,债因债务的免除而消灭。
4. 因丧失存在必要而消灭。例如,当事人发生混同时,债权人的债权与债务人的债务因混同而消灭。
5. 因法律的直接规定而消灭。

近现代民法典通常设专门的章节规定债的消灭。我国在《合同法》第六章"合同的权利义务终止"中对本应属于债法总则的"债的消灭"加以规定,故该规定性质上属于债的消灭原因的规定。《合同法》第91条对"合同的权利义务终止"的原因概括规定如下:"有下列情形之一的,合同的权利义务终止:(一)债务已经按照约定履行;(二)合同解除;(三)债务相互抵消;(四)债务人依法将标的物提存;(五)债权人免除债务;(六)债权债务同归于一人;(七)法律规定或者当事人约定终止的其他情形。"其中,合同解除属于合同之债的特有事项,置于第二编讨论。

二、债的消灭的一般效力

根据民法主权利和从权利关系的一般原理,当债权债务关系消灭时,其效力应及于债权的担保及其他从属的权利,即从权利随同主债的消灭而消灭。债权的担保是指抵押权、质权、留置权和保证债权等;其他从属的权利是指尚未发生的利息债权、违约金债权等。已经发生的利息债权和违约金债权因具有独立性,不随主债的消灭而消灭。在作为从权利的担保权消灭时,以登记为生效要件或成立要件的,应涂销其登记;以占有担保物为要件的,则应返还给所有权人。对于因诉讼时效期间届满而不能强制执行的债权,如果该债权受抵押权、质权或留置权的担保,其抵押权、质权或者留置权并不消灭,债权人仍得就其抵押物、质物或留置物取偿,但该抵押权会因除斥期间的经过而消灭。

在债消灭时,当事人应遵循诚实信用原则,履行通知、协助、保密等义务(《合同法》第92条)。在合同之债情形下,上述义务称为"后合同义务",其性质与合同履行过程中的附随义务相同。在非合同之债情形下,同样存在上述义务。其中较为重要者,为负债字据的返还义务。

负债字据是证明债权存在的证据。为了防止恶意债权人重复利用未返还和涂销的负债字据损害债务人,因此当债全部消灭时,应赋予债务人请求返还或者涂销负债字据的权利;在债权债务仅一部分消灭,或负债字据载有债权人的其他权利的情形,因债权人需要保存该字据,债务人可以请求债权人将消灭事由记入该字据。债权人如因负债字据灭失而不能返还时,则应向债务人出具证明债务消灭的书面证据。

债的消灭不影响当事人就善后事项所作的约定的效力。对此,《合同法》第98条规定,合同的权利义务终止,不影响合同中结算和清理条款的效力。

第二节 提 存

一、提存的概念

提存,是指债务人以消灭债务为目的,为债权人利益将其给付物寄存于提存所的行为(参照《合同法》第91条)。

债务的履行往往需要债权人的协助。对于需要债权人协助方能履行的债务,如果债权人无正当理由拒绝受领或者不能受领,将导致债务人无从给付,此时债权人负担受领迟延责任,但债务人的债务却并不因此而消灭,债务人仍应随时准备履行,而且为债务提供的担保也不能消灭,这将使债务人处于不利处境。为此法律设有提存制度,允许债务人为债权人的利益而提存标的物,以消灭自己对债权人的债务。

二、提存的构成要件

(一) 由提存人进行提存

提存人以债务人为原则,但有代偿权的第三人若与债务的清偿有利害关系,亦有提存的权利。

(二) 存在提存原因

根据《合同法》第 101 条第 1 款,有下列情形之一,难以履行债务的,债务人可以将标的物提存:债权人无正当理由拒绝受领;债权人下落不明;债权人死亡未确定继承人或者丧失民事行为能力未确定监护人;法律规定的其他情形。由此,债务人可以进行提存的原因包括:

1. 债权人无正当理由拒绝受领或者未按照期限受领。债权人无正当理由拒绝受领,是指债权人应当能够受领而不受领。如果债权人有拒绝受领的正当理由,例如,债务人交付的标的物不符合约定的质量标准等,债务人不能通过提存标的物而消灭债务。

2. 债权人下落不明。债权人下落不明,是指债权人离开其惯常的住所或者居所而不知其去向、无法联系的情况。当出现债权人下落不明的情况时,债务人可通过提存标的物于提存部门而消灭债务。

3. 债权人死亡未确定继承人或者丧失民事行为能力未确定监护人。债权人死亡未确定继承人或者丧失民事行为能力未确定监护人,因无受领清偿人,致债务人不能清偿债务。这种情形,债务人可提存给付物以消灭自己的债务。

4. 法律规定的其他情形。例如,取得抵押物所有权的第三人,可以提存抵押担保的债务金额而消灭抵押权。再如,《提存公证规则》第 5 条第 2 项规定,债权人不在债务履行地又不能到履行地受领,债务人可以申请提存。

(三) 债务履行期限届至

提存须以债务的履行期限已经届至为前提,因提存会导致风险的移转、提存费用的负担等一系列问题,如果允许债务人在债务的履行期届满前将标的物提存可能会给债权人带来不利益,更何况,在债务履行期限届满前,债务人负有保管给付标的物的义务。

(四) 提存标的物符合债务要求

提存标的物应以适于提存和符合债务要求的标的物为限。

我国《提存公证规则》第 7 条对可以提存的标的物作了规定:"下列标的物可以提存:(1) 货币;(2) 有价证券、票据、提单、权利证书;(3) 贵重物品;(4) 担保物(金)或其他替代物;(5) 其他适宜提存的标的物。"对于不适于提存或者提存费用过高的标的物,债务人可以依法拍卖或者变卖,以所得价款提存。所谓"不适于提存的标的物",大致可以分为两类:其一是因物的性质或者形状或者体积而不适合于提存的情形,如易燃易爆物品、木材或者建筑材料等;其二是清偿的标的物易于毁损灭失的情形,如水果、海鲜、药品等易于腐败变质之物。所谓"提存费用过高的标的物",是指与标的物的价值相比,其保存费用过高的标的物,例如,牛、马等动物需要饲养费等。

债务人提存的标的物如不符合债务的要求,即提存的标的物并非债务人依约定应当交付的标的物,则不构成提存,而构成违约,此时不发生债务消灭的效力。提存的标的物不仅应当是清偿的标的物,而且应是全部标的物,仅提存一部分标的物并不能消灭与其部分相当的债务,但当提存的数额仅有极少量的不足、不足以影响清偿利益时除外。

三、提存的效力

(一) 债务人与债权人之间的效力

债务人将标的物提存,发生消灭债务人债务的效果。提存标的物的所有权移转于债权人,提存标的物毁损灭失的风险自提存时移转,由债权人负担,但因债权人受领迟延而进行提存的除外。根据《合同法》第143条,因债权人受领迟延而进行的提存,买受人应当自违反约定(受领迟延)之日起承担标的物毁损、灭失的风险。

提存期间,提存物的孳息归债权人所有,提存费用由债权人负担。

鉴于提存是一种变相的清偿债务方法,提存应向清偿地的公证处为之。无公证处的,应依提存人申请,由清偿地的人民法院指定公证处,或者由人民法院选任保管提存物的人。在消灭债务人的债务的同时,发生债权人对于公证处的返还请求权,因此在提存人将标的物或者其价金提存后,除债权人下落不明外,债务人应当及时通知债权人或者债权人的继承人、监护人,以便债权人等能够行使权利,且提存人应当将记载受理提存的提存书交付债权人。对于以清偿为目的的提存或者提存人通知有困难的,公证处应以书面形式通知提存受领人。若无法送达通知,公证处应以公告方式通知。提存自向提存部门寄存时起发生效力,提存的通知和提存书的交付并非提存的有效要件。因怠于通知致债权人遭受损害的,提存人应予以赔偿,但提存人不能通知的除外。

债务人在将标的物提存后,应当履行通知义务,即债务人将标的物提存以后,应当及时通知债权人,以便债权人知悉标的物被提存的事实,从而及时领取提存物。《合同法》第102条规定:"标的物提存后,除债权人下落不明的以外,债务人应当及时通知债权人或者债权人的继承人、监护人。"《提存公证规则》第18条规定:"提存人应将提存事实及时通知提存受领人。以清偿为目的的提存或提存人通知有困难的,公证处应自提存之日起七日内,以书面形式通知提存受领人,告知其领取提存物的时间、期限、地点、方法。提存受领人不清或下落不明、地址不详无法送达通知的,公证处应自提存之日起六十日内,以公告方式通知。公告应刊登在国家或债权人在国内住所地的法制报刊上,公告应在一个月内在同一报刊刊登三次。"由于通知本身并不是提存发生效力的构成要件,因此,通知与否并不影响提存本身的效力。但怠于通知而给债权人造成损害时,提存人应当承担损害赔偿责任。例如,提存机关保管提存物的费用应当由债权人负担,如果债务人在提存后没有及时通知债权人,导致债权人所支付的提存物保管费用增加的,债权人有权请求债务人赔偿。此外,如果因债务人没有尽到通知义务,导致债权人无法及时获取提存标的物,或者因时效届满导致其针对提存机关的请求权无法强制执行的,债权人对债务人享有损害赔偿请求权。

(二) 提存人与提存所之间的效力

提存人依法将标的物提存后,可基于其意思,或因提存错误,或因提存原因消灭等,在对债权人或第三人不造成损害和不利益的情况下,取回提存标的物。提存人取回标的物的,视为未提存,提存的法律效果均视为未发生,因此产生的费用由提存人承担。

(三) 债权人与提存所之间的效力

提存人依法将标的物提存后,公证处与有领取权人之间便形成一种公法上的保管关系,公证处负有保管提存物的义务。在提存期间,因公证处的故意或者重大过失造成提存物毁损灭失的,公证处应当承担损害赔偿责任。

提存人依法将标的物提存后,同时发生债权人对公证处的请求权,因此债权人可以随时领取提存物。如果债权人负有对待给付义务,在债权人未履行义务或者提供相当的担保前,公证处应当拒绝其领取提存物。在债权人负有对待给付义务的情形,提存人在提存标的物时,可以将债权人应为对待给付的标的记载于提存书上。在此情形,债权人领取提存物时,应向提存所出示提存人的受领证书或其他文件,证明其已为给付或被免除给付义务或者已提出相当的担保,否则,提存所应拒绝其领取提存物。

如果债权人长久不领取提存物,不仅会导致提存所提存物累积充塞的危险,而且长期保管也会减损提存物的价值和效用,对社会经济不利。因此,债权人领取提存物的权利应有期限限制。债权人领取提存物的权利,从提存之日起五年内不行使而消灭。该五年期间为除斥期间。五年期间届满,提存物扣除提存费用后归国家所有。但债权人未履行对待给付义务的,提存物应归提存人所有,提存所应当通知提存人取回提存物,并负担提存费用。

第三节 抵　　消

一、抵消的概念与功能

抵消,是指债权人和债务人互负同种债务时,各以其债权充当债务的清偿,而使其债务与对方的债务在对等额内相互消灭的单方的意思表示。[①] 其功能在于使互负同种债务的双方当事人可以避免因分别请求和分别履行而遭受的不便和不公平。即抵消制度不仅具有便利功能,免除了双方当事人亲自履行各自债务之苦,节省履行费用,降低交易成本,而且还具有保持公平的功能和担保的功能。在此,抵消制度保持公平的功能体现在,当互负债务的双方当事人中有一方当事人无力清偿全部或部分债务,另一方当事人可以进行抵消,这样可以避免其已经全额清偿而对方当事人无力全额清偿的不公平。抵消制度的担保功能体现在,当互负债务的双方当事人中有一方当事人无力清偿全部或部分债务,另一方当事人通过抵消,达到使自己债权受偿的效果,如同为自己的债权设定了担保。

二、抵消的种类

抵消依其产生的根据不同,可以分为法定抵消与合意抵消。

（一）法定抵消

1. 法定抵消的概念

法定抵消的构成要件由法律规定,当该构成要件获得满足时,可依当事人一方的意思表示而发生抵消。抵消人的债权为主动债权;被抵消的债权为被动债权。

根据《合同法》第 99 条第 1 款,当事人互负到期债务,该债务的标的物种类、品质相同的,任何一方可以将自己的债务与对方的债务抵消,但依照法律规定或者按照合同性质不得抵消的除外。此即法定抵消。

2. 法定抵消的构成要件

（1）须二人互负债务,互享债权。抵消是以在对等额内使双方债权消灭为目的,故以双方互享债权、互负债务为要件。其中主动债权以抵消人自己对于被抵消人的债权为原则,以第三人享有的债权为例外。以连带债务为例,如果连带债务中有享有债权,那么其他债务人可以以该债务人应当分担的部分为限,主张抵消。主动债权还应具有强制履行的效力。如果主动债权不具有执行力,那么债权人就不能够因其为主动债权而主张抵消,否则无异于强制债务人履行不完

[①] 参见〔韩〕郭润直:《债法总则》,博英社 1998 年版,第 526 页。

全债务。其中被动债权应仅限于抵消人拥有的债权,而不包括被抵消人对第三人享有的债权。

(2) 须双方债务种类相同、品质相同。双方的债务须属于同种给付,且标的物相同,才可以抵消。现实生活中最适于抵消的是货币之债。

(3) 须主动债权已届清偿期。要求主动债权必须已届清偿期是为了保护相对人的期限利益,被动债权不限于已届清偿期是基于抵消权人对自己期限利益的处分。对于未定清偿期的主动债权,债权人应给债务人必要的准备时间,当该段时间经过后,可以进行抵消。在特定情况下,未到期的债权可以视为已到期的债权,自然可以进行抵消。

(4) 须依债务的性质适于抵消。债务以适于抵消为原则,以不适于抵消为例外。不适于抵消的债务包括:法律规定不得抵消的债务,例如,禁止强制执行的债务、因故意侵权行为所产生的债务、约定应向第三人为给付的债务等;依债务的性质不得抵消的债务,例如抚恤金、退休金、扶养费等与人身不可分离的债务等;当事人双方约定不得抵消的债务,当然不能抵消,但双方当事人关于不得抵消的约定不得对抗善意第三人,以免第三人遭受不测的损害,妨害交易安全。

[示例] 甲乙签订货物买卖合同,约定甲向乙交付货物后,由乙向丙给付合同货款 100 万元。后甲向乙交付了全部货物,乙不得以对甲享有的到期债权 100 万元主张抵消该合同的应付货款。原因在于,约定向第三人为给付的合同,第三人有受领给付的权利,债务人应按照合同约定向第三人为给付,而在实质上属于债务人对该第三人负有债务。此种情形,即使债权人对债务人负有债务,也与所谓二人互负债务不同,如允许抵消势必损害该第三人的合法权益。

3. 法定抵消的方法

关于抵消的方法,各国规定未尽相同。有的规定必须采诉讼方式,有的规定以通知方式。为求简便,我国主流学说主张采通知方式,即抵消应由抵消人向相对人即被动债权的债权人作出抵消意思的通知。根据《合同法》第 99 条第 2 款前段,当事人主张抵消的,应当通知对方。关于通知的方式,法律未作限定。为避免举证困难,应采书面方式为宜。通知自到达相对人时生效。抵消的意思表示,不得附条件或者附期限,如果允许抵消的通知附条件或者附期限,将使相对方陷于不确定的状态,有悖于抵消的目的。

4. 法定抵消的效力

法定抵消的行使,使得当事人相互之间的债权债务关系,溯及于最初可以抵消时在相等数额内同时消灭。所谓"最初可以抵消时",是指抵消权发生时,即主动债权清偿期届满时。当事人双方的债务在相同数额范围内归于消灭。如果被抵消人有数个适于抵消的被动债权,而这些被动债权不足以消灭全部主动债权,则按照清偿抵充的相关规定确定被抵消的债权,此为抵消的抵充。

债务之清偿地,亦即债务之履行地。对于种类、品质相同的债务,履行地的不同并不妨碍抵消人主张抵消。为求公允,在这种情形下,提出抵消的一方当事人应赔偿另一方当事人因抵消而生的损害。

债务人因欺诈、胁迫、重大误解及显失公平而享有撤销权,该债务人本可以通过行使撤销权而使自己所负担的债务归于消灭或者发生变更。如果该债务人不行使撤销权,而用自己的债务与对方的债务相抵消,根据民法意思自治原则,视为债务人放弃撤销权。

(二) 合意抵消

合意抵消,是指按照双方当事人的合意所为的抵消。《合同法》第100条规定,当事人互负债务,标的物种类、品质不相同的,经双方协商一致,也可以抵消。该种抵消以当事人的抵消合同为基础,不受法律规定的抵消构成要件的限制,即便给付种类、品质不相同,如经双方协商一致,也可以抵消。合意抵消和法定抵消虽有差异,但两者的效力相同,即消灭当事人之间同等数额之内的债务关系。在合意抵消中,由于双方债务的种类、品质不同,因此当事人可以在抵消合同中对如何处理相互间的债务差额作出约定,如果当事人对于抵消的债务差额没有明确约定的,则抵消的债务应视为同时消灭。

第四节 免 除

一、免除的概念与性质

债务免除,是指债权人抛弃对债务人的债权而使债权债务关系消灭的单方行为。债务免除对债权人而言是债权的抛弃,对债务人而言则是其给付义务的免除。

根据《合同法》第105条,债权人免除债务人部分或者全部债务的,合同的权利义务部分或者全部终止。

债务免除是一种单独行为、处分行为、无偿行为、不要式行为和无因行为。

1. 债务免除是一种单独行为。根据民法意思自治原则,在不损害他人利益的前提下,权利人可以自由处分自己的权利,因此并不要求双方当事人对免除形成合意,债权人可以单方面抛弃自己的权利,也可以任意免除债务人的债务,但须以不损害债务人的利益为限。由于债务免除是一种单独行为,并不需要债务人予以协助,因此对债务人的行为能力没有要求,即使债务人是限制行为能力人,对债务免除的效力也没有任何影响。

2. 债务免除是使债权消灭的处分行为,原则上只能由债权人作出免除的意思表示。如果该意思表示由非债权人作出,并且事先未获得债权人的同意,则构成无权处分。

3. 债务免除是一种无偿行为。无偿性不受作出债务免除的意思表示的原因的影响，即使当事人就债权人作出债务免除的意思表示约定了对待给付，也不影响债务免除的无偿性。

4. 债务免除是一种不要式行为。其意思表示不需以特定方式作出，书面方式或口头方式皆可，以明示方式作出或以默式方式作出也不影响该意思表示生效。但是，由于票据属于缴回证券，因此票据债务的免除要求票据权利人交出票据。

5. 免除为无因行为。当免除的原因无效或消灭时，是否影响免除行为，这不无疑问。我国主流观点认为，免除的原因无效或者不成立，并不影响免除的效力。

二、免除的效力

债务免除于其意思表示到达债务人时发生效力，致债权债务关系全部或者部分消灭。债务免除是有相对人的单独行为，应由债权人或其代理人向债务人作出意思表示。免除的意思表示不得附条件但并不禁止其附期限。因为如果允许债务免除的意思表示以将来不确定的事实之是否发生，决定其效力之是否发生，不仅对债务人不利，也与债务免除制度的目的相悖。但在我国台湾地区，通说认为，免除可以附停止条件和始期。例如，债务人一年之内获得一等奖学金，债权人免除其欠款，即属于附停止条件的免除。

可以免除的债务并不仅限于普通债务，附条件或附期限的债务也可以免除，但如果债权不具有可以放弃的性质，则不得免除相对人的债务，如股东对于公司缴纳股款的债务，按照资本充实原则的要求，不得免除；法定抚养请求权的债权人，不得免除债务人将来的债务等。如果债务免除有损第三人的合法权益，则不得任意免除，其处分行为应当受到限制。若有违反，并非免除行为无效，仅不得以其免除对抗第三人。

第五节 混 同

一、混同的概念

混同，是指债权和债务同归于一人时，发生债权人与债务人合同关系消灭的事实，例如债务人继承债权人的遗产、债权人公司与债务人公司合并、债务人自债权人处受让债权等。根据《合同法》第 106 条，债权和债务同归于一人的，合同的权利义务终止。此时以债权债务关系的消灭为原则，以债权债务关系的继续存在为例外。

二、混同的效力

当债权和债务同归于一人时,债权债务关系的存在已无意义,应随之消灭。需要提请注意的是,当债权与保证债务混同时,保证债务归于消灭,但主债务仍继续存在。

但有时混同债权的继续存在仍具有特别的经济意义或法律意义,例如,混同债权成为第三人的权利标的,混同债权为具有流通性的证券化债权,此时为了保护对债权享有合法权利的第三人的利益,特设例外规定,即如果债权之上存在第三人权利或者法律另有规定,则不发生债权债务关系的消灭。所谓"债权之上存在第三人权利",指债权人将债权出质的情形,债权之上存在第三人的质权,若该债权因混同而消灭,第三人的债权则失去质权担保。根据《合同法》第106条,合同终止涉及第三人利益的,合同不终止。所谓"法律另有规定",指票据法规定,汇票可依背书转让给发票人、承兑人、付款人或其他票据债务人的情形,虽发生混同的事实,但受让人在票据尚未到期之前,可再依背书转让给他人,故该汇票权利并不因混同而消灭。此外,继承人为限定继承时不发生混同的效力。

[示例] 甲为乙的债务人,同时是乙的继承人之一。乙死亡后,若甲对乙的债务因混同消灭,则可能会损害其他继承人的利益。当然,如上述债权因遗产分割而归属于继承人甲,则其债务因混同而消灭。

第二编 合同总论

第七章 合同概述

第一节 合同与合同法

一、合同的概念和特征

(一) 概念

合同,又称"契约",①有广义和狭义之分。广义的合同,指以发生私法上效果为目的的两个以上当事人的意思表示的合致,包括以发生物权变动为目的的物权合同、以发生物权以外的财产权的变动为目的的准物权合同、以发生债权债务为目的的债权合同、以发生身份关系的变动为目的的身份合同等,与单方行为、多方行为区别使用。广义的合同存在于私法各领域。狭义的合同,仅指以发生债权关系为内容的合意行为。大陆法系各国民法未设关于广义合同的一般通则,仅在债权编规定狭义合同的通则。学说认为,民法债权编关于债权合同的通则,除仅适用于债权合同的特别条款之外,类推适用于物权合同等其他广义的合同。

在传统大陆法系民法上,契约,是指由两个以上对立的意思表示的一致而成立的法律行为。(1) 对立的交换性意思表示;(2) 两个以上的意思表示 = 要约 + 承诺;(3) 一致(合致) = 主观的一致 + 客观的一致;(4) 法律要件(契约 ∈ 法律要件,要约、承诺 ∈ 法律事实)。而合同,是指由同一个内容的多个意思表示的一致而成立的法律行为。如社团法人的设立行为。单独行为,指仅由当事人一方的意思表示成立的法律行为。分为有相对人的单方行为与无相对人

---

① 在民法学说上,曾有合同和契约的区别。前者为当事人的目的相同、意思表示的方向也一致的共同行为,如合伙合同。后者系当事人双方的目的对立、意思表示的方向相反的民事法律行为,如买卖合同。我国现行法已不再作这样的区分,把二者均称作"合同"。(参见崔建远主编:《合同法》,法律出版社2007年版,第1页。)但须特别注意的是,所谓"合同行为",不过是多方行为的另一称谓,切不可混淆于属于双方行为的合同(契约)。(参见梁慧星:《民法总论》,法律出版社2011年版,第163页。)

的单方行为。如代理权的授予、债务免除、法定代理人的同意属前者；遗赠、捐助行为等属于后者。

单方行为	契约	合同行为
仅具有一个意思表示	具有两个意思表示	具有两个以上的意思表示
1. 有相对人(非当事人,亦无须意思表示) 2. 无相对人	意思表示方向相反	意思表示方向一致
例如:遗嘱	例如:买卖、租赁等	例如:社团法人的设立

我国《合同法》第 2 条规定："本法所称合同是平等主体的自然人、法人、其他组织之间设立、变更、终止民事权利义务关系的协议。婚姻、收养、监护等有关身份关系的协议,适用其他法律的规定。"即《合同法》的调整对象,限于狭义的合同。须注意的是,《合同法》并不否认婚姻、收养等身份协议的合同性质,而是规定身份合同不属于《合同法》的调整对象。

(二) 法律性质

1. 合同是一种法律行为

合同以意思表示为要素,并且按意思表示的内容赋予法律效果,故为法律行为,因而与事实行为不同。

2. 合同是两方以上当事人的意思表示一致的法律行为[①]

合同的成立必须有两方以上当事人的意思表示,他们相互为意思表示,并且意思表示一致。这是合同区别于单方法律行为的重要标志。

如在立遗嘱赠与财产的场合,仅依遗嘱人单方的意思表示即可成立法律行为,属于单方法律行为；而赠与合同是赠与人将自己的财产无偿给予受赠人的意思表示和受赠人接受赠予意思表示的合意(《合同法》第 185 条),是由双方的意思表示达成一致而成立,属于双方法律行为。通常所谓"赠与",一般指赠与合同。

须注意的是,对于各当事人的意思表示,并不要求当事人亲自为之,只要存在对于各当事人发生效力的两个以上意思表示即可,如代理制度。意思表示的一致,包括主观的一致和客观的一致。

二、合同法的体系及内容

合同法,是指有关合同的法律规范的总称,系调整平等主体之间的交易关系的法律。

---

① 合同行为概念出现之前,法律行为一般分为单独行为与契约。1892 年,德国学者 Kuntze 第一次提出与契约区别的合同行为概念,并得到实力派学者们的赞同。如今此说在德国并非为通说,但该理论在日本成为通说。后来在日本、韩国都有持反对观点者,他们认为,合同行为不过是契约的一个种类而已。

合同法在英美法系是与财产法、侵权行为法、家庭法等并列的独立的法律部门,但在大陆法系,合同法属债权法,债权法属于民法,故合同法作为民法的组成部分,编入民法典的债权编。中国民法属大陆法系民法,合同法也属于民法,不是一个独立的法律部门。

在1999年10月1日以前,我国合同法的体系是以《民法通则》为龙头,《经济合同法》《涉外经济合同法》《技术合同法》三足鼎立,加上单行法中的合同规范,以及有关合同的条例、办法、实施细则以及司法解释。

1999年新《合同法》的颁布弥补了我国原有合同法体系存在的缺陷,如今在现行法上,是由《民法总则》《民法通则》《合同法》为龙头,加上单行法中的有关合同的规范以及司法解释,共同构成合同法的体系。形式意义上的《合同法》由以下内容构成:

总则编设有:第一章,一般规定;第二章,合同的订立;第三章,合同的效力;第四章,合同的履行;第五章,合同的变更和转让;第六章,合同的权利义务终止;第七章,违约责任;第八章,其他规定。分则编设有:第九章,买卖合同;第十章,供用电、水、气、热力合同;第十一章,赠与合同;第十二章,借款合同;第十三章,租赁合同;第十四章,融资租赁合同;第十五章,承揽合同;第十六章,建设工程合同;第十七章,运输合同;第十八章,技术合同;第十九章,保管合同;第二十章,仓储合同;第二十一章,委托合同;第二十二章,行纪合同;第二十三章,居间合同。最后设有附则。

第二节 合同的自由及其限制

一、合同自由原则

(一) 意义

私法自治原则、所有权绝对原则、过失责任或自己责任原则构成近代民法的三大原则。其中私法自治原则,亦称"意思自治原则",指经济生活和家庭生活中的一切民事权利义务关系的设立、变更和消灭,均取决于当事人自己的意思,原则上国家不作干预。只是当事人之间发生纠纷不能通过协商解决时,国家才以裁判者的身份出面予以裁决。私法自治的实质,就是平等的当事人通过协商决定相互间的权利义务关系。私法自治这一基本原理,体现在民法的各个部门,例如继承法上的遗嘱自由、物权法上的所有权自由,但合同法上的合同自由原则即是这一原理的最典型的表现形式。

合同自由原则,指依据合同而成立的法律关系,只要不与法律的限制相抵触,完全听任当事人的自由,法律也尽可能认定其结果。即参加民事活动的当事人在法律允许的范围内享有完全的自由,按照自己的自由意思决定缔结合同关系,取得权利和承担义务,任何机关、组织和个人不得非法干预。合同自由意味着:(1) 国家在一定的范围内不干预个人之间的法律关系的成立,尊重个人意思自由;(2) 国家对根据当事人自由意思而决定的私法关系予以法律拘束力并赋予法律保护。

如今,在大多数追求法治理念的国家,虽然在民法典上不设特别的明文规定,①但都将合同自由原则作为法律秩序的基本原则。合同自由原则在我国现行法上的根据,首先是《民法总则》第5条:民事活动应当遵循自愿的原则。其次是《合同法》第4条:当事人依法享有自愿订立合同的权利,任何单位和个人不得非法干预。依解释,《民法总则》与《合同法》所规定的"自愿的原则""依法享有自愿订立合同的权利",即民法理论上所称"合同自由原则"。

在现代经济条件下,合同自由原则虽受到一定的限制,但仍是民法的基本原则。我国在计划经济体制下,曾经否认当事人的合同自由。自改革开放以来,为适应发展社会主义市场经济的要求,合同自由已为法律所认可。如前述《民法总则》第5条与《合同法》第4条已有规定,只是未使用"合同自由"一语。考虑到我国处在由计划经济体制向市场经济体制转轨时期,当事人的合同自由尚未受到充分保护,有必要在制定民法典时明文规定合同自由原则。②

(二) 内容

合同自由原则包括:(1) 缔约的自由;(2) 选择相对人的自由;(3) 内容的自由;(4) 缔约方式的自由。其中,选择相对人的自由可以作为缔约自由的部分内容来理解。缔约的自由,指当事人可以自由决定是否缔结合同。选择相对人的自由,指各当事人可以自由决定与谁缔结合同。决定内容的自由,指双方当事人可以自由决定合同的内容。各当事人不仅自由决定合同内容,而且合同成立之后,亦可以补充或变更内容或者根据情形解除合同。方式的自由,指各当事人可以自由决定缔结合同的方式。各当事人根据双方的情况可以采取口头形式,也可以采取书面形式,一般情况下法律对方式无限制。

(三) 作用

合同自由原则,系建立在近代市民社会的个人主义和自由主义之上的基本原则。合同自由原则的诞生,对于排除当时封建身份制度及各种法律对个人的束缚,维护个人的尊严,促进经济主体的自由活动,扫除阻碍自由竞争的所有制经济上的障碍,促进资本主义自由经济的发展、人类文明及文化进步,发挥了极其重大的作用。但随着资本主义经济的发展,到了垄断资本主义阶段之后,出现

---

① 对此明文规定的立法例有:《瑞士债务法》第19条第1款,《法国民法典》第1134条第1款。
② 参见梁慧星:《民法总论》,法律出版社2011年版,第50页。

经济主体之间因经济不平等所致的经济强者与弱者之间的显著对立,形成强者支配弱者的不合理的经济社会。对于社会上的经济弱者而言,合同自由原则不仅沦为有名无实,反而成为经济上的强者利用经济上的优势支配弱者的手段。

二、对合同自由原则的限制

如前所述,随着资本主义的高度发展,对社会上大部分人而言,合同自由转化为合同的不自由,合同自由原则陷入自我矛盾状态。合同自由原则所支配的合理范围事实上越来越狭窄,随着经济弱者地位的下降,合同自由原则也在走下坡路。如果任其发展,将会造成社会秩序的混乱和对现存社会的威胁。因此,各国法律均对合同自由原则采取了限制措施。

(一) 对缔结自由的限制

1. 公法上的强制缔约

(1) 公用垄断企业的缔约义务

与人们日常生活密切联系的邮政、通信、运输业的经营者,或提供自来水、电力、煤气等日常生活必需能源的公用垄断企业,无正当理由不得拒绝供给。即不论企业性质的公与私,或者其交易关系的公与私,此类垄断企业负有对所有人提供给付义务或缔结合同的义务。我国的邮政、电信、供用电、自来水、交通运输、医疗等领域亦存在着强制缔约。如果垄断企业不履行缔约义务,除了受相关法律的制裁外,还要发生私法上的、由侵权行为引起的损害赔偿义务,且由于缔约拒绝的持续,存在发生更多损害之虞时,可以诉请法院强制履行。

我国颁布的《产品质量法》《消费者权益保护法》《反不正当竞争法》等,均设有限制垄断的相关内容及对违法者的制裁内容。

(2) 公共、公益职业者的缔约义务

上述职业者无正当理由,不得拒绝职务执行的公法性义务。违者所负担的公、私法上的责任,与(1)相同。

(3) 统制经济与缔约强制

在战争或经济危机的特殊环境里,为了防止由于重要物资的紧缺给人民生活带来的困难,国家制定各种控制经济的法律,禁止粮食、衣物、战争物资等交易的自由。在这种控制经济下,缔约禁止或缔约强制成为管理或分配主要财产的重要方法,在其限度内市场经济被控制,合同自由失去其功能。因此在统制经济下,亦存在对合同自由的限制。

2. 私法上的强制缔约

对于特定人的要约,相对人不得拒绝,即是私法对于合同自由的制约。《合同法》规定的公共承运人的强制缔约义务,即为典型。比较法上存在类似的做法,例如:对于地上权设定者对地上物的买入请求(《韩国民法典》第285条第2

项)、典权人及典权设定人对附属物的买入请求(《韩国民法典》第 316 条)、承租人及转承租人对附属物的买入请求(《韩国民法典》第 646、647 条),视为相对人已有承诺,即视为关于地上物或附属物的买卖合同已成立。

(二) 对合同内容自由的限制

1. 依强行法规和公序良俗的限制

在各国民法上,违反强行法规或公序良俗的法律行为无效是通例。我国现行法亦设明文规定。《民法总则》第 8 条规定:民事主体从事民事活动,不得违反法律,不得违背公序良俗;第 153 条第 2 款规定:违背公序良俗的民事法律行为无效;《合同法》第 7 条明确规定:当事人订立、履行合同,应当遵守法律、行政法规,尊重社会公德,不得扰乱社会经济秩序,损害社会公共利益。在此须注意的是,《民法总则》制定之前,中国现行法因受苏联民事立法和民法理论的影响,未使用"公共秩序"和"善良风俗"字样。依学者通说,中国现行法所谓"社会公共利益"及"社会公德",在性质和作用上与公序良俗原则相当,"社会公共利益"相当于"公共秩序","社会公德"相当于"善良风俗"。[①] 因此,在我国,以违反强行法规或社会秩序为目的或为内容的合同,亦属无效。[②] 亦即当事人关于缔结何种合同完全靠自己的自由意思,但该合同内容或目的一旦违背社会一般的利益或人民的道义观念,法律则不给予任何保障并宣告其无效。值得注意的是,《民法总则》第 8 条和第 153 条不再采用"社会公共利益"和"社会公德"的表述,而是代之以"公序良俗"。

2. "被统制的合同"和合同内容的限制

关于在经济危机或战争时期,由统制经济法强制有关特定物资的合同缔结,合同自由在其范围内被限制,前已述及。然而,在统制经济体制下,除了强制缔结合同外,也可能要求按照法律规定内容订立合同,因此,对合同内容由法律限制的情形较为多见。所谓"被统制的合同"(Normieter Vertrag),也就是指当事人所缔结的合同内容必须与法律所规定内容一致,方能有效的合同。如对于某种商品价格有公定价格时,即使有缔约自由和选择相对人的自由,但对于作为买卖合同主要内容的价格,必须按照该公定价格。这在以自由竞争作为根基的自由经济体制下,基本上不存在任何意义。然而,有些即使是采取自由经济体制的国家,为了物价稳定和国民经济的正常发展,对于一定的重要物资的价格,亦存在由法律规定的立法例。如韩国《关于物价安定及公平交易的法律》第 2 条、第 4 条;《关于独占规制及其公平交易的法律》第 5 条、第 31 条、第 34 条;《粮谷管理法》第 9 条、第 16 条;《肥料管理法》第 5 条、第 8 条;《农药管理法》第 3 条等。

---

① 参见梁慧星:《民法总论》,法律出版社 2011 年版,第 51 页。
② 《民法典草案建议稿》第 7 条规定:民事活动不得违背公共秩序和善良风俗。

3. 情事变更原则

个人主义、自由主义盛行时代的合同法,视合同为当事人之间的法律,具有严格的法律拘束力,当事人应予严守。此种理念是合同自由的当然结果,因合同既为当事人自由意思之产物,当事人自应严格受其约束。此说的前提——合同是自由意思的产物,实际上仅是一种假设,往往并不合于现实。尤其在合同订立后,因发生当事人不可预见的情事变更,致使当事人之间的权利义务显失公平时,若一律强求当事人严守合同,实际上已违背真实意思。故现代法为缓和合同严守原则的严酷性,已相继采纳情事变更原则,允许甚至强制对合同进行事后调整。尽管情事变更原则常以旨在恢复真正的合同自由的名义加以适用,但法院与仲裁机构调整合同的基本着眼点仍在于合同权利义务之平衡,未必真与当事人意志相符,实已构成对合同自由的严重限制。

4. 格式条款规制

格式条款规制是现代合同法上深具重要性的重大议题,对以合同自由为核心与基本前提的古典合同法形成最强有力的冲击,极大地改变了古典合同法的面貌。故本章特辟一节加以详论。

(三) 对合同方式自由的限制

古罗马法时代的合同,大体上按照一定的形式。但以私法自治作为基本原则的近代法,由于个人意思得到绝对的肯定,合同的订立原则上不需要任何形式,只要有当事人之间的合意即可发生效力。从此,方式的自由便构成合同自由的内容,即缔结合同的方式,原则上依当事人自己意思。但也有法律规定必须采取一定形式的例外。如《德国民法典》明文规定不动产买卖合同(该法第313条)和赠与合同(该法第518条)要办理公证,《法国民法典》也有超过一定价格的合同标的必须依据一定证书的明文规定(该法第1341条)。其立法目的为明确法律关系并保全证据或提醒当事人慎重考虑。《韩国民法典》规定,赠与意思不依书面表示的,当事人可以解除(该法第555条),但已履行部分则除外(该法第558条)。此为间接限制合同方式自由的规定。

我国《合同法》第186条规定,赠与人交付财产之前可以撤销赠与。但赠与具有救灾、扶贫等社会公益、道德义务性质的或者采用公证形式订立的赠与合同,赠与人在交付财产之前不能撤销赠与。因此如果需要明确赠与履行,当事人有必要以书面表示赠与意思或订立书面赠与合同并予以公证。此亦为间接限制合同自由方式的立法例。

(四) 需要国家许可、申报或证明的合同

对于某些商品的所有和流通,国家有时以特殊的方式予以限制或监督。即虽然当事人不仅具有缔约自由,而且对于合同内容亦可以自由决定,但作为合同

有效要件,由法律规定必须经有关行政部门的同意、许可、认可、申报等相关手续或证明。这是与前文所述及的对合同自由的限制在性质上有所区别的特殊限制。主要是在由于个人交易行为使国家政策的实施存在受阻碍之虞时所使用的法律手段。

第三节 合同与格式条款

正如上一节所述,合同自由是古典合同法的核心与基本前提,然随着经济的发展,在有些情况下,契约缔结者之间的地位并不对等,尤其是在格式条款领域,经营者往往会利用自身的优势地位,拟定对消费者不利的条款,此时,作为合同自由的例外,各国纷纷制定法律对格式条款进行规制。

一、概述

所谓"格式条款",是指当事人为了重复使用而预先拟定,并在订立合同时未与对方协商的条款(《合同法》第 39 条第 2 款)。

格式条款是社会经济发展的产物。19 世纪随着资本主义经济的高速发展,出现资本和企业高度集中的现象,大企业的结合在经济社会占垄断地位。垄断企业利用高度集中的生产手段,生产大量的商品,促使大量的物质消费行为及大企业的服务业的交易行为日益增多,不可避免地重复同一内容的交易。因此,传统的契约方式订立合同已经不适应经济发展的要求。事实上,进入 20 世纪以来,格式条款的利用更为广泛,除了少数内容特殊、复杂的合同关系外,对于交易的内容固定、频繁重复的合同,尤其是与公营的公用事业订立的合同中,格式条款的使用已经成为现代生活的普遍现象。格式条款日渐普遍的主要原因有:(1) 法律行为或缔约行为的强制倾向;(2) 缔约、履约大量发生,不断重复,企业将格式条款作为攫取高额利润的有效工具;(3) 以大量消费为内容的现代生活关系,使得企业与顾客都希望能简化缔约过程。总之,垄断企业的存在和对交易效率的追求是格式条款日渐普遍的主要原因。

如上所述,到了现代,为了保护弱势群体,国家干预私法领域,即限制当事人间的契约自由,这称为"规范性限制"。然而,对合同自由的限制,除了国家参与的规范性限制外,尚有事实上限制契约自由的情形,此即所谓的"基于格式条款的限制"。因此,各国制定规制格式条款合同的法律,其中,1976 年的德国《一般交易条款》(Gesetz zur Regelung des Rechs der Allgemeiene Geschftsbedingungen,简称 AGB-Gesetz 或者 AGBG)对各国的影响较大,现已被纳入《德国民法典》。

在我国现行《合同法》制定之前,有部分特别法如《保险法》《海商法》《民用航空法》等对格式条款的规制也作了规定,但由于其适用范围有限,因而无法完全解决格式条款的规制问题。1999年《合同法》对格式条款作出了专门规定,这是我国第一部对格式条款进行系统规制的法律,是立法的一个重大进步,对格式条款的规制具有重大的意义。《合同法》对格式条款共规定了三个条文,即第39、40和41条,对格式条款的概念以及订入、解释和效力规制都作了规定。但是,《合同法》对格式条款的规定过于简陋,尚未能发挥应有的作用。

二、格式条款的订入限制

格式条款是经营者为了反复适用于同种类交易而预先拟订的契约草案,其本身不构成当然的契约内容,经双方当事人合意订入契约时,方能构成契约内容。如果不经合意程序,则会发生经营者利用格式条款将单方意思强加于相对人的不合理情形,为此,为了保护提供格式条款的经营者的相对人,法律规定经营者应负担明示、交付及说明格式条款的义务。①

1. 经营者在订立契约时,按照契约种类以一般可预料的方式向顾客明示格式条款内容,②当顾客索要时,应将该格式条款的抄本交与顾客使之知悉。但依据其他法律经行政官厅认可的格式条款,以及为了交易的便捷由行政规章等指定的格式条款,即关于旅客运送业、通信业、电气、煤气及自来水事业的格式条款,则免除明示义务。而在此种情形,经营者应当将格式条款置备于营业场所。

2. 经营者应当向顾客说明格式条款的重要内容使之知悉。在此,"重要内容"指鉴于社会通常观念,可以直接影响顾客决定是否缔结契约或付出代价等事项。而何为重要内容,不能一概断言,应当就具体情形个别判断。但是考虑到契约的性质,对其说明显著困难的,则免除说明义务。

3. 个别约定优先。格式条款是经营者为了多数契约预先拟订的契约草案,所以经营者即使向顾客明示格式条款,但顾客未接受时,则不构成契约内容。因而顾客对格式条款部分内容不愿接受时,不仅可以要求修正或删除,而且还可以另外缔结个别的约定。然而,在后种情形,难免存在个别约定与格式条款内容相互冲突的可能性。因此,关于格式条款的内容,经营者与顾客之间存在与之不同的合意时,该合意事项优先于格式条款。《合同法》第41条规定,格式条款与非

---

① 《合同法》第39条第1款规定:"采用格式条款订立合同的,提供格式条款的一方应当遵循公平原则确定当事人之间的权利和义务,并采取合理的方式提请对方注意免除或者限制其责任的条款,按照对方的要求,对该条款予以说明。"《合同法解释(二)》第6条规定:"提供格式条款的一方对格式条款中免除或者限制其责任的内容,在合同订立时采用足以引起对方注意的文字、符号、字体等特别标识,并按照对方的要求对该格式条款予以说明的,人民法院应当认定符合合同法第三十九条所称'采取合理的方式'。提供格式条款一方对已尽合理提示及说明义务承担举证责任。"

② 例如,德国《债法现代化法》第305c条第1项规定,如果格式条款过分异常,以至于对方难以预料到该条款会出现于格式合同所运用的交易类型时,该条款视为未被订入合同。《韩国约款规制法》第3条第1款规定,为方便顾客了解约款内容,经营者应以韩文拟定约款,并使用标准化、体系化的用语。在拟定时,对于约款的重要内容,应以符号、色彩、粗体和较大字体进行醒目的标记,方便顾客认知内容。

格式条款不一致的,应当适用非格式条款。确立非格式条款优先原则,目的不仅仅是保护经济弱者的利益,更主要的是非格式条款更能体现缔约当事人的合意。

三、格式条款的解释

格式条款本身虽然只是契约草案,但一经订入契约即构成契约内容。因此,当格式条款订入契约之后,对其解释原则上应当遵循法律行为之解释原则。但是,格式条款与一般契约不同,它不是基于双方当事人自由决定的合意,而是由经营者一方制定提供的,所以对于格式条款的解释不同于一般法律行为的解释。

1. 对于格式条款的解释,应当根据诚实信用原则公正解释。格式条款是由经营者一方制定,所以对格式条款的解释,不仅要考虑作为制定者的经营者利益,亦要考虑经营者相对方即顾客的正当利益及合理期待。

2. 格式条款是经营者为多数契约预先拟订的草案,所以应当对所有顾客同一对待、统一解释,不得因顾客有不同解释。即因格式条款统一适用于多数交易,所以不得依经营者意图作出主观解释,应当根据其文义作出客观解释,且不得根据顾客类别有不同解释,应当统一解释。《合同法》第41条规定,对格式条款的理解发生争议的,应当按照通常理解予以理解。该条规定应被认为寓有上述意旨。

3. 应当作不利于经营者的解释。格式条款是由在经济和专门知识方面均处于优越地位的经营者一方制定的,所以对于不明确或有疑义的格式条款内容,由经营者承担该风险比较合乎情理。《合同法》第41条规定:"对格式条款有两种以上解释的,应当作出不利于提供格式条款一方的解释。"

此外,一般认为,格式条款解释原则之一,尚有所谓的"严格解释原则"。即指对于排除或限制法律规定的经营者责任,或者限制顾客权利的格式条款,应当更加严格解释。免除经营者债务不履行责任或瑕疵担保责任的条款即其典型。《合同法》第40条规定,提供格式条款一方免除其责任、加重对方责任、排除对方主要权利的,格式条款无效。

四、格式条款的效力限制

格式条款一旦订入契约,即构成契约内容,所以与一般契约同样,其效力只能在私法自治所允许的界限内被予以认定,而不在该界限的,则当属无效。这是因为,法律行为的效力只有在强行法规、善良风俗及其他社会秩序所设定的私法自治界限内时,才被予以认定。因而与之违反的格式条款,亦属无效,为自明之理。然而,问题在于:格式条款虽未违背强行法规、善良风俗及其他社会秩序,但客观评价为有失公正时,应如何对待。个别约定是基于双方当事人自由决定的合意,因此即使客观评价为有失公正,但因为当事人之间存在缔结该契约的特殊原因,所以只要它不违反强行法规或善良风俗及其他社会秩序,均不得否认其效力。但格式条款则不是基于双方当事人自由决定的合意,而是由经营者一方制定提供,顾客只是单纯接受而已,因而不能与个别约定同等对待。因为在个别约定的情形,通过合意过程可以适当反映双方当事人的意思或利害关系,所以只要确保主观公正性即可;但格式条款仅反映经营者意思及利益,而顾客的意思及利益或期待则完全未能反映,所以在客观上亦为公正时,才可认定其效力。因此,将诚实信用原则作为判断格式条款有效性的一般原则。

(一) 诚实信用原则

当格式条款内容虽不违反强行法规或善良风俗及其他社会秩序,但有悖于诚实信用原则而有失公正时,格式条款无效。诚实信用原则是经营者应当遵循的行为原则。鉴于经营者与顾客缔结契约的成立过程,也就是由经营者一方制定并提供格式条款,而其相对人顾客则无充分研究或确认该格式条款之具体内容与之缔结契约的成立过程,经营者应当制定不悖于契约相对人正当利益及合理期待之格式条款。然而,因为诚实信用原则的内容过于抽象和模糊,在具体情形下是否违背诚实信用原则,难以作出判断。一般将下列条款推定为有失公正:(1) 对顾客严重不利的条款;(2) 考虑契约的交易形式等因素,使顾客难以预见的条款;(3) 以不能达到契约目的的程度限制契约上基本权利的条款。

(二) 任意规定

民法及商法的任意规定,可谓立法者专门对当事人未合意的事项而设立的客观妥当的规则。因此当事人通过契约,可以排除其适用。这是因为,任意规定是立法者为了实现公正而设立的一般妥当的规则,而当事人之间的契约是当事人在具体情形认为妥当的规则,即二者如同普通法与特别法的关系。但格式条款则不属于此意义上的契约范围。这是因为,格式条款并非基于双方当事人合意的产物,而是由经营者一方制定提供的,因而当格式条款内容与任意规定不一致时,格式条款并不优先于任意规定,相反,任意规定具有判断格式条款有效性的功能,即任意规定应作为判断格式条款有效性的标准。

(三) 具体的无效事由

各国格式条款规制法通常列举具体的无效事由。这实际上可以说是对诚实信用原则的具体化。

关于契约当事人责任的格式条款,下列情形之一的无效:(1) 免除因经营者、其经理人员或者雇员的故意或者重大过失造成损害而应承担的法律责任;(2) 没有正当的理由,限制经营者的损害赔偿范围或向顾客移转经营者应承担的危险;(3) 免除、限制经营者担保责任以及加重顾客追究经营者担保责任的要件,或者在对于契约标的提供样品或表示质量、性能的情形,免除、限制该保障内容责任。

第四节 合同的分类

合同为交易的手段,其类型因交易的方式多样化而各不相同。尤其是随着交易关系的发展和内容的复杂化,合同的形态亦在不断变化和发展。但是,对各种交易形态和合同形态,可以根据不同的标准作出不同的分类。须注意的是,合同的分类不是目的,其目的无非在于帮助人们进一步认识合同的特征,更好地运用合同及合同法。以下结合我国法律,主要论述一些具有实际意义的合同分类,具体包括:

一、典型合同与非典型合同

典型合同,又称"有名合同",指由法律规范并赋予一定名称的合同。如《合同法》规定的买卖合同、赠与合同、借款合同等均为典型合同。非典型合同,又称"无名合同",指法律未规范、亦未赋予一定名称的合同。

交易方式的纷繁复杂决定了合同类型的多种多样,但根据人的习惯或交易的习惯不难找出类似合同。就日常生活中利用率及反复率最高的合同,分为几种类型并设一定规范,便于明确合同内容和合同关系等,从而有助于合同立法的科学化以及《合同法》的妥当适用。民法所规定的典型合同,即是此类合同定型化的表现。然而,合同自由原则允许当事人订立不违反强行规定和公序良俗的任何合同,据此当事人订立法律未规定的非典型合同,为必然之理。并且,随着社会的发展,交易活动日益复杂,基于经验划分的典型合同的规定未必适合于所有合同。此为非典型合同存在的必要性。须注意的是,非典型合同产生以后,经过一定的发展阶段,趋于成熟和定型时,合同立法适时地将其规范为典型合同。在这种意义上说,《合同法》的历史是非定型合同不断地变成典型合同的过程。[①]

非典型合同又分为纯粹非典型合同、混合合同以及联立合同。所谓"纯粹非典型合同",指以法律全无规定的事项为内容,即其内容不符合任何典型合同要件的合同。广告使用他人肖像或姓名的合同,属于此类。其法律关系应依合同约定、诚实信用原则,并斟酌交易惯例加以确定。

所谓"混合合同",指由数个合同的部分事项混合组成的合同,一种是数个不同典型合同的构成部分混合构成,另一种是典型合同的部分事项和非典型合同的事项混合构成合同内容。关于混合合同的法律适用,学说有分歧。其一为吸收说,即先决定非典型合同的构成部分中最重要的部分,然后适用关于该部分所属典型合同的规定;其二为结合说,即先分解典型合同,找出有关典型合同各

[①] 参见崔建远主编:《合同法》,法律出版社2007年版,第27页。

个构成部分的规定,然后将其结合适用于非典型合同;其三为类推说,即主张类推适用最相类似的典型合同的规定。然而,非典型合同以其本身发生一个统一的法律效果为目的,因此,吸收说与结合说均不妥当。我国《合同法》第124条规定:本法分则或者其他法律没有明文规定的合同,适用本法总则的规定,并可以参照本法分则或者其他法律最相类似的规定。即属上述学说分歧中的类推说。

所谓"联立合同",指数个合同之间具有一定的结合关系的合同。一种情况是单纯外观的结合,各个合同之间并不具有依存关系。此时,要分别适用各自的合同规范。另一种情况是依当事人的意思,数个合同互为依存关系。此时,首先需要分别判断各个合同是否有效成立,然后判断各个合同的命运是否相互联系(随同有效、随同变动、随同消灭等)。因此,对于联立合同,仅存在相互依存的合同命运是否相互联系的问题,而不存在混合合同所存在的应适用哪种典型合同规定的问题。

二、双务合同与单务合同

以双方当事人间有无相应代价的给付义务为标准,可将合同划分为双务合同与单务合同。这是以合同效果为标准的分类。

双务合同,指合同双方当事人互相负担相应代价债务的合同。在此,"相应代价"并不意味着在客观上和经济上完全相等的价值的债务内容,而是指有牵连关系的给付义务,如一方当事人之所以负担给付义务,是因为对方当事人负担给付义务,债务的负担基于交换性原因关系,可认为当事人主观认为的等价性。在典型合同中,买卖合同、租赁合同、承揽合同等均属此类。

单务合同,指仅由一方当事人负担债务,或者即使是双方均负担债务但不以代价为内容的合同。在典型合同中,赠与合同、借用合同、借款合同(或消费借贷)均属此类。

区分双务合同与单务合同的实益在于,法律的适用上有区别,即双务合同可适用同时履行抗辩权、不安之抗辩的规定,而单务合同则不可适用。

三、有偿合同与无偿合同

以双方当事人是否取得相应代价的财产上利益为标准,可将合同划分为有偿合同与无偿合同。

有偿合同,指当事人双方互相负担相应代价的财产给付的合同,如买卖合同、租赁合同、承揽合同等。双方的给付必须存在于一个法律关系中,不以客观或经济上的等价为限。作为有偿合同的特殊形态有射幸合同(如赌博),还有不确定利益分配的合同(如购买彩票、雇佣合同中奖金的分配)等。

无偿合同,指仅有当事人一方的给付,或者即使是当事人双方均给付但该给付不存在以代价为内容的依存关系的合同,如赠与合同、无偿借贷合同等。

有偿合同与无偿合同的划分,同双务合同与单务合同的划分,并非相同。前者系仅依合同效果的划分,而后者系以从合同的成立至其效果的整个过程中,当事人间的财产变动为标准,即一方当事人的财产上的利益是否带来相对人的财产上的损失,并且该相对人财产上的损失是否有与之相应的利益来补偿。有偿合同范围较双务合同范围更广一些。所有双务合同均为有偿合同,但有偿合同并非都是双务合同,如消费借贷(利息并非对价),既是单务合同又是有偿合同。单务合同并非都是无偿合同,前已述及(如消费借贷)。

合同有偿或无偿取决于法律规定、合同性质和当事人间的约定。有的合同只能是有偿或无偿,有的合同则可以是有偿,亦可以是无偿,如保管合同等。对于既可有偿亦可无偿的合同,如当事人双方没有明确约定,原则上按无偿合同对待。

区分有偿合同与无偿合同的法律意义在于:(1) 责任的轻重不同。在有偿合同中,当事人应对故意和一切过失行为负责。而在无偿合同中,提供财产利益一方仅对故意及重大过失负责,实际上承担较轻的合同义务。如《合同法》第 374 条规定:保管期间,因保管人保管不善造成保管物毁损、灭失的,保管人应当承担损害赔偿责任,但保管是无偿的,保管人证明自己没有重大过失的,不承担损害赔偿责任。(2) 主体要求不同。有偿合同的订立主体原则上应为完全行为能力人,限制行为能力人非经法定代理人同意不得订立重大的有偿合同。但纯获利益的无偿合同,无行为能力人和限制行为能力人即使未取得法定代理人同意,亦可订立。《合同法》第 47 条第 1 款规定:限制民事行为能力人订立的合同,经法定代理人追认后,该合同有效,但纯获利益的合同或者与其年龄、智力、精神健康状况相适应而订立的合同,不必经法定代理人追认。① (3) 在解释合同时,对于无偿合同应从义务人承担义务较轻角度解释,对于有偿合同则就双方均较公平角度解释。(4) 撤销权行使的要件不同(《合同法》第 74 条),详见前述"债法总论"内容。

四、诺成合同与实践合同

以合同成立是仅以当事人意思表示一致为要件,还是须有其他法律事实为标准,可将合同划分为诺成合同与实践合同。

诺成合同,指双方当事人意思表示一致即告成立的合同。民法上的典型合

---

① 依解释,此项规定应可类推适用于无行为能力的未成年人。参见梁慧星:《民法总论》,法律出版社 2011 年版,第 114 页。

同均属此类。须核准登记才能成立的合同,性质上也是诺成合同,核准登记属合同的形式要件,并不改变合同的性质。

实践合同,又称"要物合同"或"践成合同",指当事人的意思表示一致以外,还须交付标的物或完成其他给付才能成立的合同。在传统民法中,借用、借贷、保管、运输等属于实践合同。随着现代经济生活的发展,尤其是银行业、运输业、仓储业的发展,如果仍坚持除当事人的意思一致之外,还将标的物的交付作为合同成立要件,将不利于保障经营者的利益。故在我国合同立法中,信贷合同中的银行借款合同、运输合同中的铁路、航空等旅客运送、货运合同和仓储合同,均已脱离实践合同的范围,但保管合同等仍为实践合同。《合同法》第367条规定:保管合同自保管物交付时成立,但当事人另有约定的除外。

区分诺成合同与实践合同的法律意义在于:二者成立的要件与当事人义务的确定不同。所谓当事人义务的确定不同,指在诺成合同中,交付标的物或完成其他给付为当事人的给付义务,违反该给付义务便产生违约责任;而在实践合同中,交付标的物或完成其他给付,不是当事人的给付义务,只是先合同义务,违反该种义务不产生违约责任,而可能构成缔约过失责任。

五、要式合同与不要式合同

以合同是否须具备法定形式为标准,可将合同划分为要式合同与不要式合同。

要式合同,指必须具备法律所规定的形式的合同。如不动产买卖合同,必须以书面形式并经登记才成立。法律之所以对某些合同规定必须具备一定的形式,是出于维护交易秩序及交易安全考虑。它能促进当事人慎重考虑合同的存在,并能使当事人有充分的履约依据,确保合同的履行,这有利于防止及解决纠纷。要式合同不具备法定形式,但当事人已经履行主要义务的(《合同法》第36条),合同成立并有效。当事人如不能证明已履行义务,通常难以证明合同的存在与内容,此时法院会作出合同不成立的判决。故《合同法》虽未明定要式合同不具备特定形式的一般后果,实际效果相当于合同不成立。解释上不应认为欠缺特定形式导致合同无效:若解释为合同不成立,当事人尚有补正与补充证明合同的可能,解释为无效,即剥夺了一切补救交易的可能性;且法律对特定形式的限制性规定,虽具有强行法的形式,但其目的并非在于维护公序良俗与公共利益,认为无效有悖于合同无效制度的根本理念与立法目的,也破坏了制度体系上的一致性。

《合同法》第44条规定:依法成立的合同,自成立时生效。法律、行政法规规定应当办理批准、登记等手续生效的,依照其规定。

不要式合同,指关于合同采取何种形式由当事人自由选择的合同。根据合同自由原则,法律也不必对所有的合同都确定一定形式。一般的民事合同都属于不要式合同。须注意的是,不要式合同并非排斥合同采取书面、公证、登记等形式,只是法律不强求特定的形式,允许当事人自由选择合同形式,当事人完全可以约定合同须采取公证、登记等形式。

区分要式合同与不要式合同的法律意义在于合同有效成立的要件不同。

六、主合同与从合同

以合同是否具有从属性为标准,可将合同划分为主合同与从合同。

在多数情况下,合同均单独成立,无主从之分。当两个以上的合同相互关联,其中一个对另一个有影响或制约时,便有主从之分。不依赖于其他合同而能独立存在的,为主合同。以其他合同的存在为前提而成立的,为从合同。从合同具有从属性,其发生、变更、消灭均随同主合同。须注意的是,各种从合同的从属程度不同,如保证合同,它不随主合同债务的扩张而扩大保证的范围,保证期限也不因主合同履行期的改变而改变。

区分主合同与从合同的法律意义在于明确两者的制约性,主合同的效力制约从合同。通常,主合同变更或消灭,从合同也随之变更或消灭。

七、为订约人自己订立的合同与为第三人利益订立的合同

根据订约人订立合同的目的是否是为自己谋取利益,合同可以分为"为自己订立的合同"与"为第三人订立的合同"。合同法奉行合同相对性原则,原则上一切合同均属于为自己订立的合同,为第三人订立的合同须有当事人明确的意思表示方可认定。

所谓"为自己订立的合同",是指订约当事人为自己设定权利和义务,使自己直接取得和享有某种利益并承受某种负担的合同。此类合同严格遵守合同相对性原则,第三人既不因该合同而享有权利,也不因该合同而承担义务,合同仅在当事人之间有约束力。

所谓"为第三人订立的合同",是指当事人为第三人设定了合同权利,由第三人取得利益的合同。其具有如下特征:(1)第三人非合同的当事人;(2)合同只能为第三人设定权利,而不得约定义务;(3)合同生效后,第三人可以接受该合同的权利,也可以拒绝接受该项权利。

区分二者的意义在于:(1)缔约目的不同;(2)合同的效力范围不同。

八、预约与本约

以两个合同相互之间的关系为标准,合同分为预约与本约。

预约,指约定将来订立一定合同的合同;基于该预约而订立的合同,称为

"本约",或称为"本合同"。

《合同法》对于预约未设规定,但根据合同自由原则,当事人可以订立预约。预约的目的在于成立本约,当事人直接订立本约的时机尚不成熟时,先订立预约,使相对人受其拘束,以确保本约的订立。预约的成立和生效,仅使当事人负有将来按预约规定的条件订立本合同的义务,而不负履行将来要订立的本合同中的义务。预约虽然仅使当事人负有订约义务,但仍属合同,性质上属于债权合同,即发生为本约成立所必要的意思表示的债务;但基于该预约而订立的本约,不限于债权合同。既可以为设定质权或抵押权的物权类合同,又可以是婚姻、收养等身份法上的合同。

区分预约与本约的意义,主要体现在预约具有的特殊功能以及预约的特殊效力方面。在交易事务上,预约具有担保功能,预约对当事人有约束力。在德国民法中,预约的义务人负有订立本约的义务,权利人得诉请法院履行,法院应命债务人为订立本约的意思表示,债务人不为意思表示者,视同自判决确定时已为意思表示。本约成立后,债权人即有请求给付的权利,基于诉讼经济原则,债权人得合并请求订立本约及履行本约。① 对于预约的效力,我国法律尚未有规定,但学说认为如果预约上的义务人不履行其订立本约的义务,权利人有权请求法院强制其履行义务及承担违约责任。②

九、一时性合同与继续性合同

以时间因素在合同履行过程中的地位为标准,合同可分为一时性合同和继续性合同。

继续性合同,是指一次性给付并不能完成合同的内容,需要继续不断的履行才能实现合同目的的合同。其主要特征是时间因素在债的履行中居于重要的地位,即随着时间的推移在当事人之间不断产生新的权利和义务。由于此类合同的效力主要在于履行状态的维持,故也有学者称之为"状态债权"。常见例证有雇佣合同、合伙合同。

一时性合同,是指通过一次给付便可以完成合同,从而实现合同目的的合同。例如赠与、单批货物买卖等。分期付款、分批交付合同属于一时性合同或继续性合同,尚有疑问。从本质上言,分期交付仍不失为一种单一的、一时的合同,因为合同总的给付是自始确定的,虽形式上分期分批,但时间因素对给付的内容并不生影响。

区分一时性合同与继续性合同的意义主要有:二者在合同履行的效果、解除

---

① 参见王泽鉴:《债法原理(第1册)》,中国政法大学出版社2003年版,第150页。
② 参见王利明、崔建远主编:《合同法新论·总则》,中国政法大学出版社2000年版,第43页。

权的产生原因、合同消灭产生的效果上有所区别。

十、实定合同与射幸合同

以合同的效果在缔结合同时是否确定为标准,合同可以分为实定合同与射幸合同。

实定合同,是指合同的法律效果在缔结合同时业已确定之合同。绝大多数合同都是实定合同。

射幸合同,是指合同的法律效果在缔结合同时尚不能确定的合同。我国《合同法》第 124 条规定:"本法分则或者其他法律没有明文规定的合同,适用本法总则的规定,并可以参照本法分则或者其他法律最相类似的规定。"由此可见,射幸合同在我国法律属于无名合同。常见的射幸合同有有奖销售合同、保险合同、彩票合同等。

这里需要指出的是,附条件的合同尽管所附条件的成就具有不确定性,且合同当事人也可能不实际承担所允诺的给付义务,但这并不能说这些合同具有射幸性,为射幸合同。因为射幸合同是其标的具有不确定性,而附条件的合同标的是确定的,只是以不确定的条件来制约其效力。

区分实定合同与射幸合同的主要意义在于:实定合同一般要求等价有偿,若不等价,则可能被撤销甚至无效;而对于射幸合同而言,一般不能够从等价与否的角度去衡量合同公平与否。

第八章 合同的订立

第一节 概 述

一、合同订立的意义

合同的订立又称"合同的缔结",指当事人之间为了建立具体的合同关系,将相互的意思表示达成一致的合意过程。它不同于合同的成立。合同的订立是一个动态过程,是当事人基于缔约目的而进行意思表示的互动过程;合同的成立是合同的订立过程的结果,是当事人间合同关系的形成与开始。合同的订立作为具体合同的形成过程,可以包括要约邀请、要约、承诺等诸阶段;合同的成立则是合同订立过程的一个阶段,并且是最终阶段。因而,如果没有合同的订立,就没有合同的成立,合同的成立是合同订立过程所产生的合乎当事人缔约目的的结果。准此以言,合同的订立与合同的成立并不相同,后者是前者的结果,标志着合同的产生和存在,属于静态概念,前者的含义则较为广泛,既含有合同成立这个环节,又包括缔约各方接触和洽商的动态过程。

合同法规范合同的订立,具有特别重要的意义。合同的订立是合同全过程的第一阶段,合同从成立到消灭,其间所涉及各种合同制度的运用或适用须以合同的订立为发端,具体的合同不存在,其他各种合同制度便无从运用或适用。交易内容的丰富性导致合同制度的复杂性,但种类不同、内容各异的合同均须经历合同的订立阶段,在实际社会经济生活中运用各类具体合同,解决各种合同问题,首先要判明具体的合同是否形成。《合同法》上关于合同的订立的法律规范,主要就是为社会经济生活提供实体法上的判断与评价标准,以便在实体法意义上确立合同与非合同的普通社会关系的界限,确定社会经济生活中是否形成一个具体的合同。《合同法》对合同的订立制度规定得适度得当,便可以促进交易主体间合同关系的有效运用,促进整个合同制度的有序实现。

具体而言,(1) 合同的订立,必须在两个以上当事人之间进行;(2) 合同的订立是一个当事人之间意思表示的互动过程;(3) 参与合同订立的当事人须有缔约目的;(4) 合同的订立过程中,当事人的意思表示必须具有适法性;(5) 合同的订立过程的结果,可分为积极结果和消极结果。

二、订立合同的形式

在合同自由原则下,当事人订立合同时采取何种形式应由当事人自由意思来决定。但在我国合同法的发展过程中,曾经特别强调过合同书面形式的重要性,例如,已废止的《经济合同法》第 3 条和《涉外经济合同法》第 7 条分别规定,"经济合同,除即时清结者外,应当采用书面形式";"当事人就合同条款以书面形式达成协议并签字,即为合同成立。"市场经济的不断发展与法制建设的不断完善,要求《合同法》体现交易安全与交易便捷的均衡追求,在合同形式问题上,应当赋予当事人更多的选择余地、更大的选择权利。因此,现行《合同法》第 10 条明文规定:当事人订立合同,有书面形式、口头形式和其他形式。法律、行政法规规定采用书面形式的,应当采用书面形式。当事人约定采用书面形式的,应当采用书面形式。根据《合同法》的规定,在法律没有强制性规定的情形下当事人可自由选择合同形式。即现行《合同法》弱化了以前对合同必须采取书面形式的要求。

(一) 口头形式

口头形式,指合同当事人以对话的意思表示订立合同的形式。何谓"对话",法律无明文规定,但依学者解释,对话包括面对面交谈,亦包括通过电话的对话及手语。通过网络对话签订的合同,应属于书面形式,其理由为网络对话是以文字形式进行,具有可复制的载体。

合同采取口头形式,并不意味着当事人在订立口头合同过程中完全不使用文字,如于商店购物时,向商店索取的发票或其他购物凭证,但这类文字材料仅能视为合同成立的证明。

当事人间采取不同方式订立同一合同时,口头形式应当具有优先被承认的效力,如果一方当事人发出书面要约,而受要约人以口头形式表示承诺,该合同形式应认定为口头合同。

口头形式简便易行,在日常生活中经常采用,集市上的现金交易、商店里的零售等一般都采用口头形式。合同采取口头形式无须当事人特别指明。除法律、行政法规规定和当事人约定的外,均可采用口头形式。但采取口头形式,发生合同纠纷时难于取证,不易分清责任。所以,关系较复杂的重要合同不宜采用口头形式。但须说明的是,口头合同一旦成立,具有与书面合同同等的法律效力。

(二) 书面形式

《合同法》第 11 条规定:"书面形式是指合同书、信件和数据电文(包括电报、电传、传真、电子数据交换和电子邮件)等可以有形地表现所载内容的形式。"简言之,书面形式就是指以文字等有形地表现当事人所订立合同内容的合同形式。合同书以及任何记载当事人要约和承诺、权利和义务内容的文书,均为合同的书面形式的具体表现。随着科技的发展,合同形式也越来越丰富,电报、电传、传真、电子数据交换和电子邮件、录像均可成为有形地表现合同内容的书面形式。

常见的书面形式有:(1)合同书。指记载双方当事人合意事项的书面文件。它属于正规的书面合同形式,其具体内容由当事人双方拟定。合同书一般由合同名称、正文、附则或附件、签章等几个部分组成,其中正文一般由合同条款组成,是合同书的核心部分。(2)合同凭证。在实际生活中,为简化书面合同的订立手续,合同凭证被广泛使用,如车船票、保险单等。其特点是:内容简略、能够准确反映具体合同关系的存在。由于合同凭证的内容比较简略,当事人的权利义务关系的详细内容由部门规章、行业规约或者一方当事人的业务规则予以规定。(3)确认书。当事人采用信件、数据电文形式订立合同的,一方当事人可以在合同成立之前要求签订确认书(《合同法》第 33 条)。另外,当事人之间在签订"初步协议""合同意向书"之后,也可以约定以确认书的签订为合同成立要件。确认书的作用有二:一是识别与确定当事人表示的意思为合同意思;二是增强书面凭证的证据效力。确认书的内容通常由当事人根据需要确定,可以很简略,直接指明某些文件的内容构成合同,或者指明某一意向书具有合同效力;也可以复述合同的主要内容,然后予以确认。

依《合同法》第 10 条第 2 款,在下列两种情形,合同应以书面形式订立:(1)法律、行政法规规定采用书面形式的;①(2)当事人约定采用书面形式的。

我国法律和行政法规对于比较重要的合同规定采取书面形式,其目的是使当事人在订立时较为慎重,减少订立后的纠纷,同时有益于保存证据。

(三) 其他形式

合同的其他形式,又称"行为默示形式",指当事人以语言、文字以外的其他手段为意思表示订立合同的形式。主要是通过行为进行要约或者承诺,以形成合意。例如,受要约人接到要约后,即按要约的内容向要约人寄送价款或者货物;商店设置自动售货机后,消费者即自行投币购货等。《合同法解释(二)》第 2 条规定:"当事人未以书面形式或者口头形式订立合同,但从双方从事的民事行为能够推定双方有订立合同意愿的,人民法院可以认定是以合同法第十条第一款中的'其他形式'订立的合同。但法律另有规定的除外。"

关于公证、鉴证、登记、审批等是否属于合同的书面形式范畴,学说有分歧。一种观点认为公证、鉴证等属于与合同的口头形式和书面形式并列的合同的其

---

① 如《合同法》第 197 条、第 215 条、第 238 条、第 270 条、第 330 条、第 342 条;《劳动法》第 19 条;《担保法》第 13 条;《保险法》第 13 条;《城市房地产管理法》第 40 条、第 49 条、第 53 条等。

他形式;另一种观点认为其中公证、鉴证等属于合同的书面形式范畴;第三种观点则认为公证、鉴证、登记、审批皆为当事人各方意思以外因素,即不属于成立要件范畴,而属于效力评价的领域;第四种观点大体上同意第三种观点,但认为批准属于公法行为,不是合同订立的问题。本书认为,合同订立以方式自由为原则,是否具备特定形式要件或手续原则上不应影响合同的有效性。法律、行政法规规定合同必须办理批准等手续,否则无效的,从其规定;法律、行政法规仅规定合同应办理批准等手续,但未明确指明未办理特定手续的后果的,应认为未办理手续不影响合同的有效性;因未办理特定手续致使合同不能履行或迟延履行的,负有办理手续义务的一方当事人应承担违约责任,手续办理义务人无法确定的,不履行的后果由双方分担。至于未办理特定手续违反公法规定的,应由当事人另行依法承担行政处罚、刑事责任等,自不待言。①

三、合同成立的方式

(一) 依要约和承诺的方式

如前所述,合同必须当双方当事人意思表示达成一致即合意时,方能成立。这种合意,一般是通过要约和承诺的方式实现。换言之,一般的情形下,合同是通过要约和承诺而成立。此为合同成立的最通常的方式,也是最主要的方式,《合同法》对之予以详细规定。

(二) 依交叉要约的方式

交叉要约,指双方当事人就同一内容各自向对方发出要约的情形。换言之,即双方当事人间偶然向对方交叉发出要约而其内容为一致的情形。

[示例] 甲向乙发出以 500 元价格购买照相机的要约,在该要约尚未到达乙时,乙向甲也发出以 500 元价格出售照相机的要约的情形,即属交叉要约。

同一内容的要约在当事人间相互交叉的情形,两个要约到达时,契约即成立。学说认为,两个要约到达时间不一致时,后到达时间为成立时间。② 对此,我国合同立法没有明文规定,但学说予以承认。

另有所谓"同时表示",与交叉要约类似,专指当事人直接对话时同时作出相同的意思表示。

(三) 依意思实现的方式

所谓"依意思实现成立的合同",指依要约人的意思表示或习惯,受要约人

---

① 《合同法解释(二)》第 8 条规定:依照法律、行政法规的规定经批准或者登记才能生效的合同成立后,有义务办理申请批准或者申请登记等手续的一方当事人未按照法律规定或者合同约定办理申请批准或者未申请登记的,属于合同法第四十二条第(三)项规定的"其他违背诚实信用原则的行为",人民法院可以根据案件的具体情况和相对人的请求,判决相对人自己办理有关手续;对方当事人对由此产生的费用和给相对人造成的实际损失,应当承担损害赔偿责任。

② 参见〔韩〕郭润直:《债权各论》,博英社 1997 年版,第 79 页。

不需作出承诺,但从其所为的某种行为可推断为承诺而合同成立的情形。此时,要约人意思表示并不需要明示。例如,以销售为目的与要约一同发送的商品,一般认为无须承诺的默示。此外,还可以参酌交易惯例来判断。可推断为承诺意思表示的事实,只能根据个案具体分析。但受要约人开始履行合同义务或行使合同权利的情形,一般属于受要约人虽然没有作出明确承诺的意思表示,但依据其客观事实,可推断其有承诺意思的情形。立法或学说认定意思实现的目的是保护要约人,避免当事人关于合同成立的争议。对于依意思实现的方式成立的合同,该承诺事实发生的时间即是合同成立的时间。

(四) 事实上的契约关系论(faktische Vertragsverhltniss)

所谓"事实上的契约关系论",其要点为修正传统的合同成立理论,主张无须当事人的意思表示,只根据一定的事实关系承认合同的法律效果。该学说由德国学者 Haupt 首次提出。他所主张的承认事实上的契约关系情形有以下类型:(1) 依社会性接触的事实上的契约关系(典型事例有:关于无偿搭乘或好意同乘而发生的赔偿责任,传统学说否认机动车所有人的赔偿责任,而事实上的契约关系论则主张应承认其赔偿责任,理由为:从驾驶人与同乘者之间的密切的社会接触这一事实发生契约的效果);(2) 依加入共同体关系的事实上的契约关系(具体的类型有:事实性的合伙关系和事实性的雇佣关系);(3) 依社会性给付义务的事实上的契约关系(典型例子为国家的基本生活资料提供领域中的契约关系,这种契约由向需求者随时提供给付的企业所作的表示和需求者受领给付的事实而成立,不存在所谓要约和承诺的意思表示)。当时学界所关心的是其学说中的第三种类型,后来由 Larenz 的社会定型性行为论所代替。对该理论,尚待进一步的研究。

随着 Haupt 和 Larenz 教授关于事实上的契约关系理论的式微,德国联邦最高法院在对其他一些带有公法性质的给付关系作出类似于本案的判决之后,便不再采纳该理论。

我国不少学者赞成应弹性解释要约和承诺,肯定以不同方式向不特定人发出要约和以行为所作的承诺。事实行为若不能体现为一种意思表示,或不能通过事实行为而使双方意思表示一致,则不能成立合同。

[示例] 某汽车所有者在明示为收费停车场的停车场停车时,对于该停车场的监控人员事先明确表示,对自己的车无须监控且不支付停车费。对此法院判定:依据在停车场停车的事实已发生契约关系,故应支付停车费。

第二节 要 约

一、要约的含义及构成要件

（一）含义

《合同法》第14条规定："要约是希望和他人订立合同的意思表示,该意思表示应当符合下列规定:(一) 内容具体明确;(二) 表明经受要约人承诺,要约人即受该意思表示约束。"要约(offer),即指一方当事人以缔结合同为目的,向他方所为的单方的、确定的意思表示。在商业习惯用语上,将要约称为"发价""报价""发盘""出盘"等。在合同订立过程中,发出要约的当事人称为"要约人",接受要约的相对人则称为"受要约人"或"受约人"。

要约是当事人在合同的订立过程中所为的意思表示,但不能独自产生行为人所期望的法律效果,故非法律行为,应适用法律对意思表示的规定。要约本身虽然只是一种意思表示而非法律行为,但是一个具有法律意义的行为,要约一经发出同样产生一定的法律效力,即要约人受该意思表示的约束,要约人运用要约不当而给对方当事人造成损失时,承担相应的法律责任,如缔约过失责任。

（二）构成要件

1. 要约必须是特定人作出的意思表示

要约人发出要约,是希望与他人订立合同,即要约人希望受要约人承诺与之建立合同关系。要约人必须是特定人,否则受要约人接到要约后将无从承诺。所谓"特定人",指能为外界所客观确定的人,至于其为自然人、法人抑或其他组织在所不问,或者本人还是代理人均可。但要约人在发出要约时无须明示其姓名,如自动售货的设立,虽未明示要约人身份,但系特定人所设置,故视其为要约。

2. 要约必须向相对人发出

要约必须经过相对人的承诺,才能发生要约人希望的效果,即订立合同。因此,要约不得对相对人以外的第三人为之。相对人通常为特定人,在通常情况下,要约人在特定的时间和场合只能与特定当事人订立特定内容的合同。但在一些情形中,如公开拍卖、自动售货机的设置、商店里标价陈列的商品、行驶中的公共汽车和地铁在站台停车、出租车的"空车"表示等,相对人未必是特定人。

3. 要约必须以订立合同为目的

要约是希望与他人订立合同的意思表示,因而要约必须以订立合同为目的。为表明具有缔结目的,要约内容中就要表明经受要约人承诺,要约人即受该意思表示约束(《合同法》第14条)。凡不是以订立合同为目的的行为,例如邀请朋友参加晚宴的请柬等,尽管表达了当事人的真实意愿,但不发生法律效果,不能认为是要约。

是否具有缔约目的,是要约和要约邀请的主要区别。要约邀请,又称"要约引诱",是希望他人向自己发出要约的意思表示(《合同法》第 15 条)。要约引诱的目的不是订立合同,而是在于唤起别人的注意,希望别人向自己发出要约,其作用在于引出要约,而不像要约本身的作用在于引出对要约的承诺。所以,要约邀请只是当事人订立合同的预备行为。要约邀请可以随时撤回,对于他人根据要约引诱发出的要约,也可以不予承诺。

当事人的意思表示是构成一项要约,还是仅仅是一项要约邀请,在实践中难以区别。由于要约和要约邀请间的区别颇为微妙,对于经济生活中的典型行为,法律可以直接规定其性质,以便于统一判断该行为的性质。[①]《合同法》第 15 条规定:寄送的价目表、拍卖公告、招标公告、招股说明书、商业广告等为要约邀请。商业广告的内容符合要约规定的,视为要约。

4. 要约的内容必须具体、确定

《合同法》第 14 条第 1 项明文规定:要约的内容应当具体确定。要约的内容必须使受要约人足以了解将来可能成立的合同的主要内容,以供受要约人考虑是否承诺。如果要约人发出的意思表示只包含订立合同的意向,而未提出决定合同内容的主要条件,则不能称为要约。至于合同成立的主要要件,根据具体要约的性质来确定。须注意的是,此规定并非要求要约的内容须确凿无疑,只要有能够决定合同内容的主要事项即可。亦即能够使相对人了解要约人要缔结何种合同即可成为要约。对于某些可以由受要约人决定的事项,如要约中的数量,要约人只需确定范围,具体由受要约人确定即可。

二、要约的若干具体形式

1. 自动售货机的设置

自动售货机的设置应解释为要约,其属于向不特定之人发出的要约,顾客依指示投币的行为,属于承诺。但自动售货机发生故障或者无存货时,要约即失去效力,顾客即使投入了钱币,仍未能成立合同,应依不当得利返还。

2. 商品明码标价陈列

大陆法系通常认为商品标价陈列是一种要约,我国学说也持此种观点。但

[①] 要约和要约邀请,在观念上和理论上易于区别,但在实际的具体案例中较难以区别。各国学说中亦不存在区别二者的绝对的标准,只能根据具体的行为在社会生活中所体现的意义来判断。(1) 一般情形下,对于特定人发出的为要约,对于不特定人的作出的为要约邀请,但此时,不考虑当事人个性的情形为要约,而重视个性,需要选择当事人的情形为要约邀请;(2) 以行为表示的合同内容,无任何保留的,一般视为要约;此外,根据(3) 当事人之间以往的交易关系;(4) 地方的交易习惯等,予以判断(参见〔韩〕郭润直:《债法各论》,博英社 1997 年版,第 63 页)。

应限于柜台里陈列或者货架上放置的标价商品,而对于商品临街橱窗里的陈列商品,即使有标价也不宜视为要约,因为此种行为主要是招揽顾客的广告,所以应视为一种要约邀请。

3. 公用事业

在我国城市里,对于公用事业中的一些行业,譬如市内的公交线路、邮政,学说一般认为,市内的公交车站和设置于路边的邮筒是一种要约行为。但对于市外旅客运输合同,学者大多认为旅客购票是一种要约,而承运人出售车票则是承诺。本书亦采此种观点。

三、要约的效力

(一) 要约效力的发生

要约是一种意思表示,故要约生效时间,依意思表示生效的一般原则决定。

关于意思表示的生效,各国立法一般采用的有发信主义、到达主义及了解主义。德国民法(第 130 条)、日本民法(第 97 条)、韩国旧民法(第 97 条)均采到达主义。但规定:对非对话的意思表示采用到达主义。因此在这些国家,关于如何确定对话者间的意思表示生效时间,学者间曾颇多争论。我国《合同法》(第 16 条)及《韩国民法典》(第 111 条)规定:要约(意思表示)到达受要约人(相对人)时生效。即不区分口头形式和书面形式,由立法解决此问题。因此,在我国不管要约采何种形式,均由"到达"来确定。但在商法上,考虑到交易便捷的需要,似以采发信主义为宜。

如何判断要约是否到达受要约人? 对于对话者之间的意思表示,通常理解为由要约人一"发信"即可"到达"于受要约人而使之"了解",因此,不存在到达或了解问题。相对人故意掩耳不闻致不了解的情形,也不应影响要约生效。但要约采书面形式的,何时为到达则存在问题。依一般理解,只要要约送达受要约人所能控制的范围并形成应当了解的状态,如要约文件投入到受要约人信箱时,或者同住的家属、亲戚或佣人受领时,即使是受要约人由于其他原因尚未了解,也不影响要约生效。由于实践中受要约人可能拥有数个数据电文系统,《合同法》第 16 条规定:采取数据电文形式订立合同,收件人指定特定计算机系统接受数据电文的,该数据电文进入该特定系统的时间,视为要约到达生效时间;未指定特定计算机的,该数据电文进入收件人的任何计算机系统的首次时间,视为要约到达生效时间。

要约发出后,尚未到达相对人时,要约人死亡或失去行为能力,不影响要约效力(《韩国民法典》第 111 条第 2 款)。但基于当事人的人身属性的合同,如委任、雇佣等合同,因继承人不继承该当事人的地位,故要约失去效力(《韩国民法典》第 690、717 条)。

到达主义与发信主义

(二) 要约效力的内容

1. 对要约人的拘束力

对要约人的拘束力,又称"要约的形式效力",指要约一经生效,要约人即受该要约的拘束,不得随意撤回、撤销或对要约加以限制、变更和扩张。

要约为非法律行为,其本身不应具法律效力,原则上应该自由撤回。但要约发出后,受领该要约的受要约人有可能相信要约的真实性,便为将要订立的合同进行准备工作。在这种情况下,要约人一旦撤回或撤销要约,将难以确保诚实信用原则下的交易秩序的安全,有可能导致相对人遭受不当的财产损失,所以大陆法系各国民法对要约赋予拘束力。但对相对人不存在损害财产之虞的,则可以排除要约的拘束力。这一原则在我国现行法上的根据是《合同法》第17条、第18条和第19条。

《合同法》第17、18条分别规定了要约的撤回与撤销。撤回与撤销两个概念的区别在于:针对未生效的行为(意思表示),阻止其生效,为撤回;针对已生效的行为(意思表示),消灭其效力,为撤销。第17条规定要约撤回,第18条规定要约撤销。

因第16条规定要约到达受要约人时生效,因此"要约到达"是区分要约是否生效的界限,到达前未生效,到达后已生效。故第17条规定要约撤回,以撤回的通知在要约到达前或同时到达,为发生"撤回"效力的条件。

关于要约撤销,当然是在要约到达受要约人生效之后。但需要进一步考虑的是,要约的效力在于使受要约人作出承诺,如果受要约人已经作出承诺,尽管该承诺尚未生效,合同尚未成立,若再许可要约人撤销要约,将损害交易秩序,亦不符合诚实信用。因此第 18 条规定要约撤销,以撤销的通知在受要约人作出承诺之前到达受要约人,为发生"撤销"效力的条件。此为要约撤销的原则规定。另在第 19 条规定例外:一是要约人在要约中明定承诺期限(要约生效期限)或者明示不可撤销;二是受要约人有理由相信要约不可撤销并已经为履行合同作了准备工作。这两个例外,都是诚实信用原则的体现,旨在保护受要约人的信赖利益。

按照《合同法》所采取的要约承诺规则,要约一旦到达受要约人即生效,不可以撤销(自由取消),但还可以在受要约人作出承诺之前予以撤销。正是考虑到受要约人的信赖和作出承诺需有准备时间,因此特设第 19 条对要约人撤销要约的权利再作限制。至于什么是"有理由认为要约是不可撤销的",当然很难一般地界定,要待发生了具体案件,再根据该类合同的交易习惯予以判断。而且要由主张"有理由认为要约是不可撤销的"之受要约人举证。如果受要约人不能举证,当然应由其自己承担损失。须注意的是,作为补救手段,《合同法》还规定了第 39 条缔约过失责任。即遭受损失的受要约人,在不能主张第 19 条要求认定合同已经成立的情形下,还可以考虑依据第 39 条主张缔约过失责任。

〔示例〕 乙公司向甲公司发出要约,旋即又发出一份"要约作废"的函件。甲公司的职工收到乙公司的要约和"要约作废"的函件后,因疏忽仅将要约交由董事长。后甲公司董事长发函给乙公司,同意乙公司的要约。后甲、乙公司未能缔约,因为要约已被撤回。

2. 要约的实质效力(承诺适格)

要约一经受要约人的承诺即成立合同。因而可以说,要约具有只要有对其的承诺即可使合同成立的效力,亦即可以得到承诺的效力。此为要约的实质效力,又称"承诺适格"或者"承诺能力"。英美法上称之为"承诺权"(power of acceptance)。①

承诺只有在自要约生效至消灭期间内作出,方能使合同成立。因此,所谓"承诺适格",事实上也就是要约的存续期间。② 须注意的是,受要约人承诺与否,有完全自由。若承诺,就使合同成立;若不承诺,并不负通知等任何义务。即使要约人在要约中规定不承诺应该通知,不通知即视为承诺,也不能拘束受要约人。

3. 要约的存续期间

如前述及,要约的存续期间,即是受约人得以承诺的期间,简称"承诺期限"。

(1)定有存续期间。要约人在要约中定有存续期限的,该期限为要约效力存续期间。其中,要约以电报或者电信作出的,承诺期限自电报交发之日或者信

---

① See Restatement (Second) of Contracts § 35 (1981).
② 参见〔韩〕郭润直:《债权各论》,博英社 1997 年版,第 68 页。

件载明的日期开始计算,如果信件未载明日期,自投寄该信件的邮戳日期开始计算(《合同法》第 24 条)。

(2) 未定有存续期间。以口头形式发出要约,要约发出后受要约人如不当即承诺,要约效力即消灭,但当事人另有约定的除外(《合同法》第 23 条第 2 款第 1 项);以书面形式发出的要约,应依要约的内容和性质确定一个合理期间,合理期间超过则要约失效(《合同法》第 23 条第 2 款第 2 项)。此所谓"合理期间",根据各国学说,通常考虑以下因素加以确定:要约文件到达受要约人处所需的必要时间;受要约人接到要约后合理的考虑时间;承诺文件到达要约人之处所需的必要时间。此所谓"必要时间",应以实际使用的交通工具通常所需的必要时间而定。(受要约人的特殊情况,如旅行、卧病等,如要约者知悉也应考虑。)严格而言,要约文件到达受要约人处所需的必要时间并非要约存续时间,因为此时要约尚未生效,但为计算上的方便将其也计算在内。

四、要约的失效

要约的失效,又称"要约的消灭",是指要约丧失法律效力。关于要约失效的原因,《合同法》第 20 条规定了四种情形:(1) 拒绝要约的通知到达要约人;(2) 要约人依法撤销要约;(3) 承诺期限届满,受要约人未作出承诺;(4) 受要约人对要约的内容作出实质性变更。

(一) 要约被拒绝

在此,拒绝是指受要约人以明示形式拒绝要约的情形,即受要约人以通知的方式明确表示不接受要约,无意与要约人成立合同,而并不包括受要约人的沉默、对要约的扩张、限制等广义上的拒绝。要约失效的时间为拒绝通知到达要约人的时间,此与要约生效时间对应。

(二) 要约被撤销

要约被撤回时,要约尚未生效,因而亦无失效可言。在要约生效后,要约人单方欲使要约的效力归于消灭,只有采用撤销的方式。

(三) 承诺期限届满

凡在承诺期限内受要约人没有作出承诺的,要约即失效。如果要约中没有规定承诺期限,受要约人应当在合理期限内作出承诺,受要约人在合理期限届满时未作出承诺,应视为拒绝承诺,该要约即归于失效。

(四) 受要约人对要约内容作出实质性变更

承诺应当是对要约内容完全同意的意思表示,如果受要约人在承诺时,对要约的内容作出了实质性的变更,应视为受要约人作出了新的要约(《合同法》第 30 条),原要约的要约人与受要约人的地位发生了置换,原要约归于失效。

此外,如果未来的合同需由要约人或受要约人亲自履行,要约人或受要约人死亡或终止的,要约消灭。

第三节 承 诺

一、承诺的含义及构成要件

（一）含义

《合同法》第 21 条规定:承诺是受要约人同意要约的意思表示。承诺在商业习惯用语上又称"接盘"。承诺的性质与要约相同,属意思表示而非属法律行为,适用法律对意思表示的规定。

（二）构成要件

承诺要取得成立合同的法律效力,必须同时具备以下要件:

1. 承诺须由受要约人作出

承诺的主体是受要约人。承诺作为对要约的回应,只能由要约所选择的受要约人作出。如果由受要约人之外的第三人对该要约作出同意与否的意思表示,通常情形下,不应构成承诺。受要约人为特定人时,承诺由该特定人作出;受要约人为不特定人时,承诺由该不特定人中的任何人作出。受要约人可以自己作出承诺,也可以通过其代理人作出承诺。但受要约人承诺与否,原则上是自由的。

2. 承诺须向要约人作出

承诺是对要约表示同意的意思表示(《合同法》第 21 条),因此与要约不同。承诺以特定的要约人为相对人,不存在以不特定的人为相对人的情形。向非要约人作出的意思表示,不构成承诺。向要约人的代理人作出的承诺,也应视为向要约人作出。如果要约人发出要约后死亡但合同的履行不具有特定的人身性质,且不需要要约人亲自履行的,受要约人可以向要约人的继承人作出承诺。

3. 承诺的内容应当与要约的内容一致

承诺是受要约人愿意按照要约的内容与要约人订立合同的意思表示。因此,原则上承诺应当对要约的内容全部接受。如果受要约人对要约的内容进行实质性扩张、限制或者变更,则不属承诺,应视为拒绝原要约而提出新要约。

须注意的是,判断承诺和要约的内容是否一致,切不可作机械僵硬的理解。承诺和要约的内容相一致,指实质内容上的一致,而不是指承诺的语言或文字表述完全一致。如果承诺的内容在实质上与要约的内容一致,即使在语言或文字表述上有差异,只要不影响对合意的一致理解,应当认为承诺的内容与要约的内容相一致。

我国合同立法中,判断承诺与要约的内容是否一致,以承诺是否对要约内容作出实质性的变更为标准。即《合同法》第30条规定:受要约人对要约的内容作出实质性变更的,为新要约。有关合同标的、数量、质量、价款或者报酬、履行期限、履行地点和方式、违约责任和解决争议方法等的变更,是对要约内容的实质性变更。

承诺对要约的内容作出非实质性变更的,除非要约人及时表示反对或者要约中表明承诺不得对要约的内容作出任何变更以外,该承诺有效,并且合同的内容以承诺的内容为准(《合同法》第31条)。

4. 承诺应当以明示的方式作出

《合同法》第22条规定,承诺应当以通知的方式作出,即承诺应当以明示的方式作出。受要约人承诺的通知,可以采取口头或书面形式,但根据交易习惯或者要约表明可以通过行为作出承诺的,受要约人可以通过行为作出承诺,如预付价款、接受供货、开始承揽加工等。

5. 承诺须在承诺期限内到达

《合同法》第23条规定,承诺应当在要约确定的期限内到达要约人。因此,受要约人不仅应在承诺期限内发出承诺通知,而且承诺通知应该在该期限内到达要约人。要约没有确定承诺期限的,依据要约的形式而有所不同。要约以对话方式作出的,受要约人应当即时作出承诺,但当事人另有约定的除外;要约以非对话形式作出的,承诺应当在合理期限内到达要约人。

二、承诺的效力

(一) 承诺生效时间

《合同法》第26条第1款规定,承诺通知到达要约人时生效。即我国合同法对承诺生效时间采到达主义。这与《联合国国际货物销售合同公约》和《国际商事合同通则》的规定相同。但承诺不需要通知的,根据交易习惯或者要约的要求,承诺于作出承诺的行为时生效。该条第2款规定,采用数据电文形式订立合同的,承诺到达的时间采用《合同法》第16条第2款的规定,即准用确定要约到达时间的规定。

(二) 逾期承诺的效力

根据《合同法》第26条,受要约人应当在承诺期限内发出承诺。关于受要约人超出承诺期限发出的承诺,《合同法》第28条、第29条均有规定。

关于承诺期限与承诺的发出及到达的关系,可以考虑以下四种情形:其一,受要约人在承诺期限内发出承诺并到达要约人的情形;其二,受要约人在承诺期限内发出承诺,但在通常情况下于承诺期限内不能到达要约人的情形;其三,受要约人逾期发出承诺并逾期到达的情形;其四,受要约人在承诺期限内发出承诺,按照通常情形能够在承诺期限内到达,但其他原因导致承诺到达要约人时超过承诺期限的情形。其中第一种情形不属于逾期承诺。

《合同法》第 28 条规定:受要约人超过承诺期限发出承诺的,除要约人及时通知受要约人该承诺有效的以外,为新要约。此为第三种情形,此时的承诺逾期是完全由于受要约人的过失或故意,法律不予保护,所以将该选择权赋予要约人。如果要约人愿意接受该承诺,可以及时通知受要约人该承诺有效;如要约人不作此种通知,该承诺就失去承诺的效力而转为新的要约,再由原要约人决定承诺与否。须注意,在此要约人通知与否,为其权利,而非其义务。

《合同法》第 29 条规定上述第四种情形:受要约人在承诺期限内发出承诺,按照通常情形能够及时到达要约人,但因其他原因承诺到达要约人时超过承诺期限的,除要约人及时通知受要约人因承诺超过期限不接受该承诺的以外,该承诺有效。在此,对"通常情形"的认定,应该根据具体的情况,结合具体的交易习惯予以理解和认定;至于所谓"其他原因",应该是指非受要约人的主观过错而造成的原因,如电报故障、信函误投等传达故障等。在第 29 条的情形,受要约人作为善意的一方,可能为合同的履行作了准备,而要约人则不然,因此,为了保护受要约人的利益,法律要求要约人承担通知义务。即承诺的逾期是由于"其他原因",而要约人并未及时表示不接受该承诺时,该逾期承诺仍然有效。

此外,《合同法》遗漏了第二种情形,此情形的法律效果应该与第三种情况相同,所以在解释上应该适用第 28 条的规定。

三、承诺的撤回

《合同法》第 27 条规定,承诺可以撤回,但撤回承诺的通知应当在承诺通知到达要约人之前或者与承诺通知同时到达要约人。《联合国国际货物销售合同公约》第 22 条规定,承诺可以撤回,只要撤回的通知早于或与承诺同时到达要约人。即我国《合同法》的规定与公约的规定相同。这一规定与撤回要约的规定类似。承诺撤回后,不发生效力。

四、强制承诺

强制承诺,又称"缔约义务"或"强制缔约",指对于相对人的要约无正当理由不得拒绝承诺。在合同自由原则下,要约及承诺应该由当事人自由决定。但特殊情形,法律规定受要约人不得拒绝要约,即强制缔约的情形。法律规定,特殊行业的经营者有必须承诺的义务,如供电、供水、供气、邮政电信、铁路、公共汽车等公用事业单位和医师、律师、出租车等公众服务从业者,无正当理由不得拒绝相对人的要约。这种规定是公法规定,这种义务是公法义务,并不等于患者的要约、乘客的要约具有拘束受要约人的效力。因此,开业医师拒绝为患者治疗,出租车拒载,并不产生合同法或者民法上的责任,只是可能产生公法上的责任。如出租车拒载,乘客向管理机关举报,该拒载出租车司机可能被处罚。但韩国学者认为,对于违者,除受相关法律所规定的公法上的制裁外,还要承担基于侵权行为的损害赔偿义务。①

关于强制承诺的现行法根据有:《合同法》第289条规定,"从事公共运输的承运人不得拒绝旅客、托运人通常、合理的运输要求。"《电力法》第26条规定,"供电营业区内的供电营业机构,对本营业区内的用户有按照国家规定供电的义务;不得违反国家规定对营业区内申请用电的单位和个人拒绝供电。"《执业医师法》第24条规定,"对危急患者,医师应当采取紧急措施进行诊治,不得拒绝急救处置。"等等。

第四节 合同的成立

一、合同成立概述

(一) 合同成立的一般要件

1. 存在双方或多方缔约主体。

2. 对合同的必要条款达成合意。合同的成立须基于当事人的合意,合意即合同当事人双方相互作出的意思表示达成一致。合意的判断标准存在主观标准和客观标准两种。我国《合同法》以表示主义为原则,仅在合同因欺诈、胁迫等原因而成立时采取意思主义,合意原则上依合意的达成而成立,仅在要物合同的场合,在合意之外还要求物的交付或其他给付的完成。合意内容与内心效果意思不一致时,不是合同是否成立的问题,而是能否影响合同效力的问题,对此可根据重大误解等制度处理。

关于合同标的是否为合同成立要件之一,学界观点并不一致。大陆法系的传统理论认为其是构成要件之一,但我国有些学者认为其应归属于合同效力的范畴。②

(二) 合同成立的法律意义

1. 合同约束力发生,当事人不得任意变更或解除合同。合同成立,不论其是否已经生效,都对当事人产生约束力。具体而言,除当事人同意或有解除原因外,一方当事人不可任意解约。

---

① 参见〔韩〕郭润直:《债法各论》,博英社1997年版,第21页。
② 《合同法解释(二)》第1条第1款规定:"当事人对合同是否成立存在争议,人民法院能够确定当事人名称或者姓名、标的和数量的,一般应当认定合同成立。但法律另有规定或者当事人另有约定的除外。"第2条规定:"对合同欠缺的前款规定以外的其他内容,当事人达不成协议的,人民法院依照合同法第六十一条、第六十二条、第一百二十五条等有关规定予以确定。"

2. 债权(或期待权)的发生。通常情况下,合同成立时合同生效,在当事人之间发生债权债务关系。

3. 债权(或期待权)的不可侵犯性。债权(或期待权)因合同的成立而存在,此权利同样具有不可侵性,第三人故意侵害,尤其是以悖于善良风俗的方式侵害这些权利时,仍可以构成侵权行为。①

二、合同成立的时间

《合同法》第25条规定,承诺生效时合同成立。这是合同成立的一般原则。采口头形式订立合同时,受要约人即时承诺,合同当即成立。但在采书面形式时,通常为经过反复磋商的过程,较口头形式复杂,为了便于解决书面形式合同中发生的纠纷,《合同法》对于各种书面形式合同的成立时间作了详尽的规定。《合同法》第32条规定:"当事人采用合同书形式订立合同的,自双方当事人签字或者盖章时合同成立。"《合同法》第25条和第32条都是关于合同成立的规定,二者在内容上具有统一性。《合同法》第33条又规定:"当事人采用信件、数据电文等形式订立合同的,可以在合同成立之前要求签订确认书。签订确认书时合同成立。"在具体操作上,如果双方当事人签字或者盖章不在同一时间的,最后签字或者盖章的时间为合同成立的时间。

三、合同成立的地点

明确合同成立的地点,在法律上具有重要意义。在涉外合同的法律适用方面,合同成立的地点是选择合同准据法的冲突规范的连结点之一。依据《合同法》第126条,涉外合同的当事人没有选择处理合同争议所适用的法律时,适用与合同有最密切联系的国家的法律,而合同成立的地点就是确定"与合同有最密切联系"的标准之一。

如前述及,根据《合同法》的规定,承诺生效时合同成立,而承诺到达受要约人时即生效。因此,承诺生效的地点一般是到达要约人时的地点。一般而言,合同成立时所在的地点就是合同成立的地点,而合同成立的标志是承诺的生效。因此,《合同法》第34条第1款规定:承诺生效的地点为合同成立的地点。此规定为合同成立地点的一般规定,因此,在法律有特别规定时,应该首先适用特别规定。如果当事人采用数据电文形式订立合同的,收件人的主营业地为合同成立的地点;没有主营业地的,其经常居住地为合同成立的地点。当事人另有约定的,按照其约定(《合同法》第34条第2款)。在此,关于主营业地、经常居住地

---

① 参见韩世远:《合同法总论》,法律出版社2008年版,第63—64页。

的确定方法,参照《民法总则》《民事诉讼法》的有关规定。当事人采用合同书形式订立合同的,双方当事人签字或者盖章的地点为合同成立的地点(《合同法》第 35 条)。对于签字或者盖章不在同一地点的情况,该条没有规定。学者认为,应以最后签字或者盖章的地点为合同成立的地点。

四、合同成立的特殊情形

(一) 未采用书面形式订立的合同

我国法律和行政法规对于比较重要的合同规定采取书面形式,其目的为使当事人在订立时较为慎重,减少订立后的纠纷,同时有益于保存证据,但这并不意味着不予认定口头合同的效力。对合同的书面形式应采证据主义,不宜采生效主义。以前的三个"合同法"都强调合同的书面形式,将其作为合同生效要件。如《经济合同法》第 3 条规定:"经济合同除即时清结者外,应当采用书面形式。"《技术合同法》第 9 条规定:"技术合同的订立、变更和解除采用书面形式。"《涉外经济合同法》也规定了合同以书面形式为成立要件。现行《合同法》将合同形式由生效主义转变为证据主义,扩大了有效合同的范围。即《合同法》第 36 条规定:"法律、行政法规规定或者当事人约定采用书面形式订立合同,当事人未采用书面形式但一方已经履行主要义务,对方接受的,该合同成立。"根据该条规定,法律、行政法规规定或者当事人约定采用书面形式订立合同,如果当事人在订约时未采用书面形式,并不意味着该合同不成立。

(二) 没有签字或者盖章订立的合同

《合同法》第 37 条规定:"采用合同书形式订立合同,在签字或者盖章之前,当事人一方已经履行主要义务,对方接受的,该合同成立。"

关于合同的形式问题,首先要注意的是此前的三个"合同法"均规定必须采用书面形式(《经济合同法》在要求书面形式的同时对于即时清结的合同允许口头形式)。这就导致在实务上,法院对于未采书面形式的合同不予认可,案件不受理或以未采书面形式为由驳回起诉。这样的实践到了 20 世纪 90 年代才开始改变,对于未采书面形式的合同如果有其他证据证明也予以认可。考虑到此前三个"合同法"关于合同形式的严格规定不适应市场经济对交易迅捷的要求,在制定《合同法》时,其立法指导思想中有这样专门一条:兼顾交易迅捷和交易安全。根据这一指导思想,学者建议以不要式为原则,以要式为例外。《合同法》第 10 条的规定符合该立法思想。该条第 1 款是原则,第 2 款是例外。但问题是,依据第 2 款规定应当采用书面形式,如果当事人未采取书面形式,是否按照违反强制性规定,一律认定为无效?此前的实践曾经对属于形式欠缺的合同一律认定无效,显然违背市场经济的要求。因此制定《合同法》时决定采尽可能使合同有效的思想,《合同法》针对形式欠缺,特设第 36 条和第 37 条,以缓和第 10

条第 2 款的强制性。顺便提到,《合同法》第 36 条、第 37 条所谓"对方接受的"五字,属于画蛇添足。

第五节　缔约过失责任

一、概述

(一) 概念

根据我国《合同法》第 42 条,缔约过失责任,是指在合同订立过程中,一方当事人违反了以诚实信用原则为基础的先合同义务,造成了相对人损害,因此而承担的民事责任。

所谓"先合同义务",是指缔约双方为缔结合同而互相接触磋商开始逐渐产生的注意义务,包括互相协助、保护、通知、恪守信用等,是建立在诚实信用基础上的一种法律义务。先合同义务并非产生于缔约当事人刚开始接触之时,而是伴随着债的关系的发展而产生。一般说来,自要约生效开始产生先合同义务较为妥当。

先合同义务乃由学说发展而来,作为一种附随义务,其基础是诚实信用原则。法律本要求勿施害于人,未要求主动帮助他人。现代法律要求出卖人于缔约时负有告知义务,此种先合同义务既属法律要求的积极义务,实属道德规范的转化,这自然是与诚实信用原则相关联的。先合同义务以诚实信用原则为依托,诚信原则也需要通过先合同义务得以具体化。

我国合同法上的先合同义务包括:

(1) 诚信缔约义务。《合同法》第 42 条第 1 项规定,假借订立合同,恶意进行磋商者,应当承担损害赔偿责任。

(2) 告知义务。《合同法》第 42 条第 2 项规定,故意隐瞒与订立合同有关的重要事实或者提供虚假情况,应当承担损害赔偿责任。

(3) 保密义务。《合同法》第 43 条规定,泄露或者不正当地使用该商业秘密给对方造成损失的,应当承担损害赔偿责任。此种保密义务不因合同缔约过程的结束而消灭。

(4) 其他义务。包括警告义务和保护义务。

缔约过失责任和违约责任不同,其不同点在于,缔约过失责任发生在合同缔约的过程中,违约责任以合同的有效成立为基础,在合同成立前,因过失而致相对人受损害时,不能以合同请求损害赔偿,而须以缔约过失责任请求赔偿。亦即违约责任是违反合同义务的约定之债,而缔约过失责任是违反先合同义务的法定信赖利益。在此,先合同义务是法定义务,而合同义务主要是约定义务。

(二) 性质

关于缔约过失责任的法律性质,早在普通法时代已开始有分歧。如今,学说仍分为契约责任说与侵权行为责任说,但契约责任说在德国占主流。本书认为,契约责任说似更为妥当。因为现代合同理论的合同义务,除主要的履行义务外,还包括以诚实信用为原则的其他义务,即所谓的"注意义务""保护义务""诚实义务"等。而这些义务在合同的成立过程已开始存在。缔约上的过失责任即是违反这种以诚实信用为原则的附随义务的责任,故应属于合同责任范畴。

二、适用缔约过失责任的具体类型

(一) 在准备阶段发生的缔约过失

缔结合同,先进入磋商阶段,磋商达成合意时合同即成立,而磋商未达成一致时,虽然合同不成立,但在磋商准备阶段,如果由于一方当事人的过失致使对方当事人受损害,就发生是否认定缔约上的过失责任问题,即在准备阶段的缔约过失责任。双方当事人一旦进入磋商阶段,就建立信赖关系和协助关系并承担基于诚信原则的先合同义务。在此阶段,由于合同尚未成立,当事人之间不发生基本的债权债务关系,只发生"无基本给付义务的债权关系",而这种债权关系只发生基于诚信原则的附随义务。

以下例示为德国的典型判例:[①]

(1) 在商店,顾客为购买地毯正在挑选过程中,在旁边陈列的地毯倒下致使顾客受伤。对此法院认为:顾客要求看地毯的要约和商店对顾客承诺,属于买卖合同性质,因此商店对相对人的身体或财产应尽注意义务,由此认定商店的缔约过失责任。[②](2) 在买卖的准备过程中,买受人为了检查放置在卖方车库的商品,在去车库的途中,因在通路上的冰摔倒而受伤。对此法院认为,卖方基于当事人间的特殊关系应负担照顾不发生该危险的义务,如果卖方不能证明已尽该照顾义务,应承担缔约过失责任。(3) B 从 A 处得知房屋出售消息后,向 A 发出某月某日去看房的通知,对此 A 表示承诺。但与 B 的约定之日尚未届至,A 便将该房屋卖给 C 且未通知 B,致使 B 受支出不必要费用的损害。因 A 违背将房屋已卖给 C 的事实通知于 B 的义务(通知义务),故应承担缔约过失责任。

(二) 在有效合同中所发生的缔约过失

有效成立的合同,合同标的有瑕疵时,由当事人承担瑕疵担保责任。但瑕疵担保责任仅限于标的瑕疵,而合同上的瑕疵并不仅限于标的瑕疵。下列情形即属此类:(1) 关于买卖标的的使用方法有错误说明的,不能视为瑕疵担保责任。

[①] 转引自〔韩〕郭润直:《债法各论》,博英社1997年版,第92页。
[②] 参见《帝国法院民事判例集》,第78卷,第239页。

这种情形,在租赁合同或在赠与、消费借贷合同中均可发生。(2) 在雇佣关系中,因当事人没有告知缔约合同上的重要事实致使损害发生的情形,如雇用人故意隐瞒对受雇人身体有重大影响的事情,或者受雇人故意隐瞒重大疾病而订立合同的情形。(3) 在承揽合同和运输合同中,合同缔约之前因承包人、运送人的错误通知或告知致使相对人受损害的情形。如承揽合同定作人对承揽人的质疑有错误的告知,或在运输合同中对运送时间有错误的告知等均属此类。(4) 在委托合同中,由于受托人在缔结合同时的过失致使相对人受损害的情形,如在委托银行办理业务时,由于银行职员的错误告知使相对人受损害的情形。上述情形,其理论根据,与(一)的情形相同。

此种缔约过失责任的构成要件包括:(1) 合同有效;(2) 损害与过失有因果关系;(3) 主观上有过失;(4) 相对人善意、无过失。

我国《合同法》第 42 条规定:当事人在订立合同过程中,有故意隐瞒与订立合同有关的重要事实或者提供虚假情况(第 2 项);有其他违背诚实信用原则的行为(第 3 项),给对方造成损失的,应当承担损害赔偿责任。

(三) 在无效、撤销合同中的缔约过失责任

在无效合同中,发生缔约过失责任的具体情形有以下三种:由于缔结合同的一方当事人为无行为能力人致其法律行为无效的情形、因错误的意思表示撤销合同的情形、自始不能的情形。

(1) 一方当事人欠缺行为能力

韩国民法第 9 条规定,限制行为能力人实施的法律行为,可以撤销。其目的为保护欠缺行为能力的人。但关于被允许处分的财产和营业,予以认定与完全行为能力人同样的能力;而且第 17 条规定,对于限制行为能力人的欺诈行为,不予认定其撤销权,由此保护与之交往的相对人。因此,基本上不存在由于限制行为能力人的合同撤销要求赔偿相对人损失(信赖利益)的情形。但关于一时性的心神丧失者或者未受禁治产宣告的精神病人的法律行为,能够证明其行为欠缺意思能力时,合同为无效。由此发生如何保护相对人的问题。例如,某人在旅行中指示存款银行汇款,银行按照其指示予以办理,但得以证明该指示为行为人欠缺意思能力的行为,且银行受支付手续费的损失。此时,汇款手续费的损失归于银行,则有悖于诚信原则。因此,在此情形,应认定缔约过失责任,由该行为者赔偿银行的损失(信赖利益)。①

(2) 意思表示有错误

对于错误的意思表示,《韩国民法典》第 109 条第 1 项规定,表意人对法律行为中的重要部分有错误时,可以撤销,但表意人有重大过失的,不得撤销。因

---

① 参见〔韩〕郭润直:《债法各论》,博英社 1997 年版,第 95 页。

此,发生在表意人有轻过失的情形应如何保护相对人的问题。表意人以轻过失为由撤销意思表示时,相对人则受意外的损失。《德国民法典》第 122 条明文规定,因错误取消意思表示时,应赔偿相对方的信赖利益。对此,韩国民法无明文规定,但通说认为,表意人的轻过失构成缔约过失,应负担对相对人信赖利益的赔偿责任。

(3) 自始不能

在因自始不能导致合同无效的情形,应由义务人赔偿相对人的损失(信赖利益)。对此,一般民法均有明文规定。此种缔约过失责任的构成要件为:(1) 因自始不能契约无效;(2) 当事人知道或应知道不能;(3) 相对人为善意、无过失。

三、缔约过失责任的构成要件

缔约过失责任的构成,需要具备以下要件:

(1) 缔约人一方违反先合同义务。即缔约过失责任的基础在于违反相互协助、相互照顾、相互保护、相互通知、诚实信用等义务。

(2) 缔约相对人受有损失。该损失应指财产损失,不包括精神损失,既可以是财产的直接减少,也可是机会的损失,且该损失为信赖利益的损失。

(3) 违反先合同义务与损失间存在因果关系。即该损失是由违反先合同义务导致的。

(4) 违反先合同义务者有过错,包括故意与过失。

四、缔约过失责任的法律效果

缔约过失责任的方式,主要表现为损害赔偿。《合同法》对缔约过失责任的赔偿范围虽未作明确规定,但学说普遍认为是指信赖利益的损失,即缔约当事人信赖合同能有效成立,但因缔约相对方的缔约过失行为致使合同未能成立,或已成立但被确认为无效或被撤销所造成无过错方的损失。包括直接损失和合理的间接损失。直接损失主要表现为:(1) 缔约费用,如为订立合同而合理支出的交通费、通讯费、咨询费等;(2) 准备履约中的直接费用损失,如运费、仓储费、雇工支付的费用;(3) 合同无效或被撤销前的"履约"费用;(4) 受害人支付上述费用的利息损失等。间接损失一般为丧失与第三人另立合同机会所产生的损失。

信赖利益的赔偿,原则上不得超过当事人在订立合同时所应当预见的因合同不成立、无效或被撤销所可能发生的损失,也不得超过合同有效或合同成立时相对方可能得到的履行利益。① 但是,如果因缔约过失造成相对人的人身或财产损害,加害人应当赔偿被害人的全部损失,不以履行利益为限。

---

① 参见张广兴:《债法总论》,法律出版社 1997 年版,第 56 页。

第九章 合同的效力

第一节 概 述

一、合同的成立与合同的生效

合同的成立与合同的生效是两个不同的范畴。合同有效或无效,是以合同是否成立作为前提条件,即合同成立后才能进而考虑合同有效或者无效的法律评价;而合同不成立时,无须考虑合同有效或无效的问题。关于何谓合同的成立要件,何谓生效要件,请参考民法总论的法律行为的成立及生效要件。过去我国立法并未严格区分成立与生效要件,但《合同法》已经严格区分这两个概念。区别二者的意义在于:(1)这种区分符合生活的逻辑与法律的逻辑。大陆法系合同法大部分按照此逻辑设章节,如先有合同的存在,才能有对其之法律评价,之后才会有合同的履行、变更、转让以及不履行合同的法律后果。(2)这种区分可以协调合同自由与国家意志的关系。根据合同自由原则,当事人原则上可以缔结任何合同,但考虑到社会秩序,任何国家的法律都不同程度地干涉合同的内容,使合同自由受公法上的限制。

另外,在一般的情形下,二者关系的具体表现形态有二:一是同时发生,《合同法》第44条第1款规定,依法成立的合同,自成立时生效。二是异时发生,常见者有三类:需要办理批准、登记手续的合同;附生效条件的合同;附生效期限的合同。

二、合同效力的具体评价

已经成立的合同是否有效,这是一个法律评价的问题。作为合同评价的结果,我国民法具体分为合同有效、无效、可撤销以及效力未定诸种情形。在一般的民法学理上,有效的法律行为称为"完全的法律行为";反之,意思表示有瑕疵、违反强行规定或有悖于公序良俗的行为,则不能发生预期的法律效果,此种行为称为"不完全的法律行为"。法律对于不完全的法律行为,依照其瑕疵的性质以及违背公序良俗的程度,予以不同的评价,区分为"无效""撤销""效力未定"三种效力。瑕疵程度最重者,为"无效的法律行为";次严重者为"可撤销的法律行为";较轻者,其行为处于不确定状态,既非无效也非可撤销,而是浮动的"效力未定行为"。在各国的立法政策上以违反公益者最为严重,违反私益者次之,程序有欠缺者较轻微。①

第二节　有效合同

根据《民法总则》第 143 条,民事法律行为的有效条件包括:行为人具有相应的民事行为能力;意思表示真实;不违反法律、行政法规的强制性规定,不违背公序良俗。《民法总则》第 143 条的规定,是一切法律行为所具备的一般生效要件,当然也适用于《合同法》。以下仅论及有关合同的一般生效要件。

一、合同当事人在缔结合同时须有相应的权利能力和行为能力

《合同法》第 9 条第 1 款规定,当事人订立合同,应当具有相应的民事权利能力和民事行为能力。其中,关于权利能力,推定为在一般民事行为中当事人均有权利能力;故重点是针对特殊的合同,即需要具备特殊资格才能缔结的合同,大多体现在当事人为法人或其他组织的情形。关于行为能力,主要是针对限制行为能力人及无行为能力人,他们需要通过代理人实现缔约目的。

自然人签订合同,通常应具有完全的行为能力。限制行为能力人可以亲自进行与其年龄、智力、精神健康状况相适应的民事活动,其他的民事活动由他的法定代理人代理,或征得其法定代理人的同意(《民法总则》第 19 条、第 22 条);无民事行为能力人由其法定代理人代理民事活动(《民法总则》第 20 条)。在此,限制行为能力人可以订立与其年龄、智力、精神状况相适应的合同,主要有纯获法律上利益的合同,如接受奖励、赠与、报酬等纯获利益的合同,以及被免除义务的合同(《民通意见》第 6 条、《民法总则》第 145 条)。此外,还包括购买生活必需品或接受生活必需服务的合同,社会生活中已定型的合同如利用自动售货机、搭乘交通工具等成立的合同。

法人及其他组织签订合同,按照我国过去的法律规定,严格地受宗旨、目的、章程及经营范围的限制,超越经营范围的合同被认定为无效。但对此,学说及司法实践认定为合同内容不违反强行性规范时,合同有效。《合同法解释(一)》第 10 条规定:"当事人超越经营范围订立合同,人民法院不因此认定合同无效。但违反国家限制经营、特许经营以及法律、行政法规禁止经营规定的除外。"但是值得注意的是,专为特定目的而设立的法人签订合同,仍然不得超过其营业执照上规定的经营范围及其辐射的合理范围,否则合同无效。

---

① 参见韩世远:《合同法总论》,法律出版社 2008 年版,第 131 页。

法人的分支机构在得到法人书面授权后,可以自己名义签订合同。合伙企业、法人的发起人、筹备组织等,有资格独立签订合同。

二、合同当事人的意思表示真实

意思表示真实,是指缔约人的表示行为应真实地反映其内心的效果意思,即效果意思与表示行为相一致。

合同当事人的意思表示不真实,合同效力会因此而受影响,有的被认定无效,有的则可撤销。意思表示不真实,又称为"意思表示有瑕疵"。以瑕疵是否基于表意人本身,又分为意思与表示不一致和意思表示不自由。意思与表示不一致,指表意人的表示行为与其内心的效果意思不一致。这种不一致并非由外力因素所致,而纯属表意人自己的因素所致,又分为故意的不一致与非故意的不一致。意思表示不自由,指表意人的表示行为违背其内心的真实的效果意思。这种不自由一般由外力因素所致,包括欺诈、胁迫等。

三、合同的内容不违反法律、行政法规的强制性规定,不违背公序良俗

各国民法均将违反法律或社会秩序的合同归于无效,我国《合同法》第52条第5项明文规定:违反法律、行政法规的强制性规定的合同无效。欠缺合法性要件的合同,不能采取措施予以保护,只能归于完全无效。关于合同内容实现的确定性和可能性是否构成法律行为的生效要件,《民法通则》第55条与《民法总则》第143条中未明确规定,《合同法》也未明文规定,我国通说认为第55条包括内容确定且可能的含义。但对此亦有相反见解,认为《民法通则》第58条、第59条并没有区分自始不能与嗣后不能;司法实践对标的履行不能问题,通常按照欺诈、重大误解等情况来处理。

第三节 无效合同

一、无效的意义

所谓"合同无效",指合同完全不发生法律效力。无效的合同,指合同因具备全部成立要件已经成立,但因欠缺生效要件,因而在法律上看来,虽有合同之外形,而在实际上不发生该合同当事人所欲发生的法律效力。如订立买卖合同,因符合成立要件,合同已经成立,但因合同内容违反法律禁止性规定而致合同无效,因此不发生买卖合同的效果。但须注意的是,此所谓"不发生法律效力",仅指不发生该合同当事人合意的效果,并不妨碍发生该合同效果之外的其他法律效果。例如,在具备侵权行为构成要件时将发生侵权责任的损害赔偿请求权,或在具备不当得利构成要件时将产生不当得利请求权。

二、我国法上合同无效的事由

原先《民法通则》第58条规定的民事行为无效的事由,学界认为其范围较宽泛,将一些本应由合同撤销制度或者合同效力未定制度规制的问题,也纳入了合同无效制度的规制范围。鉴于此,《合同法》第52条以及《民法总则》第144条、第146条、第153条、第154条等对此作了部分修正,缩小了无效合同的范围。其中,《合同法》第52条规定的合同无效的法律情形包括:(1) 一方以欺诈、胁迫的手段订立合同,损害国家利益;(2) 恶意串通,损害国家、集体或者第三人利益;(3) 以合法形式掩盖非法目的;(4) 损害社会公共利益;(5) 违反法律、行政法规的强制性规定。《民法总则》规定的无效法律行为则包括:(1) 无民事行为能力人实施的民事法律行为;(2) 行为人与相对人以虚假的意思表示实施的民事法律行为;(3) 违反法律、行政法规的强制性规定;(4) 违背公序良俗;(5) 行为人与相对人恶意串通损害他人合法利益。因此,在我国以下合同属于无效合同:

(一) 一方以欺诈、胁迫的手段订立合同,损害国家利益

《民法通则》第55条第3项将欺诈与胁迫规定为合同无效的原因,但《合同法》鉴于学者批评意见而缩小其范围,仅将其中"损害国家利益"的情形作为无效的事由(《合同法》第52条第1项)。在此,关于所谓"损害",有学者主张应该解释为"直接损害";而关于所谓"国家利益"主张应解释为"社会公共利益"为宜。要言之,在我国,仅在因欺诈、胁迫所订立的合同的内容和目的违反社会公共利益时,才能认定为无效。

(二) 恶意串通,损害国家、集体或者第三人利益

《民法总则》第154条规定:行为人与相对人恶意串通,损害他人合法权益的民事法律行为无效;《合同法》第52条第2项规定:恶意串通,损害国家、集体或者第三人利益的情形,合同无效;《担保法》第30条第1项规定:主合同当事人双方串通,骗取保证人提供保证的,保证人不承担民事责任。我国学说认为,此时的保证合同无效。

所谓"恶意串通,损害国家、集体或者第三人利益",构成要件包括主观的因素和客观的因素。主观因素,指当事人双方在主观上具有希望通过订立合同损害国家、集体或者第三人利益的共同目的。具体表现为双方当事人事先达成协议,也可以是一方当事人发出意思表示,其相对人明知其目的非法,而以默示的方式接受。除主观因素外,另须客观上损害国家、集体或者第三人利益时,方可认定合同无效。在此,关于"损害第三人利益",有学者指出,应该区分是损害特定第三人利益还是不特定的第三人利益。若为不特定的第三人利益,实质上损害的是公共利益,应当认定为绝对无效;但若为特定的第三人利益,则应属于相

对无效的合同,只能由受害的第三人主张无效。

另外,对于传统民法上的虚伪表示与我国民法上的恶意串通有何区别,《民法总则》立法过程中学说上亦有争议。虚伪表示,又称"通谋虚伪表示",类似于我国民法上的恶意串通,但至于双方当事人何以为通谋虚伪表示,不问其理由,其效果通常是合同在当事人之间无效,不得对抗善意第三人,即相对的无效。而《民法通则》和《合同法》规定的恶意串通,除了通谋虚伪表示外,还要求此恶意串通损害国家、集体或者第三人利益这一限定条件,才发生无效的法律后果。除了对第三人的损害有学说争论外,应属于绝对无效的情形。

(三) 以合法形式掩盖非法目的的合同

当事人订立的合同在形式上是合法的,但在缔约目的和内容上是非法的。因被掩盖的目的非法,在后果上损害了国家、集体或者第三人利益,故此类合同当属无效。

(四) 基于通谋虚伪表示订立的合同

所谓法律行为,是以意思表示为要素,因意思表示而发生一定私法效果的法律事实。因此意思表示直接影响法律行为的效力,而通谋虚伪表示正是意思表示瑕疵的一种。

通谋虚伪表示,指行为人与相对人都知道自己所表示的意思并非真意,通谋作出与真意不一致的意思表示。其特征在于民事法律行为本身欠缺效果意思,即双方当事人均不希望此行为能够真正发生法律上的效力。由于双方的虚假意思表示所指向的法律效果并非是双方当事人的内心真意,故而如若认定此种行为有效,显然有悖于意思自治的原则。从构成上讲,通谋虚伪表示往往包含两层行为,即外部基于虚假意思而作出的表面行为,以及内部被隐藏的体现双方真实意思的隐藏行为。但同样存在仅有表面虚假行为而不存在隐藏行为的情形,比如以逃避债务为目的,假装将财产赠与好友。

(五) 违背公序良俗的合同

《民法通则》第7条、第58条以及《合同法》第7条、第52条均规定当事人应当遵守"社会公德",不得损害"社会公共利益"。我国民法上所谓"社会公共利益"与"社会公德",在性质和作用上与比较法上的公序良俗原则相当,其中"社会公共利益"相当于"公共秩序","社会公德"相当于"善良风俗"。[①] 值得注意的是,《民法总则》第8条、第153条第2款均已采用"公序良俗"这一法律用语。何谓违背公序良俗的合同?因为不同的国家或民族均有不同的判断标准,其含义不断在变化。公序良俗的特征在于内涵的不确定性,只是抽象的规定而已。此抽象性即是此条款的生命线,即所谓"一般条款"。对于其具体内容,虽

[①] 参见梁慧星:《民法总论》,法律出版社2011年版,第51页。

然通过裁判可以确认,但不得依据法官个人的或主观的正义观或伦理观,或者特定阶层的理论或利害来决定,应当依据理性的、公正而合理的社会全体成员的健康的观念来决定。

在我国,违反公序良俗的行为类型,有学者归纳为以下几种:(1)危害国家公序行为类型。如以从事犯罪或帮助犯罪为内容的契约;投票用纸的买卖契约;身份证件的买卖合意;规避课税的合意;意图影响投票结果而为选举人提供免费饮料的合意等。(2)危害家庭关系行为类型。如约定子女与父母别居的协议;约定子女对父母不承担扶养义务的协议;约定夫妻别居的协议;约定断绝亲子关系的协议;婚姻关系中的违约金格式条款;代理他人怀孕的所谓代孕协议等。(3)违反性道德行为类型。如妓馆之开设、转让契约;为开设妓馆而购买或承租房屋的契约;以继续姘居关系为条件的财产移转等。(4)射幸行为类型。如赌博、买空卖空、彩票、巨奖销售等,但经政府特许者除外。(5)违反人权和人格尊重行为类型。如过分限制人身自由的劳动契约;以债务人人身为抵押的格式条款;强制债务人在债主家作奴仆以抵偿债务的格式条款;企业或商店对雇员或顾客进行搜身检查的规定等。(6)限制经济自由行为类型。如竞业禁止条款,限制职业自由的条款。经济体制改革以来,严重存在的利用经济地位或行政权力分割市场、封锁市场、限制商品和人员流动的规定或协议,亦可归入这一类,依违反公序良俗而认定为无效。(7)违反公正竞争行为类型。如拍卖或招标中的围标行为;以贿赂方法诱使对方的雇员或代理人与自己订立契约;以使对方违反其对于第三人的契约义务为目的的契约等。(8)违反消费者保护行为类型。违反消费者保护的行为,主要是利用欺诈性的交易方法、不当劝诱方法,以及虚假和易使人误信的广告、宣传、表示,致消费者遭受重大损害的行为。自改革开放以来,这类行为已达到泛滥程度,如无限连锁推销方式、交友热线电话等即其典型事例。(9)违反劳动者保护行为类型。如劳动关系中以雇员对企业无不利行为作为支付退职金条件的规定;女雇员一经结婚视为自动离职的所谓"单身条款";"工伤概不负责"的格式条款;雇员须向雇主交纳保证金的格式条款;要求雇员为顾客对雇主的债务担保的格式条款;男女同工不同酬的差别待遇规定等。(10)暴利行为类型。我国《民法通则》将传统民法上的暴利行为分为两种,一是乘人之危,一是显失公平。显失公平的构成,并不要求有主观要件,只要求具备客观要件。凡合同内容双方给付显失均衡,致一方遭受重大损害的,均可构成显失公平的民事行为,受重大损害的一方有权请求法院予以变更或撤销。须注意的是,我国《民法通则》上的显失公平的民事行为,在效果上不是无效,而是可撤销,颇近于德、日判例学说所谓相对无效。[①]

[①] 参见梁慧星:《民法学说判例与立法研究(二)》,国家行政学院出版社1999年版,第16页以下。

(六) 违反法律、行政法规的强制性规定

根据是否允许以个人的意思加以排除为标准,私法上将法律效果为中心的法规区分为强制性规定与任意性规定。任意性规定,指依当事人的意思可以排除其适用的规定,其功能主要在于补充当事人的约定或作为解释当事人意思的标准。反之,依当事人的意思不得排除其适用的规定,为强制性规定。即不考虑当事人的意思如何均应适用,且具有强制适用的效力的规定。区分强制性规定与任意性规定,意义重大。一般来说,法律规定当中凡是关系到社会秩序及公序良俗的规定,均属于强制性规定。具体而言包括:(1) 反映社会基本的伦理观的规定(如亲属、继承法);(2) 维持家庭关系秩序的规定(如亲属、继承法);(3) 关于法律秩序基本结构的规定(如关于权利能力、行为能力、法人制度等的规定);(4) 直接关系到第三人和社会一般利益的规定(如物权法);(5) 保护交易安全的规定(如有价证券制度等);(6) 保护经济弱者的社会政策性的规定(特别法中较多)。①

根据《合同法解释(二)》第14条,《合同法》第52条第5项规定的"强制性规定",是指效力性强制性规定。所谓"效力性强制性规范",是与管理性强制规范相对而言,是指法律及行政法规明确规定违反该类规定将导致合同无效的规范,或者虽未明确规定违反之后将导致合同无效,但若使合同继续有效将损害国家利益和社会公共利益的规范。违反管理性强制规范,并不导致合同无效,但可以通过处罚等方式进行规范。《民法总则》第153条规定,"该强制性规定不导致该民事法律行为无效的除外",可见该条所指的同样也是效力性强制性规定。

[示例] 《商业银行法》第39条规定:"商业银行贷款,应当遵守下列资产负债比例管理的规定:(一) 资本充足率不得低于百分之八;(二) 流动性资产余额与流动性负债余额的比例不得低于百分之二十五;(三) 对同一借款人的贷款余额与商业银行资本余额的比例不得超过百分之十;(四) 国务院银行业监督管理机构对资产负债比例管理的其他规定。"该条属于管理性强行规范,而不是效力性规范,故该条规定不能作为确认贷款合同无效的依据。

值得注意的是,《合同法》第52条第5项的规定只限于法律和行政法规,不能任意扩大其范围。地方性法规、行政规章不得作为合同无效的依据(《合同法解释(一)》第4条)。之所以将国务院部委的规章以及地方法规排除在外,其主要的原因在于,《合同法》是市场经济的基本大法,是市场交易的基本规则,统一的大市场的建立要求交易规则的统一,要求合同法的统一,因此不允许不同的部门及不同的地方设立不同的交易规则。②

---

① 参见〔韩〕郭润直:《债法总则》,博英社1998年版,第360—361页。
② 参见韩世远:《合同法总论》,法律出版社2008年版,第151页。

三、无效合同的一般效力

（一）自始不生效力

无效的合同，因不具备生效要件，自成立之时即为无效，即自始不曾发生法律效力。此与合同成立并已经发生（完全的或不完全的）法律效力、此后因解除或撤销而归于无效的情形不同。对此我国民法也有明文规定：无效的民事行为，从行为开始就没有法律的约束力。即明定自始不生效力（《民法总则》第155条）。

（二）当然不生效力

无效的合同，其无效属于当然无效，不考虑当事人意思如何而当然不生效力，既不需要当事人主张其无效，也无须经过任何程序。此与法律行为的撤销或解除须依当事人的意思并经一定程序，均不相同。须说明的是，无效的法律行为是当然无效，无须法院或仲裁机构的裁判，但当事人对于其是否无效有争议时，不妨提起无效确认之诉，请求法院予以确认。

（三）确定不生效力

无效的合同，不仅于其成立时不发生法律效力，此后亦绝无再发生法律效力之可能。即其不生效力，已属确定。此与效力未定的民事行为可以经过补正而生效不同。无效的事由事后消除的，如以法律禁止流通物为标的物的合同，纵然以后法律修改准予该类标的物流通，该合同也不能变为有效。这与效力未定的合同是完全不同的。

四、合同无效的分类

（一）绝对无效与相对无效

合同的无效，以其无效效果的范围为标准，可分为绝对无效与相对无效。绝对无效的合同，原则上任何人均可主张其无效。相对无效的合同，其无效效果受到限制，仅当事人之一方可主张其无效。无效的民事行为，以绝对无效为原则，而以相对无效为例外。例如非真实意思表示只在当事人之间不生效力，但不得对抗善意第三人。限制的理由是为了保护交易的安全。

（二）当然无效与裁判上的无效

根据无效的主张是否需要特别的行为或程序，可分为当然无效与裁判上的无效。无效的合同，原则上其无效属于当然无效，不考虑当事人意思如何而当然不生效力，既不需要当事人主张其无效，也无须经过法院或仲裁机构的任何程序。此与法律行为的撤销或解除须依当事人的意思并经一定程序，均不相同。但无效的结果对第三人有重大影响的，可提起无效确认之诉，请求法院予以确认宣告无效。如公司设立的无效、公司合并的无效,只能通过提起诉讼主张,并且原告、起诉期限受一定的限制(详细内容可参考公司法)。裁判上的无效,其原因与无效原因相同,但其效力与撤销一致。

(三) 全部无效与部分无效

根据无效原因是存在于合同内容的全部或一部,可分为全部无效与部分无效。合同内容的全部为无效原因时,该合同全部不生效力。但关于合同内容部分无效时,其效力如何? 对此我国民法有明文规定:民事行为部分无效,不影响其他部分的效力的,其他部分仍然有效(《民法总则》第156条)。依解释,民事行为(合同)部分无效的,无效部分除去后,将影响其他部分的效力的,该民事行为应全部无效;无效部分除去后,不影响其他部分的效力的,则其他部分仍然有效。即合同内容为部分无效时,原则上应全部归于无效,但以无效部分除去不影响其他部分的效力为条件,可以认可其他部分为有效,此为例外。

五、合同无效的补救

合同的无效有损于当事人的缔约目的且有悖于私法自治原则,因此应尽量减少无效合同。

(一) 合同解释

合同既可以解释为无效,又可以解释为有效的,应优先选择有效解释,这一规则自罗马法确立以来为后世法律所遵循。

(二) 合同改订

《欧洲合同法原则》规定了合同的改订,"如果一方当事人可因错误宣布合同无效,但对方当事人表明他愿意或者实际上的确按照有权宣布合同无效的一方所理解的合同加以履行,则该合同视为按照错误方所理解的那样缔结。"

(三) 部分无效

《合同法》56条规定:"无效的合同或者被撤销的合同自始没有法律约束力。合同部分无效,不影响其他部分效力的,其他部分仍然有效。"有必要审慎解释合同条款的不可分性。只有在合同部分无效将导致整个合同的目的落空时,才能使整个合同无效。

(四) 无效行为的转换

法律行为的要件各不相同,当事人在法律行为无效,即最初的效果意思不能实现时,可能希望完成与其相近的法律行为,此时法律为尊重当事人的意思,可经由效果意思的解释,使原本无效的法律行为转换成其他有效的行为,此即为无效行为转换制度。

第四节 可撤销的合同

一、概述

(一) 可撤销合同的意义

民法上法律行为的撤销,是指民事主体通过行使撤销权,使法律行为的效力溯及既往地归于消灭。(区别:失踪宣告的撤销、死亡宣告的撤销中的撤销,是指取消某种决定;法人的撤销、监护人的撤销,是指将某种法律资格归于消灭;二者均属公法上的撤销。)合同的撤销,是指因意思表示不真实,通行使过撤销权,使已经生效的合同归于消灭。存在撤销原因的合同,称为"可撤销的合同"。

《合同法》第54条第1款规定:"下列合同,当事人一方有权请求人民法院或者仲裁机构变更或者撤销:(一) 因重大误解订立的;(二) 在订立合同时显失公平的。"第2款规定:"一方以欺诈、胁迫的手段或者乘人之危,使对方在违背真实意思的情况下订立的合同,受损害方有权请求人民法院或者仲裁机构变更或者撤销。"

(二) 可撤销合同的性质及特征

关于可撤销的合同的性质,学说存在分歧。其中有力学说有"有效合同说"和"效力不完全合同说"。有效合同说认为,可撤销的合同已经具备全部生效要件,从成立时起效力即已确定,是已经发生法律效力的合同。只是因有撤销权的人申请撤销才能归于无效。在未撤销前,其法律效力与有效合同并无差异。因此,可撤销的民事行为属于附撤销权的有效合同。[1] 效力不完全说认为,法律因民事行为的意思表示存在瑕疵,特赋予一方当事人以撤销权,此撤销权的存在当然成为民事行为法律效力之障碍。享有撤销权的一方可以完全不受该民事行为的约束,他凭借撤销权即可依自己的意思变更民事行为的内容,或者使之归于消灭,也可以放弃撤销权而使该民事行为产生完全的效力。可见,实质上可撤销的民事行为仅对无撤销权的一方当事人具有约束力,处于效力不完全状态。[2] 本书认为,效力不完全说为妥。

可撤销合同的特征可以通过与易混淆的概念的比较获得更直观的认识:

第一,可撤销合同与效力未定合同相比,前者属于未决的生效,而后者则是未决的不生效。效力未定的合同一般在民事主体私人间即可决定其最终命运,而可撤销合同则必须借助于法院或者仲裁机构才能决定其最终效力。

第二,可撤销合同与无效合同相比,无效合同自成立时起自始确定当然无

---

[1] 参见王利明、崔建远:《合同法新论·总则》,中国政法大学出版社2000年版,第281页。
[2] 参见梁慧星:《民法总论》,法律出版社2011年版,第208页。

效,而可撤销合同的效力则掌握在撤销权人之手。

第三,可撤销合同在撤销前虽属有效,但仍有可能因撤销权的行使而归于无效,这是其与有效合同的区别所在。

二、可撤销合同的发生原因

(一) 欺诈

民法上的所谓欺诈,是指以使他人陷于错误判断并因而为意思表示为目的,故意陈述虚伪事实或隐瞒真实情况的行为。

在民法上,欺诈的构成通常需要以下要件:(1) 须有欺诈之故意。所谓"欺诈之故意",即欺诈意思。欺诈意思由两个意思构成:使被欺诈人陷于错误判断之意思,及使被欺诈人基于错误判断而为意思表示之意思。仅其中之一尚不构成欺诈之故意。此欺诈之故意不必有侵害相对人权益之故意,因此不同于侵权行为之欺诈。(2) 须有欺诈行为。所谓欺诈行为,指为使被欺诈人陷于错误判断,或加深其错误、保持其错误,而虚构、变更、隐匿事实之行为。沉默于依法律、习惯或契约有告知义务的场合,应构成欺诈行为。(3) 须被欺诈人因受欺诈而陷于错误判断。即欺诈行为与错误判断之间有因果关系。(4) 须被欺诈人基于错误判断而为意思表示。即错误判断与意思表示之间也有因果关系。[①]

《民法通则》规定欺诈、胁迫的法律效果为无效。《合同法》对此有所修正,其第52条第1项规定,"一方以欺诈、胁迫的手段订立合同,损害国家利益"的,该合同无效;第54条第2款规定,"一方以欺诈、胁迫的手段……使对方在违背真实意思的情况下订立的合同,受损害方有权请求人民法院或者仲裁机构变更或者撤销"。《民法总则》第148条、第150条同样规定通过欺诈和胁迫手段使对方在违背真实意思的情况下实施的民事法律行为可撤销。

可见,我国民法考虑到欺诈、胁迫是否损害国家利益,而分别规定其法律上的效果:损害国家利益的,无效;此外,为可撤销。换言之,仅在因欺诈、胁迫所订立合同的内容和目的违背社会公共利益时,才能依据该条认定合同无效;此外,依据《合同法》第54条第2款,应属于可撤销合同。

如何认定欺诈?按照《民通意见》第68条所作的解释,一方当事人故意告知对方虚假情况,或者故意隐瞒真实情况,诱使对方当事人作出错误意思表示的,可以认定为欺诈行为。

(二) 胁迫

胁迫,是指以不法加害威胁他人,使其产生恐惧心理,并基于该恐惧心理而为意思表示之行为。

[①] 参见梁慧星:《民法总论》,法律出版社2011年版,第180—181页。

胁迫的构成通常需要具备以下要件：（1）须有胁迫之故意。所谓"胁迫故意"，即胁迫意思。胁迫意思由两个意思构成：使被胁迫人产生恐惧心理之意思，及使被胁迫人基于该恐惧心理而为意思表示之意思。（2）须有胁迫行为。即以加害威胁被胁迫人，且须达到使被胁迫人产生恐惧之程度。加害的对象，不限于被胁迫人自身，包括其亲友；受害之客体，包括生命、身体、自由、名誉、财产等有受损害可能者。（3）须其胁迫为非法。只需胁迫之目的或手段之一为非法，即可。（4）须被胁迫人因受胁迫而生恐惧心理。此恐惧心理与胁迫间有因果关系。（5）须被胁迫人基于恐惧心理而为意思表示。此意思表示与胁迫之间有因果关系。

因胁迫之违法性较欺诈更严重，不论胁迫人是否为对方当事人，表意人均得撤销其意思表示，并且此撤销得对抗善意第三人。

《民法通则》规定因欺诈、胁迫所为的民事行为无效。显然系着眼于行为之违法性。既属违法，即应无效。法理上并无不当。但考虑到民事生活之复杂性及民法之私法性，当事人不主动主张其无效时，国家不可能也不必要直接干预，主动确认其无效。因此，《合同法》对欺诈、胁迫作了区分，仅规定"一方以欺诈、胁迫的手段订立合同，损害国家利益"的，该合同无效；此外，属于可撤销。

如何认定胁迫？按照《民通意见》第69条所作解释，以给公民及其亲友的生命健康、荣誉、名誉、财产等造成损害或者以给法人的荣誉、名誉、财产等造成损害为要挟，迫使对方作出违背真实的意思表示的，可以认定为胁迫行为。

依《民法总则》第149条的规定，第三人实施欺诈行为，仅在对方知道或者应当知道该欺诈行为时，受欺诈方才有权请求撤销。而在第150条中，第三人通过胁迫使受胁迫人实施法律行为时，无论对方是否知道该胁迫行为，受胁迫方均有权请求撤销。在《民法总则》的立法过程中，针对这一差别，也曾有不同意见认为应当比照欺诈的规定，区分一方胁迫与第三方胁迫并分别作出规定，但最终没有被采纳。原因在于，在一方当事人实施欺诈行为的场合赋予相对人撤销权，立法目的是为了保护善意的相对人——即因欺诈而违背真实意思作出法律行为的相对人。同样的道理，在第三人欺诈的场合，也只有在对方不知道欺诈行为的存在时，其作为善意的相对人才应当得到保护。而胁迫相较于欺诈而言，对当事人意思自由的侵害更为严重，法律应当赋予受胁迫人程度更为严格的保护。换言之，此时当事人的意思自由相较于善意的相对人更值得保护。[1]

[**争议点**]　"经济胁迫"，为经济生活中的常见现象。此一问题主要发端于英美法系国家。自《布莱克法律词典》查知，经济胁迫之抗辩，产生于某个人，通过作用于另一个人对将会发生的经济损害的担忧，不法地迫使后者在其自由意

---

[1]　脚注：李适时主编：《中华人民共和国民法总则释义》，法律出版社2017年版，第467—471页。

志之作用受到妨碍的情况下作出某种行为。简言之,经济胁迫是指一方对另一方经济损失上的恐吓。我国《合同法》并未引入经济胁迫的观念,胁迫仅仅指一方对另一方的财产或人身相威胁的行为,学说上则对是否应引入这一制度而见仁见智。本书认为我国法上的"乘人之危"的概念通过解释可以包括经济胁迫,但此种解释应限于商事主体之间的交易行为。而在普通的民事主体之间,尤其是不以营利为目的的场合,则不应发生此种经济胁迫,否则,无异于将乘人之危的内涵及外延过分扩大,不利于法律的安定性。

(三) 重大误解

《民法总则》第 147 条规定,"基于重大误解实施的民事法律行为"属于可撤销;《合同法》第 54 条第 1 款规定,"因重大误解订立的"合同,当事人一方有权请求人民法院或者仲裁机构变更或者撤销。如何认定"重大误解"? 按照《民通意见》第 71 条所作解释,行为人因对行为的性质、对方当事人、标的物的品种、质量、规格和数量等的错误认识,使行为的后果与自己的意思相悖,并造成较大损失的,可以认定为重大误解。

[示例] 甲商店从国外购进了一批金属饰物,价格昂贵。但因销售人员的失误,标成国产金属饰物,价格相差 30 倍以上。顾客乙以国产产品的价格,购进了该批金属饰物。甲商店经理发现后,找到乙并要求退货,双方为此发生纠纷。此种情形下,商店行为的性质应认定为重大误解,甲商店享有撤销权。

(四) 暴利行为(显失公平与乘人之危)

暴利行为,是指一方当事人利用对方的窘迫、轻率或无经验,与对方缔结给付与对待给付显著不平衡的行为。暴利行为不仅仅存在于金钱的消费借贷领域,任何财产上的有偿行为均有适用暴利行为的余地。民法上的禁止流质约款、利息限制等制度均属于禁止暴利行为的特别规定。

暴利行为应具备下列要件:(1) 主观要件。即行为人明知相对人的窘迫、轻率或无经验而加以利用。窘迫,是指陷于危难处境。此处所称"窘迫",不限于经济上或财产上的窘迫。例如主治医师趁患者病危之际,与其约定给予不当报酬的行为,亦属利用窘迫状态。至于窘迫的状态是一时的或继续的,在所不问。轻率,是指作出意思表示时对行为的现实结果或预期效果未尽一般人对于自己事务应有之注意。无经验,是指欠缺一般社会生活经验或交易经验。(2) 客观要件。即给付与对待给付显著不平衡,使一方当事人获得不当的财产利益。仅仅存在给付与对待给付显著不平衡的情形,并不能由此推定该不平衡系行为人利用对方的窘迫、轻率或无经验所致。显著不平衡属于标准(standard),而非规则(rule),不存在也不可能存在绝对、具体的准则。例如韩国旧民法上曾将让与担保的标的物价值超过债权总额的 3—4 倍的事实认定为显著不平衡。但仍难一概而论,如债务人急需融资时削低担保物的要价,实属平常,若以此事实即否定交易的完全效力,必将遏制将来的交易,使得债权人慑于此类交易的破坏性后果,不敢轻易向报出低价的债务人发放信贷,最终也危及债务人的利益,反而有悖于暴利行为制度保护债务人的目的。

[比较法] 《德国民法典》第138条第2款将暴利行为作为违反公序良俗的特例加以规定。但由于暴利行为须具备"双重要件",即给付显失均衡的客观要件和乘对方窘迫、轻率或无经验的主观要件,因此在实务中认定为暴利行为的事例极少。虽于1976年修改为"乘他人的强制状态、无经验、判断力欠缺或显著意志薄弱",也未达到缓和主观要件的目的。而判例实务将本应适用第138条第2款的行为,改为适用第1款作为一般违反公序良俗行为处理,学说称为"准暴利行为"。日本民法未特别规定暴利行为,解释上虽认为有客观要件和主观要件,但实务上对于不具备主观要件仍然认定为暴利行为的案例不少。日本近年来的判例学说有所谓"新型暴利行为"的主张,即为了更好地保护消费者及规制交易上的格式条款,将本应适用法律关于错误、欺诈、胁迫及意思能力欠缺的规定的事例,作为新的暴利行为类型,依违反公序良俗行为处理。德、日判例和学说认为暴利行为的效果为相对无效。韩国民法的规定与德、日类似,暴利行为尚未履行的,无须履行;已经履行的,不得请求返还。因暴利行为不同于违反公序良俗的行为,后者即使已履行,也不得请求返还,但暴利行为的不法原因仅存在于获取暴利者一方,故相对人对暴利者所为给付,可以请求返还。

英美法上并不存在暴利行为制度。1952年美国《统一商法典》正式确立了显失公平(unconscionability)制度(UCC第2-302条)。这成为标志《统一商法典》区别于古典合同法之特色与成就的主要制度之一。通说认为,显失公平的要件包括程序上的显失公平与实体上的显失公平。其内容大体上与前述的主观要件与客观要件相当。该条由具有德国法背景的卢维林(Llewellyn)教授起草,受到了德国法的影响。

《民法通则》将传统民法上的暴利行为分为两种:一是乘人之危,一是显失公平。两者的效力均为可撤销。《民法通则》对显失公平的构成并不要求有主观要件,但《民通意见》第72条将其解释为:一方当事人利用优势或者利用对方没有经验,致使双方的权利义务明显违反公平、等价有偿原则的,可以认定为显失公平。第70条又规定,一方当事人乘对方处于危难之机,为牟取不正当利益,迫使对方作出不真实的意思表示,严重损害对方利益的,可以认定为乘人之危。两者在内容上不无重合之处,如何区分,并非易事。因此《民法总则》第151条规定,"对方处于危困状态、缺乏判断能力"均属于可能导致显示公平的情形,不再单独将乘人之危作为可撤销的情形。

《民法通则》第59条关于"显失公平"的规定,未限定显失公平的发生时间,这就为利用显失公平规则解决情事变更案件提供了可能。但《民法总则》第151

条以及《合同法》第 54 条第 1 款均对显失公平加上了时间限制,仅"在成立时显失公平"的民事法律行为,或是"在订立合同时显失公平的"合同,属于可撤销的范畴。因此,合同成立生效后因情事变更导致合同内容显失公平的,不能适用显失公平规则,而应直接适用诚实信用原则处理。

三、撤销权的行使

(一)撤销权的意义及其性质

按照《民法总则》的规定,撤销权为溯及地使可撤销的民事行为归于消灭的权利。撤销权在性质上属于形成权的一种。它具有从权利的性质,因此不得与基于可撤销的民事行为所生的权利相分离而转让。

(二)撤销权的效力

撤销权的效力,在于溯及地使可撤销民事行为归于消灭。《德国民法典》第 142 条规定:可撤销的法律行为,被撤销者,其法律行为视为自始无效。《日本民法典》第 121 条规定:得撤销之行为,视为自始无效。

早先我国民法的规定,与此有异。按照《民法通则》第 59 条、《合同法》第 54 条,撤销权人可以要求撤销该民事行为,也可以仅要求变更其内容。撤销权人仅要求变更的,法院不得撤销;撤销权人要求撤销的,法院既可以变更也可以撤销。因此,我国民法上的撤销权在效力上较具灵活性,不仅包含撤销的效力,还具有变更的效力。但新近出台的《民法总则》不再规定撤销权人有请求变更民事法律行为的权利。

(三)撤销权的行使

撤销权的行使,为撤销权人单方的行为,无须相对人表示同意。此从撤销权性质上属于形成权,即可明了,各国民法规定并无不同。但须注意,关于撤销权的行使,德国、日本及我国台湾地区民法均仅要求以意思表示向相对人为之。而我国民法的规定则与之不同。按照《民法总则》第 147 条、第 148 条、第 149 条、第 150 条、第 151 条,及《合同法》第 54 条,撤销权人应向人民法院或仲裁机构提出请求,换言之,撤销权的行使应采请求变更或撤销之诉或仲裁申请的方式为之。依解释,如果撤销权人不采取向法院起诉或向仲裁机构申请仲裁的方式为之,而直接向相对人以意思表示为之,应不发生撤销权行使的效力(但如相对人表示同意则可发生协议解除的效力)。

(四)撤销权的消灭

1. 因除斥期间经过而消灭

撤销权既属于形成权,有溯及地使可撤销的民事行为归于消灭的效力,则应有除斥期间的限制。除斥期间的作用,在于促使撤销权人尽快地行使权利,并保护相对人利益,有利于交易安全。除斥期间经过,撤销权即归消灭,可撤销的民事行为因而成为完全有效的民事行为。《民法总则》第152条规定,当事人自知道或者应当知道撤销事由之日起一年内、重大误解的当事人自知道或者应当知道撤销事由之日起三个月内没有行使撤销权;当事人受胁迫,自胁迫行为终止之日起一年内没有行使撤销权……当事人自民事法律行为发生之日起五年内没有行使撤销权的,撤销权消灭。《合同法》第55条规定,具有撤销权的当事人自知道或者应当知道撤销事由之日起一年内未行使撤销权的,撤销权消灭。此一年期间,属于除斥期间。

2. 因权利人抛弃而消灭

撤销权既属于民事权利,是否行使取决于权利人的意思,权利人当然可以抛弃其撤销权。有撤销权的当事人,于除斥期间经过前抛弃权利,撤销权因而消灭,可撤销的民事行为即变为完全有效的民事行为。《合同法》第55条规定,具有撤销权的当事人知道撤销事由后明确表示或者以自己的行为放弃撤销权的,撤销权消灭。依解释,撤销权人抛弃撤销权有两种方式:一是以意思表示向相对人为之;二是以自己的行为。鉴于撤销权抛弃的性质,撤销权人抛弃撤销权的意思表示应当采取书面形式。撤销权人在除斥期间经过前将标的物消费、转卖或将权利转让,应当解释为属于"以自己的行为放弃撤销权"。①

第五节 效力未定的合同

一、概述

(一) 效力未定合同的意义

所谓"效力未定的合同",指效力是否发生,尚未确定,有待于其他行为使其确定的合同。效力未定的合同不同于无效的合同。无效的合同,其不发生效力,自始已经确定,不因任何其他行为而再生效力,也无须任何其他行为而再确定其不生效力。而效力未定的合同,其是否发生效力,尚未确定,须待其他行为而使其确定。

效力未定的合同,既存在转变为无效的合同的可能性,也存在转变为完全有效的合同的可能性,因此类似于可撤销的合同。但两者也有差异。可撤销的合同,固然同时存在变为无效(撤销权人请求撤销)和变为有效(除斥期间经过或撤销权人抛弃权利)两种可能性,但不得认为可撤销的合同尚未发生效力。实际上,可撤销的合同,从成立时起,已经发生一定的效力,只不过该效力仅能约束无撤销权的一方当事人,不能约束有撤销权一方当事人,因此属于效力不完全。

---

① 参见梁慧星:《民法总论》,法律出版社2011年版,第210页。

而效力未定的合同,其效力发生与否,尚处于悬而未决之状态。

(二) 效力未定合同的发生原因

关于效力未定的民事行为,《民法总则》在第19条、第145条、第171条有所涉及。《合同法》在第47条、第48条、第51条详细规定关于效力未定的合同。即依《合同法》规定,效力未定的合同有三种:(1) 限制行为能力人缔结的合同;(2) 无代理权人以被代理人名义缔结的合同;(3) 无处分权人处分他人财产的合同。

(三) 追认

追认,是一种事后作出的同意,学理上与之相对的是允许,即先前的同意。追认是一种单方的意思表示,性质上属于补助行为。其类型包括第三人的追认以及本人的追认两种。追认依单方的意思表示即可完成,但此意思表示是需要相对人受领的意思表示。合同经追认后,通常认为溯及合同成立时生效。[1]

效力未定的合同,经追认权人追认后,该合同有效。依《民法总则》第145条第1款以及《合同法》第47条第1款的规定,限制行为能力人订立的合同,要经法定代理人追认,始为有效;《民法总则》第171条第1款及《合同法》第48条第1款规定,无权代理人以被代理人名义订立的合同,未经被代理人追认,对被代理人不发生效力;《合同法》第51条规定,无处分权的人处分他人财产,经权利人追认的,该合同有效。

二、限制行为能力人订立的合同

(一) 概述

根据《民法总则》第19条,在我国,限制行为能力人可以进行与其智力相适应的民事活动;其他民事活动由法定代理人代理,或者征得法定代理人的同意。限制行为能力人订立的合同,经法定代理人追认后,该合同有效,但纯获利益的合同或者与其年龄、智力、精神健康状况相适应而订立的合同,不必经法定代理人追认(《合同法》第47条第1款)。需要追认的合同,在未经追认前,效力未定;未经追认的,合同无效。关于无民事行为能力人签订的合同,《合同法》未设规定。

(二) 限制行为能力人可以独立订立的合同

限制行为能力人并非完全不能从事法律行为。各国立法多设特别规定,允许限制行为能力人从事特定类型的法律行为,无须法定代理人追认。在我国,限制行为能力人可以独立从事的法律行为,无须法定代理人予以追认,属于自始有效的法律行为,并非效力未定。依《合同法》第47条第1款的列举,无须经法定

---

[1] 参见韩世远:《合同法总论》,法律出版社2008年版,第178页。

代理人追认的情形包括两种,即纯获利益的合同及与其年龄、智力、精神健康相适应而订立的合同。

需要说明的是,(1)如何判断"纯获利益的合同"?一般认为限制行为能力人既不负担义务,又不发生丧失权利的结果,而可以获取利益,仅以取得经济上利益为已足。此种纯获法律上利益的合同,以无负担赠与为其典型。(2)如何认定"与其年龄、智力、精神健康状况相适应的合同"?法律未设明文规定。依司法解释,"可以从行为与本人生活相关联的程度、本人的智力能否理解其行为,并预见相应的行为后果,以及行为标的数额等方面认定"(《民通意见》第3、4条)。对此学者一般归纳为以下几种具体类型:(a)纯获利益或被免除义务的行为,如接受无负担的赠与行为、取消非书面赠与的行为。(b)限制行为能力人自由财产的处分行为,如学费、旅费等由法定代理人预定使用目的的财产,及零用钱等未预定使用目的的财产。(c)被许可营业的年满16岁的未成年人的营业行为。由法定代理人许可从事营业的年满16岁的未成年人,关于该营业有与成年人同样的行为能力。(d)缔结劳动合同和请求劳动报酬。我国法律规定年满16岁的未成年人可以参加工作,当然可以独立缔结劳动合同和请求劳动报酬。依解释,未满16岁的未成年人可以参加与年龄相适应的劳动如勤工俭学劳动,其劳动合同之缔结应经其法定代理人同意,但所应得劳动报酬应由未成年人独立请求,不得由法定代理人代理受领。(e)日常生活中的定型化行为,如利用自动售货机,利用公共交通工具,进入游园场所。[①]

(三)须经法定代理人追认的合同

限制行为能力人订立的合同,除上述可以独立订立的合同外,原则上经法定代理人的追认才有效。法律规定"追认"的原因在于,法定代理人有义务照顾限制行为能力人的人身、财产以及其他合法权益,最终是为了保护限制行为能力人的利益。

(四)与限制行为能力人订立合同的相对人的保护

如上所述,限制行为人订立的合同,除了可以独立从事的法律行为外,有效与否取决于法定代理人的追认与否。经法定代理人追认,表示追认的有效,拒绝追认的则无效。即完全取决于限制行为能力人方面的意思表示来决定合同有效与否,因此与限制行为能力人订立合同的相对人将处于不确定的状态,事实上牺牲了相对人的利益。还有,合同归于无效的情形,因无效具有溯及力,相对人以外的第三人也处于不安全的地位。因此,民法为保护相对人利益,规定相对人在一定期间有催告权和撤回权。

《合同法》第47条第2款规定,与限制民事行为能力人缔结合同的相对人,

---

① 参见梁慧星:《民法总论》,法律出版社2011年版,第105—106页。

可以催告法定代理人在一个月内予以追认。法定代理人在收到催告通知后,如果在一定期间或者法定期间内,未作表示的,视为拒绝追认,合同确定地归于无效。

在法定代理人未追认前,善意相对人有"撤销"的权利。在此需要说明的是,该款所谓撤销权,应解释为"撤回权"(撤销与撤回的区别:撤回是指在意思表示或法律行为发生效力之前,予以追回的行为;撤销则是指意思表示或法律行为发生效力之后,再予以追回的行为。这是立法者用语不当所致,以下用"撤回"),所撤回的是相对人为成立该合同所作的意思表示。该合同因相对人之撤回意思表示,视同自始未成立。须注意的是:(1)如果相对人明知对方是限制行为能力人而与之进行其不能独立进行的法律行为,不予认定撤回权。因为此时不存在法律保护恶意相对人的必要性。(2)相对人行使撤回权须在"合同被追认之前"(《合同法》第47条第2款);如果追认权人已经追认了合同,则不允许相对人再撤回合同。(3)善意相对人行使撤回权,依《合同法》第47条第2款后段的规定:"撤销应当以通知的方式作出",即是否须为书面的方式并无限制。

(五)《合同法》关于"限制行为能力人订立的合同"之规定,是否可以类推适用于无民事行为能力人订立的合同?

《民法总则》第20条明文规定,无民事行为能力人,由他的法定代理人代理民事活动;《合同法》第47条又未规定无行为能力人订立的合同。法律没有给无行为能力人留下单独活动的空间,因此,关于如何认定无民事行为能力人订立的合同的效力,学说有分歧。一种学说认为,适用《民法总则》第144条的规定,无民事行为能力人实施的民事行为无效;另一种学说认为,类推适用《合同法》第47条的规定,认定为效力未定的合同。

《民法总则》第20条、第21条、第144条,均属强行规定,但该规定对于不满八周岁的未成年人而言,与现实生活不无脱节。早先我国通过司法解释,对于无民事行为能力人纯获利益的行为作相当的补救。依司法解释,无民事行为能力人接受奖励、赠与、报酬,他人不得以行为人无民事行为能力为由,主张以上行为无效(《民通意见》第6条)。另外,有学者建议,对于一些购买生活必需品或服务的合同,最高人民法院也应当通过司法解释允许缔结,尤其是已经定型化了的合同;且认为除此之外的无民事行为能力人缔结的合同,纵然不类推适用《合同法》第47条的规定,而依《民法通则》的规定使之无效,并不会发生太大的问题,既可以很好地协调保护未成年人的利益不受损害,又可以保障其必要的民事行为自由。[①]

---

① 参见韩世远:《合同法总论》,法律出版社2008年版,第184页。

三、无权代理人以被代理人名义订立的合同

（一）概述

无代理权的人以他人名义实施的代理行为，称为"无权代理"。无权代理的人以他人名义实施的代理行为中，既可以有单独行为的情形，又可以有双方行为的情形。以下重点阐述无权代理人以被代理人名义订立合同的情形。

无权代理的类型有三种：(1) 自始无代理权的无权代理：行为人从未获得被代理人的授权，也不存在获得代理权的其他根据，而以代理人身份，对相对人为代理行为；(2) 代理权消灭后的无权代理：代理人在代理权消灭后，仍以代理人身份对相对人为代理行为；(3) 超越代理权的无权代理：代理人始终有代理权，只是代理人所实施的代理行为超越了代理权范围（《民法总则》第171条第1款，《合同法》第48条第1款、第49条）。

依《合同法》，无权代理行为在法律上并不当然无效。具体而言，(1) 相对人有理由相信行为人有代理权的，该代理行为有效（《合同法》第49条）；(2) 无权代理行为如经被代理人追认，则对被代理人发生效力（《合同法》第48条第1款的反对解释）；(3) 如未经被代理人追认，对被代理人不发生效力，由行为人承担责任（《合同法》第48条第1款，《民法总则》第171条第1款）。(1) 的情形称为"表见代理"；(2) 的情形称为"狭义的无权代理"。二者合起来，称为"广义的无权代理"（以下未有特别注明者，"无权代理"指"狭义的无权代理"）。

表见代理人以本人的名义订立的合同，不属于效力未定的行为，而是效力确定的有效合同，由本人承担合同的效果；但无权代理人订立的合同，则属于效力未定的合同。无权代理人以他人名义订立的合同，如经本人追认，即成为有权代理，发生与自始有代理权的代理同样的效力，而由本人承受合同的效果。如未经本人追认，则应由该无权代理人对相对人承担责任。须注意的是，无权代理如本人不予追认，也只是不直接对本人发生效力，并不是不发生法律行为的效力。

无权代理人订立的合同是否对本人生效，取决于本人是否追认，故称为效力未定的合同。

（二）本人的追认权

法律赋予本人追认权，是为了保护本人的利益。因为无权代理行为并不一定对本人不利，法律为保护本人利益及有利于经济流转秩序，特别设追认权制度，使被代理人自由选择是否要承担该无权代理行为的效力。

无权代理经本人追认，即转变为有代理权的代理，发生代理行为的效力。无权代理是否转变为有权代理，取决于本人是否追认。在无权代理的情形，本人享有对无代理权人实施的民事行为是否追认的权利，即追认权。

追认权在法律性质上属于一种形成权。民法上形成权的效力在于，仅凭权

利人单方的意思表示即可决定权利人与相对人之间的法律关系的变动。因此，法律为平衡权利人与相对人的利益，对形成权的存续期间设了一定限制。在无权代理的情形，如允许被代理人的追认权长期存在，将不利于相对人和无权代理人的利益。有鉴于此，《民法通则》第66条第1款规定："本人知道他人以本人名义实施民事行为而不作否认表示的，视为同意。"这一规定要求本人在知道无代理权后，应尽快作出追认或否认的表示，如果经过一个合理期间而未作否认表示的，即视为追认。《民法通则》的这一规定未考虑到相对人的催告权，且在本人不作否认表示时即视为同意，难免有对本人保护不周之嫌。因此《民法总则》第171条第2款以及《合同法》第48条第2款予以修正，即规定："相对人可以催告被代理人在一个月内予以追认。被代理人未作表示的，视为拒绝追认。"这一规定要求本人在收到相对人的催告通知后的一个月内，作出追认或否认的表示，一个月期间届满而未作出表示的，即视为拒绝追认。因此使该无权代理行为对本人不发生效力。①

(三) 相对人的保护

1. 相对人的催告权和撤回权

因代理为特殊的民事关系，涉及三方当事人的利益。关于无权代理，法律为保护本人的利益，使其有追认权，为保护无权代理之相对人的利益，使相对人有催告权和撤回权。此相对人撤回权也属于一种形成权，其效力在于：在本人对无权代理行为未予追认前，相对人可以行使撤回权，消灭该无权代理行为，因此使相对人与本人之间的民事行为归于无效。《民法通则》第66条规定了本人的追认权而未规定相对人的催告权和撤回权，于本人与相对人利害关系上有失平衡。为弥补此漏洞，《民法总则》第171条第2款以及《合同法》第48条第2款增设善意相对人催告权和撤回权的规定。

2. 相对人撤回权的限制

按照《合同法》第48条第2款，关于相对人的撤回权，有所限制：(1) 唯有善意相对人才有此撤回权，而恶意相对人没有此撤回权。恶意相对人明知代理人无代理权，仍然与其为法律行为，使之承担本人不予追认所造成的后果，属于自甘冒险。故无赋予撤回权以特别保护的必要。反之，善意相对人并不知道代理人无代理权，为平衡相对人与本人之间的利益，有必要在赋予本人追认权的同时，赋予善意相对人撤回权。(2) 须在本人未追认前行使，如果本人已经追认，善意相对人的撤回权即归于消灭。如果本人已经表示否认，这时无权代理行为已经注定不能对本人发生效力，善意相对人的撤回权也当然归于消灭。

---

① 参见梁慧星：《民法总论》，法律出版社2011年版，第237—238页。

（四）无权代理人对相对人的责任

按照《民法总则》第 171 条和《合同法》第 48 条，无权代理行为，本人不予追认的，应由该无权代理人对相对人承担民事责任。依解释，此所谓承担民事责任，是指由该无权代理人自己作为当事人履行该民事行为中对相对人的义务，或者不能履行时对善意相对人承担损害赔偿责任。但在相对人属于恶意即明知代理人无代理权的情形，无权代理人可以不承担损害赔偿责任。

须注意的是，此无权代理人的责任系由法律规定直接发生的一种特别责任，不以无权代理人有故意或过失为要件，属于一种无过失责任。

四、无权处分行为

（一）概述

无权处分行为，是指无处分权人就他人的权利标的所为的处分行为。无权处分的具体类型，常见者表现为出卖他人之物、出租他人之物、以他人的财产设定抵押或其他权利负担。无权处分行为，是无处分权人以自己的名义所为的处分行为。无处分权人不以自己的名义而以权利人的名义实施处分行为，将构成无权代理行为，应适用民法关于无权代理的规定，不属于此所谓无权处分行为。

（二）无权处分的合同的效力

关于无处分权人订立的合同，《合同法》第 51 条规定："无处分权的人处分他人财产，经权利人追认或者无处分权的人订立合同后取得处分权的，该合同有效。"

依本条规定，无权处分行为是否发生效力，取决于权利人是否追认及处分人是否取得处分权。（1）无权处分行为，经权利人追认的，溯及于成立之时发生效力。权利人的追认权与本人的追认权，性质相同。（2）无权处分行为，因处分人取得处分权，溯及于成立之时发生效力。虽行为成立时，处分人无处分权，致处分行为效力未定，但事后处分人如因继承①或买受而取得处分权，则该处分行为已得到补正，成为完全有效的民事行为，当然应溯及于成立时有效。（3）无权处分行为，权利人不追认并且处分人事后也未取得处分权的，应溯及于成立时无效。

本条规定存在下列缺陷：

（1）不利于保护相对人的利益，有碍交易安全。在处分人嗣后未取得处分权时，合同无效，此时相对人仅能追究处分人的缔约过失责任，获得有限的救济（取得一般远低于履行利益的信赖利益赔偿），而不能请求处分人承担违约责任，有损于相对人对交易的正当期待与合理信赖。

---

① 处分人为权利人的继承人时，即因继承而取得处分权。

（2）形成"规范碰撞"，破坏法律体系的一致性。依《合同法》分则的规定，处分（如出卖）财产者负有保证该财产不存在权利瑕疵的义务（《合同法》第150、174条），否则应承担违约责任。瑕疵担保义务的适用，以合同有效为前提。《合同法》第51条的适用将使瑕疵担保义务落空：合同既因权利人拒绝追认而无效，相对人即无从依瑕疵担保制度主张救济。

（3）规范手段与目的的背离，导致法律规范的不正当和无效率。《合同法》第51条与瑕疵担保制度存在固有矛盾。对同一法律事实作出截然不同的效力评价与价值判断，以至于以牺牲法律体系的一致性为代价，其正当理由何在？探究第51条的立法目的，应在于保护权利人免受他人擅自处分其财产的危害。但无权处分合同是否有效，对权利人并无影响，换言之，对权利人的保护无须动用强令合同无效的手段。即使合同有效，相对人也不能当然取得财产；在权利人拒绝追认情况下，相对人仅在符合动产善意取得或不动产公信力要件时方可取得财产。合同法上的规定只能影响处分人与相对人的关系，而不能决定合同关系之外的第三人（权利人）的权利义务。规定未经追认的无权处分合同无效，只是让善意相对人①充当了无谓的牺牲品，而于权利人保护无任何作用。法律规范的手段非但无助于实现其目的，反而损害了法律应予保护的其他利益，可谓既不公平，亦无效率。

故2012年最高人民法院出台的《买卖合同解释》在一定程度上修正了《合同法》第51条的规定，该解释第3条规定："当事人一方以出卖人在缔约时对标的物没有所有权或者处分权为由主张合同无效的，人民法院不予支持。出卖人因未取得所有权或者处分权致使标的物所有权不能转移，买受人要求出卖人承担违约责任或者要求解除合同并主张损害赔偿的，人民法院应予支持。"即，因无权处分订立买卖合同，无权处分不影响买卖合同的效力，若无其他效力瑕疵（如行为能力瑕疵、意思表示瑕疵、不违反法律的强制性规定和公共利益），该买卖合同有效。

[比较法] 《法国民法典》第1599条规定，出卖他人之物的合同无效，买受人不知标的物属于他人的，出卖人负损害赔偿责任。该条规定有碍交易安全与交易效率，因此屡遭批评，法国判例学说已通过相对无效理论弱化其严苛效果。大陆法系的其他国家并未遵循这一做法。如《意大利民法典》并不将处分权欠缺作为合同无效事由，规定出卖他人之物的，出卖人负有使买受人取得所有权的义务（《意大利民法典》第1478条）。德国法系采用物权行为无因性理论，规定处分权欠缺仅使处分行为无效，并不影响债权合同的有效性，以此保护合同安

---

① 知道或应当知道处分人无处分权的，处分人不承担瑕疵担保义务，此时认定合同无效与否，对相对人利益的影响并无实质性区别。

全。但无因性理论并非保护相对人的唯一途径,欲实现保护交易安全的目的,也未必需要借助负担行为与处分行为的区分理论。《意大利民法典》即为一例。与负担行为与处分行为区分理论无涉的 PICC、PECL 等顺应现代发展趋势,均明定合同订立时一方当事人无权处分标的物的事实不影响合同有效性;当事人事后未能取得处分权的,应承担合同不履行责任。[①] 不采处分行为与负担行为理论,完全不影响对此类规定的合理解释:合同的有效性与合同的履行属于两个不同问题,合同能否履行与合同是否有效并无必然关系。处分权的欠缺致使合同不能履行时,仅发生合同解除与违约责任的法律后果即可,并无理由使合同溯及地归于无效。

---

① 参见 PICC 第 3.3 条,PECL 第 4:102 条。

第十章 合同的履行

第一节 概 述

合同的履行,是指债务人全面地、适当地完成合同义务,债权人的合同债权得到完全实现的行为。合同的履行是债务人完成合同债务的行为,即所谓债务人的给付行为。给付行为的形态、履行的原则、履行的规则(包括履行的期限、地点、费用等规则),原则上与债法总则中的相应制度相同,前已述及,本章不赘。但合同履行又有自身的特殊规则,详如下文所述。

第二节 双务合同履行中的抗辩权

一、概述

(一) 含义

双务合同,是双方当事人互负债务,且两项债务互为对价关系的合同。当一方不履行自己所负的债务时,另一方原则上亦可不履行,双方的债务在履行、存续上具有牵连性。由此产生了在合同履行中的抗辩。双务合同履行的抗辩权,是在符合法定条件时,当事人一方对抗对方当事人的履行请求权,暂时拒绝履行其债务的权利。《合同法》中虽未直接使用"抗辩权"一词,但在第66条以下规定了双务合同履行中抗辩权的实质内容,包括同时履行抗辩权、先履行抗辩权和不安抗辩权。

双务合同履行中的抗辩权,是双务合同效力的体现。此类抗辩权属于抗辩权中的一时的抗辩,只是一时拒绝对方的履行请求,并没有消灭对方请求权的效力,一旦产生抗辩权的事由消失,债务人仍应履行其债务。所以,双务合同履行中的抗辩权为一时的、延缓的抗辩权。

(二) 功能

双务合同履行中的抗辩权,对于抗辩权人而言,是一种保护手段,防止自己履行后得不到对方履行的风险;但对于相对人而言,对其产生及时履行、提供担保等压力。因此,双务合同履行中的抗辩权是债权保障的法律制度。就其防患于未然而言,作用较违约责任还积极,比债的担保亦不逊色。

值得注意的是,行使双务合同履行中的抗辩权,即当事人行使同时履行抗辩权、先履行抗辩权和不安抗辩权,是权利的正当行使,而非违约。应受法律保护,而不得令权利人承担违约责任。

二、同时履行抗辩权

(一) 含义及其法理基础

同时履行抗辩权,指双务合同当事人一方在对方履行义务前,可以拒绝自己为履行债务的权利。《合同法》第66条规定:"当事人互负债务,没有先后履行顺序的,应当同时履行。一方在对方履行之前有权拒绝其履行要求。一方在对方履行债务不符合约定时,有权拒绝其相应的履行要求。"

[示例] 甲乙签订买卖合同,约定甲将A吨钢材出卖给乙,价款50万元,双方约定于将来某日履行合同。若当日乙不支付货款,则甲有权拒绝交付钢材。

双务合同中,当事人双方义务具有对价关系的牵连性,原则上要求双方当事人同时履行自己的义务。同时履行抗辩是以诚实信用为基础,体现"一手交钱,一手交货"的交易观念。双务合同履行上的牵连性原则要求双方当事人同时履行自己所负债务,因此一方当事人只有在已履行或已提供履行给付的条件下,才能要求对方当事人履行给付。法律设立同时履行抗辩权制度,目的在于维护双务合同当事人间在利益关系上的公平。一方当事人尚未履行自己所负义务而请求对方履行义务,有悖于公平原则及诚实信用原则。此即同时履行抗辩权存在的法理基础。

所谓"双务合同的牵连性",是指给付与对待给付具有不可分离的关系,分为发生上的牵连性、存续上的牵连性和功能上的牵连性。在此,发生上的牵连性,是指一方的给付与对方的对待给付在发生上互相牵连,即一方的给付义务不发生时,对方的对待给付义务也不发生;存续上的牵连性,是指双务合同的一方当事人的债务因不可归责于双方当事人事由,致不能履行时,债务人免除给付义务,债权人的对待给付义务也随之免除;功能上的牵连性,又称"履行上的牵连性",是指双务合同的当事人一方所负给付与对方当事人所负对待给付互为前提,一方不履行其义务,对方原则上亦有权不履行。只有如此,才能维持双方当事人之间的利益平衡。同时履行抗辩权正是这种功能上的牵连性的反映。

(二) 同时履行抗辩权的成立要件

同时履行抗辩权的成立,一般要求具备三个要件:(1)须因同一双务合同互负对价义务;(2)须对方的债务及自己的债务均已届履行期;(3)须对方未履行债务或未提供履行而请求履行。

1. 须双方因同一双务合同互负对价义务

同时履行抗辩权的依据在于合同的双方当事人具有牵连性,双方互负义务,且双方义务彼此对价(如买卖合同中,一方有交付标的物的义务,另一方有交付价金的义务;承揽合同中,一方有承揽加工行为的义务,另一方有支付加工费的义务等)。如果双方虽互负债务,但债务的产生非基于同一法律事实或无对价牵连关系,则不发生同时履行抗辩权(如借贷合同中,借用人不能因出借人未履行出借物瑕疵担保义务而拒绝返还出借物;再如违约金债务,为双方合同之从债务,与主债务间无对价关系,不发生同时履行抗辩权)。即同时履行抗辩权适用于双务合同,而不适用于单务合同和不真正的双务合同。

须注意的是,双务合同中一方的债务因履行不能或其他原因而消灭,继而转化为损害赔偿的债务时,因损害赔偿债务与原债务具有同一性,应当理解为类推适用同时履行抗辩权规则,如因合同解除、无效、被撤销而发生的恢复原状的义务。

2. 须对方的债务及自己的债务均已届履行期

如果一方的债务尚未届履行期,则该方可以直接以此为由拒绝履行,不需要求助同时履行抗辩权,因此同时履行抗辩权的发生,要求双方的债务均已届履行期。

双方债务已届履行期,包括双方债务均有明确的履行期限的情形和双方债务均未明确约定履行期的情形(《合同法》第66条),一方在对方履行之前有权拒绝其履行要求。

问题是,双方债务本非同时届期,一方当事人负有先履行的义务(先届期),而先届期者尚未履行,另外一个后届期债务也已届期,客观上也属于双方的债务均已届履行期,此时,对于后届期者的请求,先届期者有无权利主张同时履行抗辩权?如甲乙在买卖合同中约定,甲于2月1日交付标的物,乙于2月28日支付价款。如果甲一直未履行,2月28日过后,乙请求甲交付标的物时,甲可否行使同时履行抗辩权?

在比较法上,韩国学说及判例对此持肯定态度。认为作为同时履行抗辩权的成立要件之一"履行期已届",只是要求该权利行使之际对方的债务已届履行期而已,并非要求双方履行期自始相同。① 对此,我国通说认为,如果一方当事人负有先履行义务,就不由同时履行抗辩权制度管辖,而让位于先履行抗辩权或不安抗辩权。② 但是,《合同法》第67条规定的先履行抗辩权,只是规定"先履行一方未履行的,后履行一方有权拒绝其履行要求",而是否可以解释为:后履行

---

① 参见〔韩〕郭润直:《债法各论》,博英社1997年版,第105页;〔日〕我妻荣:《债权各论(上卷)》,岩波书店1954年版,第91—92页。

② 参见崔建远主编:《合同法》,法律出版社2007年版,第132页。

一方请求先履行一方履行时,尚未履行的先履行义务一方,可以以后一方未履行其到期债务为由行使抗辩权?还有,《合同法》第 68 条规定的不安抗辩权,对于先履行义务人的抗辩权行使,限于"出现所列不安事由"的情形。因此,本书认为我国通说的解释不够确切。本书认为在上述设例情形,并非适用先履行抗辩权或不安抗辩权,仍适用同时履行抗辩权。

3. 须对方未履行债务或未提供履行而请求履行

如果对方已经按照合同内容履行债务的,双务合同本来的债务的对立状态归于消灭,不再发生同时履行抗辩权的问题。但问题是,对方履行部分债务或者不完全履行的情形,能否行使同时履行抗辩权?比较法上,韩国通说对此解释为,应当根据公平的原理及诚实信用原则予以解决。原则上,只能对相对人尚未履行的部分或者相当于不完全的部分行使同时履行抗辩权。我国《合同法》第 66 条后段规定:"一方在对方履行债务不符合约定时,有权拒绝其相应的履行要求。"在此所谓的"履行债务不符合约定",应当与《合同法》第 107 条中出现的"履行合同义务不符合约定"作相同的解释。一般包括部分履行、瑕疵履行及质量不符合约定等情形。债权人可以拒绝债务人部分履行债务,但部分履行不损害债权人利益的除外(《合同法》第 72 条第 1 款)。如果债权人受领了债务人的部分履行,则应当作出相应部分的对待给付,其同时履行抗辩权原则上仅针对未履行的部分;如果部分履行不能使债权人的合同目的部分实现,也应该认为债权人仍可以拒绝全部的对待给付,但应该限于不违背诚实信用原则为前提。

(三) 同时履行抗辩权的效力

《合同法》第 66 条规定:"一方在对方履行之前有权拒绝其履行要求。一方在对方履行债务不符合约定时,有权拒绝其相应的履行要求。"即同时履行抗辩权的效力是阻却相对人的请求。

同时履行抗辩权的行使,仅有延期抗辩的效力,并无否定相对人请求权的效力,而是产生一时阻止相对人请求权行使的效力,即在相对人未履行债务或未提出履行债务前,可以拒绝自己债务的履行。

三、不安抗辩权

(一) 含义及其法理基础

不安抗辩权,是指在双务合同中应先为给付的一方,发现相对人丧失债务履行能力时,在相对人提供适当担保前可以拒绝向相对人履行义务的权利。原则上,应先为给付的一方不享有同时履行抗辩权,然而,当相对人经营状况严重恶化,或者转移财产、抽逃资金以逃避债务,或者丧失商业信誉,有可能危及履行一方当事人债权的实现时,如果法律仍要求先履行一方先为给付,则有悖于公平原则和诚信原则,故《合同法》允许先履行债务的当事人中止自己的履行(《合同法》第 68 条）。为了平衡双方当事人的利益,在相对人未为履行提供担保时,法律便赋予应先为给付的一方拒绝先履行义务的权利。

不安抗辩权是大陆法系的制度,英美法上的预期违约制度与其功能相近。两者在一定程度上已经有合流的趋向。我国《合同法》同时采用了上述两种制度。

[比较法] 《德国民法典》(第 321 条)、《瑞士债务法》(第 83 条)对于不安抗辩权均有明文规定；日本、韩国民法无明文规定,但学说与判例均予以认可。传统的不安抗辩权的基本效力是中止履行。2001 年德国新债法通过后,德国民法典上的不安抗辩权制度已发生重大变化。旧法第 321 条规定,双务合同中负有先给付义务一方当事人,当合同订立后另一方当事人的财产发生明显减少,危及对待给付请求权时,可以在对待给付履行前或在为对待给付提供担保之前拒绝履行。据此,不安抗辩权仅发生消极的防御效力,而不能积极向对方主张权利。新法第 321 条将"财产发生明显减少"的发生事由扩大为"缺乏给付能力",并增设一款规定：先给付义务人可以确定适当的期间,在此期间内对方可以选择与先给付义务人同时履行或者向先给付义务人提供担保。期满无结果的,先给付义务人可以解除合同。新法明显借鉴了 CISG(其规定深受英美法预期违约制度的影响)的规定(CISG 第 71、72 条),已赋予先给付义务人一定的积极权利,与美国《统一商法典》的规定(UCC 第 2-609、2-610、2-611 条)趋于一致。

(二) 不安抗辩权成立的条件

1. 双方当事人因同一合同而互负债务

对此要件,《德国民法典》第 321 条、《瑞士债务法》第 83 条均有明文规定。我国《合同法》第 68 条虽未设明文规定,也应当作相同的解释。

2. 后履行方有丧失或者可能丧失履行债务能力的情形

据我国《合同法》规定,后履行方有可能丧失债务履行能力的有以下四种情形：(1) 经营状况严重恶化；(2) 转移财产、抽逃资金,以逃避债务；(3) 丧失商业信誉；(4) 有丧失或者可能丧失履行债务能力的其他情形。有先为给付义务的一方当事人,必须证明合同相对人有此类情形才能享有不安抗辩权。

《合同法》第 68 条虽然规定了可以适用不安抗辩权的法定事由,但关于不安事由是"合同缔结后发生"还是"合同缔结后发现",法条中无明文限定。学说认为应解释为须缔约后开始发生者。如果在订立合同时即已经存在,先给付义务人若明知此情仍然缔约,法律则无必要对其特别保护；但如果先给付义务人不知情非属故意或者有重大过失,仍可以行使不安抗辩权。

3. 不安事由危及对方债权的实现

不安事由的出现,必须使先为给付义务人债权的实现受到威胁时,才能发生不安抗辩权。如果先为给付的一方债权已附有担保,债权的实现有相当的保障,并不能够发生不安抗辩权。须注意的是,不安事由危及对方债权的实现程度,既可以是危及全部债权的实现,也可以是危及部分债权的实现。

(三)不安抗辩权的行使

1. 不安抗辩权的行使无须通过诉讼的方式,权利人可以直接行使。当先为给付义务人有确切证据证明对方有不安事由时,即可以中止自己的履行,无须经对方当事人的同意;如果后为给付义务人请求履行,则享有不安抗辩权的一方自然可以拒绝其请求。

2. 不安抗辩权人的附随义务。(1)通知义务:先为给付义务人中止履行后,应及时通知对方当事人(《合同法》第69条前段)。法律之所以如此规定,是为了追求双务合同双方当事人的利益的公平。对享有不安抗辩权的一方赋予通知义务,使后给付义务人尽量减少损害,同时也便于其及时恢复履行能力或者提供适当的担保,以消灭对方的不安抗辩权。该通知的内容包括中止履行的意思表示及后义务人提供适当担保的合理期限。(2)举证责任:为防止不安抗辩权的滥用,法律规定应当先履行债务的当事人,在行使不安抗辩权时应负举证责任,证明对方财产状况恶化并难以实现自己的债权。如果先给付义务人没有确切证据而中止履行,应当承担违约责任(《合同法》第68条第2款)。

(四)不安抗辩权的效力

1. 中止履行合同。享有不安抗辩权的一方当事人,在相对人未提供适当担保以前,可以中止或者拒绝履行。

2. 中止履行后,相对人在合理期限内未恢复履行能力或者未提供适当担保的,中止履行合同的一方可以解除合同。

3. 对方在合理期限内恢复履行能力或者提供了适当的担保的,不安抗辩权归于消灭。提供担保不以物的担保为限,人的担保亦包括在内。担保的提出或履行能力的恢复,属于对不安抗辩权的再抗辩。①

四、先履行抗辩权

(一)先履行抗辩权的概念

先履行抗辩,又称"后履行抗辩",是指有先为给付义务的一方当事人未履行合同义务的,已届合同履行期之后应为给付义务的一方,有权在对方履行义务前拒绝履行合同义务的权利。《合同法》第67条规定:"当事人互负债务,有先后履行顺序,先履行一方未履行的,后履行一方有权拒绝其履行要求。先履行一方履行债务不符合约定的,后履行一方有权拒绝其相应的履行要求。"

[示例] A同意向B出售1000吨白小麦,价格条件为鹿特丹CIF价格,以一家德国银行签发的保兑信用证支付货款。只有在B根据其合同义务开具了

---

① 参见韩世远:《合同法总论》,法律出版社2008年版,第274—275页。

此信用证的前提下,A 才有义务将这批货物装船。①

(二) 先履行抗辩权的构成要件

先履行抗辩的成立须具备以下要件:

1. 双方的权利义务关系为双务合同关系,拒绝履行的义务与合同相对人的义务存在对价关系。

2. 先为给付义务的一方未履行合同义务,或者履行合同义务不合约定。先履行抗辩适用于有先后给付顺序的合同关系,这是与同时履行抗辩最大之区别。因此,合同关系有先后给付顺序是行使先履行抗辩的前提条件。

3. 后为给付义务的一方义务已届履行期。拒绝履行未到期的合同义务不属于合同的抗辩,属于义务未到履行期的抗辩。

4. 先为给付义务的一方有履行能力。先履行抗辩人并不否定自己的债务,而是拒绝在对方履行义务前履行自己的义务,故属于迟延履行的抗辩。抗辩权人须待对方履行合同义务后方履行自己的义务。如果相对人无合同履行的能力,合同的当事人可主张解除合同。

(三) 先履行抗辩权行使的效力

先履行抗辩权的行使,只产生一时地阻却相对人请求权行使的效力。在相对人履行债务前可拒绝履行对价债务,在相对人履行合同义务符合约定之前可以拒绝其相应的履行请求。无论是全面拒绝,还是相应的拒绝,都不能彻底否定相对人的请求权。在分期履行的债务关系中,每一期履行若为独立的,一方可就对方本期债务的不履行行使抗辩权。在诉讼过程中,当事人欲一时阻止相对人请求权的行使,应援用此规则行使抗辩权,否则,会导致败诉的后果。因为先履行抗辩权仅有抗辩效力,而无免除义务的效力。

第三节 涉他合同

一、概述

涉他合同,是合同当事人在合同中约定由债务人向第三人履行或者由第三人向债权人履行的合同,两类合同的共同点在于其内容均涉及第三人。其中,当事人约定由债务人向第三人履行的,称为"向第三人履行的合同";当事人约定由第三人向债权人履行的,称为"由第三人履行的合同"。

[比较法] 罗马法原则上不承认涉他合同,如"无论何人不得为他人为约定"法谚所言,合同的效力除了当事人之外应不及于第三人。近现代私法以事

---

① 参见 PICC 第 7.1.3 条。

实上的需要,并基于合同自由原则,承认涉他合同,但立法例有所不同。《法国民法典》遵循罗马法原则,于第1119条及第1165条规定合同的相对性,其效力不及于第三人,但于第1120条及第1121条例外承认由第三人履行及向第三人履行合同的存在。学说判例更以此为根据,在更大范围内承认向第三人履行的合同。《德国民法典》(第328—335条)、《日本民法典》(第537—539条)、《韩国民法典》(第539—541条)仅规定为第三人的合同,对于由第三人履行的合同,并无规定,但其学说及判例上均予以认定。《瑞士债务法》(第111—112条)及我国台湾地区"民法"(第268—270条)分别规定由第三人给付的契约及向第三人给付的契约。

英美法上原先同样坚守合同相对性原则,其后该原则逐渐松动。美国法上率先认可为第三人利益合同的效力,科宾(Corbin)教授于20世纪初期系统地整理了美国法院数千个支持第三人合同权利的判例,指出机械地坚守合同相对性原则将在众多案例中导致极为不公平的结果,并在此基础上建立了完整的为第三人利益合同理论。受其研究与推动的影响,为第三人利益合同制度在美国逐渐取得足以与合同相对性原则分庭抗礼的地位,已不仅仅属于合同相对性原则的例外,进而对公法上的制度(如政府合同①)也产生深远影响。新西兰于1982年制定《合同(相对性)法》,以制定法形式明确认可了为第三人利益合同制度。英国于1999年通过《合同(第三人权利)法》,其内容与新西兰1982年《合同(相对性)法》基本相同,从而标志着为第三人利益合同制度在最为固守传统原则的普通法国家也取得了全面的胜利。

二、向第三人履行的合同

(一) 概念及构成要件

向第三人履行的合同,又称为"为第三人的合同",是指以将合同所生的权利直接归属于第三人为内容的合同。如保险合同以第三人为受益人,是典型的为第三人的合同。构成要件包括:

1. 须约定有一方当事人向第三人履行;
2. 须使第三人对于债务人取得权利;
3. 须债权人亦有请求债务人向第三人履行的权利。

[示例] 甲与乙约定,由乙向丙给付某物,丙取得直接向乙请求交付该物

---

① See Restatement (Second) of Contracts § 313 (1981).例如,私人承包商依政府指令与政府签订公共设施建设合同,因存在建筑质量缺陷致使他人受伤。受害人作为公众中的一员,尽管并非合同当事人,但享有受益人的权利,有权依据合同约定请求损害赔偿。承认此类情形中的第三人受益合同,便于受害人直接对政府合同相对人提起民事诉讼,而不必受制于国家赔偿法上的实体与程序限制(通常比普通民事诉讼程序繁琐复杂),有利于保障受害人得到充分、及时、有效的救济。

的权利。在此,甲是债权人,又称为"要约人"或"受允诺人"(promisee);乙是债务人,又称为"约束人"或"允诺人"(promisor);丙是第三人,又称为"受益人"(beneficiary)。

(二) 效力

《合同法》第 64 条规定:"当事人约定由债务人向第三人履行债务的,债务人未向第三人履行债务或者履行债务不符合约定,应当向债权人承担违约责任。"学者认为该条过于简要,结合通常学理,具体解释为:

1. 对于第三人的效力

(1) 第三人的权利取得

第三人基于该合同取得直接请求给付的债权,此债权与一般债权相同,故具有一般债权所具有的权能,如履行请求权、损害赔偿请求权、强制履行请求权等。但是,第三人非合同当事人,因此,对合同不享有撤销权及解除权。

《合同法》第 64 条规定了债务人的违约责任:"应当向债权人承担违约责任。"从字面上解释,似乎只有债权人有权追究债务人的违约责任,也符合"合同的相对性"原则。但学说认为这种解释不符合法意,与司法实践也有出入。因此,应当解释为:"债务人不向第三人履行合同的,债权人按照约定有权请求其向第三人履行,或者向第三人赔偿损失;第三人也有权请求债务人履行,或者赔偿损失。债务人瑕疵履行的,债权人有权请求其向第三人承担瑕疵履行责任,第三人也有权请求债务人承担瑕疵履行责任。"[①]

(2) 受益的意思表示

第三人虽能取得直接请求履行的权利,但该权利非经第三人为"受益的意思表示"则不确定;第三人一经为受益的意思表示,当事人即不得再变更或撤销该合同,第三人取得的权利便告确定。此所谓"受益的意思表示",是第三人欲享受合同所定利益的单方的意思表示,性质上属于形成权。第三人受益与否的意思表示原则上可以向合同当事人任何一方作出。另外,此项受益的意思表示通常被理解为纯获利益的行为,故第三人为限制行为能力人,亦可以单独作出,而不必经法定代理人追认。

总之,第三人直接依当事人之间的合同内容取得权利,第三人受益的意思表示只不过是使其权利归于确定;第三人如不欲享受利益,可以通过拒绝使该权利自始归于消灭。

2. 对于债权人的效力

债权人是向第三人履行合同的当事人,可以请求债务人向第三人履行,自属当然。须注意的是,二者请求权内容不同。即第三人可以请求债务人向自己履

---

① 胡康生主编:《中华人民共和国合同法释义》,法律出版社 1999 年版,第 113 页。

行,而债权人只能请求债务人向第三人履行,不能请求其向自己履行。同理,关于债务人违约的损害赔偿请求权的内容,债权人的请求权与第三人的请求权亦不同。债权人作为合同当事人,如具备《合同法》第54条规定的要件,可以请求人民法院或者仲裁机构变更或者撤销合同。

3. 对于债务人的效力

债务人属于合同的当事人,对于第三人直接负担债务,并且由该合同所生的一切抗辩,可以对抗受益的第三人。如果基本行为属于双务合同,债务人向第三人所负担的债务与债权人对债务人负担的债务,由于具有牵连关系,故在解释上宜认为可以有同时履行抗辩权及风险负担规则的适用。

三、由第三人履行的合同

（一）意义

由第三人履行的合同,是指以第三人的履行为内容的合同,又称"第三人负担的合同",或又称"担保第三人履行的合同"。

（二）效力

《合同法》第65条规定:"当事人约定由第三人向债权人履行债务的,第三人不履行债务或者履行债务不符合约定,债权人应当向债务人承担违约责任。"

[示例] 甲与乙约定,由甲负责让丙向乙给付某物,使丙负担向乙给付合同标的物的义务。在此,乙是债权人,甲是债务人,丙是第三人。此时,若丙不履行债务或者履行债务不符合约定,甲应当向乙承担违约责任。

1. 第三人不因该合同的订立而负给付义务。由第三人履行的合同,只能在合同当事人之间有其效力,第三人并非合同当事人,故不能因之而直接负担合同义务。

2. 第三人既不负给付义务,则其履行与否,纯属自由;若不履行,则不问其理由如何,债务人须向债权人承担违约责任。

债务人的责任,原则上为损害赔偿责任,而非代为履行的责任。但所约定的履行,非专属于第三人人身时,而实际上由债务人代为履行较赔偿损害更能适合当事人双方的利益,此种情形,债务人如欲代为履行,债权人亦不得无故拒绝。①

第四节 情事变更制度

一、概述

（一）概念及各国立法概况

情事变更,指导致合同履行艰难、合同双方利益均衡关系严重破坏或者导致

---

① 参见郑玉波:《民法债编总论》,中国政法大学出版社2004年版,第390、391页。

合同履行失去意义的不可归责于双方当事人的客观情事变化。这种变化不可预见且不可克服和避免。

[**比较法**] 情事变更问题乃是合同的实质公平问题,随着合同法的伦理化及形式主义合同概念的扬弃,情事变更制度愈益增加其重要意义。拉伦茨的法律行为基础学说提出后,经过法院判例反复引用,形成一项具有一定功能与内涵的新兴法律制度,称为"法律行为基础制度"。一战以后的实践证明,该制度是用来处理经济及社会情况剧变问题的有效制度,是用来排除因情事变更所发生的不公平后果的普遍准则,并成为打破契约严守原则的途径之一。德国新债法第313条以"交易基础障碍"为标题规定:(1) 缔约后如果契约赖以缔结之基础情事发生了重大变化,而契约双方如果预见到这种变化,就不会缔结该契约,或者会以不同的内容缔约,在考虑个案的所有情况尤其是契约约定的或法定的风险分配情况后,不能合理地期待一方当事人遵守原契约的,可以请求变更契约。(2) 嗣后发现作为契约基础的重要假定是错误的,视为情事发生变化。(3) 契约不能变更,或者不能合理地期待一方当事人接受这种变更的,不利方当事人可以解除契约。

法国法院长久以来坚持契约严守,而反对的见解则认为应肯定合同变更的可能性,此类理论便被称为"不预见理论"。目前在法国法上,行政法院对于"行政合同"(contrat administratif)一般肯定了不预见理论的适用,这被认为是行政合同的一个特色。而与此相反,对于民事合同,司法法院基于《法国民法典》第1134条,严格地维持合同的拘束力,原则上并不认可情事变更。但事实上,法国的立法者已通过一系列措施加以介入,使情事变更理论间接得以适用。比如,在第一次世界大战以及第二次世界大战后,法国制定了一系列关于变更租金或者租赁期间的法律、变更转让营业财产的价格的法律、增加终身定期金的法律等,并且通过一些立法措施,肯定法官通过考虑债务人的情事、经济状况、合同条款的性质等变更合同的权限。这些措施常常修正了民法典的规定。

我国现行法中并无情事变更制度的一般规定。在制定合同法的过程中,草案中曾经设明文规定,然争论激烈,最终并没有被立法机关采纳。主要原因在于如何划分正常的商业风险和情事变更较为困难,在经济贸易中能够适用情事变更制度的情形是极少的,掌握不好,有可能使有的当事人规避正常的商业风险,有的法官也可能滥用这项权力,甚至助长地方保护主义。但最高人民法院2009年颁布实施的《合同法解释(二)》规定了该项制度,可谓是对合同法的重大突破,实有僭越立法权之嫌。该解释第26条规定:"合同成立以后客观情况发生了当事人在订立合同时无法预见的、非不可抗力造成的不属于商业风险的重大变化,继续履行合同对于一方当事人明显不公平或者不能实现合同目的,当事人请求人民法院变更或者解除合同的,人民法院应当根据公平原则,并结合案件的实际情况确定是否变更或者解除。"由此可见,该司法解释要求严格区分变更的情事与正常的市场风险之间的区别,审慎适用情事变更原则。同时,根据最高法院的相关规定,对必须适用情事变更原则进行裁判的个案,要层报高级人民法院审查批准,最大限度地避免对交易安全和市场秩序造成大的冲击。

(二) 情事变更与不可抗力

我国《合同法》采取严格责任原则,一般法定免责事由仅为不可抗力(《合同法》第117条)。有学者认为不可抗力可以涵盖情事变更,因而,无须在不可抗力之外再规定情事变更,否则容易导致混乱。然而,我们认为,情事变更与不可抗力是两种不同的概念。

情事变更与不可抗力虽然都构成履行障碍,但程度不同。情事变更是有的达到了不能履行的程度,有的可能尚未达到不能履行的程度,但是,如果强制其继续履行,则将导致显失公平的后果,依照诚实信用原则,允许当事人重新协商或者变更、解除合同;而不可抗力则达到了完全的和永久的不能履行,可发生合同解除。(当然,如果不可抗力导致合同履行十分困难,继续履行将导致对当事人的严重不公平时,可以适用情事变更。)

(三) 情事变更与商业风险

如前所述,我国《合同法》没有规定情事变更的原因之一是划分正常的商业风险和情事变更较为困难,这一制度可能会被滥用。本书认为,二者的区别是明显的:一方面,二者的异常性程度不同。情事变更往往是合同成立基础的整个环境发生了变化,是不能预见的,异常性程度较大;商业风险则是从事商业活动的固有风险,法律推定当事人得有所预见,并未达到异常性的程度。另一方面,二者的可归责性不同。情事变更不可归责于双方当事人,而商业风险可归责于当事人。

二、情事变更的适用条件

该原则的适用条件为:(1) 须有不可预见的情事变更;(2) 须该情事变更之发生不可归责于当事人;(3) 须维持合同原有效力显失公平。

(一) 不可预见的情事变更

对于这一要件,应从以下几个方面加以理解:

1. 对情事变更的时间要求

一般认为,情事变更的发生应当在合同成立并生效之后至履行终止之前。如果情事变更在缔约之前或之时已经发生,但是处于不利地位的当事人在缔约之后才知道该情事而主张情事变更的,则可适用重大误解的规定。

[争议点] 迟延履行或者受领迟延期间发生情事变更,能否适用情事变更制度?一种见解认为,依民法公平诚信原则,答案是肯定的,但并不因此而免除

违约行为人的责任。只是一方面通过适用情事变更制度来消除因情事变更造成的合同继续履行的重大不公平,另一方面通过让违约方承担违约责任来弥补给对方造成的损失。另一种见解认为,迟延期间风险由违约方承担,无权主张情事变更,这属于情事变更制度适用的例外。本书认为,这时不妨参考不可抗力的处理方法,不可抗力作为免责事由在迟延场合受到限制,对情事变更可作同样处理。

2. 情事变更的不可预见性

对于此一要求,应当明确:预见的主体为因情事变更而遭受不利益的一方当事人;预见的内容为情事变更发生的可能性;预见的时间为合同成立之时;预见的标准应当确立为主观标准(以遭受不利益一方当事人的实际情况为准)。如果合同当事人在合同成立之时,已经预料到该情事的变更,则即使后果对该当事人不利,亦须自负其责,不能适用情事变更。

3. 情事变更的风险不应由不利影响之当事人承担

如果受不利影响的当事人承担了情事变更的风险,则不能适用情事变更制度。"承担"不以明示为限,可以根据合同的性质确定。例如一方当事人参与投机交易(例如炒股票或者期货),被认为应承担一定程度的风险,即便该当事人订立合同时没有完全意识到交易的风险。

(二) 情事的变更不可归责于当事人

情事变更不可归责于当事人,主要是指情事的变更不是当事人尤其是受不利影响的当事人所能控制。例如国家经济政策的调整、全球性或区域性的经济危机或者金融动荡等。如果情事的变更可以由受不利影响的一方当事人控制,则其发生直接表明该当事人具有过错,自应遭受其损失,没有特殊保护的必要。

(三) 维持原有合同效力显失公平或有悖于诚实信用

这是情事变更与正常商业风险的显著不同之处。情事变更的构成是对于"契约严守"原则的否定,只有在例外场合才予以承认,自然应当要求相应后果的严重程度,即维持原有合同效力(契约严守)在后果上显失公平或者有悖于诚实信用。例如仅仅因为价格的超常涨落,使一方当事人履行合同即遭受"经济废墟"或"生存毁灭"(德国判例创造的概念)的结果,而另一方当事人由此获取巨额利益,显然不公,有悖于诚实信用。

三、适用情事变更原则的法律效果

(一) 重新协商义务

1. 重新协商义务的由来及表现

PICC 第 6.2.3 条第 1 款规定:"若出现艰难情况,处于不利地位的当事人有权要求重新谈判。但是,提出此要求应毫不延迟,而且应说明提出要求的理由。"PECL 第 6:111 条第 2 款规定:"如果由于情事的变更使合同履行变得格外困难,当事人应当进行磋商以变更合同或者解除合同。"

我国合同法草案也曾规定,①情事变更的效果包括:受不利益的当事人可以要求对方就合同的内容重新协商。

2. 我国法上应否引入"重新协商义务"

重新协商义务已被 PICC 以及 PECL 所肯定,我国合同法草案也曾尝试借鉴,但最终随同整个条文被删除。重新协商义务不是在赋予权利,而是在设定义务;不是体现了私法自治,而是限制了私法自治。因此,对于重新协商义务在法律上的要求不应当定得太高。详言之,不应要求当事人一定要达成新的合同或者达到某一特定的结果,即不能够将它理解为一种"结果义务",而只能够理解为"行为义务",只要当事人已符合诚信地重新协商了,即符合要求。在肯定了这一前提的基础上,我国有必要引入"重新协商义务"。

3. 重新协商义务的法律效果

第一,重新协商义务是否产生中止履行抗辩权?

PICC 第 6.2.3 条第 2 款规定:"重新谈判的要求本身并不能使处于不利地位的当事人有权中止履约。"其原因在于情事变更原则很可能被合同一方滥用。中止履行可能仅仅在很特殊的情况下才是正当的。

[示例] A 与 B 为建筑一工厂订立合同,工厂将建在 X 国。在订立合同后该国施行新的安全法规。新法规要求使用另外的设备装置,由此导致合同双方均衡的根本改变,极大地增加了 A 的履行负担。这种情况下,A 有权要求重新谈判,并可以停止履行,因为它需要时间去执行新安全法规;而且,只要对相应的价格修改没有达成协议,它也可以停止对该设备装置的交付。②

第二,违反重新协商义务的法律后果。

PECL 第 6:111 条第 3 款规定:"在任何情形下,因一方当事人悖于诚实信用与公平交易而拒绝磋商或者终止磋商致对方受损失的,法律可判予损害赔偿。"这肯定了因违反重新协商义务而发生的损害赔偿责任。倘若对违反重新协商义务不规定一定的法律后果,难免使其沦为空文。PECL 的做法具有一定的借鉴意义。

(二) 合同的变更

在合同目的并非不能实现时,处理方法通常是合同的变更。合同当事人应当依诚信原则进行协商。协商不成时,则可以请求法院通过判决的方式变更合

---

① 参见 1998 年 8 月 18 日草案第 77 条、1998 年 12 月 21 日"三次审议稿"第 76 条、1999 年 1 月 22 日"四次审议稿"第 76 条。

② 参见 PICC 第 6.2.3 条评注 4。

同。任何一方当事人都无权依其单方变更合同内容。情事变更制度的主要法律效果,是赋予受不利益的一方当事人以变更或消灭合同的可能性,而非直接赋予变更合同的形成权。最终是否变更合同,权力操之于法院之手。如果认为当事人享有单方变更合同的权利,将使当事人能轻易找到违约的借口,必然导致合同秩序的破坏,妨害交易安全。

(三) 合同的解除

在合同目的因为情事变更而不能实现或者合同履行因情事变更而丧失意义时,可以解除合同。对于继续性合同或者长期合同,其解除通常不能溯及合同成立之时,对于一时性合同则可溯及合同成立之时。

第十一章 合同的解除

第一节 概 述

一、含义

合同的解除,是指依享有合同解除权的一方的意思表示,使有效合同关系恢复于合同尚未成立时的状态的行为。合同解除是根据一方当事人的意思表示消灭合同关系,因此合同当事人欲解除合同,须有能够解除合同的权利,即解除权。当事人行使解除权,合同关系即消灭。因此,解除权在法律性质上属于形成权。

此外,合同的解除具有如下法律性质:(1)合同的解除以有效成立的合同为基础;(2)合同的解除必须具备解除的条件;(3)合同的解除一般应具有解除行为;(4)解除的法律效果是使合同关系消灭。

二、解除与有关制度的区别

为了进一步明确合同的解除之概念,有必要将其与合同法中的类似制度相区分。

(一) 解除与协议解除

解除,是依解除权人一方的意思表示而成立的法律行为,性质上属于单方法律行为。而协议解除,是双方当事人间以消灭原来合同为内容的新的合同,性质上属于双方法律行为,又称为"合意解除""解除合同"或"反对合同"。解除仅适用于财产合同,而合意解除则适用于一切合同(如身份协议)。

(二) 解除与终止

德国民法第二草案区分解除与终止,后来其他大陆法系国家随之。二者不仅名称不同,其法律效力也不同。合同的解除具有溯及力,解除效力溯及于合同生效之时,故发生恢复原状效果(如买卖合同被解除后,当事人之间的权利义务关系回复到买卖合同关系发生以前,已交付的标的物及价金均应返还,以恢复原状);而合同的终止则无溯及力,仅发生使继续性合同关系自终止之日起向将来消灭的效果,故终止之前的合同关系仍然有效,当事人基于合同所为给付无须返还,即不发生恢复原状的效果(如租赁合同终止,合同提前消灭,但已交付的租金及使用利益无须返还）。我国《合同法》上的"合同终止"含义不尽一致：有时与合同消灭同义；有时为解除的一种类型；有时则是与解除并列的概念。这是立法不严谨所致，应予以改变。

（三）解除与撤销

二者在根据一方当事人的意思表示溯及地消灭合同这一点上具有相同点。但二者存在显著区别：(1) 适用范围不同：解除为合同特有的制度，而撤销则不限于合同，而适用于所有法律行为；(2) 发生原因不同：解除的发生原因有法定原因（债务不履行）和约定原因（当事人之间的约定），而撤销的发生原因仅限于法定原因（无行为能力、意思表示的瑕疵、错误）；(3) 法律效果不同：解除的效力为发生恢复原状义务，而撤销的效力为发生基于不当得利的返还义务。

（四）解除与撤回

撤回是阻却尚未发生效力的法律行为或意思表示生效，而解除是消灭已经生效的合同，溯及地消灭该效力，故二者存在本质区别。

三、合同解除制度的作用

《合同法》第 8 条明文规定：依法成立的合同，对当事人具有约束力。当事人应当按照约定履行自己的义务，不得擅自变更或者解除合同。这就是合同恪守原则。[①] 合同解除须有当事人约定或法律明文规定作为依据。有时因主客观原因所致，发生当事人违约的情况，尤其在一方当事人迟延履行的情况下，解除制度的作用最为突出。即合同当事人的一方未履行债务时，如果让其相对人仍然受合同的约束，显然不妥当，有悖于公平正义与经济效益原则。因此，合同解除制度的作用在于使合同违约方的相对人提前消灭合同，提前从合同的约束中解脱。

第二节 解除权的发生原因与行使

一、约定解除权的发生原因

《合同法》第 93 条规定：当事人协商一致，可以解除合同。当事人可以约定一方解除合同的条件。解除合同的条件成就时，解除权人可以解除合同。这种当事人之间事先在合同中约定为一方或双方保留的解除权，称为"约定解除权"。此时，解除权既可以保留给当事人一方，也可以保留给当事人双方，但不要求须在拟解除合同中约定，也可以事后另订合同保留解除权。其中，保留解除

[①] 参见 PICC 第 1.3 条。

权的合同条款,称为"解约条款"。约定解除权的行使方法及效果,有约定时从约定,若无特别约定,则可以适用解除的一般规定。

二、法定解除权的发生

(一) 概述

依法律规定发生的解除权,称为"法定解除权"。法定解除权的发生原因,分为所有债权合同所共通的发生原因和特种合同独自的发生原因,前者称为"一般法定解除原因",后者称为"特殊法定解除原因"。《合同法》第94条规定:"有下列情形之一的,当事人可以解除合同:(1) 因不可抗力致使不能实现合同目的;(2) 在履行期限届满之前,当事人一方明确表示或者以自己的行为表明不履行主要债务;(3) 当事人一方迟延履行主要债务,经催告后在合理期限内仍未履行;(4) 当事人一方迟延履行债务或者有其他违约行为致使不能实现合同目的;(5) 法律规定的其他情形。"该条的规定属于一般法定解除原因。在此仅阐述一般解除权的发生原因,特殊解除权的发生原因在合同分论阐述。

根据《合同法》第94条,在我国一般法定解除权的发生原因,分为客观原因与债务不履行(违约行为)两种。在此,客观原因是指不可抗力;债务不履行主要包括拒绝履行、迟延履行、履行不能以及不完全履行。

[比较法] 德国、日本、韩国民法未将不可抗力作为法定解除权的发生原因。PICC与PECL则持肯定立场。鉴于合同解除制度的目的在于使当事人从丧失存在意义的合同中提前解脱出来,将不可抗力作为解除事由有其合理性。

(二) 因不可抗力发生的解除权

因不可抗力致使不能实现合同目的,当事人可以解除合同(《合同法》第94条第1项)。不可抗力,作为一种客观原因,造成合同不能履行时,该合同应该消灭。但关于通过何种途径消灭,各国立法并不一致。德国、日本、韩国民法采取合同自动消灭的原则,原则上由债务人承担风险,而我国《合同法》则采取当事人通过行使解除权的方式将合同解除。德国法系立法表面上看不拖泥带水,解决问题干脆利落,但实际上却没有顾及当事人如何采取救济措施,把损失降低到最低限度,有将复杂问题简单化之嫌。[①] 我国《合同法》由于有了解除程序,当事人双方能够互通情况,互相配合,积极采取措施,因此有学者认为该做法具有优点。但值得注意的是,不可抗力如果对当事人的履行能力及条件的影响重大,导致合同完全不能履行,合同目的根本不能达到,则可发生合同解除权;如果不可抗力只是导致合同部分不能履行,可导致合同的变更,但不能履行部分严重影响当事人所追求的合同目的,应承认解除权的发生;如果不可抗力只是暂时阻碍

[①] 参见崔建远主编:《合同法》,法律出版社2007年版,第240页。

了合同的履行,债务人可延迟履行,但迟延履行已严重影响当事人所追求的合同目的的,也应当承认解除权的发生。①

[示例] 甲、乙订立小麦买卖合同,约定甲收购乙农场夏季收获的冬小麦。后因遭遇该地区罕见的冰雹,导致乙农场的上述小麦绝收,此时甲、乙均可解除合同。若冰雹仅是导致小麦稍有减产,则双方均无法定解除权。

(三) 因拒绝履行发生的解除权

拒绝履行,又称"毁约",是指债务人能够履行但向债权人表示不履行。在履行期限届满之前,当事人一方明确表示或者以自己的行为表明不履行主要债务的,相对人可以解除合同(《合同法》第94条第2项)。我国《合同法》这一规定参考了英美法上的预期违约制度。

《合同法》规定的拒绝履行,包括两种情形:一是"明示"拒绝履行,二是"默示"拒绝履行。因拒绝履行而发生解除权,需要具备以下两个要件:(1) 合同能够履行且债务人有履行能力,但债务人拒绝履行;(2) 债务人拒绝履行无免责事由。至于债务人是否有过错,在所不问。

(四) 因迟延履行发生的解除权

迟延履行,指债务人能够履行,但在履行期限届满时却未履行债务。《合同法》第94条第3项及第4项前段对普通的迟延履行与定期的迟延履行作了区分,二者作为合同解除的要件并不相同。

1. 普通的迟延履行(不定期行为的合同)

在不定期合同的情形,根据合同和当事人意思表示,履行期限在合同的内容上不特别重要时,即使债务人在履行期限届满后履行,也不致使合同目的落空。在这种情况下,一方面考虑到双方当事人的利益,另一方面为了维持一般交易中对合同的信赖,原则上不允许债权人立即解除合同,而由债权人向债务人发出履行催告,确定一个宽限期。债务人在该宽限期届满时仍未履行的,债权人有权解除合同。

《合同法》第94条第3项规定,当事人一方迟延履行主要债务,经催告后在合理期限内仍未履行,债权人可以解除合同。即普通的迟延履行而发生解除权,需要具备以下三个要件:(1) 须有债务人的履行迟延;(2) 须有定有合理期限的债权人的催告;(3) 债务人在合理期限内未履行债务。

[示例] 甲、乙签订买卖合同,约定甲在5月1日前向乙交付50吨水泥,货到付款。但直至5月2日甲仍未交货,此时,乙不可立即解除合同;若后乙向甲发出律师函,催告甲务必于6月2日之前送货,否则乙将无法继续施工。但过了6月2日,甲仍未交付水泥,此时乙得解除合同。

---

① 参见韩世远:《合同法总论》,法律出版社2008年版,第603页。

2. 定期行为合同的情形

根据合同的性质或者当事人的意思表示,履行期限在合同的内容上特别重要,债务人不于此期内履行,即达不到合同目的,这类合同称为"定期行为合同",此时债权人可以不经催告而径直解除合同。其中,由合同的性质决定的定期行为,称为"绝对的定期行为",如中秋月饼的订购合同,由于给付的客观性质决定,如果不在约定期间内履行,便不能达到合同目的;依当事人的意思表示决定的定期行为,称为"相对的定期行为",如定制婚礼服的合同,仅从给付的客观性质并不能断定其为定期行为,而是依债权人的主观动机来看,如果不在一定期间内履行,便不能达到合同的目的。值得注意的是,在相对的定期行为场合,单纯地在合同中表示严守履行期尚不充分,除了债权人主观上认为重要外,债务人也须知道严守履行期为达到合同目的的必要条件。两者区分的实益,在于对债权人的证明要求不同:在绝对的定期行为的情形,无须债权人特别证明债务人已知或应知严守履行期为实现合同目的的必要条件;在相对的定期行为则有此要求。

在绝对的定期行为与相对的定期行为场合,只要债务人未在履行期限内履行,债权人可以不经催告而直接将合同解除。值得注意的是,只是发生解除权,并非发生解除的效果。换言之,在定期行为的场合,无须催告程序,但须有解除的意思表示。此时解除权的发生要件,除不经催告外,与上述普通的迟延履行相同。

《合同法》第94条第4项规定,迟延履行致使不能实现合同目的,无须催告即可解除合同。例如在定制新年贺卡、订购中秋月饼等情形,一旦债务人迟延履行,即足以致使合同目的不能实现,此时再要求债权人先行催告方可解除,显属徒劳,全无必要。

[示例] A、B两公司签订一批圣诞节礼品的买卖合同,约定A必须在12月18日之前交货与B,后因生产故障A于12月27日才将上述货物运至B处,则B可不经催告,径直解除合同。

(五)因根本违约发生的解除权

《合同法》第94条第4项后段规定,"其他违约行为致使不能实现合同目的"为合同解除条件之一。其他违约行为包括不完全履行(包括瑕疵履行)、履行不能等。致使合同目的不能实现的违约行为,称为"根本违约"(fundamental breach)。实践中常见的此类解除事由为不完全履行。不完全履行是指债务人虽然以适当履行的意思进行了履行,但不符合法律的规定或者合同的约定。不完全履行可分为量的不完全履行和质的不完全履行。债务人以适当履行的意思提供标的物,而标的物的数量有所短缺的,属于量的不完全履行。它可以由债务人补充履行,使之符合合同目的。但在某些情况下,如果债务人不进行补充履行,或者补充履行也不能达到合同目的,债权人就有权解除合同。债务人以适当履行的意思提供标的物,但标的物在品种、规格、型号等质量方面不符合法律的规定或合同的约定,或者标的物有隐蔽缺陷,或者提供的劳务达不到合同规定的水平,都属于质的不完全履行。于此场合,可多给债务人一定宽限期,使之消除缺陷或另行给付。如果在此期限内未能消除缺陷或另行给付,则解除权产生,债权人可解除合同。

[示例] 甲向乙公司购买100吨水泥,乙公司交付了95吨,剩下5吨未交付,则甲不能以此为由主张解除合同;若乙公司仅交付了100公斤水泥,余下的不能交付,则甲当然可以解除合同。

三、解除权的行使

(一) 概述

1. 如前所述,合同解除权是合同当事人可以将合同解除的权利,不管是依合同发生,或者依法律的规定发生,其行使与否完全取决于享有解除权人的自由。约定解除权或法定解除权,其行使方法相同。《合同法》第96条规定:"当事人一方依照本法第九十三条第二款、第九十四条的规定主张解除合同的,应当通知对方。合同自通知到达对方时解除。对方有异议的,可以请求人民法院或者仲裁机构确认解除合同的效力。法律、行政法规规定解除合同应当办理批准、登记等手续的,依照其规定。"

2. 解除权性质上属于形成权,不需要对方当事人的同意,只需解除权人单方的意思表示即可。解除权人主张解除合同,应当通知对方。解除的通知就是解除权人解除合同的意思表示,解除的通知到达对方时发生合同解除的效力(《合同法》第96条第1款中段)。此意思表示的通知,须在解除权消灭之前作出。在此"对方",是指被解除的合同当事人,或者承继其法律上地位的人。解除的意思表示方式,无任何限制,书面或者口头均无不可。另外,裁判上的诉状、答辩书也可以构成解除的意思表示。但关于约定解除权,如果当事人特意限制解除权的行使方法,应当依照其约定。法律、行政法规规定解除合同应当办理批准、登记等手续的,依照其规定(《合同法》第96条第2款)。

值得注意的是,解除权的行使,只需向对方当事人发出解除的意思表示,无须请求法院作出宣告解除的形成判决。但是,对方有异议的,可以请求人民法院或者仲裁机构确认解除合同的效力(《合同法》第96条第1款后段),法院或者仲裁机构认为解除的意思表示有效的,作出确认判决或者裁决,此判决或裁决送达对方时即发生解除的效力,而并非判决或裁决确定时发生解除的效力。当事人对《合同法》第96条、第99条规定的合同解除虽有异议,但在约定的异议期限届满后才提出异议并向人民法院起诉的,人民法院不予支持;当事人没有约定异议期间,在解除合同通知到达之日起三个月以后才向人民法院起诉的,人民法院不予支持(《合同法解释(二)》第 24 条)。

3. 解除的意思表示是否可以附条件或期限,《合同法》未作明文规定。解除权为形成权,是以根据单方的意思表示发生法律关系的变动为目的的法律行为,如果对其行使附条件或期限,发生不确定的法律状态,这对相对人非常不利,因此原则上不允许。但若附条件或期限,不发生致使相对人受不利益的情形,应当认为可以附条件或期限。

4. 解除权的意思表示不得撤销,但以无行为能力或意思表示的错误或瑕疵为由的,不在此限。不允许撤销解除的意思表示,是为了保护信赖解除的溯及效力的相对人。因此,如果经相对人同意,当然可以撤销解除的意思表示,但撤销的法律效果,不得对抗第三人。

(二) 解除权的不可分性

当事人的一方或者双方有数人时,解除权应由全体或者对全体当事人行使。这便是解除权的不可分性。我国《合同法》虽未作明文规定,亦应作相同解释。

合同当事人一方或者双方为数人时,如果各当事人对自己的份额可以行使解除权或者被解除,会存在复杂的法律关系,由此为了实际操作上的方便而采取不可分原则。

解除权不可分性原则,实际上是为了操作方便而采的规定,并非基于性质上的不可分性或者公法上的理由,不属于强行规定,因而,当事人可依特别约定排除该原则的适用。

在多数人的可分之债或不可分之债的情形,则须由全体或者对全体进行催告,由全体或者对全体为解除的意思表示。但此时并不以同时作出为必要,解除的意思表示各成员单独作出的,应当解释为最终意思表示到达时,始发生解除的效力。

当事人的一方或者双方有数人的情形,对其中一人发生解除权消灭时,对于其他人亦归于消灭。至于解除权的消灭原因,不在考虑范围,学说认为抛弃解除权的情形亦包括在内。

第三节 合同解除的效力

一、解除的一般效力

《合同法》第 97 条规定了合同解除的一般效力,即"合同解除后,尚未履行的,终止履行;已经履行的,根据履行的情况和合同性质,当事人可以要求恢复原状、采取其他补救措施,并有权要求赔偿损失"。具体理解为:(1) 未履行的债务,无须履行;(2) 已经履行的,互相返还,即负担恢复原状的义务;(3) 如果通过(1)和(2)尚有未填补的损害,有权请求赔偿。换言之,解除的一般效力为合同义务的解脱、恢复原状、损害赔偿三种。

[**争议点**] 关于这三种效果在法理上如何构成,学说有争论。但所谓的学说争论,实为德国学者的争论。有直接效果说(Theorieder direkten Wirkung);间接效果说(Theorie der indirekten Wirkung);折中说(Die mittlere Theorie)。

直接效果说认为,合同因解除而溯及地归于消灭,尚未履行的债务免于履行,已经履行的部分发生返还请求权;间接效果说认为,合同本身并不因解除而归于消灭,只不过是使合同的作用受到阻止,其结果对于尚未履行的债务发生拒绝履行的抗辩权,对于已经履行的债务发生新的返还债务;折中说认为,对于尚未履行的债务于解除时归于消灭(与直接效果说相同),对于已经履行的债务并不消灭,而是发生新的返还债务(与间接效果说相同)。

德国的判例一贯采纳直接效果说,但学说从直接效果说逐渐转换为折中说,如今在德国折中说为有力学说。日本法关于解除的规定虽与德国有相当的差异,但日本学说仍采纳德国学说,学说和判例均采直接效果说。第二次世界大战后,日本有不少学者采间接效果说,而最近折中说为有力学说。[①] 我国《合同法》采折中说。

二、未履行的债务,终止履行(从合同义务中解脱)

合同解除后,尚未履行的,终止履行(《合同法》第97条前段)。在此所谓"终止履行",应当解释为免除债务,并非相对人取得抗辩权。因为解除为消灭合同关系的手段之一,解除权人负有的债务(给付义务)若尚未履行,便因解除归于消灭,从而解除权人从合同义务中可以解脱出来。解除的相对人所负的债务,如果仍有尚未履行的,当然也因解除而归于消灭。因此解除制度在双务合同中更好地发挥其功能。德国民法只在双务合同中规定解除。

三、已经履行的债务,恢复原状

(一) 恢复原状义务的发生

1. 恢复原状是有溯及力地解除所具有的直接效力,使双方当事人基于合同发生的债务全部免除的必然结果。

合同解除的法律效果是使合同关系消灭。在合同尚未履行时,因解除权的行使,基于合同发生的债权债务关系全部消灭,当事人间当然恢复原状,从而无从产生恢复原状义务的余地。但是合同部分或全部履行的情况下,由于合同因解除而自始失去效力,所以当事人受领的给付失去法律根据,应该返还给付人。

---

① 参见〔韩〕郭润直:《债法各论》,博英社1997年版,第168页。

这就是受领人负有恢复原状的义务,或者说负有返还其受领的义务。此即合同的溯及效力。反之,如果合同的解除无溯及效力,解除以前的债权债务依然存在,则不存在恢复原状的问题。

2. 我国《合同法》在第 97 条中段规定:已经履行的,根据履行情况和合同性质,当事人可以要求恢复原状,采取补救措施。据此可见,我国《合同法》承认合同的解除可以产生溯及既往的法律效果。但不能认为解除一概具有溯及力或一概发生恢复原状的效力。理由如下:

(1) 依文义解释,该条虽一般性地规定了恢复原状请求权,但附有前提性限制,即恢复原状须以"履行情况和合同性质"为根据,据此有理由认为依履行情况和合同性质不适于恢复原状的,不得恢复原状。

(2) 依目的解释,一概认定解除发生恢复原状的后果,将严重违背合同解除制度乃至合同法的整体目的。合同解除制度旨在将当事人从无效率的合同关系中解脱出来,尽可能地减少交易损失;合同法以鼓励交易为目的之一,旨在最大限度地促进交易,保护当事人从交易中获取期待利益。现实中有相当数量的合同(尤以继续性合同为典型)的履行并不适合恢复原状或不可能恢复原状,例如雇佣、委托、特许经营等,其标的或为劳务,或为蕴含特定技能、专门知识的特殊服务,不适合、不可能返还,且难以用金钱折算、评估,强求恢复原状必将造成资源浪费,有违交易目的,既无可能性,亦无必要性。

(3) 依体系解释,《合同法》总则上的解除制度,覆盖了大陆法上传统的解除与终止制度。大陆法上区分解除与终止的意义在于两者适用对象与法律效果的合理区别,即解除原则上适用于非继续性合同,有溯及力;终止原则上适用于继续性合同,无溯及力。《合同法》的解除制度既将传统的解除和终止合而为一,自然将两者的适用对象与法律效果一并涵括在内,没有理由认为是关于解除的规定吞并了关于终止的规定。故该条文义上虽未区分适用对象与法律效果,内容中实已蕴含了此种区别。

该条规定虽可经解释而达到较为妥当的结果,但毕竟语意不明,易滋歧义,宜于将来修法时加以修正。比较法上的规定值得借鉴,如 PICC 第 7.3.6 条以"恢复原状"(restitution)为题规定:(1) 终止①合同时,任何一方当事人均可请求返还已给付的利益,同时应向对方当事人返还已受领的利益。依其种类不可能返还或不适合返还的,在合理的情况下,应以金钱予以补偿。(2) 但如合同的履行已持续相当时间且合同是可分的,只能就合同终止后所为的履行请求返还。

(二) 恢复原状义务的性质及内容

关于恢复原状义务的性质,学说有分歧。韩国通说认为,合同既然因为解除

---

① PICC 中所称的"终止"(termination),含义相当于我国《合同法》上的"解除"。

而溯及地消灭,已经履行的给付便欠缺法律上的原因,构成不当得利,因而,此处的恢复原状义务其性质属于不当得利的返还义务。但关于因合同解除的恢复原状义务,有以下几点值得注意:(1)因合同的无效或撤销的情形,根据返还义务人的善意或恶意,其返还内容有所不同,即返还义务人为善意时,返还现存利益,而返还义务人为恶意时,则返还收益加利息,并且若有损害,亦赔偿该损害。但因合同解除的返还义务对善意或恶意不作区分,将全部返还所受利益。(2)因合同解除的返还义务的内容为金钱时,自受领之日起的利息计算返还,这是非基于当事人之间约定的法定利息。(3)第三人利益。① 在涉及第三人利益时,对解除的溯及力加以限制,即解除的效力不得对抗第三人。

我国学说认为,基于合同解除的恢复原状与不当得利返还请求权相比,在效力及范围上有自己的特性。在效力方面,由于我国不承认物权行为的独立性和无因性,因此给付人请求受领人返还给付物权利为所有物返还请求权,其优先于普通债权得到满足。在范围方面,恢复原状的返还以给付时的价值数额为准,以达到合同未订立前的状态,而不以受领人是否为善意还是恶意为返还标准。主要包括如下几方面的内容:(1)标的物的返还:标的物为特定物的场合,如果原物存在,自然要求返还原物;原物不存在场合,可按解除当时该物的价款返还。代替物的场合,只要返还同种、同等、同量的物即可。在提供劳务或作出其他无形的给付场合(性质上无法原物返还),作价返还。(2)利息、孳息及使用利益:在受领金钱时,自受领时起的利息亦应计算返还。受领的物产生孳息时,也应当返还孳息。(3)原物返还不能场合:买受人拒绝接受标的物或者解除合同的,标的物的毁损、灭失的风险由出卖人承担。(4)投入费用:受领人保管给付物所支付的必要费用,在其返还给付物时有权请求给付人偿还。

适用恢复原状时,原则上双方当事人应同时返还各自所受领的一切利益,于此适用同时履行抗辩权的规定。

四、解除与损害赔偿请求

(一) 解除与损害赔偿关系

关于合同解除与损害赔偿关系,各国立法例有不同。如 2002 年修改前的德国民法采选择主义,合同解除与损害赔偿不能同时并存,当事人只能选择其中之一而请求(《德国民法典》第 325 条);法国民法采并存主义,合同解除并不排斥损害赔偿(《法国民法典》第 1184 条第 2 项)。

我国《合同法》采纳法国立法例,规定合同解除不影响当事人请求损害赔偿的权利(《民法通则》第 115 条),当事人仍有权要求赔偿损失(《合同法》第 97

---

① 参见〔韩〕梁彰洙:《民法入门》,博英社 2001 年版,第 245—248 页。

条)。即合同解除与损害可以并存(必要时可以先解除合同,若有损害又可以请求损害赔偿),并非如同德国法二者择一。

(二) 损害赔偿请求权的性质

此处的"损害赔偿义务",是对因债务不履行(违约)而生的损害的赔偿。即解除权人通过"恢复原状请求权"回复合同成立之前的状态外,通过损害赔偿请求权又可以请求因债务不履行所生的损害。债务人违约的情况下,损害赔偿已经成立,但非违约方解除合同时,只能恢复原状,已发生的损害并非因解除而化为乌有,因此二者并存,更有利于保护非违约方。

[示例] 甲公司逾期未向乙工厂交付合同约定的20吨货物,乙依法解除了合同,同时为保持正常的开工,紧急从丙工厂调入20吨货物,由于此间价格上涨,为此比从甲处购买多支付了2万元,则乙工厂可要求甲公司赔偿2万元的损失。

第四节 解除权的消灭

一、一般消灭原因

解除权属于形成权,因此适用形成权共通的消灭原因。

(一) 除斥期间的经过

解除权属于形成权,故适用除斥期间,而非消灭时效。

(二) 抛弃

解除权可以根据权利人单方的意思表示而抛弃。权利人抛弃解除权的,其解除权消灭;解除权也可以预先放弃。鉴于解除权行使的程序规定,应当解释为权利人向相对人为抛弃的意思表示。

(三) 权利失效

解除权发生后,债权人未抛弃解除权,而且债务人也未履行的,债权人是否享有不受任何限制随时请求给付或者随时解除合同的自由?为此法律规定赋予相对人催告权。但因债务不履行而发生法定解除权的情形,相对人行使催告权的可能性极小;而且因解除发生的损害赔偿,原则上以解除当时的价格为标准,因此不能排除债权人选择对自己最有利的时期行使解除权,这对债务人有所不公平。考虑到这些因素,如果权利人取得解除权后,在相当期间内未经行使,而且相对人也合理信赖权利人不再行使解除权,依据诚实信用原则,可以认为解除权人不得再行使其解除权。此即所谓"权利失效原则"。[1]

---

[1] 参见[韩]郭润直:《债法各论》,博英社1997年版,第183页。

二、解除权所特有的消灭原因

(一) 存续期间的经过及催告

法律规定或者当事人约定解除权行使期限,期限届满当事人不行使的,该权利消灭(《合同法》第95条第1款)。在此情形,无须对当事人催告,只要该期限经过,解除权就绝对地消灭,合同就确定地继续有效。

法律没有规定或者当事人没有约定解除权行使期限,经对方催告后在合理期限内不行使的,该权利消灭(《合同法》第95条第2款)。值得注意的是,解除权因行使期限届满或者催告而消灭的情形,合同上的债权债务不受任何影响,债权人并非失去本来合同上的给付请求权(履行迟延的情形)或者填补赔偿的请求权(履行不能的情形)。

(二) 标的物的毁损或者返还不能

解除权行使后,解除权人有义务返还原物恢复原状。但如果由于解除权人的故意或者过失而显著毁损合同标的物致使原物返还不能的,解除权消灭。

(三) 违约方的补救

解除权人行使解除权之前,义务人已补正了履行上的瑕疵的,解除权消灭。

第十二章 违约责任

一、违约责任的概念与特征

违约责任是指合同当事人不履行合同义务时应承担的民事责任。本书采广义的不履行概念，履行义务不符合约定的，属于不履行的一种情形。《合同法》第107条规定："当事人一方不履行合同义务或者履行合同义务不符合约定的，应当承担继续履行、采取补救措施或者赔偿损失等违约责任。"

违约责任有下列特征：

1. 违约责任是一种民事责任。与行政责任、刑事责任不同，违约责任是私人对私人的责任，追究违约责任后所得的赔偿金、违约金、定金等财产（无论补偿性或惩罚性），悉数归权利人所有，而不缴入国库；违约责任仅限于财产责任，而不及于人身、名誉；违约责任的功能主要在于补偿而非惩罚或威慑；违约责任可事先或事后约定、变更、免除，并可通过协商、和解、调解解决。

2. 违约责任是不履行合同义务的民事责任。违约责任因不履行合同义务而发生，不同于侵权责任与缔约过失责任：合同义务源于当事人明确约定的义务和默示的合同义务（implied obligation），默示的合同义务是基于诚实信用与公平原则、合同的性质与目的、交易习惯与当事人之间的习惯做法以及一般合理性而推定的合同义务；侵权责任则因违反法定义务而发生，法定义务来源于法律的明确规定和依社会生活观念而确定的一般注意义务；缔约过失责任则因违反先合同义务而发生，先合同义务来源于法律基于诚实信用原则所作的特别规定。

3. 违约责任是补偿性责任。违约责任旨在填补非违约方的实际损失，而非惩罚违约方。违约责任以"同质救济"为原则：损害赔偿以填补实际损害为限，即"损失多少，赔偿多少"；违约金数额过分高于实际损失的，可以适当减少。例外情形下，法律允许违约责任具有惩罚性：（1）收受定金一方违约的，应双倍返还定金；（2）经营者对消费者提供商品或服务有欺诈行为的，适用惩罚性赔偿（《消费者权益保护法》第55条）。

二、违约责任的归责原则

《经济合同法》第29条规定，由于当事人一方的过错，造成经济合同不能履行或者不能完全履行,由有过错的一方承担违约责任。系以过错责任为归责原则。《合同法》第107条规定:"当事人一方不履行合同义务或者履行合同义务不符合约定的,应当承担继续履行、采取补救措施或者赔偿损失等违约责任。"该条被认为是采严格责任原则,仅在违约方能够证明存在法定免责事由(详见本书第三章第三节第一目)时,方可免责。

严格责任为违约责任的一般归责原则,但《合同法》分则另就个别合同规定过错责任原则,如无偿保管人仅就重大过失负责(第374条),无偿受托人仅就故意或重大过失负责(第406条)。

三、违约的形态

(一) 预期违约的概念

违约的形态包括履行不能、拒绝履行等,其规则已如前述。合同法上的特有问题为预期违约,有其特殊性。

预期违约(anticipatory breach),又译为"先期违约""期前违约",是指合同当事人于履行期限届至前明确表示或以自己的行为表明不履行合同义务的行为(《合同法》第108条)。完整意义上的预期违约,尚应包括履行期限届至前债务人履行不能的情形,因此时违约之发生,已确定无疑。《合同法》第108条规定:"当事人一方明确表示或者以自己的行为表明不履行合同义务的,对方可以在履行期限届满之前要求其承担违约责任。"

[示例] A向B定制一批特殊的机器零件,约定于12月1日前交货。11月26日,B的厂房失火,制造设备及成品全部焚毁。依工作进度判断,重新制作最早在12月20日方可完成。A有权立即主张违约责任。

履行期限届至前,债务人不必履行合同义务,何以构成违约? 合同约定的义务显然不足以成为预期违约的依据。美国《统一商法典》第2-609条第1款明确规定了预期违约的根据:合同的任何一方当事人均负有不损害他方对获得及时履行的期待的义务。预期违约即系违反此项义务的结果。当事人之间订立合同的基本目的是为了获得实际履行;双方合意的一项重要特征是,权利人有理由信赖、期待一旦履行期届至债务人即会完成所允诺的履行。[1] 如果履行期届满之前债务人已经宣称不再继续履行,或者其行为已经表明他将不履行合同(例如将不动产转卖于他人),显然这已严重损害另一方当事人的期待利益,要求该方当事人须待履行期满之时方可追究对方的违约责任,无异于令其坐以待毙。允许非违约方期前追究违约责任,有利于及时补救违约的损失,遏制违约行为的后果发生。

---

[1] See UCC §2-609 cmt. 1(2003).

预期违约制度发端于英国判例法,并为普通法系国家普遍采用,美国《统一商法典》首次予以法典化。CISG 第 71 条、PICC 第 7.3.3 与 7.3.4 条、PECL 第 8:105 与 9:304 条均明文采纳该制度。我国法上,《涉外经济合同法》最早规定了预期违约制度,《合同法》沿用之,但内容上已有较大变化。《涉外经济合同法》的规定基本上采用了普通法系的相关制度,《合同法》的预期违约制度则已吸收大陆法系不安抗辩权的若干内容,并予以分散规定,导致预期违约与不安抗辩权的界限趋于模糊,由此引发学理上的不少争论。

(二) 预期违约的类型

《合同法》中的预期违约分为两种类型,即明示预期违约与默示预期违约。前者是指合同当事人在履行期届满之前明确表示不履行合同义务的行为,后者是指当事人在履行期届至之前以行为表明不履行合同义务的行为。何谓"表明不履行合同义务的行为"? 可以《合同法》第 68 条规定的四种情形作为判断标准,当然也不排除其他的事实,例如出卖人一物二卖的行为,足以表明他将不履行第一个买卖合同。

区分明示预期违约与默示预期违约的实益在于证明要求不同。在明示预期违约情形,非违约方只需证明对方作出违约表示即可,而在默示预期违约的情形,非违约方须证明对方的特定行为足以表明其将不履行合同义务或使非违约方能够合理地认为对方将不履行合同义务。但何种行为可认定为预期违约,并无绝对确定的标准,如果非违约方贸然行事,反而可能构成违约,故主张默示预期违约对非违约方有较大的风险。

明示预期违约和默示预期违约的共通效力如下:

(1) 非违约方有权在合同履行期限届满之前请求违约方承担违约责任。违约既已确定发生,非违约方可以提前主张违约救济,而不必坐待损失扩大。但选择提前请求承担违约责任是非违约方的权利,而非义务,不能以非违约方负有减损义务为由认为其应当及时请求承担违约责任。非违约方完全可以等待履行期届满再追究违约责任,以避免因不能确切证明对方的预期违约事实反而招致自己违约的风险。非违约方对违约方提出请求之后,违约方在履行期届满之前撤回违约表示,并不能改变预期违约的事实。

(2) 发生根本预期违约的,非违约方有权解除合同。在履行期限届满之前,当事人一方明确表示或以自己的行为表明不履行主要义务,另一方有权解除合同(《合同法》第 94 条第 3 项)。不履行即不能实现合同目的的义务,可认定为"主要义务"。

(3) 中止履行、要求提供履约保证。英美法上的预期违约发生下列效果:非违约方可以中止自己的履行,并要求违约方提供适当履约的保证,违约方在合理期限内未提供保证的,非违约方可以解除合同。① 《合同法》已将此内容吸收于第 68 条、第 69 条的不安抗辩权制度中。因此,《合同法》上的不安抗辩权已非大陆法上仅具消极防御性的不安抗辩权;《合同法》上的预期违约也已不是英美法上具有积极进攻性的预期违约制度。两者在功能上存在部分重合之处,但适用上有所不同:不安抗辩权的适用并不以违约为要件;预期违约的救济手段又不如不安抗辩权般具有积极的预先保障性。当事人可以选择最有利的规范依据保障自身利益。

四、违约责任的形态

违约责任的形态,包括强制履行(采取修理、重作、更换等补救措施,实为强制履行的一种特殊情形)、损害赔偿、定金、违约金等。其他责任方式前已述及,此处仅讨论违约金问题。

《合同法》第 114 条规定:"当事人可以约定一方违约时应当根据违约情况向对方支付一定数额的违约金,也可以约定因违约产生的损失赔偿额的计算方法。约定的违约金低于造成的损失的,当事人可以请求人民法院或者仲裁机构予以增加;约定的违约金过分高于造成的损失的,当事人可以请求人民法院或者仲裁机构予以适当减少。当事人就迟延履行约定违约金的,违约方支付违约金后,还应当履行债务。"

(一)违约金的概念、分类与功能

违约金是当事人一方违约时,依法律规定或合同约定向非违约方支付的一定数额的金钱。违约金的标的物是金钱,且须于债务不履行时支付,其最终目的是填补违约损害和确保债务的履行。违约金只适用于当事人已约定了违约金或者法律规定有违约金的情形。在当事人未约定、法律也未规定违约金时,只能适用赔偿损失的责任方式。

违约金包括约定违约金与法定违约金。现行法上的法定违约金较为罕见,②《合同法》只规定了约定违约金。约定违约金的数额由当事人约定,其数额过高或过低时,可以请求法院或仲裁机构予以调整;法定违约金由法律直接规定计算方式,不存在事后由法院或仲裁机构调整的问题。

违约金的优点,即在于可以避免损害赔偿计算的不便,降低纠纷解决成本,

---

① 参见 UCC 第 2-609、2-610、2-611 条。
② 《电信条例》(2000 年)第 31 条规定:电信用户申请安装、移装电信终端设备的,电信业务经营者应当在其公布的时限内保证装机开通;由于电信业务经营者的原因逾期未能装机开通的,应当每日按照收取的安装费、移装费或者其他费用数额 1‰ 的比例,向电信用户支付违约金。第 34 条规定:电信用户应当按照约定的时间和方式及时、足额地向电信业务经营者交纳电信费用;电信用户逾期不交纳电信费用的,电信业务经营者有权要求补交电信费用,并可以按照所欠费用每日加收 3‰ 的违约金。

提高交易效率,具有类似于预定损害赔偿的功能。但违约金与预定损害赔偿仍有区别:违约金的适用不以发生实际损失为要件,预定损害赔偿则相反;违约金过分高于或低于造成的损失的,当事人可以请求法院或者仲裁机构予以适当减少或增加,预定损害赔偿则不存在可调整的规则。《合同法》第114条规定,当事人可以约定一方违约时应当根据违约情况向对方支付一定数额的违约金,也可以约定因违约产生的损失赔偿额的计算方法。即已明示两者为不同的制度。

(二) 违约金的性质

违约金依照性质的不同,可分为惩罚性违约金与赔偿性违约金。惩罚性违约金是按照法定或约定,只要一方违约,就应向对方支付一定数额的违约金,而无论是否存在实际损失;造成损失的,并应给予赔偿,即违约金与赔偿损失可以并用。赔偿性违约金不具有惩罚性,以填补实际损失为限,非违约方只能主张支付违约金、请求继续履行或赔偿损失,不能重复请求。

《合同法》对违约金并未明文规定其性质。从制度整体而言,《合同法》上的违约金兼具惩罚性与赔偿性。《合同法》第114条第2款规定:当事人约定的违约金过分高于或低于造成的损失的,当事人可以请求人民法院或者仲裁机构予以适当减少或增加。可见违约金以填补实际损失为原则。但违约金数额虽可减少,却不能减少至零(否则即不能称为"减少",而是免除),在并未发生实际损失的情形下,当事人仍有获得违约金的可能,因此违约金又具有一定程度的惩罚性。

[比较法] 大陆法上多承认惩罚性违约金的有效性,而英美法只承认赔偿性违约金,称惩罚性违约金为"罚金"(penalty),认为其有悖于违约救济的补偿性原则,法院在对待"penalty"时基本上持否定态度,仅支持与实际损害相当的部分。这与侵权法上的损害赔偿制度形成了颇为有趣的对比:大陆法原则上只允许补偿性的侵权损害赔偿,不允许损害赔偿数额超过侵权造成的实际损失;而英美法(尤其是美国法)则对惩罚性损害赔偿持较为宽松的态度,尤其对于可归责性较重的侵权行为(如恶意伤害他人身体、故意施加精神痛苦、证券市场欺诈性虚假陈述行为),往往判处高于实际损失额数倍,甚至数十倍的惩罚性赔偿。其间区别的法理基础何在、是否具有正当理由,深值研究。

(三) 违约金的适用

违约金的适用不以发生实际损失为要件,但当事人有相反约定的,当然有效。

约定违约金过分高于或低于造成的损失的,当事人可以请求法院或者仲裁机构予以适当减少或增加。① 该规定为强行法规定,旨在维护民法的公平与诚实信用原则,当事人的相反约定无效。非经当事人请求,法院或仲裁机构不得依职权主动调整违约金数额,否则必将严重危及合同的拘束力,为违约方逃避责任大开方便之门。请求调整的一方当事人应证明其实际损失额。法院在确定违约金数额是否过高或过低时,只应以当事人所受的财产损失为标准,而不应考虑非财产利益损失,以免危害交易秩序的确定性。

当事人既约定违约金又约定定金的,一方违约时,对方可以选择适用违约金或者定金条款(《合同法》第116条),即违约金与定金不能并用,这体现了违约金的补偿性。

[示例] 甲乙签订一份购销合同,约定:甲向乙购买2000件皮衣,货款为40万元,甲向乙支付定金5万元;同时约定,任何一方不履行合同应支付违约金7万元。后乙因将皮衣卖给丙而无法向甲交付皮衣,此时甲可选择定金罚则或请求违约金,若选择定金罚可获 $5 \times 2 = 10$ 万元;若选择违约金则可得 $7 + 5 = 12$ 万元。两者不可并用。

《合同法》第114条第3款规定,当事人就迟延履行约定违约金的,违约方支付违约金后,还应当履行债务。该款并不表明违约金有惩罚性,因债权人的期限利益为一项独立的利益,迟延履行违约金是对这一期限利益的补偿。

---

① 《合同法解释(二)》第29条规定:"当事人主张约定的违约金过高请求予以适当减少的,人民法院应当以实际损失为基础,兼顾合同的履行情况、当事人的过错程度以及预期利益等综合因素,根据公平原则和诚实信用原则予以衡量,并作出裁决。当事人约定的违约金超过造成损失的百分之三十的,一般可以认定为合同法第一百一十四条第二款规定的'过分高于造成的损失'。"

第三编　合同分论

第十三章　转移财产所有权的合同

第一节　买卖合同

一、买卖合同的概念

买卖合同是出卖人转移标的物所有权于买受人，买受人支付价款的合同（《合同法》第130条）。其中，交付并转移标的物所有权的一方为出卖人，支付价款的一方为买受人。

买卖合同的定义有两种基本类型：第一，买卖合同是转让实物所有权的合同，将买卖的标的物限于实物；第二，买卖合同是转让实物所有权或其他财产权利的合同，标的物较为宽泛，实物或其他财产性权利均可。如《日本民法典》第555条规定："买卖为当事人相约一方转移财产权于相对人。"我国《合同法》第130条采用第一种定义，将买卖的标的物限于实物，而将其他财产权利，如债权、知识产权、股权的转让排除在买卖合同之外。

二、买卖合同的特征

(一) 买卖合同是转让标的物所有权的合同

在买卖中，出卖人转让标的物的所有权给买受人，出卖人丧失标的物的所有权，买受人取得标的物的所有权。这一特征使买卖合同区别于租赁合同、借用合同。租赁和借用合同虽然也要求一方转移标的物给相对方，但对方所取得的仅是标的物的使用、收益权，而非所有权。

(二) 买卖合同为诺成合同

原则上，买卖合同于双方当事人意思表示一致时成立，其成立不以实物的交付为必要。但法律另有规定或者当事人另有约定的除外。

(三) 买卖合同为双务、有偿合同

买卖合同生效后，出卖人负有交付并转移标的物所有权于买受人的义务，买受人负有支付价款的义务,价款是买受人取得标的物所有权的对价。因此,买卖合同是典型的双务、有偿合同。

（四）买卖合同为不要式合同

《合同法》对买卖合同的形式未作特别要求,双方当事人可自由采取书面、口头或其他形式订立买卖合同,但当事人另有约定或法律另有规定的除外。如我国缔结《联合国国际货物销售合同公约》时,对书面形式作了保留,这就意味着,我国订立国际货物销售合同时必须采用书面形式。

三、买卖合同的效力

（一）出卖人的义务

1. 交付标的物

交付标的物给买受人是出卖人的首要义务,它关系到标的物所有权和风险负担的转移。出卖人应当按照约定交付标的物。

（1）按期交付标的物。出卖人应当按照约定的期限交付标的物。当事人双方约定交付期限的,出卖人可以在交付期间内的任何时间交付;未约定交付期限或约定不明的,适用《合同法》第 61 条和第 62 条第 4 项的规定(《合同法》第 138 条、第 139 条)。按期交付标的物是出卖人的基本义务,提前或者逾期履行都构成违约。买受人接受出卖人履行期限的约定,往往有其自身的考虑,出卖人提前履行会给买受人带来不必要的负担或损失的,买受人可以拒绝接受提前履行。根据诚实信用原则,出卖人提前履行并不损害买受人利益的,买受人不应以提前履行为由拒绝接受,但提前履行给买受人增加的费用由出卖人承担(《合同法》第 71 条)。

（2）按照约定的地点交付标的物。出卖人应当按照约定的地点交付标的物。当事人对交付地点没有约定或约定不明确的,适用《合同法》第 61 条的规定仍不能确定的,适用下列规定:标的物需要运输的,出卖人应该将标的物交付给第一承运人以运交给买受人;标的物不需要运输的,出卖人和买受人订立合同时知道标的物在某一地点的,出卖人应当在该地点交付标的物;不知道标的物在某一地点的,应当在出卖人订立合同时的营业地交付标的物。

（3）按照约定的质量要求交付标的物。出卖人应当按照约定的质量交付标的物。标的物的质量一般包括两个方面:一是标的物的品种和规格,通常指标的物的型号、批号、尺码、级别等;二是标的物的内在品质,指标的物应达到其应有的功效且无隐蔽瑕疵、缺陷。出卖人提供有关标的物的质量说明的,交付的标的物应当符合说明的质量要求。当事人对标的物的质量没有约定或约定不明的,可按照《合同法》第 61 条的规定予以确定;仍不能确定的,按照《合同法》第 62 条第 2 款的规定,出卖人应按照通常标准或符合合同目的的特定标准履行。出卖人交付的标的物不符合质量标准的,应当按照当事人的约定承担违约责任。对违约责任没有约定或者约定不明确,也不能达成补充协议或者按照合同有关条款以及交易习惯仍不能确定的,根据标的物的性质以及损失的大小,买受人可以合理选择请求修理、更换、重作、减价或者退货。

(4) 按照约定的数量交付标的物。出卖人应按照约定的数量交付标的物,对于多交付的标的物,为保护买受人的利益,法律一般赋予其接受或者拒绝的选择权。出卖人多交付标的物的,买受人可以接受或者拒绝多交付的部分。买受人接受多交付部分的,按照合同的价格支付价款;买受人拒绝接受多交付部分的,应当及时通知出卖人(《合同法》第162条)。

(5) 按照约定的包装方式交付标的物。出卖人应当按照约定的包装方式交付标的物。对标的物的包装方式没有约定或约定不明确的,按照《合同法》第61条的规定仍不能确定,应当按照通用的方式包装;没有通用方式的,应当采取足以保护标的物的包装方式。

一般而言,标的物交付方式有以下几种:

① 现实交付,指出卖人将标的物转移于买受人的直接占有和控制之下。

② 简易交付,指标的物在订立合同之前已为买受人占有的,合同生效的时间为交付的时间(《合同法》第140条)。

③ 指示交付,指在合同订立之前,标的物被第三人占有,出卖人与买受人约定,出卖人将其对第三人所享有的返还原物的请求权转移给买受人,由买受人向第三人行使该请求权以代替现实交付。

④ 占有改定,指出卖人与买受人约定,由出卖人继续直接占有标的物,而买受人取得标的物的间接占有。占有改定的完成,除买卖合同之外,须有其他法律关系的存在。例如,当事人订立买卖合同之后又订立了借用、租赁合同,出卖人以借用人或者承租人名义继续占有标的物,而买受人取得标的物的间接占有,此即为占有改定。

⑤ 拟制交付,指出卖人将代表标的物所有权的凭证、仓单等交付给买受人,以代替标的物的现实交付。拟制交付中,标的物所有权的转移于交付凭证之时完成。

2. 转移标的物的所有权

取得标的物的所有权是买受人的主要交易目的,因此,将标的物的所有权转移给买受人,是出卖人的一项主要义务。移转标的物的所有权,是指在移转标的物占有的基础上,实现标的物所有权的转移,使买受人取得标的物所有权。《合同法》第133条规定:"标的物的所有权自交付时起转移,但法律另有规定或者合同另有约定的除外。"

(1) 动产所有权的转移。动产所有权以占有为公示方法,其所有权自交付时起转移。船舶、航空器、机动车辆等类型的动产,价值较大,以登记作为公示方法。但登记仅是对抗要件,并不影响所有权的转移。《海商法》第9条第1款规定:"船舶所有权的取得、转让和消灭,应当向船舶登记机关登记;未经登记不得对抗第三人。"

(2) 不动产所有权的转移。不动产以登记作为公示方法,其所有权自登记完成时转移。

(二) 买受人的义务

1. 支付价款

支付价款是买受人的主要义务,买受人应当按照约定的数额、时间、地点、结算方式支付价款。

(1) 数额的确定。买受人应当按照约定的数额支付价款,对价款没有约定或者约定不明确的,适用《合同法》第61条的规定仍不能确定的,按照合同订立时的市场价格履行;依法应当执行政府定价或者政府指导价的,按照规定履行。具体而言,应当按照政府定价或者政府指导价的,在合同履行期间价格调整的,按照交付时的价格履行;逾期交付标的物,遇价格上涨时,按原价格执行,遇价格下降时,按新价格执行;逾期提取标的物或者逾期付款货物,遇价格上涨时,按新价格执行,遇价格下降时,按原价格履行。

(2) 价款的支付时间。买受人应当按照约定的时间支付价款,对支付时间没有约定或者约定不明的,按《合同法》第61条的规定仍不能确定的,买受人应当在收到标的物或者提取标的物单证时支付。

(3) 价款的支付地点。买受人应当按照合同约定的地点支付价款,对支付地点没有约定或者约定不明确,依《合同法》第61条的规定仍不能确定的,买受人应当在出卖人的营业地支付;但约定支付价款以交付标的物或者交付提取标的物的单证为条件的,在交付标的物或者提取标的物单证地支付。

(4) 结算方式。结算方式是指出卖人向买受人交付标的物后,买受人向出卖人支付标的物价款、运杂费和其他费用的方式。买卖合同的结算方式应遵守中国人民银行关于结算办法的规定,除法律或者行政法规另有规定外,必须用人民币计算和支付;同时,除国家允许使用现金履行义务外,必须通过银行转账或者票据结算。

2. 接受标的物

接受标的物是权利又是义务。首先,它是买受人实现合同目的的唯一途径;其次,当出卖人自动适当履行到期债务时,买受人应当及时受领标的物。买受人不及时或者拒绝接受标的物,给出卖人造成不必要的损失或者负担的,买受人应承担相应的违约责任。

3. 及时检验

买受人收到标的物时,有及时检验的义务。当事人约定检验期间的,买受人应当在约定期间内,将标的物的数量或质量不符合约定的情形通知出卖人,买受人怠于通知的,视为标的物的数量或质量符合约定。当事人没有约定期间的,买受人应当在发现或者应当发现标的物数量或质量不符合约定的合理期间内通知出卖人。该项义务属于买受人所负担的不真正义务,违反该项义务不发生违约责任的承担,但由此造成的损失由买受人自己负担。

4. 暂时保管及应急处置标的物

在特殊情况下,如交付的标的物有瑕疵、迟延交付、多交付等,买受人对于出卖人所交付的标的物,可作出拒绝接受的意思表示,但有暂时保管并应急处置标的物的义务。我国法律对此项义务未作明确的规定,但可认为它是根据诚实信用原则派生出来,属买受人所应负担的附随义务。根据各个国家和地区的立法,买受人拒绝接受时的保管及应急处置义务是有条件的:

(1)必须是异地交付,货物到达交付地点时,买受人发现标的物的品质瑕疵而作出拒绝接受的意思表示;

(2)出卖人在标的物接受交付的地点没有代理人,即标的物在法律上已处于无人管理的状态;

(3)一般物品由买受人暂时保管,但出卖人接到买受人的拒绝接受通知时应立即以自己的费用将标的物提回或作其他处置,并支付买受人的保管费用;

(4)对于不易保管的易变质物品如水果、蔬菜等,买受人可以紧急变卖,但变卖所得在扣除变卖费用后须退回出卖人。

基于诚实信用原则,买受人在拒绝接受交付时为出卖人保管及紧急变卖标的物的行为必须是基于善良的动机,不得扩大出卖人的损失。

四、瑕疵担保责任

(一)瑕疵担保责任概述

按照大陆法系国家的民法理论,契约责任的根据大致有:缔约过失、违约、瑕疵担保和积极侵害债权。这些制度形成一个网络来保护债权人的利益。但这些制度发生作用的领域各异,其中瑕疵担保责任主要限于买卖合同。瑕疵担保责任制度主要解决买卖合同中的两个问题:一是无权处分,二是交付的标的物不符合当事人约定的或通常的品质要求。[1] 前者为权利瑕疵,后者为物的瑕疵。

瑕疵担保责任自罗马法传承至今为近代民法所继承,并在民法典中将出卖

---

[1] 参见李永军:《合同法》,法律出版社 2004 年版,第 130 页。

人的瑕疵担保责任作为买卖合同的特别制度加以规定而使其独立于违约责任。① 许多国家将瑕疵担保责任区别于违约责任，或者将其作为违约责任的特例规定在买卖合同中。瑕疵担保责任的规则、责任形式、诉讼时效等均有别于一般违约责任。如瑕疵担保责任普遍适用较短的诉讼时效，一般为六个月或者一年。现代合同法的趋势是将瑕疵担保责任并到违约责任之中，尽量取消原来缺少实益的区别规定。我国《合同法》亦采此做法。

（二）物的瑕疵担保责任

物的瑕疵担保指出卖人应保证其所交付的标的物符合合同约定或法律规定的质量标准，不存在可能使物的价值或效用减损的缺陷。

在买卖合同中，出卖人应当按照约定的质量要求交付标的物。出卖人提供有关标的物质量说明的，交付的标的物应当符合该说明的质量要求（《合同法》第153条）；当事人对标的物的质量要求没有约定或约定不明确的，依照《合同法》第61条的规定仍不能确定的，适用《合同法》第62条第1项的规定（《合同法》第154条）。

出卖人交付的标的物不符合法定或约定质量标准，即存在物的瑕疵时，出卖人负有物的瑕疵担保责任。《合同法》第155条规定，出卖人交付的标的物不符合质量要求的，买受人可以依照《合同法》第111条的规定，要求承担违约责任。

1. 物的瑕疵担保责任的构成要件

（1）标的物上存在瑕疵。标的物存在瑕疵是出卖人承担瑕疵担保责任的前提和基础。

（2）瑕疵于交付时已存在。标的物的瑕疵只需在标的物交付时存在，不管此瑕疵产生于合同订立之时，还是订立之后，出卖人都负有瑕疵担保责任。在买卖合同成立时，标的物不存在瑕疵，但若标的物在交付时出现瑕疵，出卖人仍须对买受人承担瑕疵担保责任；标的物交付后，标的物出现瑕疵的，则出卖人不必承担瑕疵担保责任。另外，在交付后的一定时间内，标的物没有出现瑕疵，但在保证期间内，标的物出现瑕疵的，出卖人仍应承担瑕疵担保责任。

（3）买受人不知道标的物上存在瑕疵。订约时，买受人已知标的物上存在质量瑕疵的，出卖人自不负责。如买受人非因重大过失不知有瑕疵，出卖人即便未保证标的物无瑕疵，也应负担物的瑕疵担保责任。

（4）买受人于规定期限内就标的物的瑕疵通知出卖人。瑕疵通知是买受人的基本义务，也是其主张瑕疵担保责任请求权的前提条件。如果买受人未及时通知出卖人标的物存在瑕疵，则视为无瑕疵。

《合同法》第157条、第158条对通知期限作了规定：

---

① 参见梁慧星：《民法学说判例与立法研究》，中国政法大学出版社1993年版，第147页。

买受人收到标的物时应当在约定的期间检验,没有约定检验期间的,应当及时检验(《合同法》第 157 条)。

当事人约定检验期间的,买受人应当在检验期间内将标的物的数量或质量不符合约定的情形通知出卖人,买受人未通知的,视为标的物的数量或质量符合约定。

当事人没有约定检验期间的,对于数量瑕疵和外观瑕疵,买受人应当在收货的同时检验并通知。《买卖合同解释》第 15 条规定:"当事人对标的物的检验期间未作约定,买受人签收的送货单、确认单等载明标的物数量、型号、规格的,人民法院应当根据合同法第一百五十七条的规定,认定买受人已对数量和外观瑕疵进行了检验,但有相反证据足以推翻的除外。"对于隐蔽瑕疵,买受人的检验通知义务受到双重除斥期间的限制:

① 买受人还应当自收到标的物之日起两年内通知出卖人。但是对标的物有质量保证期的,适用质量保证期,不适用该两年的规定。

② 买受人应当在发现或者应当发现瑕疵之日起的合理期间内通知出卖人。"合理期间"的长度由法院根据买卖合同的具体情况合理确定(《买卖合同解释》第 17 条第 1 款、第 18 条第 1 款)。

2. 物的瑕疵担保责任的效力

(1) 出卖人应担保其所交付的标的物符合质量标准,在特殊情况下得除去物的瑕疵,使之符合约定或法律规定的质量标准。

(2) 买受人有权要求出卖人承担瑕疵担保责任。当事人对物的瑕疵担保责任有约定,且此约定不违反法律的强行规定,则出卖人应按约定承担瑕疵担保责任;当事人没有约定,买受人可依《合同法》第 155 条的规定要求出卖人承担违约责任。即根据标的物瑕疵的性质、程度及买受人购买标的物目的之不同,买受人可以请求减少价款、修理、更换或解除合同并要求赔偿损失。并且,依据《买卖合同解释》第 20 条规定,《合同法》第 158 条规定的检验期间、合理期间、两年期间经过后,买受人才提出异议的,若出卖人为了顾及名声(或出于其他考虑)自愿承担违约责任(如修理、重作、更换、减少价款)后,不得翻悔。

(三) 权利瑕疵担保责任

权利瑕疵担保,指出卖人应保证其交付的标的物不负担第三人的合法权益或其他法律障碍,保证买受人能够对标的物拥有完全的所有权。即出卖人应对出卖标的物享有所有权或有权处分;担保第三人不得对标的物主张权利;担保标的物未侵犯任何第三人的合法权利,如知识产权等。

权利瑕疵担保责任,起源于罗马法上的追夺担保制度,指出卖人交付标的物于买受人后,第三人基于其所有权、用益物权、抵押权将标的物从买受人手中夺回时,出卖人应承担的责任。在买卖合同仅限于实物所有权买卖的立法上,权利瑕疵担保责任是指担保标的物所有权无瑕疵。在买卖合同包括其他财产权利转移的立法上,权利瑕疵担保责任是指出卖人担保财产权利无瑕疵。我国《合同法》第150条采取第一种立法例,即出卖人担保标的物的所有权无瑕疵。

1. 权利瑕疵担保责任的构成要件

(1) 标的物上存在瑕疵。第三人对买卖标的物主张权利的情形主要有两种:一是标的物的所有权属于第三人或第三人是标的物的共有人;二是标的物上设定了抵押权、质权、租赁权等,买受人可能会因第三人主张权利而失去所有权,或者买受人行使权利会受到第三人的限制。

(2) 权利瑕疵在买卖合同成立之时已经存在。

(3) 权利瑕疵在合同履行时仍未除去。标的物上虽然存在瑕疵,如果出卖人能够及时除去,使买受人取得完整的所有权,出卖人不负担权利瑕疵担保责任。消除权利瑕疵主要有两种情况:一是出卖人自己消除,标的物的所有权在出卖时为第三人所有,但后来因继承、赠与等原因出卖人取得标的物的所有权;二是依法律规定买受人已经取得标的物的所有权,如买受人因善意取得获得动产所有权,此时出卖人也不负担权利瑕疵担保责任。

(4) 买受人不知权利瑕疵存在。买受人订立合同时知道或者应当知道第三人对标的物享有权利的,视为买受人对权利瑕疵的认可,出卖人不再承担权利瑕疵担保责任。

2. 权利瑕疵担保责任效力

出卖人违反权利瑕疵担保责任的,买受人可以向出卖人主张下列救济:

(1) 实际履行。买受人需要实际履行,出卖人又能够实际履行的,买受人可以要求出卖人实际履行并赔偿损失。

(2) 中止支付价款。买受人有确切证据证明第三人可能对标的物主张权利的,可以中止支付到期价款,但出卖人提供担保的除外(《合同法》第152条)。

(3) 解除合同。因第三人主张权利致使标的物不能给付或部分给付对买受人无意义的,买受人可以解除合同并主张损害赔偿。

五、标的物的风险负担

(一) 标的物风险负担的概念

标的物风险负担是关于买卖合同订立后,标的物因不可归责于双方当事人的事由毁损、灭失时,此风险应由谁负担的问题。

在简单商品交易中,风险微乎其微,风险负担问题自无存在的余地。但是,在现代社会中商品交换以多种形式表现出来,"一手交货,一手交钱"的买卖已经沦为日常的小额交易行为。现代交易中买卖双方义务的完成并非同步,所有权转移与实际交付的分离使人们认识到货物毁损、灭失风险的现实性,法律对此作出评判成为必要。

(二) 关于风险负担的立法例

风险负担的核心问题是风险从何时转移到买方。对此有三种立法例:合同成立时转移、所有权转移时转移、交付时转移。相比较而言,交付转移有两个优点:第一,保持风险负担与利益享有的一致性。以占有的转移为特征的交付,决定着标的物管领力由谁控制,进而决定标的物利益的归属,因此在买卖标的物风险的负担上,采取交付转移有助于实现"利益之所在,危险之所在"的原则。第二,形成控制风险的有效机制。只有当标的物已在某人的管领下,他才有可能对在该物上所发生的一切不测进行必要的防范,即管领者更便于防范风险。因此,交付转移正逐步成为世界范围内买卖合同风险负担规则的主流。

我国采取交付转移规则,标的物毁损、灭失的风险在标的物交付之前由出卖人承担,交付之后由买受人承担,但法律另有规定或当事人另有约定的除外(《合同法》第142条)。须明确的是,只有特定物的买卖才存在风险负担转移的问题,种类物的买卖则不存在此问题。换言之,只要买卖的标的物仍为种类物,尚未特定化,买受人就不可能承担风险(《买卖合同解释》第14条)。

(三) 我国《合同法》及其司法解释所规定的风险负担

1. 风险转移的时间

一般原则为标的物毁损、灭失的风险在标的物交付之前由出卖人承担,交付之后由买受人承担(《合同法》第142条)。风险转移的例外情况,可分为法律另有规定和当事人另有约定两种情况。

(1) 依法律规定的情况

第一,在有承运人的情况下。据《合同法》第145条的规定,双方对交付地点没有约定或约定不明,标的物需要运输的,出卖人将标的物交付给第一承运人后,标的物毁损、灭失的风险由买受人承担。《买卖合同解释》第11条界定了"标的物需要运输"的情形,即"标的物由出卖人负责办理托运,承运人系独立于买卖合同当事人之外的运输业者的情形"。《买卖合同解释》第12条规定了"在指定地点货交承运人"的情况,即:"出卖人根据合同约定将标的物运送至买受人指定地点并交付给承运人后,标的物毁损、灭失的风险由买受人负担,但当事人另有约定的除外。"其含义是:① 双方约定由出卖人代办托运(即:标的物需要运输);② 双方虽未约定送货上门,但约定出卖人必须将标的物运送到指定的地点交给承运人,然后由承运人运交买受人(即:买受人指定了运输路线);③ 自出卖人在指定地点货交承运人,风险才发生移转。此处当然排除出卖人以自己的运输工具进行货物运输的情况,当出卖人以自己的运输工具运输货物时,交付货物、移转货物占有这一行为在装运货物期间并没有发生,货物仍在出卖人手中。因此,当出卖人为运输者时,风险在出卖人将货物装上自己的运输工具时不移转给买受人。①

第二,在途货物的风险负担。在途货物的买卖指货物在运输途中时,出卖人寻找买受人出卖在途货物。在途货物的买卖在合同订立时,货物已在船上或其他运输工具上,双方都难以知道货物是否已毁损灭失,也难以判断货物的毁损灭失发生在运输途中的哪一个阶段。鉴于此特殊性,我国《合同法》第 144 条规定,出卖人出卖由承运人运输的在途货物,标的物毁损、灭失的风险自合同成立时起由买受人承担。当然,《买卖合同解释》第 13 条规定,在途货物买卖中,若出卖人在合同成立时知道或者应当知道标的物已经毁损、灭失却未告知买受人,合同成立时不发生风险移转的效果。

(2)依当事人另有约定的情况

对于买卖标的物风险负担,当事人可自由约定,但这种约定不能改变法律的特别规定。一般情况下当事人的约定有两种:第一,约定风险于标的物交付之前由买受人承担;第二,约定风险于标的物交付后仍由出卖人承担。即对于买卖标的物风险负担,当事人可自由约定,但此种约定不能改变法律的特别规定。

2. 违约对风险负担的影响

(1)买受人违约对风险负担的影响。因买受人的过错,致使标的物不能按照约定的期限交付的,买受人应当自约定交付期限起承担标的物毁损、灭失的风险(《合同法》第 143 条)。出卖人将标的物按约定置于交付地点,买受人违反约定没有接受的,标的物毁损、灭失的风险,自违反约定之日起转移给买受人(《合同法》第 146 条)。

(2)出卖人违约对风险负担的影响。第一,从合同义务未履行时的风险负担。出卖人未按照约定支付有关标的物的单证和资料的,不影响标的物毁损、灭失的风险向买受人转移(《合同法》第 147 条)。从义务的不履行致使买受人遭受损失的,买受人可依《合同法》第 149 条,向出卖人主张违约责任。第二,瑕疵履行的风险负担。因标的物不符合合同质量要求,致使不能实现合同目的,买受人可以拒绝接受标的物或者解除合同。买受人拒绝接受标的物或者解除合同的,风险由出卖人承担(《合同法》第 148 条)。

六、特种买卖

特种买卖包括分期付款买卖、凭样品买卖、试用买卖、招标投标买卖和拍卖等。

---

① 参见姜凤纹:《国际货物买卖中的统一法律问题》,法律出版社 1988 年版,第 44 页。

（一）分期付款买卖

1. 分期付款买卖的概念及其沿革

分期付款买卖,指出卖人将标的物交付给买受人后,买受人在约定的一定期限内分期向出卖人支付价款的买卖。其特点在于,买受人在未付清全部价款之前,即先取得标的物的使用权。标的物交付后,无论出卖人是否保留所有权均不承担标的物毁损、灭失的风险,风险自交付时起转移。

分期付款多用于购买高档耐用的消费品或房屋、汽车等。分期付款买卖早在古罗马时就已存在,19世纪以后才被广泛应用。最初,分期付款方式被用于19世纪美国极为发达的家具业(furniture industry),一战期间,分期付款成为汽车产业的主导销售方式。后来分期付款进一步被推广应用,成为绝大部分耐用消费品买卖的主要方式。分期付款基于对未来买者(prospective purchasers)授信,使人们的消费模式由先存钱后消费演变为先消费后付款,极大地提升了消费者的购买欲望和购买力。

2. 分期付款买卖的特别效力

（1）所有权保留。指标的物交付后,买受人支付全部价款前,出卖人仍保留其所有权,以保留的所有权担保其金钱债权的实现。买受人支付全部价款后,再由出卖人将所有权转移给买受人。所有权保留实际上是标的物附条件的转移,所附条件就是买受人支付全部价款。但所有权保留不是分期付款买卖中的法定规则,需要当事人的约定,当事人没有约定所有权保留的,所有权自交付时起转移(《合同法》第134条)。并且,该所有权保留并不适用于不动产(《买卖合同解释》第34条)。

（2）解除合同。在分期付款买卖中,出卖人解除合同的权利不受《合同法》第94条"致使合同目的不能实现"条件的限制,而适用《合同法》第167条的特别规定,即分期付款的买受人未支付到期价款的金额达到约定价款的五分之一时,出卖人即可解除合同。分期付款买卖合同解除后,出卖人可以要求返还标的物,还可以要求支付该标的物的使用费(《合同法》第167条)。当事人对标的物的使用费没有约定的,人民法院可以参照当地同类标的物的租金标准确定(《买卖合同解释》第39条第2款)。

（3）支付全部价款。分期付款买卖中,买受人须按期支付每期价款,买受人某一次没有支付或者迟延支付的,出卖人有权就该次违约向买受人主张违约责任,但不可就合同的全部主张违约责任;仅某一次的按时履行尚不能称为守约,若买受人几次违约累计不支付金额已达到全部价款五分之一的,出卖人有权请求买受人支付全部价款或解除合同(《合同法》第167条)。《买卖合同解释》第38条第2款对此设有规定,其含义是:《合同法》第167条规定的"1/5以上"这一比例,系强制性规范。当事人的约定违反该比例,损害买受人利益的,约定无效,仍按照"1/5 以上"的比例调整。当然,若双方约定买受人未支付到期价款的金额达到全部价款的 1/4 时出卖人享有解除合同权利,该约定未损害买受人的利益,故而有效。

(二) 凭样品买卖

凭样品买卖,即凭货样买卖,指买卖双方约定一定的样品,出卖人交付与样品有相同品质的标的物给买受人,合同标的物的品质以样品为标准。较之普通买卖,凭样品买卖的特殊性在于:

1. 出卖人应当按照样品所确定的品质向买受人交付标的物。《合同法》第 165 条规定,凭样品买卖的当事人应当封存样品,并且可以对样品质量予以说明,出卖人交付的标的物应当与封存的样品及其说明的质量相同。

2. 按照样品交付并不免除隐蔽瑕疵担保责任。《合同法》第 168 条规定,凭样品买卖的买受人不知道样品有隐蔽瑕疵的,即使交付的标的物与样品相同,出卖人也应使交付的标的物质量符合同种物的通常质量标准。

(三) 试用买卖

试用买卖,又称"试验买卖",是指合同成立时出卖人将标的物交给买受人试用,买受人在一定期限内使用后认可并支付价款的买卖。《买卖合同解释》第 42 条规定,下列四种买卖不属于试用买卖:约定标的物经过试用或者检验符合一定要求时,买受人应当购买标的物;约定第三人经试验对标的物认可时,买受人应当购买标的物;约定买受人在一定期间内可以调换标的物;约定买受人在一定期间内可以退还标的物。

1. 试用买卖的特征

(1) 标的物所有权不因交付转移。出卖人于合同成立时将标的物交付给买受人试用,但标的物所有权仍归属于出卖人,标的物所有权的转移还取决于买受人对标的物的认可。

(2) 试用买卖以买受人认可标的物为生效要件。试用买卖是附生效条件的买卖,试用买卖经双方当事人意思表示一致而成立,但并不立刻生效,它以买受人在试用期内认可标的物为生效要件。

2. 试用期间的确定

试用期间指买受人认可标的物,表示购买的期间,即买受人应在多长时间内作出认可的表示。根据《合同法》第 170 条的规定,试用期间的确定方法有三种:

(1) 当事人约定。对试用期间,当事人可以按照自愿原则在合同中约定。

(2) 依据《合同法》第 61 条的规定确定。当事人对试用期间没有约定或约定不明的,先由当事人协议补充,不能达成补充协议的,按照合同的有关条款或交易习惯确定。

（3）出卖人确定。考虑到试用买卖在买受人承认购买之前，买卖合同并未生效，为了保护出卖人的利益，避免合同效力长期处于一种悬而未决的状态，如果当事人在合同中未约定试用期间，而按《合同法》第61条仍不能确定的，则由出卖人确定试用期间。

3. 买受人认可的方式

在试用买卖中，买受人对标的物的认可不在于标的物在客观上是否符合买受人的目的，而完全取决于买受人的意思，有很强的任意性。认可有以下几种方式：

（1）明示认可。买受人可通过口头或书面形式，明确作出认可标的物的意思表示。

（2）作为的默示。买受人未用口头或书面形式明示认可的，可从其某些行为推定其已经认可标的物，愿意购买标的物。如买受人虽未明示认可，但买受人全部或部分支付价款，或就标的物为试验、检验以外的行为时，如将该物转卖或转租的，虽未明确作出认可的意思表示，也应视为认可。《买卖合同解释》第41条对此作了明确：① 在试用期内已经支付一部分价款的；② 在试用期内，买受人对标的物实施了出卖、出租、设定担保物权等非试用行为的，"人民法院应当认定买受人同意购买"。

（3）不作为的默示。试用期间届满前，买受人应及时作出是否购买的表示，以免当事人之间的法律关系长久处于不稳定状态。试用期间届满，买受人对是否购买标的物未作表示的，视为购买。

（四）招标投标买卖

1. 招标投标买卖的概念

招标投标买卖，指招标人公布出卖标的物的条件，投标人参加投标竞买，招标人选定中标人的买卖方式。招标投标买卖适用《招标投标法》。

招标投标与招标投标买卖的区别为：前者是一种订立合同的方式，它不仅适用于买卖合同的订立，也广泛适用于承揽、建设工程、运输、技术服务合同的订立；招标投标买卖是买卖合同，其特殊性在于：订立合同的方式及买卖双方权利义务的确定是通过招标投标的方式实现的。

2. 招标投标买卖的程序

招标投标买卖的程序可分为招标、投标、开标、评标和定标。

（1）招标阶段。招标是指招标人采取招标通知或者招标公告的形式，向不特定的数人或公众发出投标邀请。招标方式包括公开招标和邀请招标。前者指招标人以招标公告的方式邀请不特定的人或组织投标；后者指招标人以招标公告的方式邀请特定的人或组织投标。

关于招标的性质，两大法系均认为是要约邀请而非要约。所不同的是，英美法系认为招标虽属于要约邀请,但并非无法律意义,招标发出后对招标方、投标方均有约束力。我国学者一般认为,招标为要约邀请。如果招标人在招标公告中已经明确表示将与报价最优者订立合同,招标便具有要约性质。

(2) 投标阶段。投标指投标人按照投标文件的要求,向招标人提出自己的报价及相应书面答复的行为,投标为要约。

(3) 开标、评标阶段。开标是指招标人在招标文件确定的时间、地点启封标书,公开标书内容的行为。评标即根据招标文件的要求,评标委员会对标书进行评议和审查。其间评标委员会对标书中含义不明确的内容,可要求投标人作出必要澄清或者说明,即询标。但投标人的澄清和说明不得改变标书的实质性内容,超出标书的范围。

(4) 定标阶段。开标后,招标人组织评标,按评标结果定标,确定中标人。定标为承诺。招标人定标,招标投标买卖即成立。

(五) 拍卖

拍卖,又称"竞买",是指通过中介组织,以公开竞价的形式,将特定的物品或财产权利出售给最高应价者的一种买卖方式。拍卖是订立合同的方式,它不仅适用于订立实物买卖合同,也适用于订立其他财产权的买卖,如土地使用权、探矿权的拍卖。

1. 拍卖当事人及其权利义务

委托人,是委托拍卖人拍卖物品或者财产权利的公民、法人或者其他组织。作为卖方,委托人可以是拍卖标的财产权人,也可以是拍卖标的的财产权人的代理人。在每次拍卖活动中,委托人有义务向拍卖人说明拍卖标的的来源和瑕疵;按照约定由委托人移交拍卖标的;拍卖成交后,委托人应当将拍卖标的移交给买受人。

拍卖人,即主持拍卖活动的人。我国传统合同法理论将拍卖人分为自行拍卖人和委托拍卖人。自行拍卖的拍卖人为出卖人;委托拍卖的拍卖人非出卖人本人,指依照《拍卖法》《公司法》设立的专门从事拍卖活动的企业法人。我国《拍卖法》中规定的拍卖人仅指委托拍卖人,不包括自行拍卖人。拍卖人的权利及义务包括:拍卖人有权要求委托人说明拍卖标的的来源和瑕疵,有义务向竞买人说明拍卖标的的瑕疵;拍卖成交的,可向委托人、买受人收取佣金及因拍卖支出的合理费用,并协助委托人移交拍卖标的给买受人;拍卖未成交的,拍卖人可以向委托人收取约定的费用,未作约定的,可以向委托人收取为拍卖支出的合理费用(即未成交服务费)。

竞买人,即参加竞买拍卖标的物的公民、法人或其他组织。法律、法规对拍卖标的物的买卖条件有规定的,竞买人应当具备规定的条件。竞买人参加竞买应提供有效证件及交纳一定数额的竞买保证金,办理竞买手续方可参加拍卖会的竞买。

买受人,是以最高应价购得拍卖标的物的竞买人。买受人取得拍卖标的物的所有权,同时支付价金。买受人竞买成功须与拍卖人签订拍卖成交确认书并付款,按照约定受领拍卖标的。

2. 拍卖阶段

(1) 拍卖委托阶段。在此阶段,委托人选择拍卖人,拍卖人审查委托人资格及拍卖标的,接受委托后双方订立委托合同。

(2) 拍卖公告与展示阶段。拍卖公告是拍卖人向社会公众发布拍卖信息的一种法定形式。一般通过报纸或者其他新闻媒介发布。根据《拍卖法》第 45 条的规定,拍卖公告应当由拍卖人于拍卖日的七日前公布。拍卖展示是将拍卖标的物和相关资料提供给竞买人了解和观察的法定程序。

(3) 拍卖实施阶段,是通过现场拍卖达成交易的过程。一般分为以下几个步骤:拍卖人主持现场拍卖,宣布拍卖规则和注意事项,进入竞买程序;先由拍卖人叫价,随后竞买人叫价,其他竞买人开始轮番应价;竞买人的最高应价经拍卖师落槌或者以其他方式确认后,拍卖成交;拍卖成交后,拍卖人与买受人应签订拍卖成交确认书。确认书只是对拍卖成交的确认,其仅有证据作用,而不能将其当作是在订立合同。[1]

3. 拍卖标的物的保留价

保留价是指由委托人确定的,在拍卖活动中拍卖标的物的最低价格。《拍卖法》第 28 条规定:委托人可以确定拍卖标的物保留价,拍卖人不得以低于保留价的价格出售该拍卖标的物。拍卖人应对拍卖标的物的保留价保密。对于泄密的拍卖当事人,应承担民事责任,给对方造成损失的,应赔偿对方因此所受的损失。

在拍卖中,最高应价未达到保留价的,拍卖师应当宣布此最高应价未到保留价,不发生效力,该拍卖未成交,并停止对此拍卖标的物的拍卖。在拍卖后,对未成交的拍卖标的,应由委托人取回。委托人也可与拍卖人重新签订委托合同,并重新确定拍卖标的物的保留价,以便再行拍卖。

第二节 互易合同

一、互易合同的概念与特征

互易合同是指当事人双方约定互相移转金钱以外财产权的合同。互易合同

---

[1] 参见陈小君:《合同法学》,中国法制出版社 2002 版,第 363 页。

的双方当事人均称为"互易人"。

在融资手段多样化的今天,互易已不再是交易的主要手段,但在现代经济生活中仍然具有现实意义。我国《合同法》第175条规定,当事人约定易货交易,转移标的物所有权的,参照买卖合同的有关规定。

互易合同具有如下特征:

1. 合同的标的物必须是金钱以外的物。即各方以一定的实物为代价从对方取得实物,它与买卖合同不同,买卖合同中卖方交付实物,买方则支付价金。

2. 互易合同是互易人相互交换标的物,转移标的物所有权的合同。一方将自己的财产转移给对方并转移所有权,另一方也同时将自己的财产给对方并转移所有权。非实物所有权转移的交易,不是互易合同。

3. 互易合同为诺成、不要式合同。互易合同自当事人双方就合同内容意思表示一致时成立,其成立不以实物的交付为必要。互易合同一般为不要式合同,但不动产互易应以书面形式订立,并应办理登记手续。

4. 互易合同为双务、有偿合同。互易人各自享有取得对方互易标的物的权利,负有将本人的标的物转移交付对方的义务,取得对方物的所有权以丧失自己物的所有权为代价。因此,互易是双务、有偿合同。

二、互易合同的种类

互易可分为一般互易与补足价金的互易;一般互易又有单纯互易与价值互易之分。单纯互易,指当事人双方约定互相交付给对方财产并移转财产权,并不考虑对方给付的标的物价值的一种互易。价值互易,指当事人双方以标的物的价值为标准,互相交换财产并移转财产权的一种互易。其特点在于当事人双方以两个价值相同的物进行交换。补足价金的互易,指当事人约定一方向另一方移转金钱以外的财产权,而另一方除移转金钱以外的财产权外还应支付一定的金钱,以补足互换的两物的差价的交换方式。

三、互易合同的效力

按《合同法》第175条的规定,当事人约定易货交易,转移标的物所有权的,参照买卖合同的有关规定。互易合同与买卖合同最为相似,都是转移合同标的物所有权的合同。不同之处在于买卖合同是买卖标的物与价金的交换,买受人须向出卖人支付价金,而互易合同是标的物的交换,无须价金的支付。实际生活中存在附补足价金的互易,不等价的互易可附补足金。附补足金互易实为互易与买卖的混合合同,补足金不够部分应当按买卖合同进行。

1. 互易人互负移转财产给对方的义务,同时因其为双务合同,有关同时履行抗辩、风险转移、利益承受的规定或理论亦适用于互易。

2. 互易人对交付的财物互负瑕疵担保责任,即当事人应保证向对方交付的标的物无瑕疵。

3. 在补足价金的互易中,负补足价金义务的一方除交付标的物并转移所有权外,还应按照约定的时间、地点、方式支付价金。补足金之部分准用买卖价金的规定,其履行及其履行场所,如无反对的意思表示,应解释为与交付财物相同;就标的物瑕疵可请求减少价金时,应先从补足金中减少。

第三节 供用合同

一、供用合同的概念

供用电、水、气、热力合同统称"供用合同",指一方提供电、水、气、热力给另一方使用,另一方支付费用的合同。供应电、水、气、热力的一方为供应人,包括电力公司、自来水公司、燃气公司和热力公司等,使用电、水、气、热力并支付费用的一方为用户,包括自然人、法人和其他组织。供用合同包括四种不同的合同,分别以电、水、气、热力作为标的物。《合同法》仅规定了供用电合同,而未具体规定供水、气、热力合同。由于四种合同性质上的相通性,《合同法》第184条规定,供用水、气、热力合同参照供用电合同的有关规定。

二、供用合同的特征

(一) 公用性

电、水、气、热力是人们日常生活中须臾不可缺少的特殊物品,其消费者不是某些特殊阶层,而是一般的社会大众,包括自然人、法人和其他组织。它们对整个社会经济的发展和人民生活水平的提高,有着十分重要的作用。

(二) 公益性

电、水、气、热力关系到国计民生和千家万户的利益,供用合同带有公共福利性和公益性。这类公共供用合同的目的不只是为了让供应方从中得到利益,更主要的是为了满足人民生活的需要,提高人民生活质量。公共供用企业并非纯粹以营利为目的的企业,而是以促进公共生活水平等公益事业为重要目标的企业。当用户要求与供应人订立合同时,供应人一般不得拒绝。国家对于这类供用合同的收费标准都有一定的限制,供应人不得随意提高收费标准。

(三) 连续性

供用合同为继续性合同,供用合同订立后,供应人须按约持续不断地向广大用户供应这些特殊物品,而广大用户则须按月或按季度向供用者支付费用。当合同因各种原因终止时,其效力仅能向将来发生,而不能溯及过去。

（四）主体的特殊性

供应方只能是依法取得供电、水、气、热力资格的企业,而且在某一基层行政区域,供应方往往是专营和唯一的,在市场上处于一种垄断地位。

（五）供用合同为附合合同

供用合同的订立无须供应方与每个消费者协商合同的条款,供应方所使用的是事先制定好的格式合同,消费者对合同内容仅有同意与否的自由,而不得要求变更合同内容。与格式合同相伴而来的是格式合同的公平问题。这些供用电、水、气、热力的企业和公司,在制定格式合同时,往往会基于自己利益的考虑,在合同中尽量减轻自己应负担的责任,要求利用人承担不合理的义务,制定一些免除自己责任的免责条款等等;并且这些供用人往往处于同行业的独占和垄断地位,而对电、水、气、热力的利用又是大多数人生活中所必不可少的,因而利用人可能被迫接受一些不平等的格式合同。因此法律有必要对格式条款作出限制,以防止供用人利用其优势获取不公平的利益。

三、供用电合同

供用电合同是供电人向用电人供电,用电人支付电费的合同(《合同法》第176条)。供电一方为供电人,支付电费的一方为用电人。合同的标的物是电,由于其具有客观物质性又能被人们所利用,所以是民法上"物"的一种。有关供电合同的规定,准用于供水、气、热力合同。

供电合同有如下效力：

（一）供电人的义务

1. 按照国家规定的供电质量标准和约定安全供电的义务

供电人应当按照国家规定的供电质量标准和约定安全供电。供电人未按照国家规定的供电质量标准和约定安全供电,造成用电人损失的,应当承担损害赔偿责任(《合同法》第179条)。

2. 中断供电时的事先通知义务

供电人因供电设施计划检修、临时检修、依法限电或用电人违法用电等原因,需要中断供电时,应当按照国家有关规定事先通知用电人。未事先通知用电人中断供电,造成用电人损失的,应当承担损害赔偿责任(《合同法》第180条)。

3. 意外断电时的及时抢修义务

因自然原因断电,供电人应按照国家有关规定及时抢修,未及时抢修造成用电人损失的,应当承担损害赔偿责任(《合同法》第181条)。

（二）用电人的义务

1. 支付电费的义务

用电人应当按照国家有关规定和当事人约定及时支付电费。用电人逾期不交付电费的,应当按照约定支付违约金。经催告,用电人在合理期限内仍不交付电费和违约金的,供电人可按照国家规定程序中断供电(《合同法》第 182 条)。

2. 安全用电义务

电具有高度危险性,安全用电关系到人身安全和财产安全,用电人应当按照国家有关规定和当事人约定安全用电。用电人未按照有关规定和当事人约定安全用电,造成供电人损失的,应当承担损害赔偿责任(《合同法》第 183 条)。

第四节 赠 与 合 同

一、赠与合同的概念

赠与合同是赠与人将其财产权利无偿转让给受赠人,受赠人表示接受的合同(《合同法》第 185 条)。其中,转让财产的一方为赠与人,无偿接受财产的一方为受赠人。赠与标的物必须是赠与人所有的或者赠与人有权处理的财产或者某种权利,赠与人不能把不属于自己或者自己无权处理的财产和权利赠送他人,否则,即构成侵害他人权益的行为。赠与标的物可以是物,可以是货币(包括外国货币),也可以是有价证券、某种权利。例如专利权人可以将专利权赠与他人,房屋所有人可以将房屋赠与他人。

自然人、法人或者其他组织都可以作为赠与人,在一定情况下,国家也可以作为赠与人。据《民法总则》第 19 条、第 20 条、第 21 条以及第 144 条、第 145 条的规定,自然人作为赠与人应该是完全民事行为能力人,限制民事行为能力人的赠与行为如果与其年龄、智力、精神状况不相符则需要经其法定代理人的同意方有效。无民事行为能力人的赠与行为均为无效民事行为。

受赠人在赠与合同中纯获利益,无民事行为能力人或限制民事行为能力人都可以作为受赠人,赠与人不得以对方欠缺民事行为能力而主张赠与无效。

二、赠与合同的特征

(一) 赠与合同为转移财产的合同

赠与人的首要义务是将其财产或其有处分权的财产转移给受赠人,受赠人获得财产权。这一特征使赠与合同区别于租赁、借用合同。另外,赠与合同所转移的财产不限于物的所有权,土地使用权、经营权、股权等也可作为赠与合同的标的物。

(二) 赠与合同是双方民事法律行为

赠与合同的成立不仅须有赠与人将其财产赠与他人的意思表示,而且须有受赠人愿意接受的意思表示,即只有双方对赠与达成合意,赠与方可成立。如果一方向对方赠与某项财产,而对方不为接受的意思表示,或者一方愿意接受而另一方却没有赠与的意思表示,赠与合同均不成立。此特征可将赠与合同区别于遗赠,遗赠指遗赠人用遗嘱的方式将其个人财产赠与他人的行为。遗赠是遗赠人死亡后生效的单方法律行为,是遗赠人为受遗赠人利益而单独处分自己财产的行为。遗赠的成立不以受赠人的同意为必要,只要遗赠人的行为合法,即产生法律效力。

(三) 赠与合同为单务、无偿合同

赠与生效后,赠与人应向受赠人给付赠与标的物,而受赠人不负有对待给付的义务。受赠人取得赠与标的物不需要支付相应的对价。故赠与合同为单务、无偿合同。当然赠与合同的单务性并不排斥受赠人所负担的附随义务。但即使在附义务的赠与合同中,受赠人履行所附义务也非赠与人履行赠与义务的对待给付。赠与合同的无偿性使其区别于买卖、互易合同。

(四) 赠与合同为不要式合同

合同法对赠与合同的形式未作特别要求,当事人可以口头、书面或其他形式订立赠与合同,因此其为不要式合同。若赠与财产的转移需要办理登记手续的,应当办理有关手续(《合同法》第187条)。例如,赠与房屋合同就需要到房管部门办理房屋所有权转移手续,没有办理手续的,其转让无效。

(五) 赠与合同为诺成性合同

赠与合同是赠与人将自己的财产无偿给予受赠人,受赠人表示接受赠与的合同(《合同法》第185条)。《合同法》将赠与合同明确为诺成合同,只要双方当事人意思表示一致,合同即成立,不以赠与人赠与物的交付为合同成立的要件。

但对于赠与合同是诺成性合同抑或是实践性合同,学者间仍存有争议。

在《合同法》颁布之前,我国司法实务界对赠与合同采实践合同说,即按《民通意见》第128条所述"赠与关系的成立,以赠与物的交付为准"。《合同法》施行之后,理论界关于赠与合同的性质的争议主要是源于《合同法》第186条的规定:"赠与人在赠与财产的权利移转之前可以撤销赠与。具有社会公益、道德义务性质的赠与合同及经过公证的赠与合同,不适用前款的规定。"对此,有的学者主张,赠与为诺成性合同。有的学者认为,赠与合同为实践性合同,但是具有社会公益、道德义务性质的赠与合同及经过公证的赠与合同属于诺成性合同。本书主张赠与合同为诺成性合同,但除有社会公益、道德义务性质的赠与合同及经过公证的赠与合同外,其他赠与合同是效力较弱的诺成性赠与合同,因为在一般赠与合同中,赠与人享有任意撤销权(《合同法》第186条第1款)。即赠与人在交付赠与物之前,可基于自己的意思撤销赠与,而不受已生效赠与合同的约束。

对此,有学者对合同的诺成性提出了质疑,赠与合同经双方当事人意思表示一致就可以成立并生效,但赠与人的任意撤销权使赠与合同的效力如此脆弱,以致破坏了合同的严肃性。因此主张将赠与合同改为实践性合同,以交付赠与物为合同成立要件,从而避免赠予合同名为诺成性合同却又没有诺成性合同的效力的矛盾。

三、赠与合同的效力

赠与合同为单务合同,赠与生效后,仅赠与人负担义务与责任,受赠人享有接受赠与的权利而不负担义务。因而赠与合同的效力表现为赠与人因赠与合同所应承担的义务与责任。

(一) 赠与人的义务

1. 交付赠与标的物

赠与人应当按照约定的期限、地点、方式交付标的物于受赠人。赠与财产转移需要办理登记等手续的,赠与人协助办理完有关登记后,方视为完成交付。

赠与人未交付赠与财产,在具有社会公益、道德义务性质及经公证的赠与合同中,受赠人可以要求交付(《合同法》第188条)。在不具有社会公益、道德义务性质及未经公证的赠与中,赠与人享有任意撤销权,可以任意撤销权抗辩受赠人的给付请求权。赠与人不交付赠与财产,不必承担交付赠与物的责任。

2. 瑕疵担保责任

赠与财产有瑕疵的,赠与人不承担责任。附义务的赠与,赠与的财产有瑕疵的,赠与人在附义务的限度内承担与出卖人相同的责任。赠与人故意不告知瑕疵或保证无瑕疵,造成受赠人损失的,应当承担损害赔偿责任(《合同法》第191条)。具体而言,对赠与人瑕疵担保责任的规定可作如下理解:

首先,赠与人对赠与财产的瑕疵不承担瑕疵担保责任。在不附任何义务的赠与合同中,赠与财产有瑕疵的,赠与人不承担责任(《合同法》第191条)。因赠与合同为无偿合同,赠与人承担义务而不享有合同的权利,受赠人享有合同权利而不承担合同义务,为了平衡双方的利益,《合同法》作了此种规定。

其次,在附义务的赠与中,赠与财产有瑕疵,赠与人应当在所附义务的范围内,承担赠与财产的瑕疵担保责任。

最后,赠与人赠与财产时,明知赠与的财产有瑕疵而故意不告知赠与人,或赠与人保证赠与的财产无瑕疵的,赠与人负瑕疵担保责任。受赠人因瑕疵受损害的,赠与人负赔偿责任。

3. 妥善保管义务

因赠与人的故意或重大过失致使赠与财产毁损、灭失的,赠与人应当承担损害赔偿责任(《合同法》第189条)。此条规定对一般赠与合同和具有社会公益、道德义务性质、经过公证的赠与合同的意义不同。

在一般赠与合同中,赠与人享有任意撤销权,可以任意撤销权抗辩受赠人的赔偿请求。

在有社会公益、道德义务性质的赠与合同及经过公证的赠与合同中,受赠人可向赠与人主张违约责任。

(二) 赠与人的撤销权

《合同法》第 186 条、第 192 条、第 193 条分别规定了赠与人的任意撤销权和法定撤销权。下文将对此详述。

四、赠与合同的撤销

赠与合同的撤销是指赠与合同生效后,赠与人依法撤销该赠与合同,使之归于终止的行为。赠与合同在受赠人表示接受赠与时成立,依法成立的赠与对双方当事人有约束力。但由于赠与合同是单务、无偿合同,赠与人负有义务,而不享有权利,受赠人享有权利而不负担义务。为平衡当事人的利益,法律特别设定了赠与人撤销赠与的权利。据《合同法》第 186 条、第 192 条、第 193 条的规定,赠与人的撤销分为任意撤销和法定撤销。

(一) 赠与人的任意撤销

赠与人的任意撤销权是指赠与合同成立后,赠与人基于自己的意思表示而撤销赠与合同的权利。即赠与合同成立后,赠与财产转移前,赠与人无须说明理由即可撤销赠与(《合同法》第 186 条第 1 款)。但是这种任意撤销权是相对的,不是绝对的。因为任意撤销权突破了依法成立的合同对当事人的约束力,使赠与合同的效力极为脆弱。因此,立法对任意撤销权多有限制。根据《合同法》第 186 条,赠与合同任意撤销权的行使,有以下限制条件:

1. 须在赠与财产的权利转移之前行使,即标的物交付或登记之前行使。如标的物已交付或登记,则不得撤销;如标的物部分交付或登记的,则已交付或登记部分不得撤销。

2. 须是未经公证的赠与合同才可撤销,已经公证的赠与合同不能撤销。

3. 须是不为履行道德义务而为的赠与。具有救灾、扶贫等为社会公益、道德义务性质的赠与合同不得撤销。

(二) 赠与人的法定撤销

赠与人的法定撤销权是指赠与人基于法律规定的事由,撤销赠与合同的权利。只要出现了法律规定的事由,不论赠与合同是否经过公证,是否具有社会公益、道德义务性质,也不论赠与财产的权利是否转移,赠与人或其法定代理人、继承人都可以行使撤销权,即赠与人均可以撤销赠与合同。

因法定撤销权人的不同,法定撤销可分为赠与人的法定撤销和赠与人的法定代理人或继承人的法定撤销。

1. 赠与人的法定撤销

《合同法》第 192 条规定了赠与人的三种法定撤销事由:

(1) 受赠人严重侵犯赠与人或赠与人的近亲属。所谓"严重侵犯"是强调侵害应在轻微侵害程度以上,至于是否达到犯罪的程度,各国和各地区的立法各有不同。我国台湾地区规定,受赠人对赠与人或其近亲属,有故意侵害之行为,依刑法有处罚之明文者,赠与人得撤销赠与。此规定强调侵害应达到犯罪的程度,赠与人才可行使撤销权。依我国《合同法》规定,受赠人只要严重侵犯了赠与人或赠与人的近亲属,赠与人即可撤销赠与,而不要求达到犯罪程度。

(2) 受赠人对赠与人有扶养义务而不履行。《合同法》对扶养义务的种类未作区分,对扶养义务的限定,学者一般认为,扶养义务不仅包括法定扶养义务,如夫妻之间、父母子女之间的扶养义务,还包括约定的扶养义务。

(3) 受赠人不履行赠与合同约定的义务。在附义务的赠与合同中,受赠人应当依约履行其所负的义务,否则,赠与人可以撤销赠与。有学者认为,所附义务因非受赠人的原因不能履行或不必履行的,赠与人不得撤销赠与,而我国《合同法》对未履行所附义务的事由未作区分,似不妥当。本书同意此观点,当受赠人不履行所附义务系由于不可归责于受赠人的事由所致的,赠与人不得行使撤销权。

2. 赠与人的法定代理人或继承人的撤销权

法定事由出现后,赠与人享有撤销权,但在特殊情况下,当赠与人不能行使撤销权时,可由其法定代理人或继承人行使该项权利。因受赠人的违法行为致使赠与人死亡或丧失民事行为能力的,赠与人的继承人或法定代理人有权撤销赠与(《合同法》第 193 条)。

(三) 赠与人法定撤销权的行使及效力

赠与人行使法定撤销权应当在规定的除斥期间内行使,即应当自知道或应当知道撤销事由之日起一年内行使。赠与人的继承人或法定代理人行使撤销权的,则应当自知道或应当知道撤销事由之日起六个月内行使(《合同法》第 193 条第 2 款)。

赠与人的法定撤销权为形成权,撤销权人一旦将其撤销赠与的意思通知受赠人,即产生撤销赠与的效力。赠与人已经交付赠与物的,赠与被撤销后,受赠人取得赠与财产已无法律依据,赠与人可要求其返还赠与财产。

第十四章　财产使用合同

第一节　租赁合同

一、租赁合同的概念和特征

租赁合同是出租人将租赁物交付给承租人使用、收益,承租人支付租金的合同(《合同法》第212条)。交付租赁物的一方为出租人,使用财物并支付租金的一方为承租人。

租赁合同的内容一般包括:标的、期限、租金、租赁期间租赁物维修保养的义务。租赁合同有如下特征:

(一) 租赁合同是转移财产使用权的合同

在租赁合同中,租赁物交付给承租人后,承租人所取得的是租赁物的使用权、收益权而非所有权;出租人并不因此丧失租赁物的所有权,他还可以将租赁物出卖或抵押给第三人。租赁合同的这一特征使其区别于转移标的物所有权的买卖合同。

(二) 租赁合同为诺成、双务、有偿合同

租赁合同因双方当事人意思表示一致而成立,无须租赁物的交付;租赁合同成立生效后,出租人享有收取租金的权利,同时负有交付租赁物的义务,而承租人享有对租赁物的使用收益权,同时负有交纳租金的义务,双方互负义务;这里的租金是对租赁物使用收益的对价。所以租赁合同为诺成、双务、有偿合同。

(三) 租赁合同具有期限性

租赁合同是有期限的,承租人对租赁物的占有使用期间不能超过法定的最长期间,否则,租赁就成为变相买卖。[1] 我国法律规定,租赁期限不得超过二十年,超过二十年的,超过部分无效(《合同法》第214条)。

(四) 租赁合同的形式

对租赁合同的形式,学者们持不同观点:有学者认为,据《合同法》第215条,租赁期限六个月以上的,应当采取书面形式。当事人未采用书面形式的,并

---

[1] 参见张民安、王红一主编:《合同法》,中山大学出版社2003年版,第320页。

不引起租赁合同无效,仅仅视为不定期租赁合同,因此租赁合同为不要式合同;①另有学者认为,据《合同法》第215条,租期六个月以上的租赁合同为要式合同,而不定期的租赁合同为不要式合同。本书同意第一种观点。关于租赁合同的形式,须明确两个问题:第一,租期六个月以上的,租赁合同应当采用书面形式,未订立书面租赁合同的,该合同为不定期租赁合同;第二,对于特殊的租赁合同,法律规定应采取书面形式,并需办理其批准、登记手续的,应依法办理。例如,土地使用权的租赁,应采取书面形式并办理登记。

(五) 租赁合同的标的物应为非消耗物

承租人仅享有对租赁物的使用、收益,租赁合同终止后,承租人须将原物返还给出租人。如果租赁物为消耗物,一旦承租人使用该物,该物因使用而消灭,原物将无法返还。因此,租赁物应为非消耗物。

二、租赁合同的效力

(一) 出租人的主要义务

1. 交付租赁物并在租期内保持租赁物符合约定的用途

出租人应按照约定将租赁物交付承租人,并在租期内保持租赁物符合约定的用途(《合同法》第216条)。

(1) 出租人应按约交付租赁物。承租人对租赁物的使用、收益以对租赁物的占有为基础。租赁合同成立后,出租人应按照合同约定的数量、质量、交付方式和时间交付租赁物,以便承租人对租赁物使用收益。

(2) 出租人应保持租赁物符合约定的用途。出租人应当确保租赁物能够满足承租人的使用、收益。当第三人妨害使用、收益或租赁物受到损害而使租赁物不适于使用、收益时,出租人应当予以恢复。

2. 瑕疵担保责任

出租人的瑕疵担保责任可准用买卖合同中出卖人的瑕疵担保责任。

(1) 物的瑕疵担保责任。出租人应当保持租赁物适于约定的用途,能够使承租人依约正常使用、收益。如果租赁物本身有瑕疵或在租赁关系存续期间出现瑕疵,影响承租人正常使用、收益的,出租人应承担瑕疵担保责任,承租人亦可以主张减收租金、延长租期、赔偿损失或解除合同。《合同法》第231条规定,因不可归责于承租人的原因,致使租赁物部分或全部毁损、灭失的,承租人可以要求减少租金,因租赁物部分或全部毁损、灭失致使不能实现合同目的,承租人可以解除合同;《合同法》第233条规定,租赁物危及承租人的安全或健康的,即使承租人订立合同时明知该租赁物质量有瑕疵,承租人也可以解除合同。

---

① 参见李永军:《合同法》,中国人民大学出版社2005年版,第404页。

（2）权利瑕疵担保责任。出租人应担保承租人租赁权的完整性，不致因第三人对租赁物主张权利而妨碍承租人对租赁物的正常使用，如果第三人对租赁物主张权利致使承租人不能对租赁物正常使用、收益的，承租人可以主张减收或免收租金、延长租期或解除合同。

3. 对租赁物的维修义务

当租赁物的瑕疵影响承租人的使用、收益时，出租人负有维修义务，以保证承租人的使用、收益权。《合同法》第220条规定，以出租人对租赁物的维修为原则，但当事人也可以约定由承租人维修。此条不足之处在于没有区别瑕疵存在的原因。

租赁物因不可归责于承租人的事由出现瑕疵进而影响承租人使用收益的，出租人负有维修的义务。

租赁物因可归责于承租人的事由出现瑕疵进而影响承租人正常使用收益的，出租人不负维修义务。在租赁期间，承租人应妥善保管租赁物，因其保管不善造成租赁物毁损、灭失的，应由其承担维修或赔偿责任。

承租人在租赁物需要维修时，可以要求出租人在合理期限内维修，出租人未履行维修义务的，承租人可以自行维修，维修费用由出租人负担。因维修租赁物影响承租人使用、收益的，应当相应减少租金或延长租期（《合同法》第221条）。

（二）承租人的主要义务

1. 按照确定的方法和租赁物的性质合理使用收益

《合同法》第217条、第218条、第219条均对此作了规定。

（1）承租人应当按照约定的方法使用租赁物，对租赁物的使用方法未约定或约定不明确的，依照《合同法》第61条的规定仍不能确定的，应当按照租赁物的性质使用。

（2）违反此项义务的责任，依据《合同法》第219条，承租人未按照约定的方法或租赁物的性质使用租赁物，致使租赁物受到损失的，出租人可以要求解除合同并赔偿损失。

（3）承租人按照约定的方法或租赁物的性质使用租赁物，致使租赁物受到损耗的，不承担损害赔偿责任。

2. 保管租赁物的义务

租赁期间，承租人应当妥善保管租赁物，因保管不善造成租赁物毁损、灭失的，应当承担损害赔偿责任（《合同法》第222条）。

3. 按期支付租金的义务

租金是承租人对租赁物使用收益的对价，承租人应按约定期限支付租金，对支付期限没有约定或约定不明确的，依照《合同法》第61条的规定仍不能确定的，租赁期间不满一年的，应当在租赁期间届满时支付；租赁期间一年以上的，应当在每届满一年时支付,剩余期间不满一年的,应当在租赁期间届满时支付(《合同法》第226条)。

承租人迟延支付租金的责任,同于迟延履行的责任。承租人无正当理由未支付或迟延支付的,出租人可以要求承租人在合理期间内支付;承租人逾期不支付的,出租人可以解除合同(《合同法》第227条)。

4. 不得擅自转租的义务

依据是否经过出租人的同意,转租可区分为合法转租和非法转租。

经过出租人的同意所进行的转租,为合法转租。在此情形下,原租赁关系不受转租的影响,因次承租人的原因造成租赁物损害的,应由承租人向出租人承担责任;承租人与次承租人所订立的租赁合同独立于原租赁合同,出租人与次承租人之间并不存在直接的法律关系。《房屋租赁合同纠纷解释》第15条规定:承租人经出租人同意将租赁房屋转租给第三人时,转租期限超过承租人剩余租赁期限的,人民法院应当认定超过部分的约定无效。但出租人与承租人另有约定的除外。

未经出租人同意的转租,为非法转租。《合同法》第224条规定,承租人未经出租人同意而转租的,出租人可以解除合同。《房屋租赁合同纠纷解释》第16条规定:出租人知道或者应当知道承租人转租,但在六个月内未提出异议,其以承租人未经同意为由请求解除合同或者认定转租合同无效的,人民法院不予支持。

5. 返还租赁物的义务

租赁期间届满,承租人应当返还租赁物。返还的租赁物应当符合按照约定或租赁物的性质使用后的状态(《合同法》第235条)。

(三) 租赁合同的特殊效力

1. 买卖不破租赁原则

(1) 基本含义

房屋租赁关系存续期间,出租人转让房屋所有权的,受让人代替出租人取得原租赁关系所产生的权利义务。《民通意见》第119条规定:"私有房屋在租赁期内,因买卖、赠与或者继承发生房屋产权转移的,原租赁合同对承租人和新房主继续有效。"该规定较准确地界定了买卖不破租赁的含义。

(2) 适用范围

从买卖不破租赁原则的确立过程可以看出,该原则主要适用于土地、房屋等不动产的租赁。如《法国民法典》第1743条规定:"如出租人出卖租赁物时,买受人不得辞退经公证做成或有确定日期的租赁契约的房屋或土地承租人;但于租赁契约中保留此项权利者,不在此限。"即法国对于房屋及土地租赁契约,如果契约已经公证或者该契约有确定日期,则该租赁权有对抗效力,买卖不破该租赁,但双方在契约中另有约定的除外。《德国民法典》第571条第1项规定:"出租的土地在交付转承租人后,出租人让与第三人时,受让人代替出租人取得在其所有期间因租赁关系所产生的权利和义务。"即规定了土地租赁契约中,出让不破租赁。《日本民法典》第605条规定:"不动产租赁已将其登记时,对于以后就其不动产取得物权的人,亦发生效力。"即依日本民法,不动产租赁经登记后,有对抗力。我国台湾地区的"民法典"对此也作出了规定,其第425条规定:"出租人于租赁物交付后,纵将其所有权让与第三人,其租赁契约,对于受让人,仍继续存在。"值得注意的是,这些国家或地区的"买卖不破租赁"是就不动产租赁而言。理由在于以居住营业或农耕为目的而承租他人之不动产关系到社会稳定,各国均采取巩固承租人地位的政策。

我国在《合同法》出台之前,司法解释也明确规定该原则仅适用于房屋买卖。而在司法实践中,当事人援引该原则予以抗辩的也绝大多数仅限于房屋租赁。对此,结合其他国家和地区的立法,大多数学者主张对《合同法》第229条所确定的买卖不破租赁原则应当仅限于房屋等不动产的租赁。

(3) 买卖不破租赁的效力

在租赁期间,租赁物所有权发生转移的,并不影响承租人的租赁权。原租赁合同对新的所有人仍然有效。该原则突破了合同相对性,使租赁权具有对抗第三人的效力。但《房屋租赁合同纠纷解释》第20条规定了买卖不破租赁原则的例外情况,即"租赁房屋在租赁期间发生所有权变动,承租人请求房屋受让人继续履行原租赁合同的,人民法院应予支持。但租赁房屋具有下列情形或者当事人另有约定的除外:(一)房屋在出租前已设立抵押权,因抵押权人实现抵押权发生所有权变动的;(二)房屋在出租前已被人民法院依法查封的。"

2. 房屋租赁合同的特殊问题

(1) 房屋承租人的共同居住人的继续租赁权

《合同法》第234条规定,承租人在房屋租赁期间死亡的,与其生前共同居住的人可以按照原租赁合同租赁该房屋。

(2) 承租人的优先购买权

租赁期间,出租人出卖租赁物的,承租人在同等条件下享有优先购买租赁物的权利。

《合同法》第230条规定,出租人出卖租赁房屋的,应在出卖的合理期限内通知承租人,承租人享有以同等条件优先购买的权利。

《合同法》对通知期限及违反通知义务的后果规定不明确。《城市私有房屋管理条例》第11条规定,房屋所有人出卖租赁房屋,须提前三个月通知承租人,在同等条件下,承租人有优先购买权。

《民通意见》第118条规定,出租人出卖出租房屋,应提前三个月通知承租人,承租人在同等条件下,享有优先购买权,出租人未按此规定出卖房屋,承租人可以请求人民法院确认买卖合同无效。

根据上述法律规定,房屋承租人在同等条件下享有优先购买权,在出卖房屋之前,出租人应提前三个月通知承租人,以保障承租人的优先购买权。出租人未履行通知义务,转让房屋所有权时,承租人则可以请求人民法院确认出租人与第三人之间的买卖无效。《房屋租赁合同纠纷解释》改变上述规定,更侧重交易安全的保护与交易效率的促进。第21条规定侵害优先购买权的后果:"出租人出卖租赁房屋未在合理期限内通知承租人或者存在其他侵害承租人优先购买权情形,承租人请求出租人承担赔偿责任的,人民法院应予支持。但请求确认出租人与第三人签订的房屋买卖合同无效的,人民法院不予支持。"第24条规定承租人行使优先购买权的期限:"具有下列情形之一,承租人主张优先购买房屋的,人民法院不予支持:……(三)出租人履行通知义务后,承租人在十五日内未明确表示购买的"。

3. 承租人优先购买权与共有人优先购买权的竞合

共有人的优先购买权即共同共有财产分割后,一个或数个原共有人出卖自己的财产时,如果出卖的共有人分得的财产属于一个整体或配套使用,其他的原共有人享有优先购买权(《民通意见》第92条)。如果该共有物被出租,承租人优先购买权与共有人优先购买权发生竞合,谁的优先购买权更为优先呢?我国大陆学者及实务界均主张,共有人的优先购买权优先于承租人的优先购买权。

第二节 融资租赁合同

一、融资租赁合同的概念和特征

融资租赁合同是出租人根据承租人对出卖人、租赁物的选择,向出卖人购买租赁物,提供给承租人使用,承租人支付租金的合同(《合同法》第237条)。当然,依据《融资租赁合同纠纷解释》第1条的规定,是否构成融资租赁关系,还要结合标的物的性质、价值、租金的构成以及当事人的合同权利和义务来作出认定。

融资租赁合同有如下特征:

(一)融资租赁合同为诺成、双务、有偿、要式合同

融资租赁合同自双方当事人意思表示一致时成立,其成立不以租赁物的交付为必要;融资租赁合同应当采用书面形式;合同生效后,出租人负有购买租赁物并协助将其交付给承租人占有使用的义务,承租人负保管、维修租赁物并支付租金的义务,双方义务相互对应;租金是承租人取得租赁物使用收益权的对价。

因此，融资租赁合同为诺成、要式、双务、有偿合同。

（二）出租人的特殊性

《合同法》对出租人的资格未作特别限定，《金融租赁公司管理办法》规定，融资租赁合同中的出租人只有经过金融管理部门许可，才能从事融资租赁业务。

我国的租赁公司主要分为三大类：第一类是经中国人民银行审批管理的金融租赁公司。融资合同出租人只能是专营融资租赁业务的租赁公司，其他公司和法人不能作融资租赁合同的出租人，这是融资租赁合同的主体特征。《金融租赁公司管理办法》第2条规定："金融租赁公司，是指经中国银行业监督管理委员会批准，以经营融资租赁业务为主的非银行金融机构。"我国经批准的非银行金融机构有十五家。第二类是对外经济贸易部审批管理的中外合资租赁公司，这类公司作为引进外资的窗口，营运资金来源主要是股东或外资金融机构，它们不能从事其他金融业务。第三类是经国家贸易局批准成立的专业租赁公司，这类公司以经营性租赁业务为主，不能从事任何其他金融业务。

（三）融资租赁合同的履行涉及两种合同关系三方当事人

融资租赁合同的履行所涉及的当事人除租赁合同关系中的出租方和承租方外，还有购买租赁物买卖合同关系中的出卖人和买受人。

出租人一方面与供货商签订购货合同，另一方面与承租人签订租赁合同。两个合同相互关联密不可分，但在一定意义上又各自独立。购货合同是出租人应承租人的要求为购买指定的生产设备而与供货商签订的，租赁合同是购货合同成立的前提。在购货合同中出租人只负担货款，而交货验收则由承租人负责，如若发生租赁物质量问题，一般均由承租人直接与供货商交涉，承租人享有出租人授予的索赔权及诉讼权。出租人将所购的设备交承租人使用，收取租金。无论供货商是否已实际交货，质量如何，承租人必须按租赁合同中约定的期限交付租金。在租赁期内，租赁物如果丧失创造价值的作用，或未能取得预定的经济效益，承租人仍应偿付租金。

（四）出租人对租赁物无瑕疵担保责任和维修义务

在一般租赁合同中，出租人与买卖合同的出卖人一样负有瑕疵担保责任。但在融资租赁合同中，由于出租人按照承租人的要求和选择去融资购买租赁物，所以出租人对于设备的性能、物理性质、老化风险、设备缺陷和瑕疵、设备的维修和保养等均不负责任，承租人不能以上述理由拖欠或拒付租金。出租人一般不承担租赁物的瑕疵担保责任，除非承租人依赖出租人的技能确定租赁物或出租人干预选择租赁物（《合同法》第244条）。

（五）承租人对租赁物归属的选择权

在融资租赁中，出租人与承租人可以约定租赁期间届满后租赁物的归属，承租人取得租赁物的所有权需支付其残存的价值。对租赁物的归属没有约定或约定不明确的,依照《合同法》第61条的规定仍不能确定的,租赁物的所有权归出租人所有(《合同法》第250条)。依据《融资租赁合同纠纷解释》第4条的规定,融资租赁合同被认定无效,当事人就合同无效情形下租赁物归属有约定的,从其约定;未约定或者约定不明,且当事人协商不成的,租赁物应当返还出租人。但因承租人原因导致合同无效,出租人不要求返还租赁物,或者租赁物正在使用,返还出租人后会显著降低租赁物价值和效用的,人民法院可以判决租赁物所有权归承租人,并根据合同履行情况和租金支付情况,由承租人就租赁物进行折价补偿。而在一般租赁合同中,租期届满后,承租人须将租赁物返还给出租人。

二、融资租赁合同的效力

(一) 出租人的主要义务

1. 根据承租人的选择购买租赁物

出租人购买租赁物的动机并非获取其所有权,而是通过融资租赁满足承租人的需要以获取相应的营业利润。出租人按照承租人对出卖人、租赁物的选择购买租赁物,才能实现融资租赁的目的。因此,《合同法》第239条规定,出租人应当根据承租人对出卖人、租赁物的选择订立买卖合同,购买租赁物。

2. 保证承租人对租赁物的占有和使用

在融资租赁合同中,承租人的目的在于对租赁物的使用、收益。因此,出租人应保证承租人对租赁物的占有、使用。租赁期间,出租人非法干涉承租人对租赁物的正常使用或者擅自取回租赁物,造成承租人损失的,出租人应承担赔偿责任;第三人就租赁物主张权利的,出租人应当排除。

3. 协助承租人向出卖人索赔

在融资租赁合同中,出租人按照承租人的选择购买租赁物,出卖人将租赁物直接交付给承租人,由承租人对标的物进行验收。基于三者的此种特殊关系,《合同法》第240条规定,出租人、承租人、出卖人可以约定,出卖人不履行买卖合同义务的,由承租人行使索赔的权利。承租人行使索赔权的,出租人应当协助。当然,如果三方没有约定,出卖人不履行买卖合同义务时,应由出租人向出卖人索赔。

4. 向出卖人支付价款

支付价款是出租人对出卖人的一项基本义务。出租人是否向出卖人支付价款又涉及承租人能否取得对租赁物的使用、收益,因此,支付价款又是出租人对承租人的义务。出租人不按照约定向出卖人支付价款,致使承租人不能对租赁物使用、收益时,应向承租人承担违约责任;承租人得请求减少租金、延长租期或解除合同。

(二) 承租人的主要义务

1. 按照约定支付租金

融资租赁合同中出租人所收取的租金,既不同于一般租赁合同的租金,又不同于买卖合同中的价金。出租人一方面要收回其为购买租赁物所支出的全部或部分费用,另一方面要获取一定的营业利润。因此,融资租赁合同的租金,除当事人另有约定以外,应当根据购买租赁物的大部分或全部成本及出租人的合理利润确定。

《合同法》第 248 条规定,承租人应当按照约定支付租金。经催告,承租人在合理期限内仍不支付租金的,出租人可以要求支付全部租金,也可以解除合同,收回租赁物。关于承租人支付租金,《融资租赁合同纠纷解释》第 6 条规定,承租人对出卖人行使索赔权,不影响其履行融资租赁合同项下支付租金的义务,但承租人以依赖出租人的技能确定租赁物或者出租人干预选择租赁物为由,主张减轻或者免除相应租金支付义务的除外。

2. 管理和维修租赁物

在一般租赁合同中,出租人应保证承租人对租赁物的占有和使用,并负责对租赁物的维修;在融资租赁合同中,承租人负有对租赁物的妥善保管义务,并应当履行占有租赁物期间的维修义务(《合同法》第 247 条)。《融资租赁合同纠纷解释》第 7 条规定,承租人占有租赁物期间,租赁物毁损、灭失的风险由承租人承担,出租人要求承租人继续支付租金的,人民法院应予支持。但当事人另有约定或者法律另有规定的除外。

(三) 出卖人的义务

出卖人负有按照约定向承租人(而非作为买受人的出租人)直接交付标的物的义务。出卖人不履行合同义务时,根据出租人、出卖人、承租人之间的约定,由承租人行使索赔的权利,承租人行使索赔权利的,出租人应当协助。

三、融资租赁合同的解除

(一) 承租人解除融资租赁合同的情形

有下列情形之一的,承租人有权请求解除融资租赁合同(《融资租赁合同纠纷解释》第 11 条、第 13 条):

1. 出租人与出卖人订立的买卖合同解除、被确认无效或者被撤销,且双方未能重新订立买卖合同的;

2. 租赁物因不可归责于双方的原因意外毁损、灭失,且不能修复或者确定替代物的;

3. 因出卖人的原因致使融资租赁合同的目的不能实现的;

4. 因出租人的原因致使承租人无法占有、使用租赁物,承租人请求解除融资租赁合同的,人民法院应予支持。

(二) 出租人解除融资租赁合同的情形

有下列情形之一,出租人有权请求解除融资租赁合同(《融资租赁合同纠纷解释》第 11 条、第 12 条):

1. 出租人与出卖人订立的买卖合同解除、被确认无效或者被撤销,且双方未能重新订立买卖合同的;

2. 租赁物因不可归责于双方的原因意外毁损、灭失,且不能修复或者确定替代物的;

3. 因出卖人的原因致使融资租赁合同的目的不能实现的;

4. 承租人未经出租人同意,将租赁物转让、转租、抵押、质押、投资入股或者以其他方式处分租赁物的;

5. 承租人未按照合同约定的期限和数额支付租金,符合合同约定的解除条件,经出租人催告后在合理期限内仍不支付的;

6. 合同对于欠付租金解除合同的情形没有明确约定,但承租人欠付租金达到两期以上,或者数额达到全部租金百分之十五以上,经出租人催告后在合理期限内仍不支付的;

7. 承租人违反合同约定,致使合同目的不能实现的其他情形。

第三节 借 款 合 同

一、借款合同的概念

借款合同是借款人向贷款人借款,到期返还借款并支付利息的合同(《合同法》第 196 条)。在借款合同中,贷款的一方为贷款人,借款的一方为借款人。

根据我国的社会生活实践和有关法律规定,借款合同主要包括银行等金融机构借款合同和自然人借款合同。金融机构借款合同,又称"贷款合同"或"信贷合同",是银行等金融机构作为贷款人,将金钱出借给借款人使用,在合同期满后借款人返还借款并支付利息的合同。自然人之间的借款合同即合同的主体,尤其是贷款人为自然人的借款合同。我国《合同法》将银行借款合同作为规制的重点。

《合同法》所规定的借款合同不同于传统的借贷合同。借贷合同是当事人双方约定一方将金钱或物品移转于他方,他方在约定的期限内将相同种类、数量、品质的物品返还的合同。根据借贷合同标的物的不同,借贷合同可分为使用借贷和消费借贷。使用借贷合同(即借用合同)是出借人将一定的物无偿借给借用人使用,借用人不毁损标的物原状,期满后返还原物的合同,其标的物应为非消耗物;消费借贷合同(即借贷合同)是指出借人将金钱或其他的物品移转于借用人,借用人于期满后将同等种类、数量、品质的物返还给出借人的合同,其标的物为消耗物、种类物。借贷合同按其标的物的性质又可分为金钱借贷和实物借贷两种。而借款合同实际上是以金钱为标的物的借贷合同。

二、借款合同的特征

（一）借款合同的标的物为货币

借款合同的标的物为货币,其他财产不能作为该合同的标的物。这一特征使借款合同区别于其他实物借贷合同。

（二）借款合同是转让货币所有权的合同

当贷款人将贷款即货币交给借款人后,货币的所有权即移转给借款人,借款人有权处分该货币。借款合同的这一特征是由货币性质决定的,货币是典型的种类物和消耗物,其所有权和占有不可分离,占有货币的人即推定为货币的所有权人。

（三）借款合同可以是有偿合同也可以是无偿合同

借款合同包括金融机构借款合同和自然人借款合同。金融机构借款合同是有偿合同,借款人应当按照约定的期限支付利息,利息是借款人获得贷款的对价;自然人借款合同对支付利息没有约定或约定不明确的,视为不支付利息(《合同法》第211条第1款),即自然人之间的借款合同原则上是无偿合同,而当事人约定支付利息时则为有偿合同。

（四）金融机构借款合同为诺成性合同,自然人借款合同为实践性合同

《合同法》第201条规定,贷款人未按照约定的日期、数额提供借款,造成借款人损失的,应当赔偿损失。借款人未按照约定的日期、数额收取借款的,应当按照约定的日期、数额支付利息。这一规定表明在贷款人提供贷款之前,双方当事人已经就借款日期、数额等内容达成了合意,合同已告成立。提供贷款是贷款人履行合同的义务而非合同成立要件,故金融机构借款合同是诺成性合同。《合同法》第210条规定,自然人之间的借款合同,自贷款人提供贷款时生效。该规定表明自然人借款合同以贷款人提供贷款为成立要件,所以自然人借款合同是实践性合同。

（五）金融机构借款合同为要式合同,自然人贷款合同为不要式合同

《合同法》第197条第1款规定:"借款合同采用书面形式,但自然人之间借贷另有约定的除外。"此规定表明《合同法》要求金融机构借款合同采用书面形式,另据《商业银行法》第37条,商业银行贷款,应当与借款人订立书面合同。

借款合同大部分为要式合同。除自然人之间借款另有约定外,借款合同应当采用书面形式。借款合同应当包括借款种类、币种、用途、数额、利率、期限和

还款方式等条款。另外,借款申请书、借款凭证、协议书及修改借款合同的有关书面材料也是借款合同的组成部分。

《合同法》对自然人借款合同的形式未作特殊的要求,自然人间可以口头或其他形式订立借款合同。

(六) 金融机构借款合同为双务合同,自然人借款合同为单务合同

金融机构借款合同成立生效后,贷款人负有按约定交付借款的义务,借款人负有按约归还借款、支付利息的义务,因此金融机构合同为双务合同。自然人借款合同为实践合同,贷款人交付借款时合同成立,而于合同成立生效后贷款人不再负担义务,仅借款人负有返还借款的义务。因此,自然人借款合同原则上为单务合同。

三、金融机构借款合同

金融机构借款合同是以银行或其他金融机构为贷款人的借款合同。贷款人只能是银行或其他金融机构,且必须经中国人民银行批准,持有中国人民银行的金融机构法人许可证或金融机构经营许可证并经工商行政管理部门核准登记才能从事借款业务。同时,法律还对贷款人的职能作了限制,据《中国人民银行法》第 30 条,中国人民银行不得向地方政府、各级政府部门提供贷款;不能向非金融机构及其他单位和个人提供贷款。但经国务院决定中国人民银行可以向特定的非金融机构提供贷款的除外。借款人应当是经工商行政管理机关或主管机关核准登记的企(事)业法人、其他经济组织、个体工商户和有中华人民共和国国籍的完全民事行为能力人(《贷款通则》第 17 条)。

金融机构借款合同有以下效力:

(一) 贷款人的义务

1. 按约提供借款的义务

贷款人的主要义务是按照约定的日期、数额向借款人提供借款。贷款人未按照约定的日期、数额提供借款,造成借款人损失的,应当赔偿损失(《合同法》第 201 条第 1 款)。

2. 足额放款的义务

借款的利息不得预先在本金中扣除。利息预先在本金中扣除的,贷款人应当按照实际借款数额返还借款并计算利息(《合同法》第 200 条)。此规定的目的在于防止贷款人变相提高利率,确保借款人利益。

3. 保密义务

贷款人对于基于借款合同所掌握的借款人的各项商业秘密,应尽到保密义务。

(二) 借款人的义务

1. 依约收取借款的义务

借款人未按约定的日期、数额收取借款的,应当按照约定的日期、数额支付利息(《合同法》第 201 条第 2 款)。即合同成立生效后,借款人应依约收取借款。不论借款人是否按照约定的日期、数额收取借款,都须按照合同约定的借款日期、数额计算利息。

2. 按照约定用途使用借款

根据我国现行金融政策,为监督借款人对借款的使用,保障借款及时收回,维护金融机构的利益,金融机构贷款实行专款专用原则,即借款人应当按照约定的用途使用借款。借款人未按照约定的借款用途使用借款的,贷款人可以停止发放借款、提前收回借款或解除合同(《合同法》第 203 条)。

3. 接受贷款人的监督并向其提供必要资料的义务

《合同法》第 202 条规定,贷款人有权按照约定检查、监督借款的使用情况。借款人应当按照约定向贷款人定期提供有关财务会计报表等资料。此规定可以保证信贷资金的合理使用和按期收回,不过此项义务是约定义务,若借款合同没有约定,借款人有权拒绝贷款人对借款使用情况的检查、监督。

4. 按期返还借款的义务

借款人应当按照约定的期限返还借款。《合同法》第 206 条规定,对期限有约定的按照约定还款;对还款期限没有约定或约定不明的,依照《合同法》第 61 条的规定确定;按以上方法仍不能确定的,借款人可以随时返还,贷款人也可以催告借款人在合理期限内返还。借款人未按照约定的期限返还借款的,应当按照约定或国家有关规定支付逾期利息(《合同法》第 207 条)。借款人提前偿还借款的,除当事人另有约定外,应当按照实际借款的期间计算利息(《合同法》第 208 条)。

5. 按期支付利息的义务

金融机构贷款合同是有偿合同,借款人应当按照约定的期限支付利息。对支付利息的期限没有约定或约定不明的,依照《合同法》第 61 条的规定确定;仍不能确定,借款期间不满一年的,应当在返还借款时一并支付;借款期间一年以上的,应当在每届满一年时支付;剩余期间不满一年的,应当在返还借款时一并支付(《合同法》第 205 条)。借款人未按照规定的期限支付利息的,应当负违约责任。

此外,借款人还有两项特别的先合同义务:

1. 如实告知义务

《合同法》第 199 条规定,订立借款合同,借款人应当按照贷款人的要求提供与借款有关的业务活动和财务状况的真实情况。此规定表明在订立金融机构借款合同时,借款人负有如实告知的义务。借款人违反如实告知义务造成贷款人损失的,应当承担缔约过失责任。

2. 提供担保的义务

金融机构借款合同以担保贷款为主,以信贷为辅。《合同法》第198条规定,订立借款合同,贷款人可以要求借款人提供担保。《商业银行法》第36条规定,商业银行的贷款以担保为主。商业银行应当对保证人的偿还能力,抵押物、质物的权属和价值以及实现抵押权、质权的可能性进行严格审查。只有经过商业银行审查、评估,确认借款人资信良好,确能偿还贷款的,才可以发放信用贷款。

四、民间借款合同

根据《最高人民法院关于审理民间借贷案件适用法律若干问题的规定》(以下简称《规定》)第1条规定,所谓"民间借款合同"是指,自然人、法人、其他组织之间及其相互之间进行资金融通的行为。这一规定出台之前,我国相关法律法规对于民间借款合同的主体范围进行了严格的限制,即合同双方当事人须至少有一方为自然人,但随着市场经济的进一步发展,这一限制的局限性进一步体现,理应修改。

(一) 民间借款合同的效力

民间借款合同的效力判断,在司法实践中有着重要的意义。只有基于有效的民间借款合同,一方当事人才能向另一方当事人主张其按照合同约定履行义务,也才能涉及违约责任的承担以及合同的解除等问题。鉴于民间借款合同的特殊性,《规定》在民间借款合同的效力部分主要规定了以下内容:

1. 自然人之间民间借款合同的生效要件

依据《规定》第9条,自然人之间民间借款合同的生效要件为:

(1) 以现金支付的,自借款人收到借款时;

(2) 以银行转账、网上电子汇款或者通过网络贷款平台等形式支付的,自资金到达借款人账户时;

(3) 以票据交付的,自借款人依法取得票据权利时;

(4) 出借人将特定资金账户支配权授权给借款人的,自借款人取得对该账户实际支配权时;

(5) 出借人以与借款人约定的其他方式提供借款并实际履行完成时。

2. 企业之间民间借款合同

对于企业之间的民间借贷给予认可,是由实际情况决定的。企业为了生产经营的需要而相互拆借资金,法律应当予以保护。这不仅有利于维护企业自主经营、保护企业法人人格完整,而且有利于缓解企业"融资难""融资贵"等顽疾,满足企业自身经营的需要,从而有利于规范民间借贷市场有序运行,促进国家经济稳健发展。依据《规定》第 11 条,法人之间、其他组织之间以及它们相互之间为生产、经营需要订立的民间借款合同,只要不违反《合同法》第 52 条和《规定》第 14 条规定内容的,应当认定民间借款合同的效力。

3. 企业在单位内部通过借款形式向职工筹集资金签订的民间借款合同

法人或者其他组织在本单位内部通过借款形式向职工筹集资金,用于本单位生产、经营,且不存在《合同法》第 52 条和《规定》第 14 条规定的情形,应当认定民间借款合同有效。

依据《规定》第 13 条,借款人或者出借人的借贷行为涉嫌犯罪,或者生效的判决认定构成犯罪,民间借款合同并不当然无效,而应当根据《合同法》第 52 条和《规定》第 14 条规定的内容确定民间借款合同的效力。

(二) 无效民间借贷合同

对于无效合同的认定,事关合同效力的维护及市场经营秩序的安全和稳定,亦事关社会公共利益的保护。在司法解释中明确规定无效民间借款行为的具体情形,有利于规范我国的金融秩序,引导民间借贷的健康有序发展,为审判实践准确认定无效民间借款合同提供规范依据。《规定》第 14 条具体列举了民间借款合同应当被认定为无效的情形,包括:

1. 套取金融机构信贷资金又高利转贷给借款人,且借款人事先知道或者应当知道的;

2. 以向其他企业借贷或者向本单位职工集资取得的资金又转贷给借款人牟利,且借款人事先知道或者应当知道的;

3. 出借人事先知道或者应当知道借款人借款用于违法犯罪活动仍然提供借款的;

4. 违背社会公序良俗的;

5. 其他违反法律、行政法规效力性强制性规定的。

(三) 互联网借贷平台的责任

按照《规定》中的条款内容,借贷双方通过 p2p 网贷平台形成借贷关系,网络贷款平台的提供者仅提供媒介服务,则不承担担保责任,如果 p2p 网贷平台的提供者通过网页、广告或者其他媒介明示或者有其他证据证明其为借贷提供担保,根据出借人的请求,人民法院可以判决 p2p 网贷平台的提供者承担担保责任(《规定》第 22 条)。

(四) 民间借款的利率与利息

在我国司法实践中,普遍使用央行公布的贷款基准利率作为裁判中的"银行同类贷款利率"。随着我国利率市场化改革进程的推进,以基准贷款利率的四倍作为利率保护上限的政策变革势在必行。《规定》中有关民间借款利率和利息的内容主要包括：

1. 借贷双方没有约定利息，或者自然人之间借贷对利息约定不明，出借人无权主张借款人支付借期内利息(《规定》第 25 条)；

2. 借贷双方约定的利率未超过年利率24%，出借人有权请求借款人按照约定的利率支付利息，但如果借贷双方约定的利率超过年利率36%，则超过年利率36%部分的利息应当被认定无效，借款人有权请求出借人返还已支付的超过年利率36%部分的利息(《规定》第 26 条)；

3. 预先在本金中扣除利息的，应当按照实际出借的金额认定为本金(《规定》第 27 条)；

4. 除借贷双方另有约定的外，借款人可以提前偿还借款，并按照实际借款期间计算利息(《规定》第 32 条)。

此外，这一部分还对逾期利率、自愿给付利息以及复利等问题作了规定(《规定》第 28 条、第 29 条、第 30 条和第 31 条)。

第四节 借 用 合 同

一、借用合同的概念

借用合同是指出借人将某项物品无偿地交给借用人使用，借用人使用后将物品返还的合同。该合同的显著特点是无偿性、互助性、返还性。交付物品的一方为出借人，接受物品并使用的一方为借用人。

借用合同一般发生在生活消费领域，有较强的互助性。在市场经济条件下，借用合同的重要性远不如租赁合同，但借用合同在实际生活中也大量存在，且借用合同的无偿性、互助性能够促进社会成员间友好互助的价值取向。

二、借用合同的特征

(一) 借用合同是转移实物使用权的合同

在借用合同中，出借人所转移的是实物(除货币)使用权，借用人所获得的是实物的使用权，而非所有权，借用人无权对借用物进行处分，而只能按照合同约定的使用方法或借用物的性质来使用。这一特征可以使其区别于借贷合同。借贷合同贷款人所转移的是货币，而且货币被借款人占有后，借款人即取得货币所有权，可以对货币进行处分，如进行投资、出借等。

(二) 借用合同的标的物一般是非消耗物

借用合同具有返还性，即借用人使用完毕后，有返还借用物的义务，而且在返还借用物时，应当保证借用物处于正当使用后的状态，如果借用物为消耗物，则出借人使用后就无法归还,不符合借用合同的性质,而构成消费借贷合同。当然,如当事人约定不以消费为目的而仅以使用为目的,例如为供陈列而借用名酒,仍可成立借用合同。

(三) 借用合同为无偿合同

借用合同最主要的特征就是其无偿性,出借人将标的物交付给借用人使用,借用人无须支付任何的报酬。这一特征使其区别于租赁合同。

(四) 借用合同为实践合同

借用合同的成立以借用物的交付为必要。当然,当事人之间有特别约定或有特殊交易习惯的情形下,借用合同也可为诺成合同。

我国学者认为,借用合同为无偿合同,借用人使用借用物无须支付对价。为平衡当事人之间的利益,借用合同应为实践合同。出借人在作出出借的意思表示后,至交付标的物之前可以任意撤销自己的意思,但也要受到诚实信用原则与缔约过失责任的约束。

三、借用合同的效力

(一) 出借人的瑕疵担保责任

由于借用合同为无偿合同,出借人在通常情况下无须负担物的瑕疵担保责任。但为了维护借用人的合法权益,有下列情形,出借人也应负有一定的瑕疵担保责任:首先,如果出借人明知标的物有瑕疵,而在交付时未告知借用人瑕疵的存在,或出借人因故意或重大过失而未告知出借物有瑕疵的;其次,出借人保证标的物无瑕疵的。在这两种情况下,借用人因标的物的瑕疵而遭受损失的,出借人应当承担。此项义务的依据是诚实信用原则,即属于诚实信用原则所派生的附随义务。既可以《合同法》总则中规定的诚实信用原则所产生的各项附随义务为应用依据,也可以类推适用《合同法》分则中最相类似的规定,即对赠与人瑕疵担保责任的规定。

(二) 借用人的义务

1. 正当使用借用物的义务

借用人应当按照借用合同约定的方式、方法使用借用物,对使用方式、方法没有约定或约定不明的,可以参照《合同法》第61条的规定;仍不能确定的,借用人应当按照标的物的性质使用。借用人不正当使用标的物,致使标的物急剧损耗或使标的物价值严重降低的,出借人有权向借用人主张侵权或违约责任,也有权解除合同,要求返还标的物并赔偿损害。未按借用物的性质或以掠夺性、破坏性的方式使用标的物的,可以认定为不正当使用。

2. 妥善保管借用物的义务

借用期间,借用人应当妥善保管和维护借用物。借用人未尽妥善保管和维护义务,致使标的物损毁、灭失的,借用人应承担归还相同数量、相等质量实物的责任;如果确实无法归还实物的,应当赔偿损失或采取其他补救措施。借用合同为无偿合同,借用人因保管维护借用物而支出的费用应由其自行承担。

3. 自己使用借用物的义务

借用人占有标的物后,应按约定自己使用。借用人擅自将借用物转借或出租的,出借人有权解除合同,取回借用物;借用物损坏的,出借人有权要求赔偿。借用人因转借或出租借用物而获收益,出借人可以要求返还不当得利。

4. 返还借用物的义务

返还借用物是借用人所负的最主要义务。借用人使用完毕、合同约定期限届满或出借人解除合同的,借用人都应将借用物返还给出借人。借用人返还借用物时,如果借用合同对借用物使用后的状况有约定的,借用人要按合同约定的状况返还借用物;如果借用合同对借用物返还时的状况没有约定或约定不明确的,返还的借用物应达到正常使用后的状态。借用物在借用期间所生孳息,借用人应一并返还。借用物所受的非正常损耗,借用人应当予以修复或负责补偿。

第十五章　交付工作成果的合同

第一节　承揽合同

一、承揽合同的概念和特征

承揽合同是承揽人按照定作人的要求完成工作,交付工作成果,定作人给付报酬的合同(《合同法》第251条)。完成工作并交付工作成果的一方为承揽人,接受工作成果并支付报酬的一方为定作人。承揽人完成的工作成果即为定作物。

承揽合同有如下特征:

1. 承揽合同以完成一定工作成果为目的

承揽合同的标的是承揽人完成并交付工作成果的行为,而不是承揽人完成工作的过程本身。这一特征使承揽合同区别于其他提供劳务的合同。

2. 承揽合同的标的物有特定性

承揽合同是为满足定作人的特殊要求而订立的,作为承揽合同标的物的工作成果由定作人确定或按定作人的要求来完成,无论工作成果以何种形式展现,它都必须符合定作人的特别要求,否则交付的工作成果不合格。

3. 承揽合同是诺成、有偿、双务合同

承揽合同自当事人双方意思表示一致即可成立。承揽合同生效后,承揽合同双方互负义务,承揽人负有亲自完成主要工作并交付工作成果的义务,定作人负有接受工作成果并按期支付报酬、材料费及其他费用的义务。报酬是定作人获得工作成果的对价。因此承揽合同为双务、有偿合同。

4. 承揽人的工作具有独立性

承揽人以自己的设备、技术和劳力独立完成工作,有权根据自己的工作条件独立地安排工作计划,确立工作方法和步骤,一般不受定作人的指挥和管理,定作人虽有权对承揽人的工作进行必要的监督检查,但不得妨碍承揽人独立完成工作。承揽人独立完成并对工作过程中的意外风险承担责任。这一特征使承揽合同区别于劳动合同和雇佣合同。

二、承揽合同的种类

以承揽合同的内容为标准,承揽合同可分为以下几类:

1. 加工合同,指定作人向承揽人提供原材料,承揽人根据定作人提出的定作物的名称、品种、质量、数量等要求,以自己的技术、设备和劳力为定作人制作加工特定的产品,定作人接受定作物并按照约定支付报酬的合同。加工合同的特点是定作人提供全部或部分原材料,承揽人一般只提供辅助材料,收取加工费。

2. 定作合同,指承揽人准备原料,根据定作人提出的品种、规格、质量、数量等要求,使用自己的原材料和技术,为定作人制作特定的产品,定作人接受该产品并支付相应报酬的合同。定作合同与加工合同的区别在于,加工合同中的原材料由定作人提供,定作合同中的原材料由承揽人提供。

3. 修理合同,指定作人将损坏的物品交给承揽人,承揽人以自己的技术、设备和劳力负责将损坏物品修理好后交付给定作人,定作人接受该工作成果并向承揽人支付报酬的合同。

4. 复制合同,指承揽人按照定作人的要求,根据定作人的样品为定作人制作复制品,定作人接受复制品并支付相应报酬的合同。文稿的复印、照片的翻拍、雕像的模仿等都为复制。

5. 测试合同,指承揽人按照定作人的要求,以自己的仪器、设备和技术为定作人完成一定的测试工作,定作人接受测试成果并支付报酬的合同。

6. 检验合同,指承揽人按定作人的要求以自己的技术、仪器设备和劳力对定作人需要检验的内容进行检验,得出相关的结论,定作人接受检验成果并支付报酬的合同。

三、承揽合同的效力

(一) 承揽人的义务

1. 亲自完成主要工作

《合同法》第253条规定,承揽人应当以自己的设备、技术和劳力,完成主要工作,但当事人另有约定的除外。承揽人将其工作交由第三人完成的,应当就该第三人完成的工作成果向定作人负责;未经定作人同意的,定作人也可以解除合同。对此条规定可作如下理解:

(1) 亲自完成主要工作。何为承揽工作的"主要工作"? 法律没有规定。一般认为,主要工作首先是指对定作物的质量有决定性作用的部分,或者是指工作要求高的部分;但如果质量在工作中不起决定性作用,定作物为一般人均可完成的工作时,则主要工作是指数量上的大部分。① 承揽合同是建立在定作人对承揽人完成工作的条件、能力信任的基础上的,因此承揽人应当以自己的设备、技术和劳力完成主要工作。

(2) 不得将主要工作转交第三人完成。承揽人将其主要工作交由第三人完成的,无论承揽人是否经过定作人的同意,承揽人应当就该第三人完成的工作成果向定作人负责;未经定作人同意的,定作人有权解除合同(《合同法》第253条第2款)。

(3) 承揽人可以将其承揽的辅助工作交由第三人。承揽人将其承揽的辅助工作交由第三人完成的,应当就该第三人完成的工作成果向定作人负责(《合同法》第254条)。所谓"辅助部分"和"次要部分",是相对于主要部分而言对承揽工作不起决定性和实质性作用的部分。对于这种辅助工作的转让,承揽人应就转让给次承揽人的工作成果向定作人负责。承揽人将次要部分工作转让给次承揽人的,承揽人与定作人之间的关系并未因此而受影响,他们仍是原承揽合同的当事人。

2. 交付工作成果

《合同法》第261条规定,承揽人完成工作的,应当向定作人交付工作成果并提交必要的技术资料和有关质量证明。承揽人应当按照合同约定的时间、地点、方式交付工作成果。对此可理解为:承揽人应按照约定的时间、地点、方式将工作成果移交给定作人占有;没有约定时间、地点、方式的,参照《合同法》第61条的规定;仍不能确定的,承揽人应在工作完成之后通知定作人提取工作成果;如按照承揽工作的性质不需要特别交付的,例如房屋的维修粉刷,承揽人完成工作之日即为交付之日。

定作人定作的目的是取得定作物所有权,定作人对定作物所有权的取得应注意以下几点:

(1) 定作人提供材料由承揽人加工定作,定作物为动产的,工作成果的所有权归定作人,当事人无须进行所有权的转移。

(2) 承揽人自己提供材料,定作物为动产的,工作成果的所有权归承揽人,当事人之间需要进行所有权的转移。

(3) 由双方提供材料,定作物为动产的,若定作人提供的材料为工作成果的主要部分,则工作成果的所有权归定作人,当事人之间无须进行工作成果所有权的转移;若承揽人提供的材料为工作成果的主要部分,则工作成果的所有权归承揽人,当事人之间须进行工作成果所有权的转移。

(4) 定作物为不动产的,不论材料为何方提供,定作物的所有权均由定作人

---

① 参见马俊驹、余延满:《民法原理》,法律出版社2005年版,第699页。

取得。

3. 保管义务

承揽人应当妥善保管定作人提供的材料及完成的工作成果,因保管不善造成毁损、灭失的,应当承担损害赔偿责任(《合同法》第265条)。该条规定了承揽人对材料和工作成果的保管义务。

(1) 对材料的保管义务。定作人提供材料由承揽人占有时,承揽人不享有该材料的所有权,在占有期间,承揽人负有妥善保管该材料的义务。

(2) 对工作成果的保管义务。对此应区别不同的情况:如果承揽人对工作成果享有所有权,承揽人不需承担保管义务,因承揽人的过错致使工作成果毁损灭失的,只需承担交付不能的违约责任;如果承揽人对工作成果不享有所有权,承揽人应承担保管工作成果的义务,因承揽人的过错造成工作成果毁损灭失的,定作人可以选择就侵权或违约向承揽人主张损害赔偿责任。

4. 工作成果的瑕疵担保责任

承揽人完成的工作成果要符合定作人的要求,承揽人交付的工作成果不符合质量要求的,定作人可以要求承揽人承担修理、重作、减少报酬、赔偿损失等违约责任(《合同法》第262条)。对此,可作如下理解:

(1) 承揽人的瑕疵担保责任是物的瑕疵担保责任,即承揽人应当保证其所完成的工作成果符合质量要求。

(2) 定作人应在合理期限内提出异议。定作人发现瑕疵的,应在约定期限内对工作成果提出质量异议;未约定异议期限的,定作人应在合理的期限内将工作成果不符合质量要求的情况通知承揽人;定作人未提出异议的,视为工作成果符合质量要求,承揽人不负瑕疵担保责任。

(3) 承揽人瑕疵担保责任的责任形式有修理、重作、减少报酬、赔偿损失。

5. 按照合同约定提供材料或接受定作人提供的材料

(1) 按照合同约定提供材料。承揽人提供材料的,应当按照约定选用材料,定作人有权检验承揽人提供的材料是否符合合同约定的要求。如合同对材料的标准没有约定的,可以按照定作物的性质及定作的目的来决定,承揽人不能以次充好。定作人检验后认为承揽人提供的材料不符合约定的,可以要求承揽人提供合格的材料,并在之后承揽人工作的过程中检查和监督承揽人的工作。由于承揽人提供不符合合同要求的材料,而导致定作物存在质量缺陷的,承揽人要对此承担责任,定作人也有权要求承揽人重作、修理、减少价款或解除合同。如果依定作物的性质应当由定作人对材料进行检验,而定作人未在合理时期内对承揽人提供的材料进行检验的,则视为定作人不对材料的质量提出异议。

(2) 接受定作人提供的材料。定作人提供材料的,承揽人对定作人提供的材料应及时检验,发现定作人提供的材料不符合约定时,应及时通知定作人更换、补齐或采取其他补救措施。承揽人不得擅自更换定作人提供的材料,不得更换不需要修理的零部件(《合同法》第256条)。定作人提供材料的承揽合同称为"加工合同",承揽人依合同约定将定作人提供的材料加工成符合定作人要求的成品。承揽人在定作人交付材料后,要及时对材料进行验收,如发现定作人提供的材料不符合约定的,应及时通知定作人更换或补齐。在检验定作人提供的材料后,未发现不符合合同约定情况的,承揽人应接收并着手工作。承揽人对定作人提供的材料,负有妥善保管义务,且承揽人不得擅自更换定作人提供的材料,不得更换不需要修理的零部件。承揽人对定作人提供的材料必须合理使用。

6. 保密义务

承揽人应当按照定作人要求保守秘密,未经定作人的许可,不得留存复制品或者技术资料(《合同法》第266条)。

7. 通知义务

承揽人在完成工作的过程中,遇到下列情形,应将相关事项通知定作人:定作人提供的图纸或技术需求不合理的(《合同法》第257条);定作人提供的材料不符合约定的(《合同法》第256条);其他可能影响工作质量或履行期限的不可归责于承揽人的情形。

8. 接受必要的监督检验

承揽人在工作期间,应当接受定作人必要的监督检验,但定作人不得因监督检验妨碍承揽人的正常工作(《合同法》第260条)。

9. 共同承揽人的连带责任

共同承揽,即数人共同承揽一项工作且彼此之间无再承揽关系的情形。共同承揽人对定作人承担连带责任,但当事人另有约定的除外(《合同法》第267条)。"当事人另有约定的除外"是指承揽人与定作人之间约定,不包括多数承揽人之间的内部责任划分约定。

(二) 对定作人的效力

1. 按期支付报酬的义务

承揽合同为有偿合同,报酬是定作人获得工作成果的对价。规定了给付报酬期限的,定作人应当按照约定的期限支付报酬;对支付报酬的期限没有约定或约定不明,依照《合同法》第61条的规定仍不能确定的,在承揽人交付工作成果时给付;工作成果部分交付的,定作人应当相应支付(《合同法》第263条)。

2. 定作人的协助义务

承揽工作需要定作人协助的,定作人有协助的义务(《合同法》第259条)。依此规定,定作人的协助义务应视承揽工作需要而定,如果承揽工作需要定作人协助,定作人即有协助义务;如依工作性质无须定作人协助,定作人则不承担此义务。

需要指出的是,定作人的协助义务与其所提供材料的义务不同。尽管定作人提供材料也属于协助义务的一种,甚至是关键性的协助义务,但因合同已将定作人提供材料的义务单列,因此不再将此列入视承揽工作需要而定的协助义务。

定作人不履行协助义务致使承揽工作不能完成的,承揽人可以催告定作人在合理期限内履行义务,并可以顺延履行期限;定作人逾期不履行的,承揽人可以解除合同(《合同法》第259条)。

3. 定作人监督检验权

承揽人在工作期间,应当接受定作人必要的监督检验。定作人不得因监督检验妨碍承揽人的正常工作(《合同法》第260条)。一方面,承揽合同是为满足定作人的特殊需要而订立的,为顺利实现定作人的目的,法律规定了定作人的监督检验权;另一方面,承揽人的工作具有其独立性,承揽人利用其技术、设备、劳力完成工作,并独立承担工作过程中的风险,为保障承揽人工作的独立性,法律又特别划定了定作人监督检验权的界限,即不得妨碍承揽人的正常工作。

4. 定作人的变更权

定作人中途变更承揽工作的要求,造成承揽人损失的,应当赔偿损失(《合同法》第258条)。

5. 定作人的任意解除权

承揽期间,定作人可以随时解除承揽合同,造成承揽人损失的,应当赔偿损失(《合同法》第268条)。依《合同法》第8条,合同依法成立后,即有法律拘束力,当事人不得擅自变更或解除合同。对于立法在承揽合同中规定定作人的任意解除权,学者有不同的理解:有学者认为,《合同法》第268条是《合同法》第8条的特例,是对定作人利益的保护;[1]也有学者认为,承揽合同以满足定作人的特定需要为目的,当承揽工作的完成对于定作人没有必要时,承揽工作的进行不但不利于定作人,也会造成物质和人力的浪费。[2] 本书认为,上述两个观点综合起来足以说明《合同法》第268条规定的意义。

(三) 承揽合同中的风险负担

承揽合同中的风险负担是指承揽工作中,工作成果或当事人提供的材料,因不可归责于当事人任何一方的事由毁损、灭失时,由谁承担损失的问题。承揽合同中的风险负担包括工作成果的风险负担和材料的风险负担。

《合同法》没有明确规定承揽合同中的风险负担,但这又是实务中不可回避的问题,依据民法原理,作以下分析:

---

[1] 参见谢鸿飞编著:《承揽合同》,法律出版社1999年版,第336页。
[2] 参见孙晓编著:《合同法各论》,中国法制出版社2002年版,第187页。

1. 承揽合同中材料风险负担,按照民法一般原则,所有人负担所有物毁损、灭失的风险。

定作人提供材料的,材料的所有人是定作人,即由定作人负担,当事人另有约定的除外;承揽人提供材料的,承揽人是该材料的所有人,材料毁损、灭失的风险应由承揽人负担。

2. 工作成果的风险负担可类推适用《合同法》第 142 条关于买卖合同标的物的风险负担的规定。

定作人自始取得定作物所有权的,在当事人之间不需进行所有权转移。据民法的一般原则:标的物风险由所有人负担。定作人应负担工作成果毁损、灭失的风险,当事人另有约定的除外。

承揽人拥有定作物所有权的,在当事人之间需进行所有权转移。工作成果在交付之前,风险由承揽人负担;在交付之后由定作人负担,当事人另有约定或法律另有规定的除外。

第二节 建设工程合同

一、建设工程合同概述

(一) 建设工程合同的概念与特征

建设工程合同是承包人进行工程建设、发包人支付价款的合同(《合同法》第 269 条第 1 款)。德国、日本、法国及我国台湾地区民法均将对建设工程合同的规定纳入承揽合同中。我国立法考虑到基本建设工程项目建设周期长、质量要求高、情况复杂、事关国计民生的特点,将建设工程合同从承揽合同中分离出来,作为一种独立的合同类型加以规定。[①] 在实践中,将传统的承揽合同的适用范围限于建设工程之外的动产。基于两者内在的关联性,《合同法》第 287 条规定:"本章(建设工程合同)没有规定的,适用承揽合同的有关规定。"

建设工程合同是诺成、双务、有偿合同,其还有如下特征:

1. 建设工程合同标的物的特殊性

建设工程合同的标的物是基本建设工程。所谓"基本建设工程"一般是指工作要求比较高、价值比较大的不动产建设项目,如房屋、铁路、公路、港口、机场、矿井、通讯线路等的建设和安装;一些结构简单、价值较小的工程项目如居民个人住宅、企业建造的附属房屋可作为承揽合同的标的物。此特点使建设工程合同区别于承揽合同。

---

① 参见张民安、王红一主编:《合同法》,中山大学出版社 2003 年版,第 357 页。

2. 建设工程合同主体的特殊性

法律对建设工程合同的当事人即承包人和发包人有严格的资质要求。承包人包括勘察人、设计人、施工人。《建筑法》第13条规定，建筑工程承包单位应当持有依法取得的资质证书，并在其资质等级许可的业务范围内承揽工程。《建设工程质量管理条例》第18条规定，从事建设工程勘察、设计的单位应当依法取得相应等级的资质证书，并在其资质等级许可的范围内承揽工程；第25条规定，施工单位应当依法取得相应等级的资质证书，并在其资质等级许可的范围内承揽工程。

发包人即建设工程的投资单位，多数是经过批准进行工程建设的法人。建设工程如需组建项目法人，该项目法人为发包人。据《建设工程勘察设计管理办法》的规定，勘察设计合同的发包人可以是法人或自然人。

3. 建设工程合同为要式合同

根据《合同法》第270条和第273条，建设工程合同应当采用书面形式，对于国家重大建设工程合同，还应当按照国家规定的程序和国家批准的投资计划、可行性报告等文件订立。

4. 国家对建设工程合同的严格监督管理

建设工程具有建设周期长、质量要求高、情况复杂的特点。所完成的建设工程具有固定性，须长期存在和发挥效用，并且往往涉及基本建设规划、事关国计民生，因此对于建设工程合同，从合同的签订到合同的履行，从资金的投放到最终的成果验收都受到国家严格的管理和监督。大量建设工程的投资主体是国家或国有资本，而且建设工程项目一经投入使用，通常会对公共利益产生重大影响，因此国家对建设工程合同实施了较为严格的干预。体现在立法上，就是除《合同法》外还有大量的单行法律和法规，如《建筑法》《城市规划法》《招标投标法》及大量的行政法规和规章，对建设工程合同的订立和履行的诸环节进行规制。

5. 建设工程合同订立和履行的计划性和程序性

建设工程的履行期限长、工作环节多、涉及面广，关系到国计民生，因此，建设工程合同的订立须采取书面形式。对于国家重大建设工程合同，应当严格按照国家规定的程序和国家批准的投资计划、可行性研究报告等文件订立。

(二) 建设工程合同的种类

1. 依签约主体与合同内容的不同分为联合承包合同、总承包合同、分包合同

（1）联合承包合同，是指由两个或两个以上的承包单位共同承包建设工程的合同，通常适用于大型建筑工程或结构复杂的建筑工程。

（2）总承包合同，是指发包人将其建设工程的勘察、设计、施工发包给一个

承包人来承包,由总承包人独立承揽全部建设工程任务的合同;总承包合同包括将建设工程的勘察、设计、施工的全部工作发包的承包合同,也包括仅将建设工程的勘察、设计、施工的某项或某两项发包的承包合同。①《合同法》第272条第1款规定,发包人可以与总承包人订立建设工程合同,也可以分别与勘察人、设计人、施工人订立勘察、设计、施工承包合同。但发包人不得将应当由一个承包人完成的建设工程肢解成若干部分发包给几个承包人。

(3) 分包合同,是指总承包人将其承包的建设任务的一部分转包给一个承包人或若干个承包人的合同。《合同法》第272条第2款规定,总承包人或勘察、设计、施工承包人经发包人同意,可以将自己承包的部分工作交由第三人完成。第三人就其完成的工作成果与总承包人或勘察、设计、施工承包人向发包人承担连带责任。

(4) 转包合同,是指由承包人将其承包的工程任务全部交由转包人承担的合同,实际上就是承包人将其权利义务全部转让予第三人的合同。与分包合同为立法有限度地承认其效力不同,转包合同则为我国立法所禁止。

承包人不得将其承包的全部建设工程转包给第三人或将其承包的全部建设工程肢解以后以分包的名义转包给第三人。禁止承包人将工程分包给不具备相应资质条件的单位。禁止分包单位将其承包的工程再分包;建设工程的主结构的施工必须由承包人自行完成。

2. 依建设工程工作阶段的不同划分为勘察、设计、施工合同(《合同法》第269条第2款)

监理合同在广义上也是建设工程合同之一种。监理合同是指由建设单位(发包人)委托具有监理资质的监理单位对其发包工程的施工质量、工期、资金使用等方面进行监督的合同,在性质上属委托合同而非承揽合同。因此,严格说来,监理合同并不属建设工程合同范围,《合同法》也未将其列入建设工程合同部分进行规定。为理解方便,本节予以一并论述。

二、建设工程勘察、设计合同

(一) 建设工程勘察、设计合同概述

工程勘察合同,即发包人与勘察人为完成工程建设项目的地理、地质等情况的调查研究工作而订立的合同。建设工程勘察单位称为"承包方",建设单位或者有关单位称为"发包方"(又称为"委托方")。

工程勘察是工程建设的第一个环节,也是保证建设工程质量的基础环节。为了确保工程勘察的质量,法律规定:勘察企业、事业单位只有经过国家或省、自

---

① 参见孙晓编著:《合同法各论》,中国法制出版社2002年版,第199页。

治区、直辖市一级机关批准,获得勘察许可,才有权从事勘察工作。

建设工程勘察合同必须符合国家规定的基本建设程序,由建设单位或有关单位提出委托,经与勘察部门协商,双方取得一致意见,即可签订。任何违反国家规定的建设程序的勘察合同均是无效的。

设计合同是发包人或总承包人与设计人订立的,设计人按要求完成一定设计工作,发包人或总承包人支付价款的合同。建设单位或有关单位为委托方,建设工程设计单位为承包方。建设工程设计合同的标的是为建设工程需要而作的设计成果。

工程设计是工程建设的第二个环节,是保证建设工程质量的重要环节。工程设计合同的承包方必须是经国家或省级主要机关批准,持有设计许可证,具有法人资格的设计单位。只有具备了上级批准的设计任务书,建设工程设计合同才能订立;小型单项工程设计合同必须具有上级机关批准的文件方能订立。如果单独委托施工图设计任务,应当同时具有经有关部门批准的初步设计文件方能订立。

(二) 勘察、设计合同的效力

1. 发包人的主要义务

(1) 按照约定提供勘察、设计工作所需的各种条件

勘察工作开展前,勘察合同的发包人应按照约定提供勘察所需的勘察基础资料、勘察技术要求及附图;在设计开始前,设计合同的发包人应按照约定提供设计所需的基础资料及技术要求说明。为保证勘察、设计工作的顺利进行,在勘察人、设计人入场工作时,发包人应当为其提供必要的工作、生活条件。

发包人未按照约定的时间和要求提供原材料、设备、场地、资金、技术资料的,承包人可以顺延工程日期,并有权要求赔偿停工、窝工等损失(《合同法》第283条)。因发包人变更计划、提供的资料不准确,或者未按照期限提供必需的勘察、设计工作条件而造成勘察、设计的返工、停工或修改设计的,发包人应当按照勘察人、设计人实际消耗的工作量增付费用(《合同法》第285条)。

(2) 按照约定接受并维护勘察设计成果

发包人对于勘察人、设计人交付的勘察设计成果不得擅自修改,也不得擅自转让给第三人使用。发包人擅自修改勘察设计成果的,由其承担因此引发的工程质量责任;擅自转让的,由其承担因此引发的侵权责任;有保密条款的,发包人还应保密勘察设计成果。

(3) 按照约定支付勘察、设计费用

发包人应当按照约定向勘察人、设计人支付勘察设计费,发包人未按照约定支付价款的,承包人可以催告发包人在合理的时间内支付价款;发包人逾期不支付的,除按照建设工程的性质不宜折价、拍卖的以外,承包人可以与发包人协商

将该工程折价,也可申请人民法院将该工程依法拍卖;建设工程的价款就该工程折价或拍卖的价款优先受偿(《合同法》第286条)。

2. 承包人的主要义务

(1) 按照约定完成勘察、设计工作并交付工作成果

勘察人应按照国家规定或合同约定的标准进行工程测量,工程地质、水文的勘察工作,并按期交付勘察成果;设计人应根据合同约定和发包人提供的文件、资料进行设计。勘察人、设计人未按照约定进度完成勘察、设计工作的,应承担违约责任。

(2) 对勘察、设计成果承担瑕疵担保责任

勘察人、设计人须按照工程建设的强制性标准进行勘察、设计工作,并对勘察、设计成果的质量承揽瑕疵担保。勘察、设计的质量不符合要求或未按照期限提交勘察、设计文件拖延工期,造成发包人损失的,勘察人、设计人应当继续完善勘察、设计,减收或免收勘察、设计费并赔偿损失(《合同法》第280条)。

三、建设工程施工合同

建设工程施工合同是发包人与施工人订立的,施工人完成工程施工建设,发包人支付工程价款的合同。

(一) 建设工程施工合同的主要特点

1. 合同承包方的主体资格要求严格

建设工程施工合同的发包方可以是法人,也可以是依法成立的其他组织或自然人。对于承包方则要审查其资质证明、营业执照、安全生产合格证、企业等级证书,而且承包方必须是法人。外地建设企业进驻当地施工,应当根据当地政府的有关规定办理必要的手续,如进省(市)许可证等。建设工程施工合同具有下列情形之一的,应当认定无效:(1) 承包人未取得建筑施工企业资质或者超越资质等级的;(2) 没有资质的实际施工人借用有资质的建筑施工企业名义的;(3) 建设工程必须进行招标而未招标或者中标无效的(《建设工程合同解释》第1条)。承包人非法转包、违法分包建设工程或者没有资质的实际施工人借用有资质的建筑施工企业名义与他人签订建设工程施工合同的行为无效。人民法院可以根据《民法总则》第179条,收缴当事人已经取得的非法所得(《建设工程合同解释》第4条)。但是,承包人超越资质等级许可的业务范围签订建设工程施工合同,在建设工程竣工前取得相应资质等级,不得认定无效(《建设工程合同

解释》第 5 条）。①

2. 合同标的物具有特殊性

合同标的物是建设工程，其特殊性表现为：工作环节多、涉及面广；消耗的人力、物力、财力多，一次性投资数额大；建设产品体积庞大，关系到国计民生。

3. 施工合同执行周期长

由于建设产品的体积庞大、结构复杂，建设周期都比较长，因此，施工合同的执行期也较长。

4. 合同内容具有特殊性

建设工程施工合同内容繁杂、执行周期长，许多内容均应当在合同中明确约定，因此建设工程施工合同较其他类型合同的内容要多。合同除涉及双方当事人外，还要涉及地方政府、工程所在地单位和个人的利益等等，因此建设工程施工合同涉及面较广，也较复杂。

（二）建设工程施工合同的效力

1. 发包人的主要义务

（1）做好施工前的准备工作

施工前的准备工作一般包括：办理施工所需的各种证件、批文，如土地使用权证；清除障碍，使施工场所具备施工条件；向承包人提供有关施工场所地质、水文特征的资料。若发包人提供的主要建筑材料、建筑构配件和设备不符合强制性标准或不履行合同约定的协助义务，致使承包人无法施工，且在催告合理期限内仍未履行相应义务的，承包人可以解除建设工程施工合同（《建设工程合同解释》第 9 条）。

（2）组织工程检查

发包人可以随时对工程的进度、质量进行检查和监督，但不得干扰承包人的正常工作（《合同法》第 277 条）。

隐蔽工程在隐蔽以前，承包人应当通知发包人检查。发包人没有及时检查，承包人可以顺延工期，并有权要求赔偿停工、窝工等损失（《合同法》第 278 条）。

（3）组织竣工验收工作

建设工程竣工后，发包人应当根据施工图纸及说明书、国家颁布的施工验收规范和质量检验标准及时进行验收。建设工程经验收合格后，方可交付使用；未

---

① 为防止发包人因合同无效获得不当得利，平衡承包人与发包人的利益，《建设工程合同解释》第 2 条规定，建设工程施工合同无效，但建设工程经竣工验收合格，承包人请求参照合同约定支付工程价款的，应予支持。第 3 条规定，建设工程施工合同无效，且建设工程经竣工验收不合格的，按照以下情形分别处理：(1) 修复后的建设工程经竣工验收合格，发包人请求承包人承担修复费用的，应予支持；(2) 修复后的建设工程经竣工验收不合格，承包人请求支付工程价款的，不予支持。因建设工程不合格造成的损失，发包人有过错的，也应承担相应的民事责任。

经验收或验收不合格的,不得交付使用(《合同法》第279条)。

(4) 接受建设工程并按约定支付工程价款

对验收合格的建设工程,发包人应按合同约定的方式和期限进行工程决算,向承包人支付价款。发包人未按照约定的期限支付价款的,承包人可以催告发包人在合理期限内支付价款,发包人逾期不支付的,除依建设工程的性质不宜折价的外,承包人可与发包人协议将该工程折价,也可以申请人民法院将该工程依法拍卖;建设工程折价或拍卖所得价款优先偿还工程款(《合同法》第286条)。

此外,根据最高人民法院《关于建设工程价款优先权问题的批复》的规定,承包人的优先权优于抵押权和其他债权,但如消费者已交付购买商品房的全部或大部分价款,承包人就该房享有的工程价款优先权不得对抗买受人。建设工程承包人行使优先权的期限为六个月,从建设工程竣工之日或合同约定的竣工之日起计算。

实践中常由施工人为发包人先行垫资施工。当事人对垫资和垫资利息有约定的,发包人应按照约定返还垫资及其利息,但是约定的利息计算标准高于中国人民银行发布的同期同类贷款利率的部分除外;当事人对垫资没有约定的,按照工程欠款处理;当事人对垫资利息没有约定的,发包人无须支付利息(《建设工程合同解释》第6条)。

2. 承包人的主要义务

(1) 按照约定施工

在开工之前承包人应当按照约定做好开工前的准备工作,负责做好施工场所、道路的平整,施工界区内的用水、用电、道路以及临时设施的施工。编制施工计划,做好材料、设备的采购、供应和管理,获取应由发包人供应的材料,在施工中,承包人须严格按照施工图及说明书施工,承包人对于发包人提供的施工图和其他技术资料不得擅自修改。承包人不按照施工图及说明书施工而造成工程不合格的,应负责无偿修理或返工。

(2) 接受发包人的必要监督

承包人应当接受发包人对工程进度、质量的必要检查,但对于发包人妨碍其正常工作的检查,承包人可以拒绝(《合同法》第277条)。

(3) 按质按期完成并交付工程

承包人应按质完成工程,因施工人的原因致使建设工程质量不符合约定的,发包人有权要求施工人在合理期限内无偿修理或返工、改建。经修理或返工、改建后,逾期交付的,施工人应当承担违约责任(《合同法》第281条)。承包人具有下列情形之一的,发包人可以解除建设工程施工合同:合同约定的期限内没有完工,且在发包人催告的合理期限内仍未完工的;已经完成的建设工程质量不合格,并拒绝修复的;将承包的建设工程非法转包、违法分包的(《建设工程合同解释》第8条)。解除合同时,发包人应当接受承包人已经完成的部分建设工程,并支付相应部分的价款和报酬。

(4) 对建设工程的瑕疵担保责任

承包人对施工建设的工程质量应负瑕疵担保责任,在工程质量保证期限内,工程所有人或使用人发现工程瑕疵的,有权直接请求承包人负担修理、重作、返工、赔偿损失等瑕疵担保责任。对于质量保证期限,当事人可以在合同中约定或在保修合同中单独约定。因承包人的过错造成建设工程质量不符合约定的,承包人拒绝修理、返工或者改建,发包人有权请求减少支付工程价款(《建设工程合同解释》第11条)。但因发包人具有下列情形之一,造成建设工程质量缺陷,应由发包人承担过错责任:提供的设计有缺陷;提供或者指定购买的建筑材料、建筑构配件、设备不符合强制性标准;直接指定分包人分包专业工程。承包人有过错的,也应当承担相应的过错责任(《建设工程合同解释》第12条)。

(5) 对建设工程的质量安全担保责任

承包人应担保建设工程在合理使用期限内不会因质量问题造成人身和财产损害。因承包人的原因致使建设工程在合理使用期限内造成人身和财产损害的,承包人应承担损害赔偿责任(《合同法》第282条)。

承包人对建设工程造成人身和财产损害所承担的损害赔偿是一种侵权责任,该责任的构成条件为:第一,因建筑物倒塌、毁损造成人身和财产损害;第二,损害须发生在建筑物的合理使用期限内,建筑物的合理使用期限依建设工程的不同而不同,如一般民用建筑的耐久年限为50到100年;第三,须建筑物的倒塌、毁损是因承包人的原因造成的。

《民法通则》第126条以及《侵权责任法》第85条、第86条规定,建筑物或其他设施以及建筑物上的搁置物、悬挂物发生倒塌、脱落等造成他人损害的,其所有人或管理人应当承担民事责任,但能够证明自己没有过错的除外。因此,在因建筑物发生倒塌、毁损等造成他人损害时,受害人可以要求建设工程的所有人或管理人承担责任,若工程管理人或所有人能够证明此损害是由承包人的原因造成的,则受害人得要求建设工程的承包人承担损害赔偿责任。

四、建设工程监理合同

(一) 工程监理合同的概念

监理合同是指发包人与监理人之间就工程建设项目进行监督和管理活动所订立的合同,监理人对建设工程的勘察、设计、施工、质量进行全面监督,发包人为此支付报酬。建设工程合同的发包人为委托人,负责监督工程质量的人为监理人。

根据《工程建设监理单位资质管理试行办法》的规定,从事监理业务的单位,应当具备相应的人员素质、资金数量、专业技能、管理水平。工程监理单位的资质需要主管部门进行审批,各级监理单位依照一定的标准分为甲、乙、丙三级。监理单位必须在核准监理的范围内从事监理活动,不得擅自超越范围承接工程监理业务。

(二) 工程监理合同适用的范围

监理合同尽管是建设单位与监理单位之间的自愿合意行为,但由于建设工程具有建设周期长、质量要求高、情况复杂的特点,为了防止建筑质量隐患,法律要求在施工过程中,必须实行监理。根据《工程建设监理规定》,工程建设监理的范围包括:大中型工程项目,市政、公用工程项目,政府投资兴建和开发建设的办公楼,社会发展事业项目和住宅工程项目,外资、中外合资、国外贷款和捐款建设的工程项目。凡属国家重点建设工程、大中型公用事业工程以及国家规定须实行监理的其他工程,必须实行监理。工程建设监理的主要内容是对承包人在施工质量、建设工期和建设资金使用等方面实施监督。

(三) 工程监理合同的效力

监理合同是发包人委托监理人监督建设工程质量的合同,在性质上属于委托合同。因此,《合同法》第276条规定,发包人与监理人的权利义务以及法律责任应适用委托合同以及其他有关法律、行政法规的规定。

1. 委托人的义务

(1) 实行监理的建筑工程,由建设单位委托具有相应资质条件的工程监理单位监理。建设单位与其委托的工程监理单位应当订立书面委托监理合同。建设单位与其委托的工程监理单位应当订立书面委托监理合同(《建筑法》第31条)。

(2) 建筑工程监理前,建设单位应当将委托的工程监理单位、监理的内容及监理权限,书面通知被监理的建筑施工企业(《建筑法》第33条);应向监理人提供监理工作所需的合同文本、资料、图纸和数据等。

(3) 及时支付对方监理费用。

2. 监理人的职责

(1) 工程监理单位应在履行监理职责期间,运用合理的技能,为业主提供与其监理机构水平相适应的咨询意见,认真、勤奋地工作,帮助业主实现合同预定的目标,公正地维护各方的合法权益。

(2) 工程监理单位应当在其资质等级许可的监理范围内,承担工程监理业务;根据建设单位的委托,客观、公正地执行监理任务。

(3) 工程监理单位应当依照法律、行政法规及有关的技术标准、设计文件和建筑工程承包合同,对承包单位在施工质量、建设工期和建设资金使用等方面,代表建设单位实施监督;对不符合质量要求的工程施工和设计,有权要求建设施工设计单位改正和向建设单位报告。

　　此外,工程监理单位与被监理工程的承包单位以及建筑材料、建筑构配件和设备供应单位不得有隶属关系或者其他利害关系;工程监理单位不得转让工程监理业务;工程监理单位不按照委托监理合同的约定履行监理义务,对应当监督检查的项目不检查或者不按照规定检查,给建设单位造成损失的,应当承担相应的赔偿责任。

第十六章 提供服务的合同

第一节 雇佣合同

一、雇佣合同的概念与特征

雇佣合同为当事人一方为他方提供劳务、他方给付报酬的合同。提供劳务的一方为受雇人,给付报酬的一方为雇用人。

我国自改革开放以来,私营企业兴起,雇工现象大量出现。我国《私营企业暂行条例》将私营企业定义为企业资产属私人所有、雇工八人以上的营利性经济组织,该法规首次承认了雇工的合法性。在制定《合同法》的过程中,数个草案都设计了雇佣合同专章,但都未能保持到最终通过的《合同法》文本。因此雇佣合同仍然属于无名合同,现实中有关雇佣合同的认定和纠纷的解决适用《合同法》总则和有关法律、行政法规中最相类似的规定。

雇佣合同有如下特征:

1. 雇佣合同以提供劳务为直接目的

雇佣合同生效后,受雇人应按约于一定或不定期限内向雇用人提供劳务,雇用人订立合同的直接目的就是为了获得受雇人提供的劳务。此特征使雇佣合同区别于运输、承揽、居间、行纪、委托等提供劳务的合同。运输、承揽、居间、行纪、委托等提供劳务的合同有提供劳务的内容,但劳务不是合同的最终目的,只是达到合同各项目的的手段、方式。如承揽以完成一定的工作为目的,委托以处理事务为目的,运输以运送物品或旅客为目的,居间以获得订立合同的机会或订立合同的媒介服务为目的。雇佣合同是最为狭义的提供劳务的合同。

2. 雇佣合同为继续性合同

在雇佣合同存续期内,受雇人提供劳务一般需要持续地向雇用人提供劳务。雇佣合同被解除的,解除无溯及力,因为受雇人提供的劳务无法返还,受雇人也不得要求恢复。同时,雇用人对已提供的劳务未支付报酬的,应当支付。

3. 雇佣合同为诺成、不要式合同

雇佣合同自双方就劳务与报酬意思表示一致时成立。法律对雇佣合同的形式未作特别规定,当事人可以口头、书面或其他形式,订立雇佣合同。

雇佣合同的订立简单易行,方便了合同双方,但给司法实务带来了诸多问题。如受雇人执行职务致人损害的,应追究雇用人的连带责任,此时,雇佣关系是否存在就成为判定责任承担的基础。因雇佣合同为不要式合同,如何判定雇佣关系的存在就往往面临证据上的困难。

4. 雇佣合同为双务、有偿合同

雇佣合同生效后,受雇人必须依约提供劳务,雇用人必须依约支付报酬,双方当事人互负有义务,并且双方的义务具有对价性,任何一方从对方取得权利均需付出代价。

二、雇佣合同与相关合同

(一) 雇佣合同与承揽合同的区别

1. 雇佣合同以雇员提供劳务为直接目的;承揽合同以承揽人交付工作成果为目的。

2. 雇员提供劳务的过程中,要接受雇主的指挥监督等,一般无自由裁量权;承揽人依合同履行义务,以自己的设备、工具、劳力等独立完成工作交付工作成果,定作人的监督不得妨碍承揽人的正常工作。

3. 承揽人一般利用自己的技术、工具、设备和劳务在自己的工作场所完成劳务;雇员一般利用雇主提供的劳动工具在雇主的工作场所完成劳务。

4. 责任承担不同。在雇佣合同中,雇员在从事雇佣活动中致人损害的,雇主应当承担赔偿责任。雇员因故意或重大过失致人损害的,应当与雇主承担连带赔偿责任。雇主承担连带责任的,可以向雇员追偿(《人身损害赔偿解释》第9条)。在承揽合同中,承揽人独立完成工作并独立承担工作中的风险。

(二) 雇佣合同与劳动合同的区别

1. 主体不同。在这两类合同中,提供劳动的一方(受雇人,也可以称为"劳动者")都是自然人,在这一点上,两者没有差异。在雇佣合同中,法律对雇用人没有特别限制,自然人、法人、合伙都可以作为雇用人;在劳动合同中,《劳动法》第2条界定了雇用人,即用人单位,包括企业、个体经济组织和与劳动者建立劳动合同关系的国家机关、事业组织、社会团体。在雇佣合同中,当事人的法律地位平等,双方不存在领导与被领导、管理与被管理关系;在劳动合同中,双方存在组织领导、管理与被管理的关系。

2. 两者受国家干预的程度不同。雇佣合同作为一种民事合同,以意思自治为基本原则,当事人在合同的订立及劳动条件的约定上有较大的自由。劳动合同由《劳动法》《劳动合同法》调整,具有公法私法混合的社会法特征,国家经常以强行法的形式规定劳动合同当事人的权利义务,干预劳动合同内容的确定,当事人的约定不能超出法律的规定。《劳动法》《劳动合同法》规定了最低工资、最高工时、用人单位提供劳动条件的最低标准等,用人单位与劳动者约定的劳动条件可以高于国家规定的标准,但是不能低于国家规定的标准。

3. 解决争议的方式不同。因雇佣合同发生争议,当事人可以直接向人民法院起诉,如果雇佣合同中订有仲裁条款,应向双方选定的仲裁委员会申请仲裁。因劳动合同发生争议,当事人应首先向县级劳动行政主管机关下设的劳动争议仲裁委员会申请仲裁,对仲裁裁决不服的才可以向人民法院起诉,当事人不能就是否仲裁和对仲裁机构进行选择。

4. 适用的法律不同。雇佣合同是民事合同的一种,雇佣合同的认定及纠纷的解决由《民法总则》《合同法》等民事法律调整。劳动合同是依照《劳动法》《劳动合同法》的有关规定订立的合同,该合同纠纷适用《劳动法》《劳动合同法》调整。《劳动法》《劳动合同法》没有规定的,应当适用民法的规定。劳动合同的主体只能是单位和劳动者。

三、雇佣合同的效力

(一) 对受雇人的效力

1. 按指示提供劳务的义务

雇佣合同属于提供劳务的合同,雇用人订立合同的目的是获得受雇人所提供的劳务,因此,按要求提供劳务是受雇人最重要的义务。劳务内容依合同而定,合同未明确的,应依一般交易惯例及合同主旨而定。受雇人提供劳务时应听从雇用人的指挥,一般无自由的裁量权,这是受雇人的主要合同义务。雇佣合同的劳务具有专属性,雇用人非经受雇人同意,不得将劳务请求权让与他人,受雇人非经雇用人的同意,亦不得使他人代为提供劳务。

2. 确保劳务质量的义务

受雇人应提供符合合同约定的劳务量和劳务质量,未向雇用人提供劳务的,雇用人可主张违约责任或解除合同。如雇用人需要受雇人拥有某种特殊技能,受雇人以明示或默示方式保证此特种技能的,则应供给此特种技能。受雇人对此特种技能虚夸、编造或故意不提供的,雇用人可要求其承担相应的责任。

3. 中途辞雇的赔偿责任

在雇佣合同的存续期间,受雇人应持续地提供劳务,以确保雇用人合同目的的实现。因可归责于受雇人原因而无法提供劳务的,双方可终止雇佣合同,受雇人应当赔偿雇用人因此遭受的损失。

4. 忠实与保密义务

受雇人提供劳务时,应恪尽职守,服从雇用人的指示,尽力维护雇用人的利益。对自己了解的雇用人的技术秘密、商业秘密,不得泄露。即使在雇佣合同终止后,依照诚实信用原则,受雇人仍然有为雇用人保密的义务。

(二) 对雇用人的效力

1. 给付报酬的义务

支付劳动报酬是雇用人最主要的义务,雇用人应按照合同约定的报酬数额、时间、货币形式向受雇人支付劳动报酬。报酬的数额,一般由双方当事人自由约定。给付报酬的时间,有约定的按约定,无约定的按习惯,既无约定也无习惯,则按以下方式确定:若报酬为分期计算的,应于每期届满时给付;若报酬不是按期计算的,应于劳务完成时给付。报酬的种类,一般以金钱为主,金钱以外的其他财产,也可作为报酬的标的。若雇用人不履行报酬给付义务或履行迟延,受雇人可要求履行,并可请求损害赔偿,报酬约定为金钱的,受雇人可请求按法定利率计算迟延利息。若雇用人受领劳务迟延,受雇人无补服劳务的义务,而且仍得请求雇用人支付报酬。

2. 为受雇人提供合理的劳动条件和安全保障

雇用人提供合理的劳动条件和安全保障,是受雇人履行合同约定义务的客观基础,也是法律保护劳动者利益的基本要求。受雇人认为劳动条件和安全存在隐患的,可要求改正,雇用人不改正的,受雇人有权解除合同,也可向国家劳动主管部门举报。

3. 中途解雇之损害赔偿义务

在雇佣期间,雇用人不得随意中途解雇受雇人。因重大事由需要在期限届满前终止合同的,如果事由是因雇用人一方的过失而发生的,雇用人对受雇人负损害赔偿责任。

四、雇佣合同的解除

雇佣合同的解除适用《合同法》关于解除合同的一般规则。

实践中,雇用人有权解除合同的情形有:受雇人不具备其向雇用人承诺的特定技能;受雇人未提供符合质量的劳务从而使雇用人遭受重大损失。

受雇人有权解除合同的情形有:雇用人未按照合同约定或法律规定支付报酬;雇用人未按照合同约定提供合理的劳动条件和安全保障;雇用人严重损害受雇人合法权益的其他情形。在上述情形下,受雇人解除合同并不影响其要求赔偿损失和请求支付报酬的权利。

第二节 运 输 合 同

一、运输合同概述

(一) 运输合同的概念和特征

运输合同是指承运人将旅客或货物从起运点运输到约定地点,旅客、托运人或收货人支付运费的合同(《合同法》第288条)。运输合同一般有承运人和托运人或旅客两方当事人，而在货运中通常还有收货人参与合同关系。根据运输对象的不同，可以将运输合同分为客运合同和货运合同。

运输合同的双方当事人分别为承运人和托运人或旅客。提供运输服务收取运费或者票款的一方为承运人，承担支付运费或票款的一方是旅客或托运人。

承运人，是指利用运输工具提供运输服务的人。在我国，法律要求承运人要有一定的承运能力，取得有关部门的批准并领取营运许可证，方可从事营运业务。目前，承运人包括国有运输组织，如铁路局、汽车运输公司、航运企业等，集体运输组织，城镇个体运输组织、农村运输专业户及合伙运输组织。

托运人，是指将货物、包裹交给承运人运输的人，既可以是法人，也可以是个人或其他组织。

收货人，在多数情况下是指托运人以外的人，在少数情况下，托运人本人也可以成为收货人。如果收货人与托运人并非同一人，则运输合同涉及承运人、托运人和收货人三方当事人。收货人尽管不参与运输合同的签订，但是依据法律的规定，收货人仍与承运人发生一定的权利义务关系。

旅客，是指接受承运人的运输服务，支付运费的人。在旅客运输合同中，旅客具有双重身份，既是运输合同的一方当事人，又是运输合同权利义务所指向的对象。

运输合同具有下列特征：

1. 运输合同的标的是运送行为

运输合同所提供的劳务是通过运输工具提供的运送服务，这一特征使它区别于其他提供劳务的合同，如委托合同、承揽合同。

运输合同不同于委托合同，运输合同的标的是运送行为，而委托合同的标的是处理事务。运输合同也不同于承揽合同，运输合同的标的是运送，不涉及工作的物化结果，而承揽合同的标的是承揽人完成并交付工作成果，涉及劳务的物化结果。

2. 运输合同是双务、有偿合同

在运输合同中，承运人负有将旅客或货物运送到指定地点或将货物交付给收货人的义务，而旅客或托运人则负有给付运费或票款的义务；旅客或托运人所交付的票款或运费是承运人提供运输劳务的对价，因此，运输合同是双务、有偿合同。在现实生活中也存在承运人不收取运输费用的情形，但这实质上是承运人放弃自己的权利，并不能改变运输合同的有偿性，承运人也不能以自己没有收取运费为由减轻自己的责任。

3. 运输合同原则上为诺成合同

就客运合同而言，《合同法》第293条规定，客运合同自承运人向旅客交付客票时成立,但是当事人另有约定或另有交易习惯的除外。旅客在车站、码头、航空站购票,实际上是一种要约,承运人发售客票是一种承诺。运输合同自承运人承诺即交付客票时成立,所以运输合同是诺成合同。但也不排除依约定或习惯成立实践性的运输合同。

就货运合同而言,货物运输合同主要有三种:大宗货物运输、零担货物运输及集装箱货物运输。大宗货物的运输,有条件的可按年度、季度、半年度签订货运合同,也可以签订更长期的货运合同。这种货运合同一般不可能通过一次运输行为履行完毕,而需要多次运输行为才能履行完毕,它确定了当事人之间的一种长期稳定的合同关系。这种货运合同经双方当事人在合同上签字后,即告成立,不以交付所运输的货物为条件。因此,大宗货物运输合同为诺成合同。在零担货物运输和集装箱货物运输合同中,承运人在托运人提交的货运单上加盖印章后,合同即成立。其中,托运人填写托运单并将货物交付给承运人为要约,而承运人在托运单上加盖印章的行为为承诺,合同的成立不以交付所运输的货物为要件,所以其是诺成性合同。

4. 运输合同为附合合同

在运输合同中,为便于订立合同,简化手续,承运人往往使用事先制定的通用合同文本,如旅客运送合同的客票、货运合同的货运单及提单等,都是统一印刷的,运费也是统一规定的。订立运输合同时,托运人、旅客只有是否与承运人订立合同的自由,而没有协商合同条款的权利。因此运输合同一般为附合合同。当然,在运输合同中也不排除非附合运输合同的存在,此情形主要出现于个体户或专业户的运输活动中。

5. 运输合同一般具有强制缔约性

合同的订立应遵循自愿原则,一方不能强迫另一方必须接受其订约要求。但运输合同有缔约的强制性,从事公共运输的承运人必须接受对方的缔约要求。因为运输合同的承运人一般属于公用企业,其提供的服务有一定的行业垄断性,旅客、托运人除接受承运人提供的服务外,难有其他的选择。为保护旅客或托运人的利益,满足公众的运输要求,《合同法》第289条规定,从事公共运输的承运人不得拒绝旅客、托运人通常、合理的运输要求。

二、客运合同

(一) 客运合同的概念和特征

客运合同是承运人按照约定将旅客及其自带行李运送到目的地,旅客支付票价的运输合同,合同的一方为承运人,另一方为旅客。

客运合同有以下特征:

1. 客运合同为附合合同,采用客票形式

客运合同采用客票形式,如车票、船票、机票等,由承运人一方制作出售,既是客运合同的书面表现形式,又是旅客要求承运人运送的凭证,持有客票的人有权要求承运人运送。但客票本身并非客运合同,而只是客运合同订立的初步证明。如《民用航空法》第111条规定,客票是航空旅客运输合同订立和运输合同条件的初步证据。旅客未能出示客票、客票不符合规定或客票遗失,不影响运输合同的存在或有效。

2. 客运合同包括运送旅客行李的内容

旅客在客运合同中可以限量携带行李,旅客在限量内携带行李不构成独立的货运合同,而是客运合同的一个组成部分。超过限量携带行李的,应当办理托运手续。旅客凭票办理托运,行李票是行李托运合同的表现形式,此时,行李托运合同独立于客运合同,适用货运合同的有关规定。①

3. 旅客得自行解除合同

在客运合同成立后生效前,旅客因自己的原因不能按照客票记载的时间乘坐的,可以在约定时间内办理退票手续,即旅客得自行解除合同,而不必征得承运人的同意。当然,旅客以退票来解除合同,必须在承运人规定的期间内办理,且需支付一定的手续费(《合同法》第295条)。

(二) 客运合同的成立与生效

1. 客运合同的成立

《合同法》第293条规定,客运合同自承运人向旅客交付客票时成立,但当事人另有约定的除外。旅客运送合同的成立可分为三种情况:

(1) 自承运人交付客票时成立。在客运合同中,旅客要求购票并向承运人支付票款的行为属于要约,而承运人向旅客交付客票属于承诺。因此,旅客运送合同自承运人向旅客交付客票时成立。

(2) 当事人另有约定或另有习惯时,客运合同的成立依约定或习惯。一方面,当事人可以约定客运合同成立的时间;另一方面,在有交易习惯时,客运合同的成立应根据交易习惯来确定。例如,在出租车运输中,客票的交付时间是在到达目的地后,按照出租车运输交易习惯,旅客运送合同在旅客登上出租车时成立。

(3) 旅客上车后补票的,客运合同的成立又可分为三种情况:一是根据交易习惯确定客运合同的成立时间,客运合同自旅客上车(船)时成立,出租车运输即是如此。二是承运人同意先上车(船)后购票的,客运合同也是从旅客上车(船)时成立。因为旅客上车(船)时,双方当事人的意思已达成一致。三是未经

---

① 参见郭明瑞主编:《合同法学》,复旦大学出版社2005年版,第360页。

承运人许可而先上车的,客运合同自旅客补票时成立,因为只有在旅客补票时双方当事人的意思表示才达成一致。

2. 客运合同的生效

关于客运合同的生效,学者有不同观点。有学者认为,客运合同自合同成立时生效,有学者认为旅客运送合同于旅客购得客票时成立,自检票时生效。对于旅客运送合同生效的时间仍在争论,但对于下列观点已经达成共识:(1) 客运合同自承运人交付客票时成立;(2) 客运合同成立后检票前,承运人对旅客的安全不负责任,旅客可以自行退票,仅需向承运人交付一定的退票手续费;(3) 客票上载明的车次未到前,旅客不享有要求承运人提供运输服务的权利。

(三) 客运合同的效力

1. 旅客的主要义务

(1) 旅客应当持有效客票乘运。旅客应持有效客票乘运;旅客无票乘运、超程乘运或持无效客票乘运的,应当补交票款。承运人可以按照规定加收票款。旅客不交付票款的,承运人可以拒绝运输(《合同法》第 294 条)。

(2) 限量携带行李的义务。旅客应当按照约定的限量携带行李,超过限量携带行李的,应当办理托运手续(《合同法》第 296 条)。

(3) 不得携带危险物品或其他违禁品。旅客不得随身携带或者在行李中夹带易燃、易爆、有毒、有腐蚀性、有放射性以及有可能危及运输工具上人身和财产安全的危险物品或其他违禁物品。旅客违反此项义务,承运人可以将违禁品卸下、销毁或送交有关部门。旅客坚持携带或夹带违禁品的,承运人应当拒绝运输(《合同法》第 297 条)。

2. 承运人的主要义务

(1) 承运人依约运输乘客。承运人应当按照客票载明的时间、班次运送旅客。承运人迟延运输的,应当根据旅客的要求安排改乘其他班次或退票(《合同法》第 299 条)。客票是证明旅客运输合同的有效凭证,客票上载明的时间、班次是承运人和旅客双方一致的意思表示,从而成为合同内容的重要组成部分。对此双方均应当按约定履行,对于承运人未按客票载明的时间、班次进行运输的,旅客有权要求变更或解除合同。承运人擅自变更运输工具而降低服务标准的,应当根据旅客的要求退票或者减收票款;提高服务标准的,不应加收票款(《合同法》第 300 条)。

(2) 告知义务。承运人应当向旅客及时告知有关不能正常运输的重要事由和安全运输应当注意的事项(《合同法》第 298 条)。

(3) 救助义务。承运人在运输过程中应当尽力救助患有急病、分娩、遇险的旅客(《合同法》第 301 条)。

(4) 保证旅客的人身安全。承运人应当对运输过程中旅客的伤亡承担损害赔偿责任,但伤亡是旅客自身的原因造成的或者承运人证明伤亡是旅客故意、重大过失造成的,承运人不承担赔偿责任(《合同法》第302条)。可见承运人对旅客人身伤亡的赔偿责任是一种无过错责任。承运人的这种责任也同样适用于按照规定免票或经承运人许可搭乘的无票旅客。

(5) 妥善保管旅客的行李。在运输合同中,旅客自身携带的行李毁损、灭失,承运人有过错的,应当承担损害赔偿责任(《合同法》第303条)。承运人此种赔偿责任是典型的过错责任,承运人的过错应当由旅客举证证明。

三、货运合同

(一) 货运合同的概念

货运合同是指承运人将货物从起运点运送到约定地点,托运人或收货人支付运费的合同。货运合同由承运人与托运人签订,托运人和承运人是合同的当事人。在多数情况下,托运人往往是为第三人即收货人办理托运货物,托运人和收货人不是同一当事人,此时,收货人虽然没有直接参与签订货运合同,但作为合同的关系人在合同依法成立后就享有合同规定的一定的权利并承担相应的义务,成为合同的当事人。

(二) 货运合同的效力

1. 托运人的义务

(1) 支付运费。支付运费是托运人的主要义务。运费一般在运输前支付,托运人应当按照约定向承运人支付运费,否则承运人有权拒绝履行运输义务;支付运费迟延,经催告后,仍未在合理的期限内支付的,承运人可以解除合同;如果约定货物到达目的地后支付运费,货到后不支付运费的,承运人有权留置货物;承运人未按照约定路线或通常路线运输而增加运输费用的,托运人或收货人可以拒绝支付增加部分的运输费用。此外,托运人或收货人支付运费是承运人提供运输服务的对价,如果货物在运输中因不可抗力灭失,由于承运人未提供相应的运输服务,承运人未收取费用的,不得要求托运人支付运费;承运人已经收取运费的,托运人可以要求承运人返还运费(《合同法》第314条)。

(2) 如实申报义务。托运人办理货物运输,应当向承运人准确表明收货人的名称、姓名或凭指示的收货人及货物的名称、性质、重量、数量、地点等有关货物运输的必要情况。因托运人申报不实或遗漏重要事项,造成承运人损失的,托运人应承担损害赔偿责任(《合同法》第304条)。

(3) 办理并提交相关文件的义务。在货物运输中,根据货物的种类、性质及国家计划安排等,某些货物的运输需要得到有关部门的批准,有些货物还需要经过有关机关的检验方可进行运输。《合同法》第305条规定,货物运输需要办理审批、检验等手续的,托运人应当协助办理有关手续并将相应的文件交给承运人。

(4) 按约定的方式包装货物。托运人应当按照约定的方式包装货物,对包装方式没有约定或约定不明的,托运人和承运人可以协商解决;如果当事人不能达成协议,应当按照通用的方式包装;没有通用的方式,应当采取足以保护标的物的包装方式(《合同法》第156条)。《合同法》第306条规定,托运人没有按照要求对货物进行包装的,承运人可以拒绝运输。

(5) 危险物品的告知义务。托运人托运易燃、易爆、有毒、有腐蚀性、有放射性等危险物品时,为保护货物或运输工具安全,应承担危险物品的告知义务。危险物品因有使人身、财产遭受损害的危险性,在运输中需要采取特别的安全措施。托运人较承运人更了解其托运物品的危险性,因此,托运人托运危险物品时应负有特别的告知义务。一方面,托运人应按照国家的有关规定妥善包装,作出危险的标志、标签以警示他人注意;另一方面,应将有关危险物品的品名、性质、防范措施的书面材料提交给承运人,而不能仅以口头形式告知(《合同法》第307条第1款)。

托运人违反危险物品的告知义务,承运人可以拒绝运输,由托运人按照规定处理后再运输;承运人也可以直接采取相应的措施以避免损失的产生,因此产生的费用由托运人承担(《合同法》第307条第2款)。

(6) 中止、变更、解除合同的赔偿责任。托运人在承运人将货物交付给收货人之前,有权中止运输、变更到达地点或收货人,也可以解除合同,要求返还货物。但如果造成承运人损失的,托运人负有赔偿责任(《合同法》第308条)。

2. 承运人的义务

(1) 按照约定完成货物的运输。据《合同法》第290条、第291条,承运人应当按照约定的时间、地点、运输路线等完成货物的运送:

第一,承运人应当在约定期间或合理期间内将货物安全运输到约定地点,承运人迟延运送应承担违约责任。

第二,承运人应当按照约定的运输路线运输货物,承运人未按照约定的或通常路线运输增加运输费用的,托运人或收货人可以拒绝支付增加部分的运输费用。

第三,承运人应将货物运送到约定地点,承运人将货物运送到错误地点的,应无偿地将货物运送至约定地点。

(2) 保证货物的安全。在运输过程中,承运人负有妥善保管货物、保证货物安全的义务。《合同法》第311条规定:承运人对运输过程中货物的毁损、灭失承担赔偿责任,但承运人证明货物的毁损、灭失是因不可抗力、货物本身的自然性质或合理损耗及托运人、收货人的过错造成的,不承担损害赔偿责任。依此规定,承运人对运输过程中发生的货物毁损、灭失的赔偿责任是一种无过错责任。

除承运人能证明免责事由外,承运人不能以自己没有过错为由拒绝承担责任。承运人有以下四种免责情形:不可抗力;货物的自然属性;货物自身的合理损耗;由委托人或者收货人的原因造成的。

(3) 通知收货人收货。承运人将货物运输到约定地点后,知道收货人的,应当及时通知收货人(《合同法》第309条)。

3. 收货人的义务

(1) 支付运费的义务。一般情况下,运费由托运人在发运站向承运人支付,但如果合同约定由收货人在货物到达后支付的,收货人应于提货时支付运费,才能提取货物。

(2) 及时提货的义务。《合同法》第309条规定,收货人应当及时提货,收货人逾期提货的,应当向承运人支付保管费用。及时提货是指收货人应于收到承运人的到货通知后在规定的期限内提取货物。收货人不明或收货人无正当理由拒绝受领货物时,承运人可依法提存货物。

(3) 检验货物。收货人在提取货物时,应当对货物及时验收。《合同法》第310条对检验货物的期间作了如下的规定:

第一,收货人提货时应当按照约定的期限检验货物。

第二,对检验期限没有约定或约定不明的,当事人可以通过协商确定检验期限;协商不成,可依有关合同条款或交易习惯确定检验期限;仍不能确定的,应当在合理的期限内检验。合理期限应依具体的运输方式、货物性质及通常情况下检验所需的期限而定。

对货物进行检验后,收货人有异议的,应当在该期限内提出。收货人在检验期限内没有就货物的数量、质量提出异议的,视为承运人已经按照约定交付货物的初步证据。其后,收货人在诉讼时效期间内就货物的毁损请求承运人赔偿的,必须举证证明货物的毁损是因为承运人的原因造成的。

四、联运合同

联运合同即联合运输合同,是指托运人和两个或两个以上的承运人通过衔接运送,用同一凭证将货物运送到指定地点,托运人支付各承运人运输费用而订立的合同。

按联合运输所采取的方式不同,可分为单式联运合同和多式联运合同。

(一) 单式联运合同的概念和特征

单式联运合同是指托运人与两个或两个以上的承运人以同一种运输方式就货物运输所订立的合同。对于单式联运中各承运人的责任负担,《合同法》第313条规定:两个以上承运人以同一运输方式联运的,与托运人订立合同的承运人应对全程运输承担连带责任,损失发生在某一区段的,与托运人订立合同的承运人和该区段的承运人承担连带责任。

单式联运的特点是:与托运人订立运输合同的只有一个承运人,而实际运输的有两个以上承运人;各承运人在各自的区段内负责运输,且各承运人使用的是同一种运输方式;货物的毁损、灭失发生在某一区段的,订立合同的承运人与该区段的承运人对货物的损失承担连带赔偿责任。

(二) 多式联运合同的概念和特征

1. 多式联运合同的概念

多式联运合同,是由多式联运经营人和托运人或旅客订立的,由多式经营人以两种以上运输方式将货物从起运地运送到约定地,由托运人或旅客支付运输费的运输合同。

2. 多式联运合同的特征

(1) 多式联运合同的主体为多式联运经营人与托运人或旅客

多式联运合同的当事人为多式联运人与托运人或旅客。多式联运经营人是以自己的名义或委托他人以自己的名义与托运人或旅客签订多式联运合同的当事人。多式联运经营人在多式联运中有两种不同的地位:一是负责履行合同;二是组织履行合同。在多式联运经营人负责履行合同的情况下,多式联运经营人直接从事运输活动,既是缔约承运人,又是实际承运人;在多式联运经营人组织履行的情况下,多式联运经营人并不参加运输活动,只是缔约承运人,与实际承运人之间可再订立运输合同。

(2) 多式联运合同的承运人以相互衔接的不同运输方式承运

承运人须以不同的运输方式承运货物或旅客,多个承运人的不同运输方式相互衔接,各区段的运输连接成一个整体,构成全程运输不可缺少的部分。各承运人的运输都是对整个运输合同的履行。

(3) 多式联运合同的托运人或旅客一次交费并使用同一运输凭证

多式联运合同的实际承运人虽为两个以上,但托运人或旅客仅与多式联运经营人订立合同。托运人或旅客只需一次交费,多式联运经营人只需出一个运输凭证。多式联运经营人收到托运人交付的货物时,应当签发多式联运单据。

3. 多式联运合同的效力

多式联运合同除有一般运输合同的效力外,还有以下特殊效力:

(1) 多式联运经营人负责履行或者组织履行多式联运合同,对全程运输享有承运人的权利,承担承运人的义务。多式联运经营人是签订多式联运合同的当事人一方,在运输过程中,不论是负责履行还是组织履行运输合同,都对全程运输享有承运人的权利,承担承运人的义务。

(2) 多式联运经营人可以与参与联运的承运人约定责任承担。多式联运合同的实际承运人为两个以上,且各区段的承运人各不相同,在多式联运合同中必然会发生多式联运经营人与各区段的实际承运人之间责任承担的问题。多式联运经营人可以与参加多式联运的各区段的承运人就各区段运输约定相互之间的责任。但该约定不影响多式联运经营人对全程运输承担的义务(《合同法》第318条)。依此规定,多式联运经营人可以与各区段的承运人约定相互之间的责任,但该约定仅在多式联运经营人与实际承运人之间有效,而不能对抗托运人。即不论多式联运经营人与各承运人之间如何约定相互间的责任,多式联运经营人均对全程运输承担责任。多式联运经营人向运输合同的对方当事人承担责任后,可依其与各区段承运人的约定向负有责任的实际承运人追偿。

(3) 托运人就其过错对多式联运经营人的损失承担赔偿责任。因托运人的过错造成多式联运经营人损失的,即使托运人已经转让多式联运单据,托运人仍应承担损害赔偿责任(《合同法》第320条),即托运人对多式联运经营人的过错赔偿不受多式联运单据转让的影响。

(4) 货物的毁损、灭失发生于多式联运的某一运输区段的,多式联运经营人的赔偿责任和责任限额,适用调整该区段运输方式的有关法律规定。在多式联运过程中,货物的货损、灭失多发生在由某种运输工具承运的某一特定运输区段,除了《合同法》对运输合同损害赔偿规定了一般性赔偿规则外,各个运输领域往往还有专门的法律、法规对承运人的赔偿责任及其责任限额作具体的规定,而且不同运输领域的法律、法规规定的赔偿责任和责任限额还存在明显差异。针对此种情况,《合同法》第321条明确规定:"货物的毁损、灭失发生于多式联运的某个运输区段的,多式联运经营人的赔偿责任和责任限额,适用调整该区段运输方式的有关法律规定。"因此,对在特定运输区段某种运输工具造成的货物毁损、灭失,联运合同的经营人应按该领域的法律、法规规定的赔偿责任和责任限额,确定适当的赔偿数额。例如,货物的毁损、灭失发生在航运区段就应当按照《民用航空法》的有关规定处理。

货物毁损、灭失发生的运输区段不能确定的,依照《合同法》有关规定承担赔偿责任。

4. 关于多式联运单据

多式联运单据是用以证明联运合同成立和货物已经由承运人接收或装车、装船或装机,以及经营人保证据以交付货物的一种凭证。《合同法》第319条规定:"多式联运经营人收到托运人交付的货物时,应当签发多式联运单据。按照托运人的要求,多式联运单据可以是可转让单据,也可以是不可转让单据。"因此,多式联运单据分为可转让单据和不可转让单据。单据是否可转让,经营人应根据托运人的要求签发,即托运人对此享有选择权。

第三节 保管合同

一、保管合同的概念与特征

保管合同是保管人保管寄存人交付的保管物,并返还该物的合同。保管物品的一方为保管人,或称"受寄托人",其所保管的物品为保管物,交付物品要求保管的一方为寄存人或寄托人。

保管合同是一种较为古老的合同形式。在传统民法中,保管合同通常被称为"寄托契约",双方当事人分别称为"寄托人"和"受寄人"。我国《合同法》不称"寄托"而称"保管"。保管合同包括一般保管合同和仓储保管合同。《合同法》将保管合同和仓储合同分别作为单独的合同形式加以规定。

保管合同具有下列特征:

1. 保管合同的标的是保管行为

保管合同的标的是保管人的保管行为,保管人的主要义务是保管寄存人交付其保管的物品。保管合同的这一特征使其与租赁、承揽、运输等合同区分开来。在其他合同中也会发生当事人一方的保管义务,但在其他合同中,订立合同的直接目的不是对物品的保管,合同的标的不是一方的保管行为,一方所负有的保管义务也不是其主要义务。

2. 保管合同为实践合同

保管合同的成立,不仅须有当事人双方的意思表示一致,而且须有寄托人将保管物交付于保管人的行为。也就是说,寄托人交付保管物是保管合同成立的要件。因此,保管合同为实践合同。

3. 保管合同原则上为无偿、不要式合同

在我国,保管合同是社会成员相互提供帮助或服务部门为公民提供服务的一种形式。《合同法》第366条规定:"寄存人应当按照约定向保管人支付保管费。当事人对保管费没有约定或约定不明确的,依照本法第61条的规定仍不能确定的,保管是无偿的。"所以,保管合同原则上应为无偿合同。但当事人也可以约定支付保管费,此时,保管合同则为有偿合同。保管合同仅以寄存人对保管物的实际交付为成立要件,并不要求当事人必须采取何种特定形式。因此保管合同为不要式合同。

4. 保管合同转移标的物的占有

保管合同订立的直接目的是由保管人保管物品,而非以保管人获得保管物品的所有权或使用权为目的。但因物品为保管人保管,保管人得取得占有,不移转标的物的占有,保管人无法履行保管义务。

5. 保管合同是双务合同

目前,学界对保管合同为双务合同还是单务合同存在争论,有学者认为在无偿保管中,保管合同为单务合同,而在有偿保管中,保管合同为双务合同。有学者则认为保管合同为双务合同。有此分歧是因为《合同法》没有明确界定保管费的内涵。保管报酬和保管费不同,保管报酬属于保管人提供保管服务的对待给付,保管费用则是保管人为保管保管物,纯为寄存人利益而支付的、非保管人保管劳务的对待给付。无论有偿保管还是无偿保管,寄存人都可能向保管人支付保管费用,但只在有偿的保管合同中,寄存人才负有向保管人支付保管报酬的义务。

在有偿的保管合同中,保管人有保管保管物的义务,而寄存人有支付保管费的义务。这里的保管费不仅包括保管人为保管保管物所支付的必要费用,还包括保管人因提供保管劳务所应得的报酬。因此,保管合同是双务合同。

在无偿的保管合同中,寄存人享受保管人提供的保管劳务,无须支付相应的报酬,但寄存人仍然需要支付必要的费用(指保管人为保管保管物实际支付的费用,但不包括报酬),此费用纯为寄存人的利益而支出,非保管人提供劳务的对待给付,故保管合同是不真正双务合同。

二、保管合同的效力

(一) 保管人的义务

1. 交付保管凭证的义务

寄存人向保管人交付保管物的,保管人应当给付保管凭证,但另有交易习惯的除外(《合同法》第368条)。保管人收取保管物后有支付保管凭证的义务,交付保管凭证非保管合同成立的要件,而是保管人履行保管合同的凭证;并且保管凭证非保管合同的书面形式,仅是保管合同存在的证据。

2. 妥善保管保管物的义务

妥善保管保管物是保管人的最主要义务。妥善保管是指保管人在保管条件许可的范围内,对保管物已尽了相当的注意义务。"相当注意义务"在无偿保管与有偿保管中的意义不同:在无偿保管中,保管人只有在因自己故意或重大过失给保管物造成毁损、灭失的情况下,才承担赔偿责任;而在有偿保管中,保管人因过失致使保管物毁损、灭失的,要承担赔偿责任(《合同法》第374条)。

作为保管人妥善保管保管物义务的体现,对保管人保管物的方法和场所,当事人有约定的,应从其约定;无约定的,应依保管物的性质、合同的目的以及诚实信用原则确定。当事人约定了保管方法和场所的,保管人不得擅自更改。但为维护寄存人的利益,基于保管物自身的性质或者因紧急情况必须改变保管方法或场所的,保管人得予以改变。

3. 亲自保管保管物的义务

亲自保管,即保管人作为合同的一方当事人以自己的行为和能力来履行保管合同,为寄存人保管保管物,也包括使用履行辅助人辅助保管。保管人违反规定,将保管物转交给第三人保管,对保管物造成损失的,应当承担损害赔偿责任。在当事人另有约定,如寄存人同意保管人委托第三人代为保管的情形下,寄存人与第三人形成独立于原保管合同的新的保管合同。在此情形下,保管人仅对第三人的选任和指示承担过失责任,因第三人的保管不善所造成的保管物的毁损灭失,由第三人承担损害赔偿责任。

4. 不得使用保管物的义务

保管人不得使用或许可第三人使用保管物,但当事人另有约定的除外(《合同法》第372条)。保管人占有保管物便利了其对保管物的使用,为了保护寄存人的合法权益,法律特设此义务。

5. 危险通知义务

危险通知义务即保管物因第三人或自然原因可能存在失去的危险时,保管人应当通知寄存人。《合同法》第373条第2款规定,第三人对保管人提起诉讼或者对保管物申请扣押的,保管人应当及时通知寄存人。当第三人对保管人提起诉讼时,保管人应及时通知寄存人,以便其及时参加诉讼或其他法律程序,以维护自己的合法权益。当第三人向法院申请对保管物采取保全措施,如请求扣押保管物时,保管人应及时通知寄存人,以便其及时向法院交涉或提供担保以解除保全措施。

6. 返还保管物的义务

返还保管物是指保管合同期满或寄存人提前领取保管物时,保管人应及时返还保管物。《合同法》第373条、第377条、第378条均规定了寄存人返还保管物的义务。保管期间届满或寄存人提前领取保管物的,保管人应当将原物及其孳息归还寄存人(《合同法》第377条)。保管人保管货币的,可以返还相同种类、数量的货币。保管其他替代物的,可以按照约定返还相同种类、品质、数量的物品(《合同法》第378条)。在保管期间,遇有第三人对保管物主张权利的,除依法对保管物采取保全或执行的以外,保管人应当履行向寄存人返还保管物的义务(《合同法》第373条)。

(二) 寄存人的主要义务

1. 支付保管报酬和偿还必要费用的义务

《合同法》第366条第1款规定,寄存人应当按照约定向保管人支付保管费。在有偿保管中,寄存人应当按照约定的期限向保管人支付报酬和为保管保管物所支付的必要费用;在无偿保管合同中,寄存人无给付报酬的义务,但寄存人应当按照约定的期限向保管人支付因保管保管物所支出的必要费用。当事人对支付期限没有约定或约定不明确的,依照《合同法》第61条的规定仍不能确定的,应当在领取保管物的同时支付(《合同法》第379条)。寄存人未按照约定支付保管费以及其他费用的,保管人对保管物享有留置权,但当事人另有约定的除外(《合同法》第380条)。

2. 寄存人的告知义务

寄存人交付的保管物有瑕疵或按照保管物的性质需要采取特殊保管措施的,寄存人应当将有关情况告知保管人(《合同法》第370条)。各国或地区都无一例外地规定了寄存人对寄存物瑕疵及有关事项的告知义务及违反此项的责任。我国《合同法》第370条规定,寄存人未告知,致使保管物受损失的,保管人不承担损害赔偿责任;保管人因此受损失的,除保管人知道或应当知道并且未采取补救措施的以外,寄存人应当承担损害赔偿责任。

3. 贵重物品的声明义务

贵重物品是指价值比较高的物品,包括珠宝、金银、艺术品、古董等,许多国家和地区也将货币或有价证券列入贵重物品之中。由于贵重物品较一般物品的价值高、意义大,因此,在保管上应给予特别的注意。基于此考虑,要求寄存人对贵重物品履行声明义务成为各国或地区的通例。我国《合同法》第375条规定,寄存人寄存货币、有价证券或其他贵重物品的,应当向保管人声明,由保管人验收或封存。寄存人未声明的,该物品毁损、灭失后,保管人可以按照一般物品予以赔偿。

4. 及时提取保管物的义务

《合同法》第376条规定,寄存人可以随时领取保管物。当事人对保管期限没有约定或约定不明确的,保管人可以随时要求寄存人领取保管物;约定保管期限的,保管人无特别事由,不得要求寄存人提前领取保管物。

第四节 仓储合同

一、仓储合同的概念与特征

仓储合同又称"仓储保管合同",是保管人储存存货人交付的仓储物,存货人支付仓储费的合同(《合同法》第381条)。为他人储藏、保管货物的一方为仓储人或保管人,支付仓储费的一方为存货人。

仓储营业是专为他人储藏、保管货物的商业活动,它始于中世纪西方的一些沿海城市。在现代,仓储营业已经成为社会化大生产和国际、国内商品流通过程中一个不可或缺的环节。随着国际贸易的不断发展,仓储营业的作用日渐重要,鉴于货物的保管、储藏在民商事活动中地位的重要性,各国民商事立法都对仓储合同或保管合同作了明确的规定。仓储合同系由一般的保管合同发展而来,根据《合同法》第 395 条,在法律对仓储合同有特别规定时,应适用法律的特别规定,在法律对其未设特别规定时,应适用法律关于一般保管合同的规定。

仓储合同为典型的保管合同,除了有一般保管合同的特征外,还有如下特征:

1. 仓储保管人必须是拥有仓储设备并具有从事仓储业务资格的人。即仓储人必须有存放货物所需要的场所、仓库,懂得有关保管货物的基本知识;取得专门从事或者兼营仓储业务的营业许可。

2. 仓储合同的标的物应为动产。仓储保管的对象是动产,只有动产才能经交付进入到仓库中,进而由仓储人管领仓储物为存货人提供仓储保管服务,不动产不能成为仓储合同的标的物。

3. 仓储合同为诺成合同。《仓储保管合同实施细则》第 5 条规定,当事人双方根据存货方的储存计划和保管方的储存能力,依法就合同的主要条款协商一致,由双方的法定代表或授权的经办人签字,单位盖公章或合同专用章,合同即成立。即仓储合同自双方当事人就仓储合同内容达成合意时成立,其成立不以仓储物的交付为必要,为诺成性合同。仓储合同的诺成性具有重要的实践意义。在仓储合同中,保管人是具有专业性和营利性的从事仓储营业服务的民事主体,合同一旦成立,在仓储物交付之前其必然要耗费一定的人力、物力、财力为履行合同作必要准备,若存货人此时反悔不交付货物,必然给对方带来损失。若仓储合同为实践性合同,合同从交付之日才成立,从订立合同到交付之间的损失只能依缔约过失责任而不是违约责任请求赔偿;作为诺成性合同则不同,只要双方达成一致协议、合同成立,则合同立即生效,双方当事人必须受合同效力的约束,上述损失就可依违约损失获得赔偿。

4. 仓储合同为双务、有偿、不要式合同。仓储合同生效后,仓储人应按约提供仓储保管服务,存货人应向仓储人支付报酬,双方互负义务;仓储费用包括仓储人为保管仓储物所支付的必要费用和提供仓储服务所应得的报酬。仓储费是存货人获取保管服务的对价。法律未对仓储合同的形式规定特殊要求,双方可以口头、书面或其他形式订立仓储合同。虽然仓储人接受货物时应当向存货人给付仓单或其他凭证,但仓单并非是合同的书面形式,仅是仓储合同的书面证明,故仓储合同应为不要式合同。

二、仓储合同的效力

(一) 仓储人的义务

1. 给付仓单的义务

仓储人给付仓单既是其接收存货人仓储物的必要手段,也是其履行仓储合同义务的重要内容。存货人交付仓储物,保管人应当给付仓单(《合同法》第385条)。

2. 验收仓储物的义务

保管人应当按照约定对入库仓储物进行验收,保管人验收时发现入库仓储物与约定不符时,应当及时通知存货人。保管人签收后,发生仓储物的品种、数量、质量不符合约定的,保管人应当承担赔偿责任(《合同法》第384条)。

3. 通知、催告义务

保管人对入库仓储物发现有变质或其他损坏的,应当及时通知存货人或仓单持有人(《合同法》第389条)。同时为了保证变质或损坏的仓储物不至继续受损,保护存货人或仓单持有人的利益及其他仓储物正常的保管,《合同法》第390条规定,保管人对入库仓储物发现有变质或其他损坏的,危及其他仓储物的安全和正常保管的,应当催告存货人或仓单持有人作出必要的处置。因情况紧急,保管人可以作出必要的处置。但事后应当将该情况及时通知存货人或仓单持有人。

4. 妥善保管义务

根据《合同法》第395条,仓储保管人的妥善保管义务可准用保管合同的规定。保管人应当妥善保管仓储物,储存期间,因保管人保管不善造成仓储物毁损灭失的,保管人应承担损害赔偿责任(《合同法》第394条)。对妥善保管可作如下理解:保管人应尽善良管理人的注意义务,按照约定的保管场所或方法保管仓储物,除有紧急情况或为了存货人的利益外,保管人不得擅自改变保管场所和方法;保管人应亲自保管仓储物,不得将仓储物转给第三人保管。保管人擅自将仓储物交由第三人保管,造成仓储物损坏的,应承担损害赔偿责任;保管人不得使用或许可第三人使用仓储物。

当然,因仓储物的性质、包装不符合约定或超过有效储存期限造成仓储物变质或损坏的,保管人不承担损害赔偿责任(《合同法》第394条第2款)。

在无偿保管中,保管人违反妥善保管义务,对仓储物的毁损、灭失承担故意或重大过失损害赔偿责任;在有偿保管中,保管人违反妥善保管义务,对仓储物的毁损、灭失,承担过失损害赔偿责任。仓储合同为有偿合同,则保管人违背妥善保管义务,对仓储物的毁损、灭失,所承担的也是过失损害赔偿责任。

5. 返还仓储物的义务

储存期间届满,保管人应当返还仓储物。当事人对储存期间没有约定或约定不明确的,存货人或仓单持有人可随时提取仓储物,保管人也可以要求存货人或仓单持有人提取仓储物,但应给予必要的准备时间(《合同法》第391条)。

6. 容忍义务

保管人根据存货人或仓单持有人的要求,应当同意其检查仓储物或提取样品(《合同法》第388条)。所谓"检查仓储物",实际上就是仓储物的检点,存货人或仓单持有人可以进行何种程度的检查,应根据仓库的状况及习惯决定。

(二) 存货人的义务

1. 危险物品说明义务

易燃、易爆、有毒、有腐蚀性、有放射性等危险物品有较大的危险性,在储存过程中须采取特别措施予以防范。《合同法》第383条规定,储存易燃、易爆、有毒、有腐蚀性、有放射性等危险物品或者易变质物品,存货人应说明该物品的性质,提供有关资料。存货人违反前款规定的,保管人可以拒收仓储物,也可以采取相应措施以避免损失的发生,所产生的费用由存货人承担。

2. 支付仓储费的义务

仓储合同为有偿合同,仓储人或仓单持有人应当按照约定向保管人支付仓储费。《合同法》第392条规定,储存期间届满,存货人或仓单持有人应当凭仓单提取仓储物。存货人或仓单持有人逾期提取的,应当加收仓储费;提前提取的,不减收仓储费。

三、仓单的概念与特征

仓单是仓储人收到仓储物时向存货人签发的表明已收到一定数量仓储物的证券。仓单记载的事项直接体现当事人的权利和义务,是仓储合同的书面凭证。

仓单作为保管人应存货人的请求而签发的一种有价证券,应记载下列事项:存货人的姓名或名称及住所;储存货物的种类、品质、数量、包装、件数和标记;货物的损耗标准;货物的储存场所;货物的储存期间;仓储费;储存的货物交付保险的,应记载其保险金额、期间以及保险人的名称;仓单的填发人、填发地以及填发年、月、日。

仓单主要有以下特征:

1. 仓单由仓储人签发,当然这并不表示只能由仓储人亲自签发,仓储人的代理人、雇员也可以签发仓单。他们的签发在法律上与仓储人亲自签发仓单具有同样的效力。

2. 仓单由保管人向存货人签发。签发仓单是仓储人的一项义务,而有权接受仓储人履行此项义务的权利人,只能是仓储合同的另一方即存货人。

3. 仓储人签发仓单以其收到仓储物为前提,即仓单的签发表明仓储人已经收到仓储物。

4. 仓单为债权证券。仓单持有人有权请求仓储人妥善保管仓储物,并据仓单向仓储人主张仓储物的返还请求权,是仓储合同所生之债权,因此仓单所表彰的是仓储合同之债权。

5. 仓单为物权证券。仓单持有人对仓储物享有所有权,仓单持有人将仓单转移给第三人时,他实际上是转移了仓单所代表的仓储物所有权。受让人获得仓储物的所有权,转让人丧失仓储物的所有权,因此,仓单又为物权证券。

6. 仓单为流通证券。存货人或仓单持有人将仓单背书转让并经仓储人签字或盖章后,可以转让,受让人获得提取仓储物的权利,故其为流通证券。

四、仓单的签发及效力

(一)仓单的签发

关于仓储人对仓单的签发,有三种立法例:(1)一单主义,即保管人仅签发一份仓单,可兼作存入仓单和出质仓单使用;(2)两单主义,即保管人同时签发两份仓单,一为存入仓单,用以提取仓储物,因此可通过背书转让存入仓单的方式处分仓储物;另一为出质仓单,可据以将仓储物设定质权,用以融资;(3)并用主义,即两单主义与一单主义并用,保管人依存货人的请求签发两单或一单都可。① 我国现行立法对此未作规定。

(二)仓单的效力

仓单既是债权证券又是物权证券,据此仓单有以下效力:

1. 转移仓储物的效力。在仓储期间,仓储物所有权的移转应以仓单为之。仓单经存货人或仓单持有人背书,由仓储人签字或盖章交付于受让人后,产生与实物交付同样的效力,仓储物的所有权即移转于受让人。

2. 请求返还仓储物的效力。存货人或仓单持有人得依仓单记载的内容请求仓储人返还仓储物,存货人或仓单持有人请求返还仓储物时,应提示仓单以证明其有权受领仓储物,并应将仓单返还。②

(三)仓单的分割

仓单持有人可以请求仓储人将仓储物分割后,部分或分别签发仓单,其目的是便于存货人处分仓储物。同时,持有人须归还原仓单。

第五节 委托合同

一、委托合同概述

(一)委托合同的概念和特征

委托合同,又称"委任合同",是委托人和受托人约定,由受托人处理委托人事务的合同(《合同法》第 396 条)。委托他方处理事务的人为委托人,受他方委托处理事务的人为受托人。

委托合同是一种比较古老的合同类型,《汉谟拉比法典》就已对其作了规

---

① 参见马俊驹、余延满:《民法原理》,法律出版社 2005 年版,第 730 页。
② 同上书,第 731 页。

定,古罗马法在其帝国时代也规定了委托代理,但并未区分委托和代理,认为委托合同必含有代理权的授予,《法国民法典》承袭了这一理论。《德国民法典》之后,各国立法才区别委托合同和代理。一般认为,委托合同是产生代理的基础,授予代理权是为了完成委托事务。各国立法一般在总则规定代理制度,在债编规定委托合同。我国也采取了这一立法例,在《民法通则》和《民法总则》中均规定了代理制度,在《合同法》中规定委托合同。

委托合同有如下特征:

1. 委托合同是受托人为委托人处理事务的合同

合同成立后,受托人按照委托处理委托事务的行为,等同于委托人自己的行为。委托事务可以是事实行为或法律行为。但与委托人密不可分的、具有人身性的事务(如婚姻登记),不得委托他人处理。就委托的方式而言,委托人可以特别委托他人处理一项事务,也可以委托他人处理数项事务或概括地委托他人处理一切事务。

2. 委托合同以当事人双方相互信赖为基础

委托合同是基于双方当事人的信任而产生的。委托他人代为处理事务,必须是以委托方对受托方的办事能力和信誉有所了解,并相信他能办好为基础的。受托人了解并信赖委托人后,才接受委托。因此,受托方负有忠诚、勤勉地为委托方处理事务的义务。任何一方对对方的不信任,都会导致委托合同的终止。

3. 委托合同是诺成、不要式合同

委托合同于当事人双方意思表示一致时成立,《合同法》未对委托合同的形式作特别的限定,当事人可以口头或书面形式订立委托合同,所以委托合同为诺成、不要式合同。但不排除某些特殊事务的委托须采取书面形式成立合同。

4. 委托合同可以是有偿的,也可以是无偿的

《合同法》第405条规定,受托人完成委托事务的,委托人应当向其支付报酬,因不可归责于受托人的事由,委托合同解除或委托事务不能完成的,委托人应当向受托人支付相应报酬。当事人另有约定的,依照其约定。据此规定,委托合同是否有偿取决于当事人的约定,约定报酬的,委托合同为有偿合同;没有约定报酬或约定不明确的,委托合同为无偿合同。

(二) 委托合同与相关概念的关系

1. 委托合同与代理

代理与委托合同为两种不同的制度,区别如下:

(1) 代理行为只限于法律行为,不包括事实行为;委托事务可以是法律行为,也可以是事实行为。

(2) 代理具有对外性,代理人以本人名义与第三人实施民事法律行为,不对外就无所谓代理;委托具有对内性,委托合同是委托人与受托人之间的内部关

系。委托自然是为处理一定事务,但委托事务之处理未必就与第三人发生民事法律关系。

(3) 代理关系只需委托人的单方授权行为即可成立,无须代理人同意。授予代理权是被代理人的单方法律行为。委托合同的成立须双方合意,即委托人发出的要约,受托人表示完全同意的情况下,委托合同才能成立。委托合同是双方法律行为。

委托合同与代理也存在一定的联系。受托人与代理人都受托独立为他人处理委托事务。受托人处理委托事务需要对外为法律行为时,委托人基于合同的约定而授予受托人代理权。在此情况下,委托合同是代理的基础关系,授予代理权是委托人处理委托事务的方式。

2. 委托合同与雇佣合同

雇佣合同是当事人约定一方为他人提供劳务,他方给付报酬的合同。委托合同与雇佣合同都是提供劳务的合同。两者的区别在于:

(1) 在雇佣合同中,受雇人提供劳务或服务,必须严格按照雇主的要求;而委托合同中,受托人有自己的主动权,并可以自己的名义,发挥主观能动性,完成委托事务。

(2) 在雇佣合同中,完成的劳务是确定的;而委托合同中,委托事务是确定的,受托人如何去完成,具有一定的酌情处理权。

(3) 雇佣合同肯定是有偿合同;而委托合同可以是有偿的,也可以是无偿的。

(4) 雇佣合同中,雇用人以获得劳务为直接目的;而在委托合同中,委托人要求提供劳务的目的在于处理委托事务。

(三) 委托的分类

《合同法》规定,委托人可以特别委托受托人处理一项或者数项事务,也可以概括地委托受托人处理一切事务。因此,根据委托合同委托权限范围可分为特别委托合同和概括委托合同。

特别委托合同是指双方当事人约定,由受托方为委托方处理一项或数项事务的合同。概括委托合同是指双方当事人约定,由受托方为委托方处理一切事务的合同。采用何种委托合同,当事人可根据需要、委托事务的性质以及双方的信赖程度、合作时间的长短等决定。

二、委托合同的效力

(一) 受托人的义务

1. 按委托人的指示处理委托事务

在委托合同中,受托人的基本义务是依委托人的指示处理委托事务。委托人的指示可分三种:其一为命令性的指示。此时没有情事的巨大变化,受托人不得变更委托人的指示,纵使受托人的意见变更可能会更有利于委托人,也不得为之。其二为指导性的指示。即委托人虽有指示,但其明示或者默示地给了受托人一定的自由裁量权,使受托人得酌情予以变更。其三为任意性的指示。受托人有独立裁量权,对委托事务的处理可因情事而定。

受托人应按委托人的指示处理委托事务。需要变更委托人的指示的,应当经委托人同意;因情况紧急,难以和委托人取得联系的,受托人应当妥善处理委托事务,但事后应将该情况及时报告给委托人(《合同法》第399条)。

2. 亲自处理委托事务

如前所述,委托合同以相互信赖为基础,受托人应亲自处理委托事务,不得擅自转委托。但有两种例外,一是经委托人的同意,受托人可以转委托,此时,委托人可以就委托事务直接指示转委托的第三人,受托人仅就第三人的选任及其对第三人的指示承担责任;二是在紧急情况下,虽未经委托人的同意,为委托人的利益,受托人可以转委托(《合同法》第400条)。

3. 报告义务

《合同法》第401条规定,受托人应当按照委托人的要求,报告委托事务的处理情况,委托合同终止时,受托人应报告委托事务的处理结果。

据此规定,受托人应当按照委托人的要求,随时或者定期报告委托事务的处理情况。委托事务终了或者委托合同终止时,受托人应当将处理委托事务的经过和处理结果报告给委托人,并提交必要的证明文件,如各种账目、收支计算情况等。

在委托事务的处理过程中,如果委托人要求受托人履行报告义务,告诉事务处理的状况,受托人应当报告。委托人没有要求受托人汇报,但有报告的必要时,如进行有障碍、情事变更等,受托人亦应随时汇报。受托人因怠于报告所致损害,委托人有权请求受托人赔偿。

受托人的报告义务有约定的按约定,即便没有约定的,亦应按诚实信用原则,向委托人履行报告的义务。

受托人报告委托事务的处理情况及处理结果时应提供相应的证明文件,如各种费用的支付情况。

4. 财产转交义务

受托人为委托人的利益处理委托事务,委托人是真正的权利义务承受人。受托人处理委托事务所取得的财产,应当转交给委托人(《合同法》第404条)。财产应包括金钱、物品及孳息等。

5. 受托人的损害赔偿责任

受托人的损害赔偿责任有两种情况:(1)受托人未尽必要的注意义务而给

委托人造成损失的,应负损害赔偿责任。有偿的委托合同,因受托人的过错给委托人造成损失的,委托人可以要求赔偿;无偿的委托合同,因受托人的故意或重大过失给委托人造成损失的,委托人可以要求赔偿损失(《合同法》第406条第1款)。(2) 受托人因越权所负的损害赔偿责任。受托人因越权给委托人造成损失的,应当赔偿损失(《合同法》第406条第2款)。

(二) 委托人的义务与责任

1. 支付费用和报酬的义务

费用指受托人处理委托事务的必要支出。不论委托合同是否有偿,委托人都应支付费用。支付费用的方式有两种:一是预付费用,委托人应当预付处理委托事务的费用;二是偿还费用,除有特别约定外,受托人没有为委托人垫付费用的义务,受托人为委托人利益而垫付费用的,则有权请求委托人偿还。

在无偿委托中,委托人无支付报酬的义务。

在有偿委托中,受托人完成委托事务的,委托人应当向其支付报酬。因不可归责于受托人的事由,委托合同被解除或委托事务不能完成的,委托人应当向受托人支付相应的报酬(《合同法》第405条)。

2. 委托人的赔偿责任

(1) 受托人处理委托事务时,因不可归责于自身的事由受到损失的,可以向委托人要求赔偿(《合同法》第407条)。受托人因第三人原因受损时,可以向该第三人请求赔偿。若第三人无过错、下落不明或无资力,受托人可要求委托人赔偿。受托人因不可抗力受损的,可以要求委托人赔偿。

(2) 委托人再委托时的赔偿责任。委托人经受托人同意,可以在受托人之外委托第三人处理委托事务。因此给受托人造成损害的,受托人可以向委托人要求赔偿损失(《合同法》第408条)。

三、间接代理制度

间接代理,指受托人以自己的名义与第三人发生法律关系,完成委托人交付的事务。《合同法》第402条、第403条规定了间接代理制度,据此规定,作如下分析。

(一) 第三人知道代理关系存在

《合同法》第402条规定,受托人以自己的名义,在委托人的授权范围内与第三人订立合同,在订立合同时第三人知道受托人与委托人之间的代理关系的,该合同直接约束委托人与第三人,但有确切证据证明该合同只约束受托人和第三人的除外。

据此规定,第三人知道代理关系的,委托人自动介入到受托人与第三人所订立的合同中,即受托人和第三人之间的合同直接约束委托人。委托人可以根据受托人与第三人之间订立的合同,直接请求第三人履行一定的行为或接受第三人的履行;同样,第三人也可以向委托人请求权利或要求承担责任。

但如果有确切证据证明合同只约束受托人的,则不发生委托人的自动介入。例如,第三人已在合同中注明或委托人与受托人在订立委托合同时注明:由受托人处理合同事务。

(二) 第三人不知道代理关系存在

这里可分两种情况:

1. 受托人以自己的名义与第三人订立合同时,第三人不知道委托人与受托人之间的代理关系的,受托人因第三人的原因对委托人不能履行义务时,受托人应当向委托人披露第三人,委托人因此可以行使受托人对第三人的权利,当然,第三人也可以向委托人主张对受托人的抗辩。

但如果第三人知道该委托人,就不会与受托人订立合同的,则不产生委托人的介入权。

2. 受托人因委托人的原因不能履行合同的,受托人应向第三人披露委托人,第三人可以选择委托人或受托人作为相对人主张权利。但第三人不得变更选定的相对人。

第三人选择委托人主张权利的,委托人可以向第三人主张其对受托人的抗辩及受托人对第三人的抗辩。

第六节 行纪合同

一、行纪合同的概念和特征

行纪合同是行纪人以自己的名义为委托人从事贸易活动,委托人支付报酬的合同(《合同法》第414条)。受委托从事贸易活动的一方为行纪人,支付报酬的一方为委托人。行纪人只能是经批准经营行纪业务的法人或公民,未经法定手续批准或核准不能成为行纪合同的行纪人。

罗马法时代,行纪制度尚未产生,罗马法上的行纪契约只是委托的一种。欧洲中世纪,国际贸易兴起,出现了专门受他人委托办理商品购入、贩卖等交易活动并收取一定佣金的经纪人。此时,真正意义上的行纪合同始产生。

行纪合同有下列特征:

1. 行纪合同是双务、有偿、诺成、不要式合同

行纪合同自双方当事人意思表示一致时成立,其成立不以实物的交付为必要;当事人可以口头、书面形式或其他形式订立行纪合同;故其为诺成、不要式合同。行纪合同生效后,行纪人应按约为委托人买入或卖出商品,委托人应向行纪人支付报酬,双方互负义务;报酬是行纪人完成委托交易活动的对价;故其为双

务、有偿合同。

2. 行纪人以自己的名义独立地为委托人从事贸易活动

行纪人以自己的名义与第三人从事贸易活动,订立贸易合同,是其所订贸易合同当事人,是真正的权利义务承受人。与委托合同相比,行纪合同中的委托人无权自动介入贸易合同,行纪人无义务向第三人披露委托人,第三人也无选择权。与代理相比,代理人须以委托人的名义从事代理业务,由委托人承担代理的法律后果,代理人非真正权利义务承受人。

3. 行纪人为委托人的利益从事贸易活动

行纪人独立地与第三人直接发生法律关系,但行纪人是受托为委托人的利益从事贸易活动。行纪人为委托人买入的商品、有价证券或因卖出商品、有价证券所获的利益最终应转移于委托人。交付之前,财产毁损、灭失的风险由委托人承担。

4. 行纪合同的标的为贸易活动

贸易活动应是行纪人与第三人之间发生的法律行为,如商品、有价证券的购销。事实行为非行纪合同的标的。

二、行纪合同与委托合同的区别

行纪合同与委托合同都是接受委托人的委托代其处理有关事项的合同,两者有许多相似之处,也正因为如此,据《合同法》第 423 条,行纪合同一章没有规定的,适用委托合同的有关规定,但作为两种独立的有名合同,其区别在于:

1. 行纪合同中的委托事务是特定的,仅限购销、寄售等贸易活动,应为法律行为。而委托合同中的委托事务是非特定化的事务,法律行为、事实行为都可以成为委托事务。

2. 行纪人只能以自己的名义进行活动,行纪人与第三人所为的法律行为不能直接对委托人发生效力。而委托合同的受托人处理委托事务,可以自己的名义也可以委托人的名义,受托人以委托人的名义,所为的行为直接对委托人发生效力,受托人以自己的名义对外进行活动时,如委托人行使介入权或第三人选择委托人为相对人时,合同也直接对委托人发生效力。

3. 行纪合同是有偿合同,而委托合同可以是有偿也可以是无偿的。

三、行纪合同的效力

(一) 对行纪人的效力

1. 按委托人的指示处理委托事务

在行纪合同中,行纪人应按委托人的指示,选择对委托人最为有利的条件处理委托事务,除为保障委托人的利益外,不得变更委托人的指示。

行纪人以低于委托人指定的价格卖出或高于委托人指定的价格买入的,应当经委托人的同意,未经委托人的同意,行纪人补偿其差额的,该买卖对委托人发生效力(《合同法》第418条第1款)。

行纪人以高于委托人指定的价格卖出或低于委托人指定的价格买入的,可以按照约定增加报酬,没有约定或约定不明确,依照《合同法》第61条的规定仍不能确定的,该利益属于委托人(《合同法》第418条第2款)。

委托人对价格有特别指示的,行纪人不得违背该指示卖出或买入(《合同法》第418条第3款)。

2. 妥善保管义务

行纪人应当妥善保管其所占有的委托物。委托物应包括委托人委托卖出的物或受委托买入的物。委托物虽为行纪人占有,但仍归委托人所有。行纪人未尽妥善保管义务造成委托物损害的,委托人可以侵权或违约向行纪人主张赔偿责任。

3. 负担行纪费用

行纪费用是行纪人处理委托事务所支出的费用,相当于获取利润而支出的成本。《合同法》第415条明确规定:"行纪人处理委托事务支出的费用,由行纪人负担,但当事人另有约定的除外。"可见,在我国,行纪费用以行纪人负担为原则,但当事人另有约定的除外。因为在行纪实践中,行纪费用已包含在报酬之内,行纪人可以从报酬中获得行纪费用的补偿。

4. 处置义务

委托物有瑕疵或者容易腐烂变质的,经委托人同意,行纪人可以处分该物;如不能及时与委托人取得联系的,行纪人可以合理处分(《合同法》第417条)。这里应明确,行纪人可处分的委托物仅限于委托出卖之物。

《合同法》第417条规定行纪人"可以处分该物""可以合理处分",虽使用了"可以"二字,但行纪人对委托物的处置仍然是一种义务,而非权利。委托物有瑕疵或者容易腐烂变质的,行纪人未履行对委托物的合理处分义务,应承担相应的违约责任。如将处置委托物理解为一种权利,委托物有瑕疵或腐烂、变质的,行纪人不处置而任其腐烂、变质,而又能以处置权作为抗辩,显然不符合行纪合同应有性质。因而将其理解为义务有利于维护委托物的价值和委托人的利益,符合诚信原则。

5. 行纪人的介入权

介入权指行纪人接受委托人的委托,在卖出或买入有市场定价的商品时,除委托人有相反的意思表示外,行纪人也可以作为买受人或出卖人(《合同法》第419条第1款)。

《合同法》第419条第1款规定,行纪人卖出或买入有市场定价的商品,除

委托人有相反的意思表示外,行纪人自己可以作为买受人或出卖人。据此规定,行纪人行使介入权的要件有:

第一,委托物应为有市场定价的物。所谓"市场定价"是指交易的标的物在市场上有统一的交易价格。通常情况下,交易物品的市场定价依买卖实际发生的时间、地点为准,交易标的物有市场定价的,行纪人才不至于左右标的物价格,才能免除因行纪人为获取不当利益行使介入权损害委托人利益的情况发生。

第二,委托人未禁止介入。委托人禁止介入的意思表示既可以在订立合同时为之,也可以在订立合同后为之,既可为明示的方式也可为默示的方式,默示的意思表示应依具体情况判断。

第三,行纪人尚未对第三人卖出或买入。如果行纪人已对第三人卖出或买入,行纪人自无介入的余地。

行纪人行使介入权后,产生两个效力:一方面,在行纪人与委托人之间直接成立买卖合同关系,法律关于买卖合同的规定可适用;另一方面,行纪人也完成了其对行纪合同的履行。因此,行纪人的介入并不影响其请求权,行纪人仍然可以要求委托人支付报酬。

关于介入权的性质,通说认为,介入权的行使在行纪人与委托人之间直接成立买卖合同,它无须委托人的承诺,仅依行纪人的意思表示即可,故为形成权。

(二)对委托人的效力

1. 支付报酬的义务

报酬是行纪人行纪劳务的对价,数额应由双方当事人约定。行纪人全部或部分完成委托事务的,委托人应当向其支付相应的报酬。

行纪人全部完成或部分完成委托事务,委托人应当支付报酬却逾期不支付的,行纪人享有留置委托物,并依照法律规定以委托物折价或从拍卖、变卖该财产所得价款中优先受偿的权利。

2. 及时受领义务

行纪人按照约定为委托人买入委托物的,委托人应及时受领。经催告,委托人无正当理由拒绝受领的,行纪人可依《合同法》第 101 条的规定提存委托物(《合同法》第 420 条)。

四、行纪合同与相关概念

(一)行纪合同与信托

信托作为为他人利益管理财产的制度早在罗马法时代就已经存在,罗马法上的信托适用于遗产转移,故被称为"遗产信托"。所谓"遗产信托",指遗嘱人以遗嘱的方式将遗产的全部或部分委托其继承人(受托人)管理或处分,在其死后移转于特定的第三人(受益人)。可见遗产信托有三方当事人即遗嘱人、受托人和受益人。现代的信托,是指委托人将其财产转移或为其他处分给受托人,受托人为受益人的利益或为某一特定的目的而管理或处分该财产的法律关系。

信托的特征有:(1) 信托是涉及三方当事人的法律关系,即信托关系由三方当事人构成:委托人、受托人和受益人。委托人是移转财产进行信托的人,受托人是受让并允诺代为管理处分的人,受益人是因受托人管理处分财产而享受利益的人。(2) 信托是一种以信任为基础的法律关系。信托的本质是受托人接受委托人的信赖,忠实地为受益人的利益管理处分信托财产,受托人处于受信任者的地位,对受益人负有信任责任。(3) 信托财产的所有权和受益权相分离。

在我国民法理论上,行纪合同又称"信托合同",因此行纪合同与信托制度常被混淆。两者都是将有关财产转移给行纪人或受托人占有,行纪人与受托人都可以自己的名义就该财产与第三人从事交易,并将收益交付给委托人或指定的其他人。但两者作为两种不同的制度,区别如下:

1. 行纪合同为合同关系;信托是一种财产管理的法律关系,涉及三方主体。

2. 行纪所涉财产一般为动产,行纪行为也主要是代为购销、寄售等贸易活动;信托涉及的财产包括动产与不动产,信托事务涉及财产的管理处分、投资利益分配等各种事务。

3. 行纪人在从事委托事务时,须服从委托人的指示;信托中,受托人实施信托事务时,一般不受委托人和受益人的指示,享有广泛的自由决定权。

4. 在行纪合同中,行纪人有介入权,自己可以作为出卖人将物品出卖给委托人或作为买受人买进委托代售的物品;在信托中,受托人不得为了自己的利益而以信托财产或以信托资金购买自己的财产。

5. 行纪合同为有偿;信托可以是有偿的,也可以是无偿的。

(二) 居间合同与行纪合同

行纪合同和居间合同都是为委托人提供服务的合同,且居间人与行纪人的主体资格都有一定的限制。但作为两种不同的合同又有着严格的区别:

1. 办理事务的范围和性质不同。在我国,行纪业务主要包括办理购销货物、寄售商品和有价证券的贸易活动,此贸易行为应是法律行为。居间的业务范围较广,但居间人为委托人提供特定的劳务,即报告订约机会或提供订立合同的媒介服务,居间人所办理的事务本身并不具有法律意义。

2. 与第三人的关系不同。行纪人与第三人直接发生法律关系,委托人对行纪人和第三人之间的合同无权干涉,行纪人对合同直接享有权利和承担义务。居间合同中,无论是报告居间还是媒介居间,居间人并不参与委托人与第三人的合同关系,其在交易中仅是一个中介人,既不为交易的当事人一方或其代理人,也不直接参与交易双方的谈判。

第七节 居间合同

一、居间合同的概念和特征

居间合同又称"中介合同",是居间人向委托人报告订立合同的机会或提供订立合同的媒介服务,委托人支付报酬的合同(《合同法》第 424 条)。报告订立合同机会或提供订约媒介服务的一方为居间人,给付报酬的一方为委托人。

居间是一种古老的商业活动,早在古希腊即已出现。居间产生的初衷是当事人双方在进行交易时,由于对方不了解而需要中间人介绍,以促进双方交易的达成。我国西汉时期就出现了居间的早期形式,民间将居间人称"牙行""牙纪",亦称"互郎"。新中国成立后,对旧社会遗留的"掮客"等中间盘剥严重的居间活动曾予以打击和取缔,以国营、集体经营的贸易行栈代之,它们以居间人的身份积极为购销双方提供有关商品信息、样品甚至直接介绍成交,一度为商品交换活动起到了桥梁纽带的作用。

居间合同有如下特征:

1. 居间合同是居间人为委托人报告订约机会或提供订约媒介服务的合同

居间人联系介绍活动的目的是使委托人和第三人之间订立合同,并为此创造条件,但居间人不参与合同的订立,不是合同的当事人,也不是任何一方的代理人。

居间合同分为报告居间和媒介居间。报告居间是指居间人根据委托为委托人寻找并报告可与委托人订立合同的相对人,从而为委托人订立预期的合同提供机会。报告订约机会并不是简单地指明相对人的姓名或名称,而是要寻找并报告符合委托人要求的相对人,否则不能视为履行了提供订约机会的义务。如委托人需要购买某种商品,居间人报告的卖主就应当拥有委托人需要的商品。①媒介居间是指居间人充当委托人与第三人之间的媒介,斡旋于双方当事人之间,介绍双方当事人订立合同,促成双方达成交易。两者的区别在于:

(1) 在报告居间中,居间人仅为委托人报告订约的机会即可;在媒介居间中,居间人须斡旋于交易双方,以促成合同双方订立合同。

(2) 在报告居间中,居间人对于订约事项,应就其所知,据实地报告给委托人。居间人对于相对人而言,并不负有报告委托人有关情况的义务。在媒介居间中,居间人应将有关订约的事项据实报告给各方当事人。无论居间人是同时接受合同当事人双方的委托,还是仅接受委托人一方委托,居间人都负有向双方

---

① 参见陈甦编著:《委托合同·行纪合同·居间合同》,法律出版社 1999 年版,第 177 页。

报告的义务。

(3) 报告居间的居间人只得向委托人支付报酬;而媒介居间的居间人促成合同的,得向双方请求支付报酬。

2. 居间合同为诺成、不要式合同

居间合同于双方当事人意思表示一致时成立,其成立不以实物的交付为必要;法律对居间合同的形式没有特别要求的,当事人可以口头、书面或其他形式订立合同。

3. 居间合同为双务、有偿合同

居间合同生效后,居间人应向委托人报告订立合同的机会或提供订立合同的媒介服务,而委托人应在居间活动取得一定成果后,向居间人支付一定的报酬和从事居间活动所支付的费用。报酬是委托人获得居间成果的对价。故居间合同为双务、有偿合同。

4. 居间合同主体的特殊性

居间活动有着二重性,可以促进交易,繁荣市场,但如果处理不当也有可能干扰正常的经济秩序,败坏社会风气。依据目前的政策,居间人必须是取得居间人资格并经核准具备从事居间活动条件的法人、公民。而且居间人只能在核准、登记的经营范围内从事居间活动。

二、居间合同与委托合同、行纪合同的关系

居间、委托、行纪合同都是一方受他方委托为他方处理一定事务的合同,都属于提供服务的合同。但它们有以下主要区别:

1. 居间人仅为委托人报告订约机会,或为其提供订约媒介,并不参与其与第三人的合同关系。委托合同的受托人办理委托事务时,无论是以委托人的名义还是以自己的名义与第三人订立合同,受托人都有权参与并决定委托人与第三人之间的合同内容。行纪合同的行纪人以自己的名义为委托人办理交易事务而与第三人发生直接的权利义务关系,是其与第三人所订立合同的一方当事人,委托人无权干涉或介入此合同中,办理事务的后果是间接而非直接归于委托人的。

2. 居间合同为有偿合同,但居间人只有在居间结束后,才能请求支付报酬,并且在媒介居间中,居间人可以从委托人和相对人双方取得报酬。委托合同原则上是无偿合同。行纪合同虽为有偿合同,但仅能从委托人一方取得报酬。

3. 居间合同中,居间人所提供的服务是报告订立合同的机会或提供订立合同的媒介,其本身不具有法律意义。委托合同的受托人所提供的服务是依委托人的要求处理事务,委托事务可以是法律行为也可以是事实行为。行纪合同的行纪人所提供的服务是按委托人的要求,从事特定的购销、寄售、贸易活动,此贸易活动的性质应为法律行为。

三、居间合同的效力

(一) 居间人的义务

1. 报告订约机会或提供订约媒介

报告订约机会或提供订约媒介是居间人的主要义务。在报告居间中,居间人应如实地向委托人报告其所知的订约事项,但居间人并无向相对人报告委托人有关情况的必然义务;在媒介居间中,无论居间人是接受订约当事人的双方委托,还是仅接受当事人一方的委托,居间人应如实地向委托方和第三人提供相互间的要求及信息,努力促使双方达成协议。此观点在《合同法》中无明确规定,但解释上应予以认可。在媒介居间中,居间人提供订立合同的媒介服务而促成合同成立的,由该合同的当事人平均负担居间人的报酬。居间人从双方当事人取得报酬,根据权利义务的一致性,居间人负有向双方当事人如实报告的义务。

2. 忠实勤勉义务

居间人应当就其所知道的有关订约事项向委托人如实报告;不得故意隐瞒与订立合同有关的重要事项或者提供虚假情况,否则不得要求支付报酬,并应当承担损害赔偿责任(《合同法》第 425 条)。对忠实勤勉义务应作如下理解:其一,居间人应将所知道的有关订约的情况或商业信息如实告知委托人。《合同法》第 425 条规定:"居间人应当就有关订立合同的事项向委托人如实报告。居间人故意隐瞒与订立合同有关的重要事实或者提供虚假情况,损害委托人利益的,不得要求支付报酬并应当承担损害赔偿责任。"其二,不得对订立合同实施不利影响、影响合同的订立或者损害到委托人的利益。其三,居间人对于所提供的信息、成交机会以及后来的订约情况,负有保密义务。

3. 负担居间费用

居间人促成合同成立的,居间人从事居间活动所支出的费用应由居间人自己负担(《合同法》第 426 条第 2 款)。居间人进行居间活动所支出的费用为居间费用,一般包含于报酬之中,居间人可以从报酬中获得居间费用的补偿。居间人未促成合同成立的,不得要求支付报酬,但可以要求委托人支付居间费用(《合同法》第 427 条)。

(二) 委托人的义务

1. 支付居间费用的义务

如前所述,居间人承担居间费用以促成合同成立为前提。如果居间人已尽了居间义务,仍不能促成合同成立,则居间人有权要求委托人支付从事居间活动支出的必要费用(《合同法》第 426 条第 2 款)。

2. 支付报酬的义务

居间合同是有偿合同,居间人促成合同成立的,委托人应当按照约定向居间人支付报酬,对居间人的报酬没有约定或约定不明确的,依照《合同法》第61条的规定仍不能确定的,根据居间人的劳务合理确定。因居间人提供订立合同的媒介服务而促成合同成立的,由居间合同的当事人平均负担居间人的报酬(《合同法》第426条)。居间人未促成合同成立的,不得要求支付报酬(《合同法》第427条)。可见,报酬的支付以居间人促成合同成立为前提。

(1) 支付报酬的时间。居间人向委托人报告订立合同的机会或提供订立合同的媒介服务而促成合同成立时,居间人始得要求委托人支付报酬,另有约定的,从其约定,即只有居间人促成合同成立后,才得要求支付报酬。

(2) 支付报酬的义务人。在报告居间中,居间人仅向委托人报告订立合同的机会,居间人促成合同成立后,委托人应当支付报酬。在媒介居间中,交易双方当事人皆因居间人的媒介服务而获益,因居间人提供订立合同的媒介而促成合同成立的,由该合同的当事人平均负担居间人的报酬。

第八节 旅 游 合 同

一、旅游合同的概念

旅游合同是旅行社提供旅游服务,旅游者支付旅游费用的合同。旅行社所提供的服务包括与旅游有关的导游、食宿、运输、保险、买卖等在内。提供旅游服务的一方为旅行社,接受服务并支付费用的一方为旅游者。据《旅游法(1990年送审稿)》规定,旅游者是指离开常住地到异地,不是为了定居和谋求职业,而是进行观光、探亲、访友、度假和通过参加会议从事经济、文化、体育、宗教等形式进行旅游活动的个人。

旅游合同有广义和狭义之分,狭义旅游合同仅指旅游者与旅行业者所订的旅行及游览契约;广义旅游合同则包括狭义旅游合同及旅游者运送合同、旅游者食宿合同在内。广义的概念将一些与现代旅游业关系紧密涉及旅游的合同,如食宿合同、运输合同、保险合同、买卖合同等包括在内。本书采用广义上的概念。

旅游合同为无名合同,根据《合同法》第124条:"本法分则或者其他法律没有明文规定的合同,适用本法总则的规定,并可以参照本法分则或其他法律最相类似的规定",实践中,旅游合同的认定和旅游纠纷的解决主要适用《合同法》的相关规定和有关主管部门的法规、规章。

二、旅游合同的特征

1. 旅游合同主体一方具有特定性

根据《旅行社管理条例》及其实施细则,旅行社按照经营业务范围分为国际旅行社和国内旅行社。国际旅行社的经营范围包括入境旅游业务、出境旅游业务、边境旅游业务和国内旅游业务。国内旅行社的经营范围则仅限于国内旅游业务。未经国家旅游局批准，任何旅行社不得经营中华人民共和国境内居民出境旅游业务和边境旅游业务，旅行社应当按照核定的经营范围开展经营活动。

2. 旅游合同多为附合合同

一般而言，旅游合同是旅行社为重复使用而预先拟定好的格式合同，具有要约的广泛性、持久性和细节性，及条款的单方事先决定性和不变性，旅游者往往只能概括地表示接受或不接受。签订格式合同可以节省时间，有利于事先分配风险，降低交易成本，一方面可以促进企业合理经营，另一方面消费者也不必耗费精力就交易条件讨价还价。

3. 旅游合同为诺成、双务、有偿合同

旅游合同自当事人双方意思表示一致时即可成立，其成立不以一方的实际交付或履行为必要；旅游合同生效后，当事人双方均负有义务，旅行社应向旅游者提供适宜的旅游服务，旅游者则应向旅行社支付一定费用，双方的权利义务具有对价性。故旅游合同为诺成、双务、有偿合同。

三、旅游合同的效力

（一）对旅行社的效力

1. 收取旅游费

收取旅游费是旅行社的基本权利。实践中，旅行社一般在旅游开始前收取旅游费。旅游费包括旅行社代办交通、食宿、导游等必要费用，以及旅行社应收取的报酬及合理利润等内容。旅游费的具体数额原则上应由当事人双方约定，在实践中，旅游合同多采取格式合同，旅游费实际上是旅行社一方确定。

2. 亲自提供旅行服务的义务

旅行社负有亲自向旅游者提供旅游合同中已承诺的旅游服务的义务，而不能委托他人履行义务。

旅游服务属于一项专门服务，法律对旅行社的经营能力有专门的要求，旅行社擅自委托他人履行合同义务，无法保证旅游合同的切实履行。旅行社作为旅游合同的一方当事人，亲自履行是其基本的合同义务。旅行社委托他人履行合同难免出现旅行社有偿让合同牟利的现象，这将严重损害作为普通消费者的旅游者一方的利益，于无形中加重了旅游者的负担。实践中出现的"收钱人不服务，服务人不收钱"的怪现象，极大地损害了旅游者的利益。

3. 旅行社应依照合同约定的标准向旅游者提供服务

旅行社应按合同约定的服务时间、景点、路线向旅游者提供服务，以保证旅游者权利的实现；按照约定的交通条件、食宿价格和标准向旅游者提供运输和食宿服务;按合同约定提供导游,保证导游的内容和服务使旅游者满意。

旅行社应依约定全面履行其合同义务,以保证旅游者利益的实现。若旅游服务的质量存在缺陷,旅游者得请求纠正,旅行社对于能够补救的,应及时采取措施予以补救;若不能补救,则应相应地减少其已向旅游者收取的旅游费用,并赔偿因此给旅游者造成的损失。旅行社提供的旅游服务存在严重缺陷而损害旅游者利益的,旅游者有权解除合同,并请求损害赔偿。

4. 旅行社应准许第三人参加或顶替旅游

旅行社不得擅自委托他人履行合同义务,因为旅行社的变更对旅游合同目的的实现有重大影响,服务由何人提供对于旅游者来说是不同的。然而旅游者的变更则基本上不会影响旅游合同目的的实现,因为由何人来接受旅行社的服务,对于旅行社并无多少影响。当然,因第三人的参加或顶替而支出的额外费用应由旅游者自行承担。

5. 保证旅游者的人身和财产安全

旅行社应对旅游质量和安全状况给予充分说明、提醒、劝诫或警告。旅游中,如发生旅游者掉队的情况,导游应委托当地同行代为照顾,或立即联络旅行社设法解决,不能弃之不顾。如果旅游者在旅游期间发生疾病、受伤等事件,若事故的发生系可归责于旅行社的事由所致,旅行社应负损害赔偿责任;若系天灾、地震、遭遇抢劫、盗窃或旅游者的过失等非可归责于旅行社的事由所致,旅行社应对旅游者予以必要的协助,如果旅游者不能自行处理,旅行社应代为处理。例如,旅游者在旅游途中发生疾病,导游应请医生为其治疗,当然因此所生费用应由旅游者负担。

(二) 对旅游者的效力

1. 旅游者的主要义务是向旅行社依照约定和惯例支付旅游费用。这里的费用包括劳务报酬和服务费用等。旅游者应按合同约定的时间、数额、方式及时支付有关费用给旅行社。除约定的免费服务项目外,旅行社提供的其他服务,旅游者接受的,还应另外支付服务费用。

2. 旅游者应服从旅行社的安排和指挥,按旅行社的组织进行游览活动,并爱护旅游设备和设施。

3. 享受旅游服务的权利。享受旅游服务是旅游者合法权益的核心内容。旅游者有权对旅游服务进行自主选择,旅行社不得强行指定;旅游者有权获得真实信息,各旅行社所作的旅游广告应真实可信,如果以虚假情况误导旅游者或言过其实、以次充好的,则构成对旅游者合法权益的侵犯;旅游者有权按合理的价格接受旅游服务。在由于可归责于旅行社的事由而致旅游无法进行时,旅游者可以因利用休假无效而请求相当数额的金钱损害赔偿。旅行社可以与旅游者约定赔偿的限额。

4. 人身和财产安全的权利。人身和财产安全是旅游者最为关注的事务,也是经常容易发生旅游纠纷的环节,因此,旅行社和政府有关部门应采取一切有效措施切实保护旅游者的人身和财产安全,防止暴力、意外事件等对旅游者人身和财产的损害。

5. 任意解除合同的权利。旅游者首先是消费者,旅游者可以于旅游前任何时间解除合同,但应向旅行社赔偿损失。

第九节 储蓄合同

一、储蓄合同的概念

储蓄合同是个人与储蓄机构订立的,个人将其所有的人民币或外币存入储蓄机构,储蓄机构依照合同支付存款本金和利息的合同。储蓄机构开具存折或者存单作为凭证,个人凭存折或者存单可以支取存款本金和利息(《储蓄管理条例》第3条)。

在《合同法》制定过程中,是否将储蓄合同列入分则加以规定,认识不一。立法者考虑到储蓄已经受到其他法律、行政法规等的调整,最终没有在分则中将储蓄合同作为典型的合同加以规定。目前尚无专门调整储蓄合同的法律,但在现实生活中,公民个人经常要与银行打交道,或存款或取款,因此,储蓄合同的意义重大。根据《合同法》第124条:"本法分则或者其他法律没有明文规定的合同,适用本法总则的规定,并可以参照本法分则或其他法律最相类似的规定",储蓄合同作为民事合同的一种,适用《合同法》总则或其他法律最相类似的规定。此外,调整储蓄合同的法律、行政法规、司法解释还包括《民法总则》《储蓄管理条例》《商业银行法》,以及最高人民法院《关于审理存单纠纷案件的若干规定》、中国人民银行《关于执行〈储蓄管理条例〉的若干规定》。

二、储蓄合同与存款合同的区别

存款合同是存款人将金钱、外币或者票据存入金融机构,金融机构支付本金与利息而形成的合同。存款合同分为单位存款合同和储蓄合同。储蓄合同是存款合同的一种,储蓄合同相比于一般存款合同,其特殊性在于:

1. 存款主体不同

存款合同的主体包括个人、法人、其他组织;储蓄合同的主体被限定于个人。《储蓄管理条例》第3条第2款规定:"任何单位和个人不得将公款以个人名义转为储蓄存款。"中国人民银行《关于执行〈储蓄管理条例〉的若干规定》第1条规定,储蓄存款是指个人将其所有的人民币或外币存入在中国境内的储蓄机构的存款。这表明,储蓄存款的主体是个人。

2. 标的物不同

存款合同的标的物是人民币、外币、票据;储蓄合同的标的物是人民币与外币。

3. 储蓄机构不同

存款合同的金融机构主要包括以下几类:第一,国有商业银行,主要有中国工商银行、中国建设银行、中国农业银行、中国银行;第二,改革开放后新批准设立的商业性和股份制、合作制银行,主要有交通银行、招商银行、中信银行、光大银行、深圳发展银行、浦东发展银行、华夏银行、民生银行;第三,信用合作社,主要有农村信用社和城市信用合作社或城市合作银行(商业银行)。储蓄合同的储蓄机构只能是经中国人民银行及分支机构批准的各银行以及城市信用社、农村信用社和邮政行业(中国人民银行《关于执行〈储蓄管理条例〉的若干规定》第2条)。

三、储蓄合同的特征

1. 储蓄合同的当事人为储蓄机构和储户

储蓄机构是指经中国人民银行或者分支机构批准,办理储蓄业务的各商业银行、信用社、邮电企业中依法办理储蓄业务的金融机构及其他金融机构。除储蓄机构外,任何单位和个人不得办理储蓄业务。储户只能是公民个人,任何单位和个人不得将公款以个人名义转为储蓄存款。根据《个人存款账户实名制规定》,个人存款必须提供真实姓名。

2. 储蓄合同的标的物是货币

储蓄合同的标的物可以是人民币,也可以是外币,如美元、马克、英镑、日元、欧元等,但不包括票据等有价证券。

3. 储户有订立和解除合同的自由决定权

《储蓄管理条例》第5条规定,储蓄机构应遵循"存款自愿,取款自由,存款有息,为储户保密"的原则。公民是否储蓄、储蓄多少、储蓄币种、储蓄期限以及储蓄机构的选择等,均由公民个人决定,任何人不能强迫。储户依法可以选择的储蓄种类有:活期储蓄存款、整存整取定期储蓄存款、零存整取定期储蓄存款、存本取息定期储蓄存款、整存零取定期储蓄存款、定活两便储蓄存款、华侨(人民币)整存整取定期储蓄存款等。

4. 储蓄合同是单务、有偿、实践、不要式合同

储蓄合同的成立除需要当事人意思表示一致外,还需要储户交付货币的行为,只有储户将货币交付给储蓄机构,储蓄机构出具了存折或存单,储蓄合同才能成立,故储蓄合同为实践合同。储蓄合同生效后,储户成为储蓄机构的债权

人,有权请求储蓄机构依合同支付本息,而不承担合同义务;储户将一定数量的货币存入储蓄机构后,储蓄机构应支付利息,故储蓄合同为有偿合同。储蓄合同不必采取书面形式,储蓄机构出具的存折、存单是储蓄合同的证据,故储蓄合同为不要式合同。

5. 储蓄合同为附合合同

在储蓄合同中,除利息由中国人民银行确定外,其他合同条款均由储蓄机构先行拟制,储户对储蓄合同的条款不能要求协商变更,只能按事先拟制好的合同条款签订合同。

储蓄合同为附合合同,采取存款凭证的形式。存款凭证载明储蓄人姓名、账号、货币种类、存款余额、存款种类、存款期限、存款利率等事项,并由储蓄机构加盖公章。储蓄机构有加密业务的,存款凭证可以加密。但利息的多少,由储蓄机构按照国家规定的利率计算。存款利率由中国人民银行拟定,经国务院批准后公布,或者授权中国人民银行制定公布。

6. 储蓄合同受强行法干预程度较深

(1) 储蓄合同的种类由国家法律规定。我国目前开办的储蓄存款的种类有:活期储蓄存款、整存整取定期储蓄存款、零存整取定期储蓄存款、存本取息定期储蓄存款、整存零取定期储蓄存款、定活两便储蓄存款、华侨(人民币)整存整取定期储蓄存款等。

(2) 存款利率由中国人民银行拟定,经国务院批准后公布,或者授权中国人民银行制定公布。利率属于国家强制规范的内容,储蓄机构不能作任何更改。超过法定利率的高息储蓄,不受法律的保护,超过部分应属于无效。①

(3) 储户的个人存款账户必须采实名制。实名制,指储蓄机构开设的个人存款账户上的姓名应与法律、行政法规和国家有关法规规定的身份证上使用的姓名相符合。

四、储蓄合同的订立与生效

储蓄合同的成立,除需合同当事人意思表示一致外,还需有储蓄人将存款交付给储蓄机构的行为。储户填写存款单为要约,储蓄机构在存款单上加盖公章,将存款单编号入账归档备案,然后向储户出具加盖有储蓄机构公章的存折、存单或其他有效凭证,储蓄机构的这一行为为承诺。储蓄合同自储蓄机构将存折、存单或其他凭证交付储户时成立并生效。

存款凭证是储户交付存款后,储蓄机构向储户开具的存折、存单或其他有效凭证,其上记载当事人双方的权利义务。目前,在我国的储蓄合同实务中,各金

---

① 央行2015年10月23日宣布,对商业银行和农村合作金融机构等不再设置存款利率浮动上限。

融机构强化了规范化和信息化建设,各银行总行一般都统一制定了载有储蓄合同主要条款的存款单、存折或其他存款凭证。存款凭证一般载明:存款人姓名、账号、货币种类、金额、存款种类、期限、利率等事项,并且由储蓄机构签章。目前,自动存取款和柜员机广泛应用,存款凭证还包括信用卡、借记卡、电子信用凭证等。

五、储蓄合同的效力

(一) 对储户的效力

1. 储户有权提取本息

根据"取款自由"的原则,储户可以随时提取存款本金和利息。这里有几点需要注意:首先,储户在提取存款时,应当按储蓄机构的有关规定,凭有关证明办理。其次,如定期储蓄,储户可以提前支取本息,储蓄机构不得拒绝,但利息要按有关的法律规定进行调整。《储蓄管理条例》第 29 条规定:"未到期的定期储蓄存款,储户提前支取的,必须持存单和存款人的身份证明办理;代储户支取的,代支取人必须持其身份证明。"最后,储户逾期支取存款的,依《储蓄管理条例》第 25 条:"逾期支取的储蓄存款,其超过原定存期的部分,除约定自动转存以外,按支取日挂牌公告的活期储蓄存款利率计付利息。"

2. 储户有权申请挂失

挂失是指储户的存款凭证因遗失、被盗、毁损而灭失时,储蓄人有权申请挂失止付,以防存款被他人冒领。通常记名存款凭证可以挂失,不记名的存款凭证一般不能挂失,如当事人对不记名存款凭证申请挂失,应当提供相应的担保。《储蓄管理条例》第 31 条规定:"储户遗失存单、存折或者预留印鉴、印章的,必须立即持本人身份证明,并提供储户的姓名、开户时间、储蓄种类、金额、账号及住址等有关情况,向其开户的储蓄机构书面申请挂失。在特殊情况下,储户可以口头或者函电形式申请挂失,但必须在五天内补办书面申请挂失手续。"

若储户申请挂失前存款已经被他人领取,储蓄机构已尽到了应有的注意的,储蓄机构的支付义务消灭。但储蓄机构因其过错而未尽其应有的注意的,或他人冒领存款,储蓄机构没有履行审查、核对等基本义务的,储蓄机构应向储蓄人承担赔偿责任。储蓄机构受理挂失后,存款被他人冒领的,储蓄机构应向储户承担赔偿责任。

3. 储户有权申请复核

《储蓄管理条例》第 28 条规定:"储户认为储蓄存款利息支付有错误时,有权向经办的储蓄机构申请复核,经办的储蓄机构应当及时受理、复核。"

4. 储户有权解除储蓄合同

储户有权随时提取全部存款,无论是活期存款,还是定期存款。

(二) 对储蓄机构的效力

1. 储蓄机构应依规定支付存款本金和利息

《储蓄管理条例》第14条规定:"储蓄机构应当保证储蓄存款本金和利息的支付,不得违反规定拒绝支付储蓄存款的本金和利息。"

2. 储蓄机构应当为储户保密

对储户的姓名、地址、存款的金额、储蓄种类、存款情况、印鉴样式、委托储蓄机构托收的款项及财务情况等储户的情况,储蓄机构应当严格保密不得泄露。《储蓄管理条例》第32条规定:"储蓄机构及其工作人员对储户的储蓄情况负有保密责任。除法律、行政法规另有规定的外,储蓄机构不得代任何单位和个人查询储户的储蓄情况。"

3. 储蓄机构非依法律规定,不得冻结、划拨储户存款

《储蓄管理条例》第33条规定:"储蓄存款的所有权发生争议,涉及办理过户的,储蓄机构依据人民法院发生法律效力的判决书、裁定书或者调解书办理过户手续。"目前,有权依法查询、冻结、扣划储户账户的部门有人民法院、人民检察院、公安机关、税务局、海关和国家安全机构。

4. 储蓄机构按规定接受储户挂失

《储蓄管理条例》第30条规定:"记名式的存单、存折可以挂失,不记名的存单、存折不能挂失。储户按照规定申请办理挂失手续,储蓄机构必须予以接受,并办理存款的挂失。储蓄机构受理挂失后,必须立即停止支付该储蓄存款。"

(三) 储蓄机构的违约责任

1. 储蓄机构违反规定支付或拒绝支付储户存款的本金、利息

储户有提取本金、利息的权利,按规定支付储户存款的本金、利息是储蓄机构应尽的义务。储蓄机构违反规定支付储户存款的本金、利息的,或者违反规定拒绝支付储户存款的本金、利息的,都构成违约并应承担行政责任乃至刑事责任,同时应当承担违约损害赔偿责任。

2. 储蓄机构泄露储户秘密

储蓄机构负有为储户保密的义务。除法律、行政法规规定外,储蓄机构不得向任何单位和个人透露储户的存款情况,否则,即构成违约。根据《储蓄管理条例》第34条第8项,泄露储户储蓄情况的单位和个人,由中国人民银行或其分支机构责令其纠正,并可以根据情节轻重处以罚款、停业整顿、吊销经营金融业务许可证;情节严重,构成犯罪的,依法追究刑事责任。

3. 储蓄机构非法冻结、划拨储蓄存款

储蓄机构非依法律、行政法规的规定,不得擅自冻结、划拨储户的储蓄存款,也不得协助任何单位或个人冻结、划拨储户的储蓄存款。否则构成违约,应当承担违约损害赔偿责任。根据《储蓄管理条例》第34条第8项,未经法定程序代

为查询、冻结、划拨储蓄存款的单位和个人,由中国人民银行或其分支机构责令其纠正,并可以根据情节轻重处以罚款、停业整顿、吊销经营金融业务许可证;情节严重,构成犯罪的,依法追究刑事责任。

4. 储蓄机构违反规定办理储户挂失

《储蓄管理条例》第31条规定:"储户遗失存单、存折或预留印鉴、印章的,必须立即持本人身份证明,并提供储户的姓名、开户时间、储蓄种类、金额、账号及住址等有关情况,向其开户的储蓄机构书面申请挂失。在特殊情况下,储户可以口头或者函电形式申请挂失,但必须在五天内补办书面申请挂失手续。"储户按照规定申请办理挂失手续,储蓄机构必须予以接受,并办理存款的挂失。储蓄机构受理挂失后,必须立即停止支付该储蓄存款,如果储蓄机构拒绝受理挂失,或者受理挂失后,仍支付该储蓄存款的,都构成违约。造成储户损失的,应当承担赔偿责任。但是,储蓄机构受理该储蓄存款挂失时已被他人支取的,储蓄机构不负赔偿责任。

第十七章 技术合同

第一节 技术合同

一、技术合同的概念与特征

技术合同指民事主体之间就技术开发、技术转让、技术服务等技术商品交易活动诸方面达成的明确民事权利义务关系的协议。技术合同可以分为技术开发合同、技术转让合同、技术咨询合同和技术服务合同四类。就合同类型的划分而言，技术转让合同应归于转移财产权的合同，技术咨询合同和技术服务合同本应归于提供服务类的合同，但因技术合同具有共同的法律属性与一般规则，故单列一章加以论述更为恰当。

作为双务、有偿、诺成合同，与其他合同相比较，技术合同还有以下主要特征：

1. 主体具有特殊性

技术合同是一种知识密集型合同，技术合同的当事人通常至少一方是能够利用自己的技术知识进行技术开发、技术转让、技术服务、技术咨询的自然人或组织。如技术开发合同的研究开发方应是具有研究开发能力的人或组织；技术转让合同的转让人应是对技术成果享有转让权的人或组织。

2. 技术合同的标的物为技术成果

技术成果是利用科学知识、信息、经验开发出的新产品、新工艺、新材料、改进的技术方案等凝聚着人类智慧的创造性劳动成果。如专利、技术秘密、计算机软件、集成电路布图设计、植物新品种。技术合同的标的是提供技术的行为，包括技术开发、技术实施许可、技术转让、技术咨询、技术服务行为。

3. 技术合同法律调整的多样性

技术合同作为《合同法》的组成部分，主要受《合同法》调整。同时，在技术开发、技术转让、技术实施许可涉及知识产权保护时，又受知识产权法的调整。

二、订立技术合同的原则

《合同法》第323条规定了订立技术合同应遵守的原则。该原则属于宣示性原则,一般情况下不具有直接适用效力。

1. 有利于科学技术进步的原则

订立技术合同的当事人必须遵守《合同法》的有关规定,所订立的合同必须有利于实现科学技术发展规划,有利于开发新产品、新工艺、新材料,促进科技的繁荣与发展。

2. 加速科技成果的转化、应用和推广的原则

科学技术只有与生产实践和经济建设相结合,才能转化为生产力。《合同法》中关于技术合同的规定保障了我国科技成果得到进一步转化、应用、推广。

三、技术合同无效的特别事由

除《合同法》第52条所列的五种合同无效的事由外,《合同法》第329条又规定了技术合同无效的三种特别事由,即非法垄断技术、妨碍技术进步和侵害他人技术成果。

依《技术合同解释》第10条,下列情形属于非法垄断技术、妨碍技术进步的技术合同:(1) 限制当事人一方在合同标的技术基础上进行新的研究开发或者限制其使用所改进的技术,或者双方交换改进技术的条件不对等,包括要求一方将其自行改进的技术无偿提供给对方、非互惠性地转让给对方、无偿独占或者共享该改进技术的知识产权;(2) 限制当事人一方从其他来源获得与技术提供方类似技术或者与其竞争的技术;(3) 阻碍当事人一方根据市场需求,按照合理方式充分实施合同标的技术,包括明显不合理地限制技术接受方实施合同标的技术生产产品或者提供服务的数量、品种、价格、销售渠道和出口市场;(4) 要求技术接受方接受并非实施技术必不可少的附带条件,包括购买非必需的技术、原材料、产品、设备、服务以及接收非必需的人员等;(5) 不合理地限制技术接受方购买原材料、零部件、产品或者设备等的渠道或者来源;(6) 禁止技术接受方对合同标的技术知识产权的有效性提出异议或者对提出异议附加条件。

依《技术合同解释》,技术合同的内容有下列情形之一的,属于侵害他人技术成果:(1) 侵害他人专利权、专利申请权、专利实施权的;(2) 侵害他人技术秘密成果使用权、转让权的;(3) 侵害他人植物新品种权、植物新品种申请权和植物新品种实施权的;(4) 侵害他人计算机软件著作权、集成电路布图设计权、新药成果权等技术成果权的;(5) 侵害他人发明权、发现权以及其他科技成果权的。

四、技术合同的解除与违约责任

(一) 技术合同的解除

技术合同如符合《合同法》第94条规定的条件,可依法解除。依2001年6

月19日最高人民法院印发的《全国法院知识产权审判工作会议关于审理技术合同纠纷案件若干问题的纪要》,技术合同的解除应注意以下几点:

1. 技术合同当事人一方迟延履行主要债务,经催告后在30日内仍未履行的,另一方可以依据《合同法》第94条第4项的规定解除合同。当事人在催告中附有履行期限且该履行期限长于30日的,自该期限届满时,方可解除合同。

2. 有下列情形之一,使技术合同的履行成为不必要或者不可能时,当事人可以依据《合同法》第94条第4项规定的原因解除合同:因一方违约致使履行合同必要的物质条件灭失或严重破坏,无法替代或修复的;技术合同标的的项目或技术因违背科学规律或存在重大缺陷,无法达到约定的技术、经济效益指标的。

3. 专利实施许可合同和技术秘密转让合同约定按提成支付技术使用费,受让人无正当理由不实施合同标的技术,并以此为由拒绝支付技术使用费的,让与人可以依据《合同法》第94条第4项的规定解除合同。

4. 在技术秘密转让合同有效期内,由于非受让人的原因导致合同标的技术公开且进入公有领域的,当事人可以解除合同,但当事人另有约定者除外。

(二)违约责任

技术合同的当事人违反合同义务的,应依法承担违约责任。依《全国法院知识产权审判工作会议关于审理技术合同纠纷案件若干问题的纪要》,在追究当事人违约责任时应注意以下几点:

1. 在技术合同履行中,当事人一方在技术上发生的能够及时纠正的差错,或者为适应情况变化所作的必要技术调整,不影响合同目的实现的,不认为是违约行为,因此发生的额外费用自行承担。但因未依照《合同法》第60条第2款的规定履行通知义务而造成对方当事人损失的,应当承担相应的违约责任。

2. 在技术合同履行中,为提供技术成果或咨询服务而交付的技术载体和内容等与约定不一致的,应当及时更正、补充。不按时更正、补充和因更正、补充有关技术载体和内容等给对方造成损失或增加额外负担的,应当承担相应的违约责任。但一方所作技术改进,使合同的履行产生了比原合同更为积极或有利效果的除外。

第二节 技术开发合同

一、技术开发合同的概念与特征

技术开发合同是指当事人之间就新技术、新产品、新工艺或者新材料及其系统的研究开发所订立的合同。技术开发合同分为委托开发合同和合作开发合同两种(《合同法》第 330 条第 1 款)。

技术开发合同有如下特征:

1. 技术开发合同是诺成、双务、有偿、要式合同

技术开发合同自当事人的意思表示一致时成立,其成立不以物的交付为必要;当事人双方均负担合同义务,一方从另一方取得利益必须付出一定的代价;不必有物的交付行为;《合同法》第 330 条第 3 款规定,技术开发合同应当采用书面形式。

2. 技术开发合同解除原因的特殊性

技术开发合同的目的在于获取新的技术成果,因而作为技术开发合同标的物的技术若已经由他人公开,致使技术开发合同的履行没有意义的,当事人可以解除合同(《合同法》第 337 条)。

3. 技术开发合同成果的创造性和相对新颖性

技术开发合同标的存在于开拓未知技术领域、解决新技术课题的过程之中,合同的顺利履行,是从无到有、从未知到相对已知的创新过程。作为技术开发合同标的的技术成果在合同当事人签订开发合同时尚不存在,当事人还没有掌握,只有经过合同当事人一方或双方的研究开发才能取得;相对新颖性是指尚未被掌握的新技术、新产品、新工艺、新材料并不要求一定具有世界领先、国内首创或行业第一的水平。

4. 双方当事人共担开发风险

技术开发合同标的的创造性决定了开发行为存在风险。技术开发合同履行过程中,可能会因无法克服的技术困难,导致研究开发失败或部分失败,对此产生的损失双方如何承担,当事人应在风险条款中加以事先约定。《合同法》第 338 条明确指出风险由当事人合理分担。

二、委托开发合同

(一) 委托开发合同的概念

委托开发合同是指当事人一方委托另一方进行研究开发所订立的确立权利义务关系的合同。委托开发合同中研究开发方要按委托人的要求完成研究工作,并提交开发的成果;委托人应按照合同约定支付研究经费和报酬。接受工作进行研究开发的一方为研究开发方;接受研究开发成果的一方为委托方。

(二) 委托开发合同的效力

1. 委托方的义务

《合同法》第 331 条规定:委托开发合同的委托人应当按照约定支付研究开发经费和报酬;提供技术资料、原始数据;完成协作事项;接受研究开发成果。据此规定,技术开发合同的委托方有以下主要义务:

(1) 按照约定交付研究开发经费和报酬

研究开发费用是指完成研究开发工作所必需的成本,委托方应当按约提供研究开发经费。研究开发经费的支付方式由双方约定,一般是在合同成立后、研究开发前支付,也可以根据情况分期支付。报酬包括研究开发成果的使用费和开发人员的科研补贴,委托方应按约支付报酬。研究开发经费是研究开发人进行研究开发的基本条件,据《合同法》第109条,委托方不支付研究开发费用和报酬的,研究开发人可以要求其支付。据《合同法》第94条,委托方不支付研究开发经费和报酬,经催告在合理期限内仍不支付的,研究开发人有权解除合同。

(2) 按照约定提供技术资料、原始数据并完成协作事项

委托方应按约向研究开发方提供研究开发所需要技术资料、原始数据并完成协作事项。委托方未按约提供研究开发所需的技术资料、原始数据,未完成协作事项的,或提供的技术资料、原始数据有重大缺陷,导致研究开发工作停滞、延误、失败的,委托方应承担违约责任。委托方逾期未履行以上义务,经催告在合理期限内仍不提供技术资料、原始数据,未完成协作事项的,研究开发方有权解除合同并要求赔偿损害。

(3) 按期接受研究开发成果

按期接受研究开发成果既是委托方的权利又是其义务,委托方不及时接受研究成果的,应承担相应的违约责任并支付保管费用;经催告在合理期限内仍拒绝接受的,研究开发方有权处分研究开发成果,从所得收益中扣除报酬、违约金和保管费,所得收益仍不能抵偿有关费用的,研究开发方有权请求赔偿损失。

2. 研究开发方的义务

《合同法》第332条规定:委托开发合同的研究开发人应当按照约定制定和实施研究开发计划;合理使用研究开发费用;按期完成研究开发工作,交付研究开发成果,提供有关的技术资料和必要的技术指导,帮助委托人掌握研究开发成果。据此,研究开发人有以下主要义务:

(1) 制定并实施研究开发计划

研究开发计划是完成研究开发任务的具体步骤和方法,是开展研究开发的重要前提。因此,合同生效后,研究开发人应当制定研究开发计划。研究开发人未制定研究开发计划或不按计划实施研究开发工作的,委托人有权要求其制定、实施研究开发计划并采取有关的补救措施。经催告在合理期限内仍未制定或实施研究开发计划,致使无法实现合同目的的,委托人有权解除合同,研究开发人应当返还开发经费并赔偿委托方因此遭受的损失。

(2) 合理使用研究开发经费

研究开发人应合理使用研究开发经费。如研究开发人擅自将研究开发经费挪作他用,委托方有权制止并要求其返还相应的经费。因此造成研究开发工作

停滞、延误的,委托方可以要求支付违约金或赔偿损失。研究开发人的违约足以使合同目的难以实现时,委托人有权解除合同并要求赔偿损失。

(3) 按期完成研究开发任务并交付工作成果

这是研究开发方的基本义务。研究开发方应提交符合约定或法定标准的工作成果,以保证委托方实现合同目的。由于研究开发人的过错致使研究成果全部或部分不符合标准的,研究开发方应赔偿损失;造成研究开发工作失败的,应当返还部分或全部研究开发费用并赔偿损失。

(4) 提供相关的技术资料和必要技术指导

研究开发方交付工作成果时,应提供相关技术资料和必要技术指导,为委托方进行技术培训,以帮助委托方掌握该技术成果。

三、合作开发合同

(一) 合作开发合同的概念

合作开发合同是指当事人各方就共同进行研究开发所订立的确立权利义务关系的合同。双方当事人共同投资、共同参与研究开发工作是合作开发合同订立的前提。双方当事人可以共同完成全部研究开发工作,也可以约定分工,分担相应的开发研究工作。它与委托开发合同的区别在于,合作开发合同的当事人共同投资、共同参与研究开发工作,分享研究成果并共同承担其中的风险;委托开发合同则是一方负责投资,另一方负责研究开发工作,风险负担及成果归属可由双方约定。

(二) 合作开发合同的效力

1. 合作开发各方应按照约定投资

各方按约共同投资是合作开发的重要标志。投资是合作开发各方以资金、设备、材料、技术情报资料、专利权、非专利技术成果、场地、试验条件等方式对研究开发工作的投入。以资金以外的方式投资应当折算成金额。

2. 按照约定分工参与研究开发

依《技术合同解释》第19条,所谓"分工参与研究开发工作",包括按照约定的计划和分工共同组织进行和按照协议分别承担设计、工艺试验、试制等研究开发工作。这是合作开发合同与委托开发合同的重要区别。一方仅提供材料、设备等物质资料或承担辅助协作事项、另一方进行研究开发工作的合同不属于合作开发合同,可按委托开发合同处理。

合作开发合同当事人违反合同约定,造成研究开发工作停滞、延误、失败的,应当承担违约责任。合作开发方在履行过程中,因主、客观原因在某些环节上有缺陷,若情节细微或及时更正,未对研究开发工作造成消极影响的不构成违约,对方或其他各方不得要求支付违约金或赔偿损失。

3. 协作配合完成研究开发工作

合作开发合同以双方共同投资、共同参与研究开发为基础。在合作开发中，相互协作配合是完成研究开发的重要保证。

四、技术开发合同的特别规定

(一) 技术开发风险的负担

技术开发风险是指在研究开发过程中，研究开发方虽作出了最大限度努力，但由于现有的认识水平、技术水平、科学知识及其他现有条件的限制，仍然发生了无法预见、无法克服的技术困难，导致研究开发全部或部分失败，因而引起的财产上的风险。技术开发风险仅指因技术上的随机性因素导致技术开发工作失败的可能性，不包括因不可抗力和当事人违约而造成技术开发工作失败的可能性。

《合同法》第338条规定，在技术开发合同履行过程中，因出现无法克服的技术困难，致使研究开发工作失败或部分失败的，该风险责任由当事人约定。没有约定或约定不明确，依照《合同法》第61条的规定仍不能确定的，风险责任由当事人合理分担。据此，技术开发合同风险负担的原则为：当事人对风险负担有约定的，从其约定；对风险负担没有约定或不明确的，当事人可协议补充；不能达成补充协议的，据合同有关条款或交易习惯确定；仍不能确定的，风险责任当事人合理分担。所谓"合理分担"是指充分考虑技术开发合同履行中的具体情况，斟酌当事人的财产状况等，公平合理地确定风险责任。

在技术开发合同履行过程中，出现无法克服的技术困难并可能导致研究开发工作失败或部分失败时，发现方应及时通知另一方并采取适当措施减少损失；另一方接到通知后，应积极配合，采取补救措施。一方发现风险产生，未及时通知对方，也未采取补救措施，致使损失扩大的，应当就扩大的损失承担责任。该扩大的损失应按过错责任承担，不得按照风险责任负担。

(二) 技术开发合同中技术成果的归属和分享

1. 委托开发合同中专利申请权的分享

委托开发完成的发明创造，除当事人另有约定的以外，申请专利的权利属于研究开发人。研究开发人取得专利权的，委托人可以免费实施该专利。研究开发人转让专利申请权的，委托人享有以同等条件优先受让的权利(《合同法》第339条)。

2. 合作开发合同中专利权与专利申请权的分享

根据《合同法》第340条，合作开发合同中专利权与专利申请权分享规则为：当事人在订立合同时，对发明创造专利申请权及专利权的分享有约定的，按约定。约定归一方所有时，享有专利申请权的一方应按约定将因此所获收益向另一方作适当补偿。约定归合作开发方共有时,一方转让其共有的专利申请权时,其他各方享有同等条件优先受让的权利;一方声明放弃其共有的专利申请权的,可以由另一方单独申请或由其他各方共同申请。申请人取得专利权的,放弃专利申请的一方可以免费实施该专利。

当事人在订立合同时,对发明创造专利申请权及专利权的分享没有约定的,申请专利的权利属于合作开发的当事人共有。

合作开发合同的一方当事人不同意申请专利的,另一方或其他各方不能申请专利。

3. 技术秘密成果权利的分享

据《合同法》第 341 条,技术开发合同中,技术秘密成果权利的分享规则为:对技术秘密成果的使用权、转让权以及利益的分配办法,当事人有约定的,从其约定;没有约定或约定不明确,依照《合同法》第 61 条的规定仍不能确定的,当事人均有使用和转让的权利,一方使用、转让该项技术秘密而取得的收益,其他各方无权要求分享。但委托开发的研究开发人在向委托方交付研究开发成果之前,不得对技术秘密成果行使使用权,并将其转让给第三人。

依《技术合同解释》第 20 条,所谓"当事人均有使用和转让的权利",包括当事人均有不经对方同意,而自己使用或者以普通使用许可的方式许可他人使用技术秘密,并独占由此所获收益的权利。当事人一方将技术秘密成果转让与他人,或以独占、排他使用许可的方式许可他人使用技术秘密,未经对方当事人同意或追认的,应当认定该转让或许可行为无效。

(三) 技术开发合同终止的特别事由

《合同法》第 337 条规定,因作为技术开发合同标的的技术已经由他人公开,致使技术开发合同的履行没有意义的,当事人可以解除合同。实践中,主要有两种情况:其一,他人已经开发出此项技术,并已申请专利;其二,此项技术虽未被申请专利,但已被普遍掌握。

第三节 技术转让合同

一、技术转让合同的概念和特征

技术转让合同是一方当事人将一定的技术成果交付给另一方,另一方接受技术成果并支付价款或报酬的协议。交付技术成果的一方为转让人,接受成果的一方为受让人。

从广义上讲,当事人之间就特定的现有技术成果的转让所订立的协议都为技术转让合同。而《合同法》第 342 条将技术转让合同限定于专利权转让、专利申请权转让、技术秘密转让、专利实施许可合同。这些合同是当前主要的、典型的技术转让合同，但并非技术转让合同的全部。实践中，其他技术转让合同，如计算机软件许可合同、植物新品种转让合同等，也可以参照《合同法》有关技术转让合同中最相类似的规定。

技术转让合同为诺成、双务、有偿合同，此外，还有如下特征：

1. 技术转让合同的标的物应是现有的技术成果，而不能是尚待研究开发的技术成果。这是技术转让合同与技术开发合同的主要区别。

2. 技术成果必须是权利化的，以特定的专利技术和技术秘密为内容。不涉及专利又不属于任何技术秘密的技术成果不能成为技术转让合同的标的物。权利化的技术成果包括专利申请权、专利权、专利实施许可权及技术秘密成果的转让、使用权。技术转让合同不包括转让尚待开发的技术成果合同或者不涉及专利权或技术秘密的合同，前者可按技术开发合同处理，后者视具体内容归入技术咨询合同或技术服务合同。

3. 技术转让合同为要式合同。技术转让合同应当采取书面形式（《合同法》第342条第2款）。

二、专利申请权转让合同

专利申请权转让合同是转让人将特定发明创造专利申请权移交给受让人，受让人支付约定价款的合同。据《专利法》第10条，专利申请权可以转让，当事人转让专利申请权，应当订立书面合同，并向国务院专利行政部门登记，由国务院专利行政部门予以公告，专利申请权转让从登记之日起生效。中国单位或个人向外国人转让专利申请权的，必须经国务院有关部门批准。

专利申请权转让合同有如下效力：

1. 转让人的主要义务

（1）转让人应将合同约定的发明创造专利申请权移交给受让人，并提供申请专利和实施发明创造所需技术资料和情报；转让人违反此项义务，受让人有权要求其履行并要求赔偿损失，经催告，转让人在合理期限内仍未提供申请专利所需的资料和情报的，受让人有权解除合同并要求赔偿损失。

（2）专利申请权转让合同成立前，转让人已经实施发明创造的，除合同另有约定外，在合同生效后，转让人应当停止实施；专利申请权转让合同不影响转让人在合同成立前与他人订立的非专利技术转让合同的效力，除合同另有约定外，原非专利技术转让合同的权利义务由专利申请权转让合同的受让人承受。

2. 受让人的主要义务

（1）受让人应按约定支付专利申请权转让费。未按约支付费用的，应当补交价款并按约支付违约金；不支付价款或违约金的，且受让人逾期不支付费用，经催告在合理期限内仍不支付的,转让人有权解除合同。受让人应当返还专利申请权和技术资料,并支付违约金或赔偿损失。

(2) 承担申请失败的风险。发明创造申请专利被驳回的,不影响合同效力,专利申请权转让合同的受让人不得请求返还费用。但当事人另有约定的除外。

(3) 保密义务。专利申请未公布前,受让人不得擅自披露专利信息。

三、专利权转让合同

专利权转让合同指专利权人将其发明创造专利权移转给受让人,受让人支付约定价款的合同。专利权转让是专利权主体的变更,专利权转让合同一旦生效,原专利权人即丧失其专利权,受让人成为新的专利权人。

1. 专利权转让合同生效后,转让人应当履行以下主要义务:

(1) 将合同约定的专利权移转给受让人,并且保证该专利权真实、有效。转让人迟延办理专利权的移转手续,受让人有权要求其履行义务,经催告在合理期限内仍不履行的,受让人有权解除合同;专利权转让后,专利权被宣布无效的,参照《合同法》第 353 条的规定,除合同另有约定外,转让人应当承担瑕疵担保责任,受让人有权要求返还专利权转让费。

(2) 转让人应按照约定交付与专利权有关的技术资料,并向受让人提供必要的技术指导。

(3) 专利权转让合同成立后,转让人已经实施发明创造的,除合同另有约定外,应当停止实施。但专利权转让合同不影响转让人在合同成立前与他人订立的专利实施许可合同的效力,合同另有约定的除外。即原专利权实施许可合同对专利转让合同的受让人继续有效。

2. 受让人的主要义务是按照约定支付专利权转让费,受让人迟延支付转让费的,转让人有权要求其支付,并有权要求支付违约金或赔偿损失。受让人不支付转让费,经催告在合理期限内仍不支付的,转让人可以解除合同并要求赔偿损失。

四、技术秘密转让合同

技术秘密转让合同是转让人将其拥有的技术秘密提供给受让人,受让人支付约定价款或使用费的合同。所谓"技术秘密"应是专利技术以外的、不为公众所知并经权利人采取保密措施的技术信息。

《合同法》规定了让与人和受让人的义务:技术秘密转让合同的让与人应当按照约定提供技术资料,进行技术指导,保证技术的实用性、可行性,承担保密义务(《合同法》第 347 条)。技术秘密转让合同的受让人应当按照约定使用技术秘密,支付使用费,承担保密义务(《合同法》第348条)。

五、专利实施许可合同

专利实施许可合同是指专利权人或其授权人作为让与人(许可人),许可受让人(被许可人)在约定范围内实施专利,受让人支付约定使用费的合同。专利实施许可合同是转让专利使用权的合同,受让人受让专利使用权,让与人仍享有专利权。专利实施许可合同只在该专利权的存续期间内有效。专利权有效期间届满或专利权被宣布无效的,专利权人不得就该专利与他人订立专利实施许可合同(《合同法》第344条)。

(一)专利实施许可合同的类型

根据当事人对专利技术使用权约定的不同,专利实施许可合同可分为以下类型:

(1)独占实施许可合同。在此种许可合同中,被许可人在规定的范围内使用专利技术,而包括许可人在内的任何人都不得同时在该范围内使用该专利技术。

(2)排他专利实施许可合同。在此种许可合同中,被许可人在约定范围内使用专利技术。同时,许可人自己仍保留在同一范围内使用该专利技术的权利,但无权许可第三人在该范围内使用该专利技术。

(3)普通专利实施许可合同。在此种合同中,许可人允许被许可人在规定的范围内使用其专利技术。同时,许可人给自己在同一范围内仍保留使用该专利技术的权利,也有权许可第三人使用该专利技术,当事人另有约定的除外。再转让许可或根据实施专利的强制许可决定而取得的专利实施许可应为普通专利实施许可。当事人对专利实施许可的方式没约定或约定不明确的,依照《合同法》第61条的规定仍不能确定的,即为普通专利实施许可。

(二)专利实施许可的时间、地区和方式

专利实施许可合同应载明许可受让人实施专利的期限、地区和方式。关于专利实施期限,当事人可以约定专利实施许可为整个专利存续期间,也可以约定实施许可为专利存续期间中某一段时间,但不得在专利权终止后继续订立实施许可合同;合同没有载明实施期限的,应视为在整个专利存续期间的实施许可。关于实施地区,当事人可以约定专利实施许可在我国境内实施,也可以约定在我国境内的某一地区实施。关于实施方式,当事人可以约定普通专利实施许可、排他专利实施许可、独占实施许可。

(三)专利实施许可合同的效力

《合同法》第345条、第346条分别规定了让与人与受让人的义务:

专利实施许可合同的让与人应当按照约定许可受让人实施专利,交付实专利有关的技术资料,提供必要的技术指导(《合同法》第 345 条)。

专利实施许可合同的受让人应当按照约定实施专利,不得许可约定以外的第三人实施该专利,并按照约定支付使用费(《合同法》第 346 条)。

受让人按照约定实施专利、使用技术秘密侵害他人合法权益的,由让与人承担责任,但当事人另有约定的除外(《合同法》第 353 条)。

当事人可以按照互利原则在合同中约定实施专利、使用技术秘密后续改进的技术成果的分享办法,没有约定或约定不明确的,依照《合同法》第 61 条的规定仍不能确定的,一方后续改进的技术成果,其他各方无权分享(《合同法》第 354 条)。

第四节 技术咨询合同和技术服务合同

一、技术咨询合同的概念与特征

技术咨询合同,是当事人一方运用自己的专业知识、技术、经验和信息对特定技术项目进行调查、研究、评价、预测,为另一方提供最佳的或几种可供选择的决策方案,另一方支付报酬的合同。据《合同法》第 356 条,技术咨询包括就特定项目提供可行性论证、技术预测、专题技术调查、分析评价报告等。

技术咨询合同为诺成、双务、有偿合同,另有如下特征:

1. 主体的特殊性

技术咨询是指受托人接受委托对技术项目进行的分析、论证、评价与预测。它对从事技术咨询人员的专业技术水平有较高要求,技术咨询人员应是具有相关知识和经验,能够对咨询问题给出解决方案和建议的专门机构或专门人才。[①]

2. 技术咨询报告和意见的决策参考性

技术咨询报告和意见为决策提供依据,但仅是委托人进行决策的建议和参考,委托人有责任对咨询报告和意见进行筛选。因此根据《合同法》第 359 条,委托人按照受托人符合合同约定要求的咨询报告和意见作出的决策所造成的损失,一般由委托人承担。

3. 风险责任承担的特殊性

如前所述,技术咨询报告和意见具有决策参考性,技术咨询委托人按照受托人符合约定要求的咨询报告和意见作出的决策所造成的损失,由委托人承担,但当事人另有约定的除外(《合同法》第 359 条第 3 款)。

---

① 参见段瑞春:《技术合同》,法律出版社 1999 年版,第 206 条。

二、技术咨询合同的效力

(一) 委托人的义务

《合同法》第 357 条规定,技术咨询合同的委托人应当按照约定阐明咨询的问题,提供技术背景材料及有关技术资料、数据,接受受托人工作成果,支付报酬。据此规定,委托人有以下主要义务:

1. 依照合同阐明咨询问题

委托人应向受托人阐明与特定技术项目决策有关的问题,使受托人有明确的目标和方向。

2. 提供技术背景材料及有关技术资料

技术背景材料及有关技术资料是受托人研究分析问题的基础,委托人提供的有关资料应全面、及时、准确,为受托人的研究、分析、评价、预测提供方便。在合同履行中,受托人发现提供的背景材料、技术资料有错误和缺陷,影响工作进度和质量的,委托人还应根据受托人的要求,纠正缺陷,追加有关资料、数据。

委托人未按约提供背景材料、技术资料和数据,影响工作进度和质量,造成合同履行迟延或中止的,受托人有权要求委托人支付相应报酬、采取补救措施并赔偿损失。

依据《合同法》第 94 条规定的催告解除制度,委托人迟延提供背景材料、技术资料,经催告在合理期限内仍不提供的,受托人有权解除合同。

3. 接受工作成果

工作成果是受托人完成的咨询报告和意见,工作成果交付时,委托人应及时组织评价鉴定,在确认工作成果符合合同约定时,予以接受。委托人不按时接受工作成果的,应当承担违约责任。

4. 支付报酬

报酬是受托人智力劳动和工作成果的对价,委托人应按约支付报酬。未按约支付报酬的,委托人应当补交报酬、支付违约金或赔偿损失。

(二) 受托人的义务

依《合同法》第 358 条、第 359 条,受托方有如下主要义务:

1. 按照约定的期限完成咨询报告或解答问题

受托人须尽可能收集与咨询对象有关的信息,对技术项目进行调研论证,为委托人的决策提出具有较高科学性和参考价值的咨询报告和意见。受托人未按期提出或迟延提交咨询意见和报告,应当承担减收或免收报酬等违约责任。委托人也有权要求其继续履行、支付违约金或采取其他补救措施。根据《合同法》第 94 条规定的催告制度,受托人迟延提交咨询意见和报告,经催告在合理期限内仍不提交的,委托人有权解除合同。

2. 提出的咨询报告和意见应达到约定的要求

咨询报告的内容和质量应达到合同约定的标准,受托人才算完成任务。受托人提出的咨询报告和意见不符合约定标准的,应当承担减收或免收报酬的违约责任(《合同法》第359条第2款)。

三、技术服务合同

技术服务合同是当事人一方以技术知识为另一方解决特定技术问题所订立的合同。以自己的技术知识为另一方解决特定技术问题的一方是受托人,接受工作成果并支付报酬的一方是委托人。技术服务合同与技术咨询合同都是一方运用自己所掌握的技术知识和信息为另一方的技术问题提供技术服务,受托方应是掌握一定专业知识的专业机构或专门人才。两者也有以下区别:

(1)《合同法》将技术咨询合同的内容限定在受托人就特定技术项目向委托人提供可行性论证、技术预测、专题技术调查、分析评价报告;而技术服务合同的内容更广泛,不仅要向委托人提供技术知识和经验,还要为委托人的决策提供参考性意见和方案。

(2)技术咨询合同的受托人按约定的条件向委托人提供参考性咨询报告和意见,对委托人决策失误遭受的损失不承担责任;而技术服务合同的服务方应保证工作成果的质量,并对实施结果承担责任。

(3)技术咨询合同主要发生在研究开发技术项目实施之前;而技术服务合同一般发生在研究开发成果转让后或技术项目实施后。

四、技术服务合同的效力

(一)委托人的义务

《合同法》第360条规定,技术服务合同的委托人应当按照约定提供工作条件,完成配合事项,接受工作成果。据此规定,技术服务合同委托人主要有以下义务:

1. 按照约定为受托人提供工作条件,完成配合工作

受托人为委托人解决特定的技术问题,需要委托人提供有关背景资料、数据,在有些情况下,还需要委托人提供样品、材料、场地和其他工作条件。委托人提供必要的工作条件是受托人解决技术问题的基本条件。委托人未按照约定提供有关技术资料、数据、样品、材料或工作条件的,或所提供的技术资料、数据、样品、材料或工作条件不符合约定,影响工作质量和进度的,委托人应承担相应的责任。委托人逾期不提供工作条件,经催告在合理的期限内仍不提供的,受托人有权解除合同。

2. 按期接受工作成果,支付报酬

按期接受工作成果既是委托人的权利又是其义务。委托人迟延受领工作成果的,应当支付违约金和保管费;委托人逾合理期限不领取工作成果的,受托人有权处分工作成果,从所获收益中扣除报酬、违约金、保管费,收益不足以抵偿报酬、违约金、保管费的,有权请求委托人补足差额部分。根据《合同法》第94条,委托人不支付报酬或违约金,经催告在合理期限内仍不支付的,受托人可以解除合同,并有权要求返还工作成果、赔偿损失。

(二) 受托人的义务

《合同法》第361条规定,技术服务合同的受托人应当按照约定完成服务项目,解决技术问题,保证工作质量,并传授解决技术问题的知识。据此规定,受托人有如下主要义务:

1. 按照约定完成服务项目

受托人应按约定完成服务项目,受托人未按照合同约定完成服务工作的,应当承担免收报酬等违约责任。

受托人迟延完成服务项目的,委托人有权要求其继续履行,支付违约金或采取其他补救措施。受托人未开展服务,经催告在合理期限内仍不进行的,委托人有权解除合同。受托方应当返还技术资料、样品和已交付的报酬。服务质量不符合约定的,如果委托方同意利用的,受托方应当减收报酬并采取适当补救措施。服务质量有严重缺陷,没有解决技术问题的,受托方应当免收报酬,支付违约金或赔偿损失。

2. 工作条件不符合约定的,及时通知委托人

受托人发现委托人提供的资料、数据、样品材料等工作条件不符合约定的,应及时通知委托人,未及时通知委托人的,视为委托人提供的技术资料、数据等工作条件符合约定。

3. 保证服务质量,传授解决技术问题的知识

在技术服务合同中,当事人除应当履行上述各自的义务外,若委托人向受托人提供的技术资料、数据、样品等含有涉及委托人技术权益的秘密信息,或受托人在解决技术问题过程中,采取了尚未公开的技术手段,在此种情况下,当事人可以在合同中约定保密义务,当事人违反保密义务的,应承担相应的责任。

五、技术咨询合同与技术服务合同中新技术成果的归属

《合同法》第363条规定,在技术咨询合同、技术服务合同的履行过程中,受托人利用委托人提供的技术资料和工作条件完成的新技术成果,属于受托人;委托人利用受托人的工作成果完成的新技术成果,属于委托人;当事人另有约定的,按照其约定。

第四编　侵权行为

第十八章　侵权行为

第一节　侵权行为总论

一、侵权行为

（一）侵权行为的含义

一般认为,侵权行为是指因侵犯他人权益,依法应当对所生损害承担赔偿责任的行为。侵权行为是因违背法律的根本目的及破坏法律秩序而被法律予以否定的行为。侵权行为系债的发生原因之一。《民法通则》第106条第2款规定:"公民、法人由于过错侵害国家的、集体的财产,侵害他人财产、人身的,应当承担民事责任。"第3款规定:"没有过错,但法律规定应当承担民事责任的,应当承担民事责任。"这是《侵权责任法》诞生前,我国对侵权行为的一般界定,其中的过错责任原则和无过错责任原则,被2009年颁布的《侵权责任法》悉数吸收,《侵权责任法》在整合并更新了《民法通则》及相关法律中关于侵权行为的规定之后,在该法第2条、第6条、第7条中规定了一般侵权行为。《侵权责任法》全面整合并更新了《民法通则》及相关法律中关于侵权行为的规定,是为现行侵权法最重要的渊源。

[比较法]

一、从比较法的视角来看,在大陆法系中一般侵权行为可分为如下两种类型:

（一）以《法国民法典》为代表

法国法对一般侵权行为,在立法中进行了抽象、概括式的规定,自成一派。《法国民法典》第1382条规定:"任何人不仅对因其行为所引起的损失,而且对因其过失或疏忽所造成的损害,负赔偿责任。"第1383条规定:"个人不仅对于因自己之故意行为所生之损害,即对于因自己之懈怠或疏忽,致损害于他人者,亦负赔偿责任。"

与之相类似的有《日本民法》，该法第709条规定："因故意或过失侵害他人权利或受法律保护的利益的人，对于因此发生的损害负赔偿责任。"我国的《民法通则》第106条以及《侵权责任法》第6条亦是。

（二）以《德国民法》为代表

《德国民法》通过第823条第1款、823条第2款以及第826条，构建了个别列举与一般概括相结合的一般侵权行为体系。

该法第823条第1款规定："因故意或有过失不法侵害他人生命、身体、健康、自由、所有权或者其他权利者，对他人因此而产生的损害负赔偿义务。"

该法第823条第2款规定："违反以保护他人为目的的法律者，负相同义务。依其法律之内容无过失亦得违反者，仅于有过错时始生赔偿责任。"

该法第826条规定："故意以违背善良风俗的方法加损害于他人者，应负损害赔偿责任。"

除此一般侵权行为规定外，该法另设有特殊侵权行为，如第830条规定的共同侵权行为、第831条规定的雇用人责任、第832条规定的监护人责任等。

我国台湾地区的"民法"，也采取和德国法相类似的体系，在该法第184条规定："因故意或过失，不法侵害他人权利者，负损害赔偿责任。故意以悖于善良风俗之方法，加害于他人者亦同。"该条第2款规定："违反保护他人之法律，致生损害于他人者，负赔偿责任。但能证明其行为无过失者，不在此限。"

二、英美侵权行为法

（一）英国侵权行为法

就归责而言，英国侵权法采取过失原则，主要体现为以下三种形式，因个别侵权行为而不同：

第一种，须具备恶意；

第二种，须为故意；

第三种，有过失（negligence）。

其中最重要的一种称为"negligence"的侵权行为。该过失侵权行为的构成要件有三，即"duty of care""breach of duty""damage"，由于具有普遍概括性，使"negligence"成为适用范围最广的侵权行为。

（二）美国侵权行为法

美国对侵权行为的划分是多种多样的，主要有两种：

第一，依据过错程度进行划分。

这种划分区分了三种情形：一是故意侵权行为，其中包括对人身的故意伤害、对财产的故意侵犯；二是过失和无过错责任，主要包括动物伤害责任、高度危险责任和产品责任等；三是商业侵权行为，包括不当介入商业、干涉商业关系、从事不公平的交易活动等。

第二,依据传统和发展的标准进行罗列。

传统的侵权行为包括对土地的不法侵害、对动产的不法侵害、对人身的不法侵害和侵扰;新出现的侵权行为包括恶意诉讼、违反合同的引诱、诽谤、隐私侵权、网络侵权等。

可以看出,英美法主要是通过列举的方式对侵权行为进行了规定,而且主要渊源仍然是判例而非系统的法典。

(二) 侵权行为的性质(与合同、无因管理、不当得利、单方允诺比较)

相比于债的其他发生根据,侵权行为具有下列性质:

1. 与不当得利的区别。侵权行为属于法律事实中的"行为"。法律事实分为事件与行为。侵权行为系人的行为,与合同、无因管理、单方允诺相同,故有别于属于"事件"的不当得利。

2. 与法律行为的区别。侵权行为属于事实行为。侵权行为的这一特性与无因管理相同。侵权行为是能够引起一定民事法律后果(侵权责任)的行为,但侵权行为人实施侵权行为并不是以产生民事法律后果为目的,这种行为不具有意思表示的要素,因此侵权行为与合同、单方允诺不同,不属于法律行为。相应的,侵权行为之债的发生基于法律规定,有别于依当事人意思表示而发生的合同、单方允诺等意定之债。

3. 与无因管理的区别。侵权行为属于非适法行为,因此有别于无因管理。无因管理符合法律保护善意为他人管理事务者利益的目的,并为法律所鼓励,属于合法行为。侵权行为则受到法律的否定性评价:对于一般侵权行为,法律规定以行为人具有过错为要件,过错的认定已经体现了对侵权行为在法律上的可非难性;对于特殊侵权行为,尽管通常不以过错为要件,且行为人产生致害结果的活动本身并不违法(如生产产品、从事高度危险作业等),但行为一旦对他人造成损害,法律即课以责任,足以体现法律对此种加害行为的否定性评价。

此外,侵权行为属于非适法行为,与债务不履行相同,但两者仍有区别,详见下文。

(三) 侵权行为与犯罪行为的异同

古代法中,侵权行为与犯罪行为基本上不加区分,侵权行为一般通过追究刑事责任的方式加以处理。大多数国家的法律都经历了从侵权责任和刑事责任合一到逐渐分离的过程。在现代法中,两者作为性质不同的行为,存在严格的区分。

1. 性质不同。侵权行为是一种违反民事法律规定、以保护特定人为目的的其他法律规定或社会生活一般注意义务而侵害他人民事权益的行为;犯罪行为则是违反刑事法律的行为,犯罪行为不但侵害他人合法权益,更是以社会秩序和公共利益为侵害客体,以刑事违法性、社会危害性与应受刑法惩罚性为其本质属性。

2. 社会危害性程度不同。犯罪行为比侵权行为具有更大的社会危害性,因此,对于犯罪行为必须由司法机关依法追究刑事责任,且原则上不适用调解。对于侵权行为,既可由法院或仲裁机构处理,也可由当事人协商、调解处理。由法院处理的,也可适用和解、调解。

3. 构成要件不同。(1)就主体而言,侵权行为的主体可以是自然人、法人或其他组织,在某些场合还可以是国家机关;犯罪主体一般为自然人,法人只有在法律有明确规定的情况下,才能成为犯罪主体,国家机关一般不可能构成犯罪主体。(2)就客体而言,侵权行为侵犯的是私人权益;犯罪行为侵犯的是刑法所保护的社会秩序和公共利益。(3)就主观构成要件而言,传统上一般侵权行为需以行为人的过错为要件(且现代法上多对过失采用客观标准),而无过错侵权行为则不以过错为要件;犯罪行为必须存在故意或过失才能构成定罪量刑的前提。(4)就客观构成要件而言,侵权行为一般在造成他人损害时,才发生民事责任(例外的,在即将发生损害的紧急情况下,潜在的受害人有权请求防止损害),无损害不赔偿;犯罪行为往往不存在特定的受害人,在行为犯中,也不以发生结果为要件,且无论犯罪既遂、未遂或预备都应承担刑事责任。

4. 对故意和过失的处理方式不同。犯罪行为强调行为人的主观恶性与主观意思(犯意),着眼于犯罪行为应承担道义性责任,因此严格区分故意和过失,以处罚故意犯为原则,处罚过失犯为例外,并依故意与过失而严格划分责任的大小;侵权行为以填补损害为目的,着眼于加害人造成的后果,并不强调侵权行为在道德上的可非难性,因此原则上不问故意和过失,均使之承担同样的责任。

5. 法律后果不同。侵权行为的后果是承担民事责任,且主要是财产责任,另外也存在非财产内容的责任方式,如停止侵害、排除妨害、消除危险、恢复名誉等;犯罪行为的后果是承担刑事责任,责任方式虽包括财产刑,但以身体刑和自由刑为主。

6. 责任的目的不同。对侵权行为适用民事责任,主要目的是补偿受害人的损失,同时,也具有一定的制裁功能以预防不法行为;对犯罪行为适用刑事责任,以惩罚与预防为主要目的。

实际生活中,经常发生同一个行为同时构成侵权行为和犯罪行为的现象,此时,行为人既要承担刑法上的刑事责任又要承担民法上的损害赔偿责任。同时,侵权行为也可能触犯公法上的强制性规定而需承担行政责任。《民法总则》第187条及《侵权责任法》第4条规定,民事主体因同一行为应当承担民事责任、行政责任和刑事责任的,承担行政责任或者刑事责任不影响承担民事责任。《行政处罚法》第7条规定,公民、法人或者其他组织因违法受到行政处罚,其违法

行为对他人造成损害的,应当依法承担民事责任。在理解侵权责任与刑事责任、行政责任的关系时,有必要注意以下问题:

第一,侵权行为的认定与刑事责任、行政责任的认定无牵连关系。关于犯罪行为的刑事判决,对关于侵权行为的民事判决无约束力。在实际操作中,如果某一侵害民事权益的行为经刑事判决确定为犯罪,则可在民事审判中作为较有力的证据认定该行为的侵权性。因为依照举重以明轻的原理,犯罪行为(就结果犯而言)的构成要件通常比侵权行为严格,则构成犯罪的行为,一般足以构成侵权;反之,如果某一侵害民事权益的行为经刑事判决确定不构成犯罪的,不得据此认定该行为也不构成侵权。同样,行政处罚的认定与侵权行为的认定,也不应具有牵连关系。

第二,侵权责任的承担与刑事责任、行政责任的承担无牵连关系。加害人就同一行为承担刑事责任或行政责任的,不得因此免除或减轻加害人的侵权责任。在刑事责任与行政责任之间尚存在一定的目的与功能上的共同性,两者均为对社会的责任。刑法中关于犯罪的规定是处理个人与国家(社会)间的关系,使加害人受到刑罚制裁,以惩治并预防犯罪为目的;行政处罚法同此意旨,目的在于惩治社会危害性较犯罪为轻的违法行为。因此刑事责任与行政责任在一定范围内可以代替(如《行政处罚法》第28条规定,人民法院判处拘役或者有期徒刑时,行政机关已经给予当事人行政拘留的,应当依法折抵相应刑期。违法行为构成犯罪,人民法院判处罚金时,行政机关已经给予当事人罚款的,应当折抵相应罚金),而两者与民事责任各自服务于不同的规范目的,不允许相互代替,不得"以罚代赔"。侵权行为法是处理"个人"相互间的关系,使加害人赔偿被害人的损失,以填补损失为目的。刑事责任与行政责任的制裁与惩罚功能无法取代民事责任的补偿功能,故侵权人因同一行为应当承担行政责任或者刑事责任的,不影响其依法承担侵权责任(《侵权责任法》第4条第1款)。

第三,侵权赔偿责任的优先性。同一行为同时构成侵权行为、犯罪及行政违法行为,应当承担民事赔偿责任和缴纳罚款、罚金,责任人财产不足以同时支付时,先承担民事赔偿责任。此为现行法普遍确认的原则(如《证券法》第232条、《公司法》第214条、《刑法》第36条、《侵权责任法》第4条第2款)。

(四) 侵权行为与违约行为的异同

侵权行为与违约行为都属于民事违法行为,都能发生令行为人承担民事责任的后果,但两者的性质不完全相同,其区别主要表现在:

1. 违反的义务不同。侵权行为主要是违反了法定义务,此类义务包括:第一,民法所设定的任何人不得侵害他人人身、财产的普遍性义务;第二,侵权法所设定的具体的作为或不作为义务;第三,侵权法之外的其他法律为保护特定人而设的义务。违约行为主要是违反了当事人自行约定的、仅拘束特定当事人的义务,即合同义务。

2. 责任承担不同。侵权行为的后果为侵权责任,侵权责任的规定原则上为强行法,由法律加以明确规定,当事人无自行变更、排除的余地;违约行为的后果为违约责任,违约责任的规定原则上为任意法,违约责任的内容可由当事人事先或事后约定,可以变更、排除关于违约责任的任意性规定。侵权责任承担方式以损害赔偿为主,另有返还财产、消除危险、排除妨碍、恢复原状、赔礼道歉、恢复名誉、消除影响等;违约责任承担方式则以强制履行、违约金、赔偿损失为主。而且,侵权损害赔偿范围与违约损害赔偿范围也存在区别。

现代民法上,侵权与违约为各自独立的制度。实际生活中经常发生同一个事实同时构成侵权责任与违约责任的现象。如交通运输中旅客或运送的货物因交通事故受侵害的情形、租赁房屋失火的情形,均可同时构成侵权责任与违约责任。合同一方当事人的违约行为同时侵害对方的人身、财产权益时,即同时构成违约责任与侵权责任。换言之,侵权行为当事人间存在某种合同关系,加害事实与该合同有关系,则同时符合两种责任构成要件,这种情形称为"责任竞合"。发生责任竞合时,受害人有权选择主张违约责任或侵权责任(《合同法》第122条)。

受害人决定选择主张何种责任,自应充分注意两者的区别:

(1) 构成要件及举证责任不同。违约责任以严格责任为归责原则,受害人只需证明违约行为的存在即可,无须证明违约方有无过错。侵权责任则以过错责任为最基本归责原则,一般侵权行为以行为人过错为要件,需由受害人对行为人过错负举证责任。

(2) 损害赔偿的范围不同。违约损害赔偿不仅限于所受损失,也包括可得利益,但不得超过违反合同一方订立合同时预见到或者应当预见到的因违反合同可能造成的损失(《合同法》第113条)。侵权损害赔偿原则上限于实际损失。此外,侵权损害赔偿的范围包括精神损害赔偿,而违约损害则不得要求精神损害赔偿。

(3) 过失相抵规则不同。因受害人的原因造成违约行为发生或扩大的,受害人应当承担相应的损失,受害人有无过错,在所不问;在适用责任相抵时,也不考虑违约方有无过错。侵权责任中欲适用过失相抵时,受害人对损害的发生或扩大须有故意或过失,才可减轻或免除加害人的赔偿责任,但侵权人因故意或者重大过失致人损害,受害人只有一般过失的,不减轻加害人的赔偿责任;适用无过错侵权责任时,受害人有重大过失的,才可以减轻赔偿义务人的赔偿责任(《侵权责任法》第26条、《人身损害赔偿解释》第2条)。

(4) 连带责任内部分担规则不同。违约方为数人且承担连带责任时,除另有约定外,各债务人的内部分担比例为平均分担。数人侵权并承担连带责任时,各债务人的内部赔偿数额分担比例应根据各自过错程度予以确定,难以确定责任大小的,平均承担赔偿责任(《侵权责任法》第14条第1款)。

(5) 时效不同。违约责任适用两年诉讼时效,但国际货物买卖合同和技术进出口合同的时效为四年(《合同法》第 129 条)。侵权诉讼时效为两年,但身体受到伤害要求赔偿的时效为一年(《民法通则》第 136 条第 1 项)。需要注意的是,《民法总则》第 188 条已将请求保护民事权利的诉讼时效期间改为三年。

(6) 诉讼管辖不同。违约诉讼由合同履行地或被告所在地的人民法院管辖,且合同当事人可以在书面合同中选择当事人的住所地、合同履行地、合同签订地、标的物所在地的法院为管辖法院。侵权诉讼由侵权行为地或被告住所地法院管辖,当事人无权变更管辖地。

(五) 侵权行为的分类

侵权行为按照不同的标准可划分为不同的类型:

1. 一般侵权行为与特殊侵权行为

一般侵权行为是指行为人基于过错而造成他人财产或人身损害,并应由行为人自己承担责任的行为。一般侵权行为以过错责任、自己责任为特性。

特殊侵权行为是一般侵权行为的对应概念,指由法律直接规定的、无须具备一般侵权行为的构成要件而对致他人损害应负侵权责任的行为。

两者的区别在于:一般侵权行为除须损害结果、因果关系两大基本构成要件外,还须具备过错要件,特殊侵权行为无须过错要件,但须依法律的特别规定方可发生;一般侵权行为系行为人自己的行为并由自己承担责任,特殊侵权行为多表现为特殊的行为或者自己行为以外的事实造成他人损害,以及为他人的行为承担责任的情形。

特殊侵权行为主要是以无过错责任为归责原则的侵权行为。此外,共同侵权行为与共同危险行为因主体的复数性,而具有不同于单独实施的一般侵权行为的特殊性,体现为特殊的构成要件与法律后果,故亦可列为特殊侵权行为。实行过错推定规则的侵权行为性质上也属于一般侵权行为,但因加害人实际上几乎不可能举证证明自己没有过错而免责,其实际效果与无过错侵权行为不存在实质性区别,故本书将其置于特殊侵权行为一节讨论。

现行法上的特殊侵权行为,包括高度危险作业致人损害、机动车道路交通事故侵权、产品责任、工作物责任、饲养动物致人损害等十余类。本书依各自在理论与实践上重要性的不同而展开讨论。

2. 侵害财产权的行为与侵害人身权的行为

根据侵害对象不同,侵权行为可分为侵害财产权的行为和侵害人身权的行为。侵害财产权的行为是指行为人侵害他人的物权、债权、知识产权等的行为。例如,非法占有或毁坏他人财产、故意毁灭债权凭证、未经许可使用他人的商标等。侵害人身权的行为是指行为人不法侵害他人生命健康权、姓名权、肖像权、名誉权与荣誉权等的行为。例如,故意或过失伤害他人的身体、诽谤他人或公开他人的隐私等。

两者的区别在于:侵害财产权的行为原则上不适用精神损害赔偿,但有以下特殊情形者除外:(1)非法利用、损害遗体、遗骨,或者以违反社会公共利益、社会公德的其他方式侵害遗体、遗骨(《精神损害赔偿解释》第3条第3项);(2)具有人格象征意义的特定纪念物品,因侵权行为而永久性灭失或者毁损(《精神损害赔偿解释》第4条)。侵害人身权的行为造成他人严重精神损害的,可以适用精神损害赔偿(《侵权责任法》第22条、《精神损害赔偿解释》第1条)。

3. 单独侵权行为与共同侵权行为

根据加害人的人数不同,侵权行为可分为单独侵权行为与共同侵权行为。单独侵权行为,是指加害人仅为一人的侵权行为。共同侵权行为,是指两人以上共同致人损害的行为。

共同侵权行为在构成要件与法律效果上不同于单独侵权行为。共同侵权行为具有主体的复数性、行为的共同性和结果的同一性等特点。共同侵权行为的共同加害人对受害人负连带赔偿责任(《侵权责任法》第8条)。

4. 积极侵权行为和消极侵权行为

根据侵权行为形态不同,侵权行为可分为积极侵权行为和消极侵权行为。积极侵权行为,是指行为人以一定的作为致人损害的行为。例如非法占有他人财产、毁损他人财物、不法伤害他人身体等。消极侵权行为,是指行为人以一定的不作为致人损害的行为。例如保管人擅离职守致使保管物被盗等。两者的发生根据不同:积极侵权行为主要系违反消极的不作为义务所致;消极侵权行为则因违反积极的作为义务所致。积极的作为义务来源于三种情形:(1)法律明文规定;(2)当事人的约定;(3)行为人的先前行为。

二、侵权行为法

(一)我国侵权行为法的体系及立法模式

侵权行为法,或称"侵权责任法",是调整侵权行为的构成与侵权责任的承担的法律。侵权责任法的首要任务是界定何种行为构成侵权行为。构成侵权行为即应承担侵权责任,有关侵权责任的承担主体、承担方式等,为侵权责任法的另一调整对象。

《侵权责任法》制定之前,我国侵权行为法的体系如下:《民法通则》第106条第2、3款的规定为侵权法的一般条款,第2款为过错侵权行为的基本规定,第3款为无过错侵权行为的基本规定;第六章第三节"侵权的民事责任"围绕第106条第2、3款为核心而展开,构成侵权法的基本内容。其中,第117条至第120条为关于一般侵权行为的规定,第121条至第127条为关于特殊侵权行为的规定。侵权法的其他内容则散见于各种特别法与司法解释中。特别法以法律和行政法规为主,基本上是关于特殊侵权行为的规定,诸如《环境保护法》《道路交通安全法》《产品质量法》《医疗事故处理条例》中有关侵权的规定。司法解释则多为对《民法通则》所规定的基本制度的细化与补充,主要包括《民通意见》第142—164条规定、《人身损害赔偿解释》《精神损害赔偿解释》、最高人民法院《关于审理名誉权案件若干问题的解答》、最高人民法院《关于审理名誉权案件若干问题的解释》。《侵权责任法》之制定,是以《民法通则》第6章"民事责任"的第1节"一般规定"、第3节"侵权的民事责任"、第4节"承担民事责任的方式"为基础,总结《民法通则》实施以来的裁判实践经验和民法理论研究成果,并广泛参考借鉴发达国家和地区的经验。

《侵权责任法》采"总则"和"分则"之结构。具体如下,"总则"共有三章:第1章"一般规定"(第1—5条)、第2章"责任构成和责任方式"(第6—25条)、第3章"不承担责任和减轻责任的情形"(第26—31条);"分则"共有八章:第4章"关于责任主体的特殊规定"(第32—40条)、第5章"产品责任"(第41—47条)、第6章"机动车交通事故责任"(第48—53条)、第7章"医疗损害责任"(第54—64条)、第8章"环境污染责任"(第65—68条)、第9章"高度危险责任"(第69—77条)、第10章"饲养动物损害责任"(第78—84条)、第11章"物件损害责任"(第85—91条)、第12章"附则"(第92条)。共十二章92个条文。①

有关侵权行为的规定,按照归责原则进行划分,可作以下总结:

《侵权责任法》第2条	《侵权责任法》第6、7条	过错责任原则(第6条)	一般侵权责任	
			特殊侵权责任(第五至十章)	少数适用过错责任原则的特殊侵权责任
		无过错责任原则(第7条)		适用无过错责任原则的侵权责任
	其他侵权责任	无须具备损害要件的侵权责任(第15条)		
		双方当事人均无过错分担的侵权责任(第24条)		
		出现侵权责任法特殊侵权责任没有规定的新型特殊侵权责任		
		其他		

[比较法] 《韩国民法典》第750条规定了一般侵权行为,其下规定了六种特殊侵权行为:无责任能力者的监护人责任(第755条);使用人的责任(第756条);承揽人的责任(第757条);工作物等的占有人、所有人的责任(第758条);动物占有人的责任(第759条);共同侵权责任(第760条)。

---

① 在此需要说明的是,第4章实际是监护人责任、使用人责任、网络侵权责任、安全保障义务及未成年人受损害等内容的"杂烩",虽以"关于责任主体的特别规定"为章名,但仍属于分则性规定。法律草案之执笔人未必不知本章章名之不妥,问题是因本章内容之"杂"而难以确定一个适当的章名。

韩国特别法上的特殊侵权行为包括:(1)《国家赔偿法》,规定公务员在职务执行中的侵权行为。(2)《关于独占规制及公平交易的法律》,该法限制或禁止的行为有:(a)禁止滥用市场支配地位(第3条);(b)限制企业结合(第7条以下);(c)限制不当的共同行为(第19条);(d)禁止不公平交易行为(第23条);(e)禁止事业者团体的不当行为(第26条);(f)限制再销售价格维持行为(第29条);(g)限制不当的国际合同的缔结(第32条)。事业者或事业者团体实施上述禁止或限制行为之一致第三人损害的,应当赔偿该损害,该赔偿责任为无过错责任(第56条)。但这里须注意:该法规定的损害赔偿请求权的消灭时效为一年(第57条第2项);在裁判上主张关于损害赔偿的请求,仅限于公平交易委员会对于违反行为的改正措施确定后方可(第57条第2项)。(3)关于产业及技术的发展所造成的侵权责任,包括劳动基准法上关于劳动灾害的补偿(无过错责任);《船员法》及《船员保险法》中关于船员的灾害补偿(无过错责任);《公务员年金法》中关于公务员的灾害补偿(无过错责任);《机动车损害赔偿法》实行举证责任倒置,事实上认定为无过错责任。(4)《关于失火的法律》,仅以"重大过失"为构成要件认定第750条责任,而一般侵权行为无"重过失"与"轻过失"之分。(5)生活妨害或公害(immission),规定于物权编相邻关系中。(6)关于制造物缺陷的责任。(7)关于医疗事故中医师的责任。

(二)侵权行为法的功能

长期以来,我国学界对侵权责任法的功能,一直存在不同的观点,主要有单一功能说(填补功能)、双重功能说(填补功能及惩罚功能)以及多重功能说(填补功能、惩罚功能、预防功能等)。①

本书认为侵权法主要有两大功能,即填补损害功能与预防功能。

1. 填补损害功能

填补侵权行为所致损害,为侵权行为法的基本功能。侵权法不同于刑法与行政法之处,即在于其原则上以填补损害为目的。因此责任方式的选择、损害赔偿数额的确定等,原则上不考虑加害人的目的、动机、主观恶性等,也不受上述因素影响,而仅以受害人所受损害为着眼点。

传统侵权法以"损失转移"(loss shifting)为主导思想,即侵权责任是将受害人的损失转由加害人承担,强调侵权行为的可非难性。现代侵权法更强调以"损失分散"(loss spreading)的方式填补损害,使得无过错责任有渐趋扩大的倾向,为受害人提供更强保障。无过错责任的扩张,不再以加害人行为的可非难性(过错)决定受害人所能获得的救济,而通过激励加害人利用价格机制、责任保

---

① 参见奚晓明主编:《〈中华人民共和国侵权责任法〉条文理解与适用》,人民法院出版社2010年版,第13页。

险机制等手段将其所承担的赔偿责任分散于社会大众。同时,责任保险制度的发展也为加害人分散损失,从而免受因承担较重的赔偿责任而影响正常生产经营活动的弊害,于受害人和社会整体利益均有裨益。

2. 预防功能

侵权法以补偿损害为基本使命,但亦着眼于惩罚实施具有高度可非难性、危及社会秩序的侵权行为的加害人,以此达到威慑潜在加害人、预防损害发生的目的。该项功能集中体现在惩罚性赔偿制度中:对故意侵害他人人身权、欺诈性虚假陈述等主观恶性较重的侵权行为,可判处超过实际损失的惩罚性赔偿。

(三) 侵权行为法的特征

1. 规定的抽象性

大陆法系民法典对侵权行为所作的规定一般为抽象规定。如《法国民法典》共5条(第1382—1386条);《瑞士债务法》共21条(第41—61条);《德国民法典》共31条(第823—853条);《韩国民法典》共17条(第750—766条)。

侵权法的抽象性与合同法、刑法规定的具体性形成鲜明对比:

(1) 合同法除在《合同法》总则中详细列明合同的一般事项外,对各种有名合同的具体事项也有详细规定。但这并不表明侵权法的规范比合同法简陋,也不表明侵权法的发展水平滞后于合同法。体系上的差异根源于法理基础与规范目的的差异。合同法的规范以任意法规范为主,旨在为当事人的交易提供指导与参考依据:当事人在约定权利义务时,可以参考合同法的规定;当事人对某些事项未作约定或约定不明时,可以适用合同法的规定,此时任意法规范即发挥了补充合同约定的功能。因此,合同法规定详细明确,更有助于发挥合同法鼓励交易、降低交易成本的功能。而侵权法的目的并不在于为当事人提供事先指导,而在于事后的救济与补偿。由于侵权行为样态繁多,立法者不可能预先作出详尽无遗的规定,若强欲如此,只会导致侵权法的僵化。侵权法规定的抽象性,正是其灵活性之所在,有助于侵权法灵活地应对实践中各种复杂多变的侵权行为,增强法律规范的适应性。

(2) 刑法的详尽性、具体性与合同法相当。刑法与侵权法的差异,同样根植于两者法理基础与规范目的的差异。刑法的功能在于禁止与惩罚犯罪行为,因此必须详尽无遗地规定犯罪的构成要件、处罚方式并列举各种具体犯罪类型,并且限制法官的自由裁量权,以便社会公众能够事先知晓何种行为为法律所禁止、何种行为应受法律处罚,从而避免触犯刑法,否则将使法律之威不可测,严重危及个人行动自由。侵权法的功能主要在于事后补偿,而非事前禁止。故而尽管侵权行为的多样性不逊于犯罪行为,侵权法却没有必要详作预先规定。侵权法只需确立社会观念公认的一般注意义务,即足以为民事主体提供确定的行为预期,没有必要为民事主体增加额外的行为限制与风险分担:人人只要在日常生活中以一个合理的人的注意标准行事,即无触犯侵权法,招致赔偿责任之虞。侵权行为的复杂多变性也决定了列举主义不能适应现实的复杂问题,更不可能将裁判标准高度细化,而是需要较多地依赖于法官的自由裁量权。

2. 尊重具体的妥当性

合同法强调法的一般安定性,而侵权法更强调法的具体妥当性。合同法上的争议围绕当事人事先约定的内容而发生与展开,法院处理时应尊重法律的可预测性,应考虑法的稳定性。侵权法的任务则是对事故进行事后处理,重点在于妥当的事后救济。合同法尊重先例,故判例变化不大,以便当事人能对交易形成明确的预期;而侵权行为法的判例则具有发展快、变化大的特性,更重视个案的妥善解决。

3. 强调妥当、公平地承担损害

合同法是调整当事人之间自由约定的法律,当事人的权利义务原则上均由双方自行约定,合同公平与否基本上听凭当事人自行判断,即使在合同以外的第三人看来合同权利义务有失公平,也不得任意干预,除非有法律的明确授权。换言之,合同法上以尊重主观公平为主旨。同时,合同公平与否一般只影响当事人自己的利益,第三人甚至社会没有加以干预的必要,违反合同造成的损失也应由当事人自己承担,不能加诸第三人与社会。

侵权法则更强调客观的公平性。侵权行为及其后果并非当事人自由意志的结果,公平地分配其间的权利义务当然成为法律的任务。法官作为这一任务的具体执行者,在决定损害分担时,应依社会一般人的通常观念予以判断,而不得以当事人自己的公平观念为准,更不得以法官个人的价值观念和主观好恶为依据。此外,侵权法更强调损害的社会分担,尤其自工业社会进入发达阶段以来,新型危险事故层出不穷,甚至造成大规模的损害事件,如群体性产品质量事故、环境污染事故等。此时若一律贯彻损害由当事人内部承担的思想,将使加害人(以企业为主)不堪承受,甚至陷入经济困难或破产,直接妨碍受害人权益的保障,间接影响到社会利益与经济发展。因此侵权法上的严格责任日趋发达,严格责任以损害分散为指导思想,允许加害人与潜在的加害人通过价格机制与保险机制将承担严格责任的成本转移给广大消费者与投保人,即实际上将风险与损害分散于社会大众承担,由社会介入损害的补救,体现了责任社会化的思想。

4. 特别法的发达

现代社会,交易形态日新月异,新合同类型远非任何一部民法典或合同法中有关有名合同的规定所能涵盖,但合同法仍"处变不惊",具有相当的稳定性,并不因交易形态的增加而忙于修正、增设有名合同加以规制,也不大量增加特别法予以应对,基本上维持了一部民法典一统天下的局面。原因在于,合同法以合同自由为原则,允许当事人自由创设无名合同类型,只要不违背强行法与公序良俗,自然有效;且合同原则上仅拘束当事人,只要无害于他人听任其自由决定,法律并无随时加以规制的必要。侵权法则是另一番图景:与高度抽象的侵权法规范适成对照,有关侵权行为的特别法规范较多,除产品责任法、机动车损害赔偿法等纯粹的民事特别法之外,众多具有公私法混合特征的特别法也含有大量的侵权责任规范,诸如环境保护法、水污染防治法等。高度抽象的侵权法规范不过是其中比重较小的一部分。当然,特别法上的侵权行为主要是特殊侵权行为。此类特别法绝大多数是为应对不断出现的新类型的侵权行为而设。侵权特别法发达的原因在于侵权行为法不存在合同自由原则,无法如合同一般进行事先调整,同时侵权行为的影响不限于当事人之间,故需由特别法及时加以调整。

我国民法学界关于侵权责任法的制定,有两种立法模式。第一种立法模式,强调借鉴英美法的经验,制定"涵盖社会生活中的全部损害类型"的所谓"大侵权法",主张"尽可能穷尽社会生活中的一切侵权行为类型",亦即所谓"类型化"立法模式。第二种立法模式,即"一般条款+特别列举"模式,主张借鉴欧盟民法典侵权行为编的经验,设立一项一般条款作为统一的侵权责任请求权基础,然后列举规定社会生活中最主要、最常见的侵权行为类型和准侵权行为类型。这些列举性规定,不重复规定侵权责任请求权基础的共性问题,仅着重解决各类侵权行为或准侵权行为在归责原则、免责事由、损害赔偿或者责任承担等方面的特殊问题。现行《侵权行为法》并未涵盖社会生活中的全部损害类型,其第5章规定产品责任、第6章规定机动车交通事故责任、第7章规定医疗损害责任、第8章规定环境污染责任、第9章规定高度危险责任、第10章规定饲养动物损害责任、第11章规定物件损害责任,再加上第4章规定的监护人责任、使用人责任、网络侵权责任和违反安全保障义务的责任,总共是十一种侵权行为类型,接近于前述第二种立法模式。

第二节 侵权行为的归责原则

一、侵权行为归责原则概述

侵权行为的归责原则,是指确定侵权行为的责任归属所必须依据的法律准则,即依据何种标准来确定行为人的侵权责任。归责原则在侵权法中占有重要地位,是承担侵权责任的基础,直接体现了侵权行为法的立法取向和价值判断,即法律应以行为人的过错还是单纯发生损害结果为标准,抑或以其他事由为判断标准而使行为人承担侵权责任。归责原则的确立,决定着侵权行为的分类、侵权责任的构成要件、举证责任的分担、免责事由的确定和损害赔偿原则与方法的确定。因此,基于归责原则而形成的内在联系的统一体系,反映了一个法律体系下侵权法的全貌。

我国民法学界关于侵权责任的归责原则一直存在分歧。有所谓"三原则说""二原则说""一原则说"。所谓"三原则说",认为大陆侵权责任法并存过错责任、无过错责任和公平责任三项归责原则。所谓"二原则说",认为只有过错责任和无过错责任两项归责原则。所谓"公平责任",实质是在极特殊情形下,法律规定由双方当事人分担意外事故所造成的损害,属于"特殊救济措施",并非归责原则。所谓"一原则说",认为侵权责任法仅有过错责任一项归责原则,法律规定不以过错为承担责任的要件,亦属于"例外规定",不得称为"归责原则"。《侵权责任法》采二元说。

二、过错责任原则

（一）过错责任原则的含义与沿革

过错责任原则（Prinzip der Culpahaftung od. des Verschuldensgrundsatzes），又称"过失责任原则",即以加害人的过错作为承担民事责任要件的原则。民事主体只对自己有过错的行为（包括故意或过失）承担责任,有过错即有责任,无过错即无责任。《民法通则》第106条第2款规定,公民、法人由于过错侵害国家的、集体的财产,侵害他人财产、人身的,应当承担民事责任。《侵权责任法》第6条第1款规定:行为人因过错侵害他人民事权益,应当承担侵权责任。此即过错责任原则的一般规定。

过错责任原则的确立,是对古代结果责任主义的彻底否定,反映了商品经济社会发展的客观要求,是人类文明的进步。古代法实行原因主义或结果责任主义,个人之间解决侵害的基本方法是同态复仇。结果责任主义是指基于人的本能,即对于自己的侵害,不考虑加害人的主观原因而予以反击;不问加害人有无过错,只要其行为造成他人损害,即应承担赔偿责任。古罗马《十二表法》中,出现"过错"概念,并在某些情况下成为减轻责任的条件。其后,在《国法大全》中,过错责任原则得到了进一步的确认和发展。

及至近代,随着资产阶级革命的推进,商品经济迅速发展,商品生产和交换领域不断扩大,自由主义和个人主义理念扩张,过错责任的归责原则因迎合社会需求而占据了统治地位。《法国民法典》[①]《德国民法典》[②]相继将过错归责原则确立为基本的侵权行为归责原则。该原则作为近代民法的三大原则之一,对促

[①] 《法国民法典》第1382条规定:任何人不仅对因其行为所引起的损失,而且对因其过失或疏忽所造成的损害,负赔偿责任。
[②] 《德国民法典》第823条规定:因故意或过失不法侵害他人生命、身体、健康、自由、所有权或者其他权利者,对他人因此而产生的损害负赔偿义务。违反以保护他人为目的的法律者,负相同的义务。依其法律之内容无过失亦得违反者,仅于有过失时始生赔偿责任。

进自由资本主义经济的发展发挥了不可磨灭的作用。

(二) 过错责任原则的功能

过错责任原则具有下列功能:

1. 保障个人活动自由。近代民法以个人自由作为最高理想,其经济基础则是以自由竞争为核心理念的自由主义市场经济。依过错责任原则,每个人只对自己的过错行为承担责任,有利于充分保障个人的活动自由,为经济发展与社会进步提供必要动力。

2. 警示功能。即提醒人们尽注意义务,防止因过失承担的责任(无过失则无责任)。

3. 保障社会安全的功能。过错责任有助于间接培养责任观念,预防损害的发生。

(三) 过错的举证责任

过错责任原则是一般的归责原则,除法律另有规定的以外,均适用这一原则。过错即为归责事由,依据"谁主张谁举证"的原则,应由受害人证明加害人存在过错;在法律特别规定情况下,采用"举证责任倒置"规则,推定行为人有过错,行为人不能证明自己没有过错的,应当承担侵权责任,此即我国现行法上所谓的"过错推定规则"(《侵权责任法》第6条第2款)。

过错推定,是指在受害人能够证明其所受损害与加害人的行为有因果关系的情况下,如果加害人不能证明自己没有过错,即推定为有过错,而由加害人承担侵权责任。过错推定属于过错责任原则的一种特殊形态,仍以过错为归责事由,只是实行举证责任倒置,因此并不构成独立的归责原则。过错推定规则的目的是在受害人难以证明加害人有过错或加害人拥有证明优势的特殊情况下,为缓解受害人的举证困难、保护受害人的利益,在加害人不能证明其没有过错的情况下,认定为有过错。过错推定只能适用于法律有明文规定的情形,依现行法规定,适用过错推定规则的情形主要有:

1. 无民事行为能力人在教育机构学习、生活期间遭受人身损害的。无民事行为能力人在幼儿园、学校或者其他教育机构学习、生活期间受到人身损害的,幼儿园、学校或者其他教育机构应当承担责任,但能够证明尽到教育、管理职责的,不承担责任(《侵权责任法》第38条)。该规定完全符合不满十周岁儿童无民事行为能力、举证困难的客观情况。

2. 因建筑物等设施脱落、坠落致人损害的。建筑物、构筑物或者其他设施及其搁置物、悬挂物发生脱落、坠落造成他人损害,所有人、管理人或者使用人不能证明自己没有过错的,应当承担侵权责任(《侵权责任法》第85条前段)。此类情形中,加害人一般更了解损害发生的起因,也更有条件获取证据材料,由其承担举证责任具有合理性。

3. 堆放物倒塌致人损害的。堆放物倒塌造成他人损害,堆放人不能证明自己没有过错的,应当承担侵权责任(《侵权责任法》第88条)。

4. 发行人、上市公司违反信息披露义务给他人造成损失的。发行人、上市公司公告的招股说明书、公司债券募集办法、财务会计报告、上市报告文件、年度报告、中期报告、临时报告以及其他信息披露资料,有虚假记载、误导性陈述或者重大遗漏,致使投资者在证券交易中遭受损失的,发行人、上市公司应当承担赔偿责任;发行人、上市公司的董事、监事、高级管理人员和其他直接责任人员以及保荐人、承销的证券公司,应当与发行人、上市公司承担连带赔偿责任,但是能够证明自己没有过错的除外(《证券法》第69条)。证券服务机构为证券的发行、上市、交易等证券业务活动制作、出具审计报告、资产评估报告、财务顾问报告、资信评级报告或者法律意见书等文件,其制作、出具的文件有虚假记载、误导性陈述或者重大遗漏,给他人造成损失的,应当与发行人、上市公司承担连带赔偿责任,但是能够证明自己没有过错的除外(《证券法》第173条)。

除以上几种情形外,《侵权责任法》第81条关于动物园的动物致人损害责任的规定、第87条关于高楼抛物损害补偿的规定、第90条关于林木折断致人损害责任的规定以及第91条第2款关于窨井等地下设施损害责任的规定均适用过错推定规则。

三、无过错责任原则

(一) 无过错责任原则的含义

无过错责任又称"无过失责任",英美法上称为"严格责任"(strict liability),是与过错责任相对应的概念,是指不问加害人是否有过错,只要其行为与损害后果间存在因果关系,就应当承担民事责任的归责原则。在无过错责任原则下,并不是不存在过错,而是行为人的过错对于责任的构成不发生影响。无过错责任不能被理解为行为人无过错时方可适用无过错责任,行为人实施了以无过错责任为归责原则的侵权行为并具有过错的,同样适用无过错责任。同时应注意的是,在无过错归责原则下,不考虑加害人的过错,并非不考虑受害人的过错,受害人的部分过错(如故意或重大过失)可能成为免除或减轻加害人责任的事由。《民法通则》第106条第3款规定,没有过错,但法律规定应当承担民事责任的,应当承担民事责任。囿于当时的认识,《民法通则》的该规定表述有误:无过错责任并非指没有过错,而是指加害人承担侵权责任时不考虑其有无过错。《侵权责任法》第7条予以纠正:行为人损害他人民事权益,不论行为人有无过错,法律规定应当承担侵权责任的,依照其规定。

(二) 无过错责任和过错责任、绝对责任(结果责任)

1. 无过错责任与过错责任的区别

(1) 构成要件不同。过错责任要求行为人必须存在过错,受害人必须证明行为人存在过错;法律规定推定过错的场合,行为人如不能证明自己没有过错的,则推定其有过错。而无过错责任不以行为人过错为构成要件,因此除非行为人能够证明存在法律规定的免责事由,否则行为人均应承担侵权责任。

(2) 适用范围不同。过错责任作为一般规定,适用于法律没有特别规定的情形。无过错责任仅在法律有特别规定的情况下方可适用。

(3) 责任的范围不同。因适用过错责任原则而产生的侵权责任,一般不存在责任限额,而是对损失进行全额赔偿。适用无过错责任原则而承担侵权责任的情况下,法律往往规定了最高赔偿限额或限制赔偿范围。

2. 无过错责任与绝对责任或结果责任的异同

绝对责任虽已衰落,但于现代各国法中仍有留存,其适用范围已极为有限,一般适用于航天器坠落致地面第三人损害。绝对责任作为最严厉的一种归责原则,必须以法律明文规定为依据,这一点与无过错责任相同。无过错责任尽管不以过错为要件,但仍然存在免责事由,诸如不可抗力、第三人过错等。绝对责任则纯粹以损害结果为归责依据,一旦发生损害,即应承担责任,不存在免责事由。即使损害系不可抗力或第三人造成,也不例外。

(三) 无过错责任原则的沿革

无过错责任原则早在古代法中就出现了萌芽。罗马法将私犯划分为一般私犯和准私犯,准私犯以物(包括动物)致人损害的责任为主,并不以加害人过错为归责事由。此种规范模式为大陆法系民法沿用。各国民法典几乎毫无例外地规定了工作物致人损害、动物致人损害的有限的几种实行无过错责任的特殊侵权行为。无过错责任原则的盛行,是社会生产高度发展的结果。自由资本主义进入垄断资本主义阶段后,工业生产飞速发展,机械设备大量利用,工业事故也不断发生,主要表现在交通事故剧增、工业灾害加剧、环境污染严重、产品质量事故、医疗事故频发等。此类事故的发生原因多与现代科学技术有关,受害人难以察知;并且此类事故往往是加害人的合法活动的通常结果,加害人从事此类活动本身,并不表明其有过错。若强求加害人存在过错,实际效果上无异于剥夺受害人获得救济的权利。为适应新的社会经济情势下对受害人保护的需要,各国原有的无过错责任制度大幅度扩张,动摇了过错责任的主导地位。

[比较法] 法国法上,无过错责任的扩张首先是通过对《法国民法典》第1384条的扩大解释实现的。该条规定:"任何人不仅对自己的行为所造成的损害应负赔偿责任,而且对应由其负责的他人的行为或在其管理下的物所造成的损害,负赔偿责任。"在法律解释上,将火车、汽车、电气、瓦斯、臭气等现代危险

来源都包括在"其管理的物"中。

德国法上，无过错责任称为"危险责任"。无过错责任的扩张主要是通过特别法的方式规定。20世纪60年代《德国民法典》修订时曾尝试设置危险责任的一般条款，虽未最终成为正式立法，但已昭示了无过错责任地位的重要性。

英美法上的严格责任仍以判例法为主要渊源，严格责任侵权行为主要包括异常危险行为(abnormally dangerous activities)、饲养动物致人损害、产品责任等。

（四）无过错责任原则的法理基础

无过错责任根本逆转了过错责任的理念，其法理基础何在，尚存在争论，主要有四种学说，即报偿责任说、具体公平说、危险责任说、原因责任说。

1. 报偿责任说。该说认为，从事现代工业生产、交通运输等行业的企业，是从其经营活动中获取收益的。此收益源自社会大众，则对于经营活动对社会大众所致损害自应承担赔偿责任，此种赔偿是经营人对社会的报偿，故不以经营人的故意或过失为要件。

报偿责任说的缺陷在于无法解释经营所致损害超过所获收益时，经营人为何仍应承担赔偿责任。依报偿责任说，经营人的赔偿既然为对所得收益的报偿，要求其对超过收益的损失承担赔偿则无正当理由可言。但如此限制，显然与无过错责任的补偿性不符。

2. 具体公平说。该说认为，无过错责任的基本思想是损失不应由加害人一方全部承担，而应根据公平原则，依个案的情形具体决定责任分担，以实现具体的妥当性。

具体公平说的缺陷在于失之笼统、抽象，并未准确揭示无过错责任的存在基础以及无过错责任与过错责任的本质区别。

3. 危险责任说。该说认为，对特定行为人课以无过错责任，不是因其实施了违法行为，而是因为其行为制造了危险来源。而且，通常只有该特定人对致害活动、致害物或设施所造成的危险具有有效的控制力，受害人对此类危险则缺乏为保护自身权益所必需的认识、判断、预防、控制和补救能力。

危险责任说揭示了无过错责任区别于过错责任的根本原因，并能够解释损害不以加害人所获收益为依据的原理，具有合理性，因此成为通说。

4. 原因责任说。该说认为，加害人的危险活动虽不是违法行为，但却是造成损害的原因，自应对由此造成的结果负责。原因责任说实质上与危险责任说相同。

（五）无过错责任原则的功能

1. 补充过错责任的不足。无过错责任避免了证明危险活动、危险物致害中过错因素的固有困难，便于赔偿责任的认定、及时救济受害人，有助于实现过错责任无法实现的目的。

2. 损害分散功能。无过错责任虽令从事危险活动者承担损害赔偿责任,但并非由其承担全部损失。赔偿义务人通常通过价格机制和责任保险机制将损失转由社会大众分担。即通过提高商品或服务的价格,将潜在的赔偿成本内化于增加的价格之中,从而由广大消费者和用户分担损失;或者通过向保险公司投保责任保险,将损失转由其他投保人分担。

(六) 无过错责任的范围

现代侵权法是无过错责任引领潮流的时代。无过错责任的大规模扩张,已彻底改变了侵权法的面貌。在无过错责任的强势面前,过错责任摇摇欲坠,甚至已有人惊呼"过错的死亡"。无过错责任是否能够完全取代过错责任的地位?对此应作否定的回答。因为不论无过错责任如何发展、扩张,也不可能触及民事责任的每一个角落。过错责任最重要的存在依据,是作为个人自由的保障;一旦过错责任的基石崩塌,而由无过错责任确立统治地位,将极度压缩个人自由空间,导致个人在社会生活中动辄得咎、寸步难行,自由经济也将遭受根本性的妨害,企业的任何经营活动均有可能引起漫无边际的损害赔偿责任。本质上而言,无过错责任是对个人自由的威胁,然则现代自由社会何以允许无过错责任大行其道?无非是为了在过错责任无能为力的场合实现公平正义,故而无过错责任实为侵权法的例外,只在有限的范围内有存在的必要。《德国民法典》确立危险责任一般条款的失败,印证了这一点。

与此相关的问题是,无过错责任的范围将扩展到何处?从比较法视野观之,无过错责任范围多限于危险设施(如核设施)、危险物品(如缺陷产品、易燃易爆物品)、危险活动(如化工生产等足以导致环境污染的活动)所致损害。将来是否依然停留在此范围?无过错责任的基础在于危险责任,其本质应不至于发生根本变化,但"危险"却是一个动态的概念,因时、因地而异,时代变化将使危险的内容更为丰富多样,应可断言,昔日之危险活动,今时却已实属平常,此类现象并不罕见。例如比较法上对机动车致人损害责任采用过错责任的法制,即认为汽车在当代已属于人类能够有效控制其危险的物,不必采用严格责任。

我国《侵权责任法》规定适用无过错责任原则的案型主要包括:监护人责任(第32条);使用人责任(第34、35条);产品生产者责任(第41条);机动车交通事故责任(第48条,《道路交通安全法》第76条[①]);环境污染责任(第65条);高度危险作业损害责任(第69条);民用核损害责任(第70条);民用航空器损害

---

① 《道路交通安全法》第76条规定:"机动车事故造成非机动车驾驶人、行人人身伤亡的,由保险公司在机动车第三者责任强制保险的责任限额范围内予以赔偿。超过责任限额的部分,受害人(非机动车驾驶人、行人)没有过错的,由机动车一方承担赔偿责任;受害人有过错的,根据过错程度适当减轻机动车一方的赔偿责任;机动车一方没有过错的,承担不超过百分之十的赔偿责任。交通事故损害由受害人故意造成的,机动车一方不承担责任。"机动车一方的责任,是否属于无过错责任,存有疑问。

责任(第 71 条);占有、使用高度危险物损害责任(第 72 条);从事高空、高压、地下挖掘或高速轨道运输工具损害责任(第 73 条);遗失、抛弃高度危险物损害责任(第 74 条);非法占有高度危险物损害责任(第 75 条);饲养的动物致人损害责任(第 78、79、80、82 条);建筑物倒塌致人损害责任(第 86 条);公共场所等挖坑损害责任(第 91 条)。

[争议点] 公平责任

《民法通则》第 132 条对所谓的公平责任作了概括规定:"当事人对造成损害都没有过错的,可以根据实际情况,由当事人分担责任。"

公平责任,又称"衡平责任",是指当事人双方在对造成损害均无过错的情况下,由法院根据公平的观念,在考虑当事人的财产状况及其他情况的基础上,判决由加害人对受害人的损失给予适当的补偿。有主张认为公平责任是并列于过错责任、无过错责任的第三种独立的归责原则。在《德国民法典》的起草过程中,曾试图对侵权行为人无过错的情况下实行公平责任作出一般规定,但最终未能成功。因为侵权法系以过错责任为一般规定来建构其体系,将公平责任作为一般规定与之同列,必然使两者的适用顺序无法厘清,无异于摧毁侵权法的合理体系。因此,《德国民法典》只在第 829 条对无责任能力致人损害而监督义务人又可以不负责任的情况规定了公平责任。我国司法解释已经将《民法通则》第 132 条的适用范围明确限定为"当事人对损害均没有过错,但一方是在为对方的利益或者共同的利益进行活动的过程中受到损害"的情形(《民通意见》第 157 条),不具有普遍适用的效力,而是属于特殊情形"分担损害"的具体规则。因此,不可将公平责任称为与过错责任、无过错责任并立的归责原则。在此基础上,《侵权责任法》第 24 条在内容上进一步完善,将《民法通则》的"分担责任"改为"分担损失",且在体例上也置于侵权责任方式一章。

公平责任只能适用于当事人双方都没有过错的情况下,因为当一方或双方有过错时,根据过错责任足以确定责任承担,即使此时涉及公平理念,也只是作为民法基本原则的公平原则而发挥指导作用,而不是侵权行为法中的公平责任。在当事人无过错的情况下,适用公平责任,须视法律有无特别规定而定,如法律规定适用无过错责任的情形,应首先适用无过错责任原则。在适用时,不可能也不应当先入为主地将某个一般性的案件定性为"双方均无过错"案件,然后展开诉讼程序并决定责任承担。公平责任的地位应该作为过错责任原则或无过错责任原则的补充,只有在当事人均无过错、法律亦未规定无过错责任且不分担责任显失公允的情况下,才可考虑适用公平责任。

第三节 侵权行为的抗辩事由

一、概述

侵权法中的抗辩事由是针对承担侵权责任的请求而主张自己不承担责任、免除责任、减轻责任的事由,故又称"免责事由"。

一定的抗辩事由通常与特定的归责原则相联系,在不同的归责原则下,当事人承担责任的前提不同,从而导致抗辩其责任的事由也不尽相同。由于归责原则的多样化,因此在侵权法中的抗辩事由是根据不同的归责原则而确定的。然而,任何一种抗辩事由的有效成立,都必须具备两个条件:(1) 具有对抗性。抗辩是针对请求权提出的,抗辩事由要能够使对方的请求在法律上不成立或不完全成立,但侵权法上的抗辩事由,不包括通用于请求权的一般抗辩事由,如超过诉讼时效的抗辩、免责协议的抗辩等。侵权法特有的抗辩,仅指行为人在承认损害的前提下,从造成损害的原因方面所进行的抗辩。(2) 具有客观性。抗辩事由是客观存在的事实,主观臆断的或尚未发生的情况不构成抗辩事由,因此单纯地否认对方请求而不能以客观的证据证明的,并不能构成抗辩事由。抗辩事由应由欲主张免除责任或减轻责任的当事人承担举证责任。

侵权法上的抗辩事由,一般分为正当理由的抗辩和外来原因的抗辩。前者从行为的正当性角度来解释免除或者减轻责任的理由。正当理由包括正当防卫、紧急避险、受害人同意、自愿承担风险、自助行为等;后者是从因果关系的角度来解释免除或者减轻责任的理由,因行为人之外的原因而造成损害,行为人据此可以免除或减轻责任。外来原因包括不可抗力、意外事件、受害人的过错、第三人过错。

二、正当理由

(一) 正当防卫

正当防卫是指当公共利益、本人或他人的合法权益受到不法侵害时,为了制止损害的发生或损害的扩大而对不法加害人所采取的防卫措施。正当防卫是法律赋予个人的一种救济权利,旨在以合法行为制止不法行为,因此具有阻却违法性的效果。此种理念通行于刑法与民法。《民法总则》第181条规定:"因正当防卫造成损害的,不承担民事责任。正当防卫超过必要的限度,造成不应有的损害的,正当防卫人应当承担适当的民事责任。"《侵权责任法》第30条与之相同。

正当防卫必须具备以下条件:(1) 对象条件。正当防卫所针对的具体对象,包括行为和行为人两个方面。首先,正当防卫必须是对正在进行的不法侵害行为实施的,只有在正确的时间实施的防卫才能构成正当防卫,否则构成防卫不适时,包括发生在事前的"事先防卫"和发生在事后的"事后防卫"。其次,防卫直接指向的对象是不法侵害行为的实施者。因此防卫的目的是及时有效地制止不法侵害以保护防卫人或他人的合法权益,而达到这一目的最直接的途径就是对不法侵害行为人的直接制止。(2)必要性和紧迫性条件。如果有条件和能力通过其他方式制止侵害行为以达到保护目的,则不得实施正当防卫。由此决定了正当防卫一般只适用于生命、身体、自由、有形财产权利受侵害的情形。例如侵害他人的名誉权,虽有可能造成严重后果,但此种不法行为并非直接对公民的人身施加损害,而只是使社会对该公民的评价降低,因而对此种侵害可以通过其他合法方式予以制止,一般没有必要采取防卫行为予以反击。(3)目的条件。目的的合法性和正义性是正当防卫的必备条件之一,也是正当防卫作为免责事由的根据和自力救济权的基础。(4)限度条件。正当防卫的限度条件是指防卫的方式和强度的适当性。防卫人为了制止不法侵害而采取相应的措施,应该以能够有效制止侵害行为为限度。防卫人采取的防卫措施的强度明显超过不法侵害所造成的损害,即为了保护一个较小的利益而采取会造成重大损害的防卫方式,为法律所不许;不法侵害仅仅针对财产的(如盗窃),不得采取足以对加害人造成生命危险或严重的人身伤害的防卫手段,无论该财产价值几何,否则,即构成防卫过当。

(二) 紧急避险

紧急避险是指为了公共利益、本人或他人的合法权益免受正在发生的危险,不得已而采取的加害他人人身或财产、以较小的损害为代价避免较大损害的救险行为。与正当防卫相同,紧急避险也是法律赋予的救济权。紧急避险的正当性不仅为人们的一般价值观所认可,而且具有经济上的合理性。[①]《民法总则》第182条规定:"因紧急避险造成损害的,由引起险情发生的人承担民事责任。危险由自然原因引起的,紧急避险人不承担民事责任,可以给予适当补偿。紧急避险采取措施不当或者超过必要的限度,造成不应有的损害的,紧急避险人应当承担适当的民事责任。"《侵权责任法》第31条在表述上更为严谨,规定:"因紧急避险造成损害的,由引起险情发生的人承担责任。如果危险是由自然原因引起的,紧急避险人不承担责任或者给予适当补偿。紧急避险采取措施不当或者超过必要的限度,造成不应有的损害的,紧急避险人应当承担适当的责任。"

紧急避险必须具备以下条件:(1)必须有合法权益正受到损害。危险系由何种原因引起,在所不问,可以是人的行为、动物的举动或自然力,此点明显不同

[①] 参见梁慧星主编:《中国民法典草案建议稿附理由(侵权行为编·继承编)》,法律出版社2004年版,第20页。

于正当防卫。同时,危险行为须威胁到公共利益、本人或他人的合法权益,如不及时采取措施,将导致更大的损害。由此性质所决定,紧急避险一般只能发生在生命、身体、自由、有形财产等权利遭受紧急危险的情形。(2)必须是在不得已的情况下采取避险措施。当危险正在发生时,不采取避险措施无法保护更大的合法利益。(3)不得超过必要限度。法律规定紧急避险制度的目的,在于允许当事人于面临急迫危险时以较小的损害为代价避免遭受较大的损害。因此,对于避险行为应有限制,这就是要求当事人所采取的避险行为不超过必要限度,即保护的利益应大于损害的利益。一般而言,人身价值大于财产价值,而财产价值则以数额计算。超过必要限度的避险行为,称为"避险过当",避险人应当负侵权责任。

具备上述要件,即可成立紧急避险,避险人对于自己所造成的他人的损害,不承担赔偿责任。至于损害责任由何人承担,应根据具体情况,分别处理:如危险是人为原因所致,应由引起危险发生的人承担赔偿责任(《民法总则》第182条)。如危险是由自然原因所致,行为人采取的措施又无不当,则行为人不承担民事责任。受害人要求补偿的,可以责令受益人适当补偿。(《民通意见》第156条)。

(三)受害人同意与自愿承担风险

1. 受害人同意

受害人同意是指受害人在加害行为发生之前自愿作出自己承担损害后果的意思表示。受害人同意表明其主动放弃权利,法律对其意思表示应予尊重。因此,行为人对受害人同意的范围和限度内所实施的行为,不承担民事责任,如某人为了救治亲人而自愿捐献出自己的肾脏。受害人同意虽在《民法通则》中未有明确规定,解释上应予肯定。

受害人同意既为意思表示之一种,其有效性与民法关于意思表示的一般规定有共通之处。结合其特殊性,其构成要件如下:

(1)受害人知道或者应当知道对其实施加害行为将要造成的后果,即受害人有对后果的认识能力。如果受害人根本认识不到加害行为的后果,也就无所谓对权利的放弃和对损害的主动承受,足以认定其同意是在重大误解状态下所作。如受害人无行为能力,其同意无效,法定代理人所作的同意在不违背本人利益的前提下有效。

(2)受害人事先明示的真实意思表示。受害人的同意应当是在侵害行为之前表示出来的意思,而不是事后所表示的意思,否则构成对侵权行为的免除。受害人同意的意思表示一般应当是明示的,于某些条件下,符合法律要求或民事习惯的受害人的默示意思表示亦可得到承认。另外,意思表示必须是真实的,凡因欺诈、胁迫、重大误解等原因作出的"同意"接受某种损害后果的意思表示,都是不真实的,不能认定为受害人同意。

(3) 受害人的同意不违反法律与善良风俗。受害人的同意通常有两种情况：一是受害人请求行为人对其实施某种侵害行为，如病人请求医生切除其肿瘤；二是受害人接受危险和危险将要造成的损害。无论是以上述何种方式作出的同意，都不得违反法律法规的规定，不得损害社会公共利益和违反善良风俗。因此，某些片面保护行为人利益的免责条款尽管包含有"受害人同意"的内容，也应确认为无效。例如，虽然得到病人的同意，但仍不可对病人采用安乐死。

2. 自愿承担风险

自愿承担风险是指受害人自愿将自己暴露于危险环境或场合，如参加拳击比赛的运动员自愿承受受到人身伤害的危险。自愿承担风险的构成要件包括：

(1) 受害人作出了自愿承担风险的意思表示，通常是以自己的行为将自己暴露于危险状况之下；

(2) 这种危险不为法律、法规所禁止，也不悖于公共秩序和善良风俗；

(3) 依社会一般观念，这种危险通常是难以避免的。

(四) 自助行为

自助行为，是指为保护自己的权利，在情势紧迫又不能及时请求国家机关予以保护的情况下，而对他人的人身自由或财产施以拘束或毁损的行为。例如，饭店对吃饭拒不付款的客人临时扣压其财物。关于自助行为，多数国家民法都有规定。例如，《德国民法典》第229条规定："出于自助的目的而扣押、毁坏或损坏他人财物者，或出于自助的目的扣留有逃亡嫌疑的债务人，或制止债务人对有义务容忍的行为进行抵抗者，如来不及请求官署援助，而且若非即时处理则请求权有无法行使或其行使显有困难时，其行为不认为违法。"目前，我国民法中尚无关于自助行为的规定。

现代法律关于权利的保护，以公力救济为原则，因此禁止权利人实施私力救济。例如债务人拒绝履行债务或无权占有人拒绝返还占有物，权利人不得自掏债务人腰包而取其金钱，唯有向法院起诉，请求公力救济，否则构成侵权行为。但绝对禁止私力救济，有时难免对权利人保护不利，因此容许自助行为属于法律之例外，但对自助行为须加以限制，即应符合以下要件：

1. 须为保护自己的合法权益，此为成立自助行为的基本要件。成立自助行为仅以保护自己的权利为限，为保护他人的权利不能成立自助行为。而且，并非为保护自己的一切民事权利均可成立自助行为，仅限于为保护自己的请求权，包括债权性的给付请求权和物权性的返还请求权，但依其性质不得强制执行的请求权除外。

2. 须时机紧迫来不及请求公力救济，此为自助行为的必要前提。所谓时机紧迫，指非于其时为之则将致请求权无法实行。例如债务人在国内没有财产而欲逃往国外，于其行将登船之时被债权人发现，此时若不加以解决而静待债务人登船出境,则其请求权将无法实行或其实行将有显著困难。所谓来不及请求公力救济,指因时间紧迫一时不能得到国家机关的援助。

3. 须不超过必要的限度。自助行为为保护自助人的权利所必需,自助人应采取对加害人造成最小损害的方法来保护其权益。否则,自助人采取超过必要限度的自助措施造成他人损害的,构成侵权行为,应承担民事责任。

4. 须采取自助行为后立即请求公力救济。自助行为是情势紧急来不及获得公力救济时的暂时的替代手段,而争执的问题并未得到最终的解决,其最终的解决仍需通过公力救济。因此,权利人实行自助行为后,应及时请求国家机关予以处置。如实行自助行为后不及时请求国家机关予以处置,将不发生自助行为的效力,并且行为人应承担侵权行为责任。当然,如果相对人在自助行为实施后,主动履行了义务,则无须请求公力救济。

只有具备了上述条件,自助行为才能成立,行为人才能免予承担赔偿责任。

三、外来原因

（一）不可抗力

关于不可抗力,理论上有三种学说:(1) 主观说认为,应以被告的预见能力和抗御能力作为判断标准,被告如果已尽了最大注意仍不能防止损害后果的发生者,即认定为不可抗力;(2) 客观说认为,不可抗力的实质要素是外部的,量的要素须为重大而且显著,凡属于一般人无法抗御的重大外来力量均可认为不可抗力;(3) 折中说认为,认定不可抗力的标准既包括客观的外部因素,也应包括当事人的认识和克服能力。我国《民法总则》第180条规定:"不可抗力是指不能预见、不能避免且不能克服的客观情况。"可见,我国对不可抗力的理解采折中说。

因不可抗力造成损害的,当事人一般不承担民事责任,法律另有规定的,依照其规定(《侵权责任法》第29条)。但是,不可抗力导致免责,必须要求不可抗力为损害发生的唯一原因。也就是说,如果在发生不可抗力的情况下,当事人对造成损害也有过错,则不能完全免责,而应根据其过错程度承担相应的责任。例如,在得知洪水来临前,仓库管理人没有及时将堆放低处的货物转移而造成部分货物毁损的,仓库管理人就应对其的过错承担相应的责任。

意外事件是指行为人意料之外的事件,它与不可抗力有无本质区别,我国学者存在分歧。有学者认为,严重意外事件与不可抗力并无本质区别,没有必要在不可抗力之外单独加以规定。[①]

（二）受害人过错

受害人过错是指受害人对于损害的发生或扩大具有过错,如受害人挑逗他人饲养的动物而遭到该动物的攻击,或明知电线有电但为盗取电线而被电伤等。根据行为人对自己的过错行为负责的原则,因受害人的过错而造成的损害,应当由受害人自己承担责任。

受害人过错作为免责事由还应区分受害人的过错程度。损害系受害人过失所致的,可以减轻加害人的责任(《民法通则》第131条、《侵权责任法》第26条);损害是因受害人故意造成的,则行为人不承担责任(《侵权责任法》第27条);损害系侵权人因故意或者重大过失所致,而受害人只有一般过失的,不减轻赔偿义务人的赔偿责任(《人身损害赔偿解释》第2条第1款);适用无过错责任确定赔偿义务人的赔偿责任时,受害人有重大过失的,可以减轻赔偿义务人的赔偿责任(《人身损害赔偿解释》第2条第2款)。

（三）第三人的过错

第三人的过错行为导致损害发生或者扩大的,第三人应当承担相应的责任(《侵权责任法》第28条)。并且,如果加害人不存在过错的,应当免除其责任。第三人的过错行为对损害的发生可能有以下几种情况:(1)第三人的过错行为不是损害结果发生的原因,则该第三人不应对受害人承担民事责任。(2)第三人的过错行为是损害发生的全部原因,则该第三人应对受害人承担全部民事责任。例如,在动物致害责任中,如果损害完全是由第三人的过错造成的,则应由该第三人承担责任,动物的饲养人或管理人不承担责任。(3)第三人的过错行为与加害人的行为共同构成侵权行为,则由当事人承担连带责任,并根据相应的过错程度进行分担。

[①] 参见梁慧星主编:《中国民法典草案建议稿附理由(侵权行为编·继承编)》,法律出版社2004年版,第30页。

第十九章 一般侵权行为

一般侵权行为,又称"普通侵权行为",是指行为人基于过错而造成他人财产或人身损失的,应由行为人自己承担责任的行为。

对于一般侵权行为的构成要件,学说上存在争议,主要有"三要件说""四要件说""五要件说"。其中,"三要件说"主张一般侵权行为包括损害、因果关系和过错,"四要件说"主张在三要件的基础上增加"行为的违法性"要件,"五要件说"则主张在四要件的基础上增加"责任能力"要件。本书主张"四要件说",即过错、违法性、损害与因果关系。其中,损害与因果关系是一切侵权行为的共同要件。本书认为,尽管我国现行法上并未明定违法性要件,但违法性要件仍有其合理性,故在此一并讨论。

一、过错

一般侵权行为以过错责任为归责原则,因此,过错在一般侵权中,是基本的构成要件之一。在一般侵权中,只有存在过错,才会产生侵权责任,否则便无责任可言。

过错的形态分为故意和过失两种。

故意,是指明知某一行为会发生一定结果而仍然实施该行为的心理状态。侵权行为法中的故意与刑法不同,不区分直接故意和间接故意。

过失,是指应当知道某一行为会造成一定结果,但因怠于注意而实施该行为的心理状态。

根据注意义务的性质不同,过失可分为:(1)抽象的过失,指行为人怠于一般人应尽的善良管理义务。这种义务是对社会成员一般的、抽象的要求。(2)具体的过失,指行为人怠于管理自己事务应有的注意义务。

根据注意义务的程度不同,过失可分为:(1)重大过失,指行为人显著欠缺注意。(2)轻过失,指行为人一般地欠缺注意。两者之差异属于量的差异,而非质的差异。对于重大过失的界定,理论上难以有确切、绝对的标准,应衡量个案的具体情形方可作出妥当判断。

民法原则上不区分重大过失与轻过失,但例外情形下有区分意义。如某些无过错责任以受害人故意或重大过失为免责事由;侵权人因故意或者重大过失致人损害,受害人只有一般过失的,不减轻赔偿义务人的赔偿责任(《人身损害赔偿解释》第2条第1款);适用无过错责任时,受害人有重大过失的,可以减轻赔偿义务人的赔偿责任(《人身损害赔偿解释》第2条第2款)。

一般而言,对过错程度的划分并不影响侵权责任的成立与否,也不影响赔偿范围的大小,赔偿的范围由损害的结果决定,不会因其过错较轻而减轻其赔偿。但在例外情形下,故意和过失会产生不同的效果:

(1)决定是否适用惩罚性赔偿。故意侵害生命、身体、自由等人格权的行为,可适用惩罚性赔偿。过失侵权行为不适用惩罚性赔偿。

(2)影响损害赔偿数额的认定。在精神损害赔偿中,过错程度是法定的考量依据之一(《精神损害赔偿解释》第10条第1项)。

(3)决定若干类型侵权行为的构成要件。某些侵权行为只能由故意构成,如第三人侵害债权。

(4)影响共同侵权行为人的内部责任分担。任一共同侵权行为人向受害人承担责任后,可以向其他侵权行为人求偿。其中,故意侵权人应当承担较多的分担份额。

(5)影响混合过错中的责任分担。受害人对同一损害的发生或者扩大有故意、过失的,可以减轻或者免除赔偿义务人的赔偿责任。但侵权人因故意或者重大过失致人损害,受害人只有一般过失的,不减轻赔偿义务人的赔偿责任(《人身损害赔偿解释》第2条第1款)。

二、违法性

综观各国侵权行为制度,一般只规定侵权行为的主观要件与客观要件。主观要件包括故意、过失与责任能力;客观要件包括损害、因果关系与其他要件。客观要件中,损害与因果关系为各国法的共通点,其他客观要件则有所不同。法国法将违法性要件包含在过错要件之中;德国法上有独立的违法性要件,另有三种客观要件,即侵害权利、违反保护他人之法律及违背善良风俗;瑞士法与德国法相近;韩国法将违法性规定为独立的要件,而不以权利侵害为要件。

以"权利侵害"为侵权行为客观要件的理由在于:近代民法本位为个人本位、权利本位;民法之宗旨,即在于尊重个人权利、保障个人行动的自由,故以侵权行为法予以规制的行为,仅限于侵犯个人自由和社会公共秩序的行为。个人原则上享有行动自由,其自由行动即使对他人造成损害,只要不构成侵犯他人权利,即无须承担损害赔偿责任。此种制度最符合侵权行为制度系最小限度地限制个人自由的民法的个人主义理想。

另一方面,法律所规定的权利为个人自由行动的基础,故任何人均负有不得侵犯这一基础的义务。但法律尚未规定权利的领域,即为法律所放任的领域,即使在此领域中发生个人之间互有损害的竞争,也是法律允许范围内的自由,法律并无加以干预的必要。因此,将"权利侵害"作为要件最符合民法的理想。

然而,"权利侵害"要件存在固有的缺陷。权利范围较为狭窄,法律所能赋予个人的权利,始终存在一定的滞后性,难以适应社会发展的需要;法律上应予保护的利益,并不以权利为限。"权利侵害"要件往往造成如下后果:某种加害行为即使悖于道义、破坏社会秩序,但因不侵犯现有的各种权利,仍然得以不构成权利侵害为由,否定侵权行为的成立,而逃脱法律的规制。因此,侵权行为之根本要件,应为违法性。换言之,尽管不侵犯权利,但背离社会规范、违反法律秩序的加害行为,亦应构成侵权行为。侵犯法律上有保护价值的利益,亦应承担损害赔偿责任。由此可见,应以"违法性"而非"权利侵害"作为侵权行为的客观要件。韩国旧民法以权利侵害为客观要件,新民法修正为违法性,被公认为妥当的修正,印证了上述结论。

所谓"违法性",不限于形式上的违法,也包括实质上的违法。形式上的违法,指违反具体的实证法规则;实质上的违法,指违反法律的基本目的与基本原则、背离法律的根本价值与根本精神,而未必违反实证法规则。若仅将违法性限定于形式上的违法,则因实证法固有的不周全性与不完备性,必将使违法性要件重蹈权利侵害要件的覆辙。

《民法通则》《民法总则》及《侵权责任法》均未明确提及违法性。对于我国民法是否肯定违法性为独立的侵权行为构成要件,学说上存在争论。学者认为,按照大陆民法理论和实践,关于侵权责任之成立,无所谓"违法性"要件,《民法通则》和《民法总则》关于侵权责任的规定,亦仅规定"侵害",而未规定"不法侵害"或者"违法侵害",裁判实践中,凡"侵害"他人民事权益,均可成立侵权责任,因此,《侵权责任法》第 2 条及以下条文均仅言"侵害",而不论"侵害"之是否属于"不法"。

三、损害

损害是指因为一定的行为或事件,对他人的人身或财产造成的不利后果。这里的损害不同于损失:损失只是财产方面的减少或灭失,而损害却不仅仅包括财产损害,还包括人身损害和精神损害。

(一) 损害的特点

作为侵权行为中最基本的构成要件,损害具有以下特点:

1. 损害是侵害民事权益的后果。合法民事权益是法律保护的对象,在其受损害时,加害人应当承担这种不利后果,显示了法律对加害行为的否定性评价。对非法利益的损害是否构成侵权?非法利益虽不受法律的保护,但作为一种既存的事实,应有一定的稳定性,如果可以随意损害,势必导致社会秩序的混乱。

因此,对非法利益仍不可随意侵害,唯有国家有权机关依据法定权限和程序方可剥夺、限制。例如,被他人偷盗之物,受害人不可再以偷盗的方式将其重新取得,而只能通过国家机关的行为,获得财产的返还。

2. 损害具有真实性和确定性。损害只有真实、确定,才能对加害人的责任和赔偿限额进行合理认定、确定。因此,损害通常是已经发生的事实,但将来发生的损害如具有相当的确定性,仍然构成损害。主观想象、猜测甚至捏造的"损害"不是损害。在特殊情况下,如果已发生严重的损害危险,不制止损害必将发生时,也可以认为损害存在,权利人有权请求停止侵害、消除危险。损害的确定性则是指能够依据社会一般观念和公平意识加以认定的损害,是否能够利用金钱衡量,并不影响确定性。例如,精神损害难以用金钱衡量,但不失为真实、确定的损害。

3. 损害具有可补救性。任何人的人身或财产权利遭受损害,只有在法律上认为具有补救的可能性和必要性时,才能产生民事责任。可救济性包括两方面内容:一方面从量上看,损害虽然存在,但必须达到一定的程度,如只是极为微小的损害,则没有补救的必要,此即"琐害不计规则"。① 另一方面从质上看,损害是对权利侵害所产生的后果,同时也包括了对利益的侵害,但并非必然能够用金钱计量和赔偿,通过恢复名誉、赔礼道歉等非赔偿性措施可补救的,也构成损害。

(二) 损害的分类

损害根据侵害客体的不同,可分为:

1. 财产损害

财产损害,是指因侵害权利人的财产或人身权利而给权利人造成的经济利益上的损害。根据侵害的对象不同,可以分为三类:第一类是由于对权利人的财产侵害,而使权利人受到的直接财产损失;第二类是由于侵害权利人的生命健康权,而给权利人造成的财产损失;第三类是由于侵害权利人的姓名、名誉等人格和尊严方面的权利,而给权利人造成的财产损失。

2. 人身伤亡

人身伤亡是指加害人的不法行为直接侵害他人的生命、健康权,致使受害人伤残或死亡。人身的伤亡也必然引起财产的损失,如因为身体受伤而导致的住院治疗费、因身体残疾需要人照顾而导致的费用及死亡而花费的丧葬费等。人身伤亡除了造成直接的财产损失外,人的生命、健康权也是法律保护的对象,也会因为加害人的不法行为造成损害,有别于单纯的财产损失。

3. 非物质性人格权损害

生命健康权为物质性人格权,肖像、名誉、隐私等为非物质性人格权。

---

① 参见《欧洲侵权行为法》第6:102条。

4. 精神损害

精神损害属于无形损害,不仅存在非物质性人格权受到损害的情形,也存在生命健康权受到损害的情形。精神损害与财产损失无直接关系。

无论是何种类型的损害,均可适用损害赔偿责任。对财产损失的赔偿,旨在恢复财产关系的原状、补偿受害人的损失,而对于人身伤亡和侵害非物质性人格权以及精神损害的赔偿,主要是对受害人予以抚慰,同时对加害人予以一定程度的制裁。精神损害虽不能简单地用金钱衡量和计算,但损害的事实是可以确定的,为了抚慰受害人的精神痛苦,可以通过支付一定的金钱来弥补。

四、因果关系

侵权行为法中的因果关系是指加害行为与损害后果之间的内在联系;在对他人造成的损害承担责任或者对物的内在危险之实现导致的损害承担责任的情形下,因果关系是指他人的致害行为或者物的内在危险之实现与损害之间的内在联系。在侵权行为因果关系之中,行为人的加害行为、他人的加害行为或者物之内在危险的实现应当是损害发生的原因,受害人遭受的损害则是前者的结果。

以往学说对因果关系的构造,一般采取的是"一阶段说",即着重于"加害行为"与"损害"之间的因果关系。而晚近则有更多学者主张"二阶段说",即将因果关系分为"加害行为"与"权利侵害"之间的因果关系,以及"权利侵害"与"损害"之间的因果关系。依此观点,前者的因果关系是以导致"权利侵害"是否可以归咎于加害行为为出发点,讨论的是责任设定(责任成立)的问题;后者的因果关系是由权利侵害所派生的不利益中,哪些不利益应当纳入损害赔偿的范围内为出发点,讨论的是损害赔偿范围问题。

侵权行为的因果关系只是行为人承担民事责任的一个要件,在不同归责原则下,所起的作用不尽相同。在过错责任下,因果关系只是解决行为与损害之间的相互关联性问题,只是构成要件之一,并非有了因果关系行为人就应承担责任。但是在无过错责任和公平责任中,因果关系往往是决定性构成要件,只要行为与损害之间有因果关系,而又不存在免责事由(无免责事由为常态),则行为人就应当承担责任。

(一) 侵权行为中因果关系的确定

侵权行为中的因果关系包括责任成立的因果关系与责任范围的因果关系。前者是指加害行为与损害之间的因果关系,后者是指加害行为与赔偿范围之间的因果关系。责任范围的因果关系主要适用损害赔偿中的确定性规则(详见第三章第四节)。因果关系应具有独立于主观意识之外的客观性,不以人的意志为转移,但这种客观存在和客观联系又是可以认识的。目前,学界对因果关系的认定存在不同学说:

1. 条件说。该说的基本含义是：凡是对于损害结果之发生起重要作用的条件行为，都是该损害结果法律上的原因。其缺陷在于，条件范围过于宽泛，由此易将因果关系过于遥远的行为也认定为侵权行为，不当地扩大责任范围。

2. 必然因果关系说。该说主张只有当行为人的行为与损害结果之间具有内在的、本质的、必然的联系时，才具有法律上的因果联系。该说着重强调原因和条件的区别，认为：原因是引起结果发生的必然因素，而条件仅为结果发生提供了可能性。非内在、非本质、非必然的因素，只能被视为条件，如果将条件当作原因，将使根本不应负民事责任的人也须负民事责任，而如果将原因视作条件，则会使本应该负民事责任的人逃脱责任。

该说缺陷在于：(1) 必然因果关系理论照搬刑法中因果关系理论，加重了受害人举证负担，不符合侵权法的补偿目的；(2) 就举证责任而言，刑事诉讼的证据认定规则为"排除合理怀疑"规则，举证要求较为严格，故有必要强调必然因果关系。而民事诉讼实行"优势证据"规则，只要有优势的证据证明因果关系存在高度盖然性即可，而无须证明行为与结果之间存在必然因果关系。

3. 相当因果关系说，又称"相当说""相当条件说""适当条件说"。该说主张，某一原因仅在现实中引发某一结果，尚不能认定两者之间存在因果关系，必须在一般情形下，依社会通常观念，在有同一条件便会发生同一结果时，才可认定两者之间存在因果关系。

[示例] A殴打B致B轻伤，送入医院，由于医生与B有仇，借此机会将B毒死，则A的殴打行为与B的死亡之间即无因果关系。因为，尽管A不殴打B，B不致入院，但即使住院，在通常情况下也不会导致死亡，因此A的殴打行为与B的死亡之间无因果关系。但如果是A殴打B致B重伤，B在住院期间因伤口感染而死，则A的殴打行为与B的死亡之间即存在因果关系。

可见，相当因果关系说主要体现了原因和结果之间适当的引起与被引起的关系，其中作为原因的现象是导致结果的必要条件。即无此行为，则不发生此损害；若有此行为，通常即生此损害。

相当因果关系将因果关系限定于适当的范围之内，与通常社会观念相吻合，存在合理性，有助于平衡行为人的行动自由与受害人利益保护之间的关系。

(二) 原因的分类

根据行为损害结果所起作用的大小，原因可分为主要原因和次要原因。在引起一个损害结果发生的原因为两个以上的行为时，若各个行为的原因力不同，应当区分主要原因和次要原因，从而确定行为人的责任。因为行为的原因力不同，行为人所承担的责任也就有所不同。

(三) 因果关系的证明

受害人主张侵权责任，原则上应当证明加害行为与损害之间存在因果关系。

在法律有特别规定的情形下,实行因果关系推定,即应由加害人证明因果关系不存在,如果加害人不能证明因果关系不存在,则推定因果关系的存在。随着社会发展与科技进步,专业活动日益复杂,某些类型的加害行为与损害之间的因果关系的判断与证明更为困难,同时,加害人往往处于证据持有与解释上的优势地位,因此一律要求受害人证明因果关系,显失公允,而适当地采用因果关系推定,有利于对受害人的保护,实现实质正义。但因果关系推定有可能不当地扩大责任成立要件,故原则上应限于法律明文规定或为实现法律政策和立法宗旨所必需的情形。因果关系推定包括两种情况:

1. 由法律先验地推定因果关系存在,而由加害人对证明因果关系不存在负举证责任。英美法上的"事实自证"(res ipsa louitur)规则,即包含了特定情况下的对事实上的因果关系的推定。现行法上明文规定实行因果关系推定的侵权行为为医疗侵权(最高人民法院《关于民事诉讼证据的若干规定》第4条第8项)与环境污染责任(《侵权责任法》第66条)。

2. 在受害人对因果关系的证明达到一定程度时,由法官依据公平合理的原则决定举证责任转移,责令加害人一方举证证明因果关系不存在,如加害人一方不能举证证明因果关系不存在的,即可认定因果关系存在。

第二十章 特殊侵权行为

第一节 高度危险责任

一、高度危险责任的概念

高度危险责任,民法通则称为"高度危险作业致害责任",是指因从事高空、高压、易燃、易爆、剧毒、放射性、高速运输工具等对周围的人身与财产安全有高度危险的作业造成他人损害应当承担的民事责任(《民法通则》第123条)。《侵权责任法》对《民法通则》的规定加以细化,分九条规定了高度危险责任的各种情形(第九章"高度危险责任")。

高度危险作业是现代化大生产的产物,为现代社会生产、生活所必需,但因受制于一时期、一阶段、一区域的科学技术水平,即使在作业过程中尽到了最大注意义务,仍不能彻底避免事故的发生。因此法律对此类作业所致他人损害适用无过错责任,以充分保护无辜受害人的利益。

二、高度危险责任的构成要件与免责事由

(一)高度危险责任的构成要件

高度危险责任的构成要件包括高度危险作业、造成他人损害以及因果关系。

1. 高度危险作业指高空、高压、易燃、易爆、剧毒、放射性、高速运输工具等对周围的人身与财产安全有高度危险的作业。其中,关于高压的含义,司法解释设有明文规定:"高压"包括1千伏(KV)及其以上电压等级的高压电;1千伏(KV)以下电压等级为非高压电(《触电人身损害赔偿解释》第1条)。对其他高度危险作业,应结合社会一般观念与当时、当地的具体情形予以认定。《侵权责任法》列举的高度危险作业包括:民用核设施;民用航空器;占有或者使用易燃、易爆、剧毒、放射性等高度危险物;从事高空、高压、地下挖掘活动或者使用高速轨道运输工具等。

2. 造成他人损害是构成高度危险责任的结果条件,如果没有损害产生,不会构成高度危险责任的承担。对有无损害发生,受害人负举证责任。这里的"损害"可以是财产损害,也可以是人身损害,还包括造成人身损害情况下对于受害人的精神损害。这里的"他人"不包括高度危险作业的直接作业人,因为当他们因此而受到损害时,应基于其与单位的劳动关系、雇佣关系等请求获得赔偿。

3. 高度危险作业行为与损害后果之间有因果关系,即受害人的损害须是高度危险作业的行为所造成的,才能成立高度危险作业致害责任。在通常情况下,因果关系须由受害人证明,但是,由于高度危险作业的特殊性,因此,因果关系也具有一定的特殊性。为切实保护受害人的利益,对于因果关系采用了推定的方面,即由高度危险作业人证明作业活动与损害后果没有因果关系。如果作业人不能证明,则推定有因果关系的存在,高度危险作业致害责任成立。①

(二) 免责事由

高度危险责任的免责事由多限于受害人故意与不可抗力。但《民法通则》第 123 条未将不可抗力列为免责事由,依历史解释与目的解释,应认为不可抗力不属于免责事由。② 而《触电人身损害赔偿解释》第 3 条则作了扩张解释:"因高压电造成他人人身损害有下列情形之一的,电力设施产权人不承担民事责任:(1) 不可抗力;(2) 受害人以触电方式自杀、自伤;(3) 受害人盗窃电能,盗窃、破坏电力设施或者因其他犯罪行为而引起触电事故;(4) 受害人在电力设施保护区从事法律、行政法规所禁止的行为。"《侵权责任法》第 70—76 条则依不同类型的高度危险作业危险程度之差别,规定了不同程度的免责事由。如第 71 条民用航空器致人损害责任的免责事由只有受害人故意一种情形,而第 72 条高度危险物侵权责任的免责事由包括了受害人故意和不可抗力两种。

三、责任的承担

《民法通则》第 123 条未明确高度危险作业致害责任主体,仅表述为"作业人"。解释上应认定为凡是对高度危险作业具有利益与控制力者,均应承担责任。例如,易燃、易爆、剧毒、放射性物品的运输者;高压电的电力设施产权人(《触电人身损害赔偿解释》第 2 条)。对于受他人雇用从事高度危险直接作业者,应由其雇用人承担责任。《侵权责任法》将经营者、所有人、占有人等明确列为责任主体。

四、特别法上的高度危险责任

《民法通则》第 123 条是关于高度危险作业致害责任的一般条款。《侵权责

---

① 参见奚晓明主编:《〈中华人民共和国侵权责任法〉条文理解与适用》,人民法院出版社 2010 年版,第 478—479 页。
② 参见梁慧星:《裁判的方法》,法律出版社 2003 年版,第 99—102 页。

任法》第九章为其细化规定。此外特别法对高度危险作业致害责任另有规定,此时应优先适用特别法的规定。

1. 《铁路法》第58条规定:"因铁路行车事故及其他铁路运营事故造成人身伤亡的,铁路运输企业应当承担赔偿责任;如果人身伤亡是因不可抗力或者受害人自身的原因造成的,铁路运输企业不承担赔偿责任。违章通过平交道口或者人行过道,或者在铁路线路上行走、坐卧造成的人身伤亡,属于受害人自身的原因造成的人身伤亡。"该条出于对铁路运输特殊情况的考虑,对免责事由作了扩张规定。①

2. 《民用航空法》第157—162条规定了民用航空器对地面第三人损害的侵权责任。②

(1) 一般规定

因飞行中的民用航空器或者从飞行中的民用航空器上落下的人或者物,造成地面(包括水面,下同)上的人身伤亡或者财产损害的,受害人有权获得赔偿;但是,所受损害并非是造成损害的事故的直接后果,或者所受损害仅是民用航空器依照国家有关的空中交通规则在空中通过造成的,受害人无权要求赔偿。两个以上的民用航空器在飞行中相撞或者相扰,造成前述应当赔偿的损害的,或者两个以上的民用航空器共同造成此种损害的,各有关民用航空器均应当被认为已经造成此种损害,各有关民用航空器的经营人均应当承担责任。

(2) 责任主体

赔偿责任主体为民用航空器的经营人,即损害发生时使用民用航空器的人。民用航空器的使用权已经直接或者间接地授予他人,本人保留对该民用航空器的航行控制权的,本人仍被视为经营人。经营人的受雇人、代理人在受雇、代理过程中使用民用航空器,无论是否在其受雇、代理范围内行事,均视为经营人使用民用航空器。民用航空器登记的所有人应当被视为经营人,并承担经营人的责任;除非在判定其责任的诉讼中,所有人证明经营人是他人,并在法律程序许可的范围内采取适当措施使该人成为诉讼当事人之一。未经对民用航空器有航行控制权的人同意而使用民用航空器,对地面第三人造成损害的,有航行控制权的人除证明本人已经适当注意防止此种使用外,应当与该非法使用人承担连带责任。

(3) 免责事由

免责事由包括:损害是武装冲突或者骚乱的直接后果;应当承担责任的人对

---

① 《铁路法》第16—18条规定了铁路运输企业履行运输合同时致使货物、包裹、行李损失的赔偿责任,该责任属于违约责任,不属于侵权法上的高度危险作业致害责任。

② 《民用航空法》另在第九章"公共航空运输"第三节"承运人责任"中规定了承运人在履行公共运输合同中的赔偿责任,性质上属于违约责任,不属于侵权法上的高度危险作业致害责任。

民用航空器的使用权业经国家机关依法剥夺;应当承担责任的人证明损害是完全由于受害人或者其受雇人、代理人的过错造成。应当承担责任的人证明损害是部分由于受害人或者其受雇人、代理人的过错造成的,相应减轻其赔偿责任。但是,损害是由于受害人的受雇人、代理人的过错造成时,受害人证明其受雇人、代理人的行为超出其所授权的范围的,不免除或者不减轻应当承担责任的人的赔偿责任。

第二节 机动车交通事故侵权责任

一、交通事故的特殊性及其处理方法[①]

关于交通事故的损害赔偿责任,各国已经不采用一般侵权行为的责任法理。因为作为高度危险作业之一,交通事故还具有如下特殊性:(1) 在现代社会,机动车一方面已经成为日常生活中必不可少的运输手段,同时又具有随时可能发生事故的危险性。即交通事故及与之相关的损害,已经是现代科学文明无法完全排除的、具有社会必然性的危险。(2) 在交通事故中,加害人的故意极为例外,大部分事故的发生源于驾驶人瞬间的过失或第三人的过失,或者机动车内部结构、零件存在缺陷,或者道路状况不良等因素。因此,对加害行为的社会指责程度较低,法律对交通事故的处理,较惩罚加害人更注重对受害人损害的合理补偿。(3) 一般情况下,交通事故的发生具有瞬间性,故较难确定事故当事人的责任,而且在诉讼程序中存在举证上的困难。因此,如果根据过错责任请求损害赔偿,将影响对受害人的及时救济。(4) 随着作为交通工具的机动车的普及,有时同一个事故中,双方互为受害人和加害人,因此难以区分加害人群与受害人群。这一特点与特殊侵权行为中的产品责任、医疗事故、环境污染截然不同。由于地位的互换性,不能单方面考虑一方群体的利益,而要考虑合理解决双方利益的方法。

基于上述交通事故的特殊性,在民事责任领域一般考虑以下事项:(1) 立法倾向于救济交通事故中的所有受害人。纵观现代各国侵权行为法的发展趋势,各国对在整个社会范围内发生的典型人身损害,已经建立不先追究事故归责事由而先救济全体受害人损害的制度。交通事故中的人身伤亡即是对生命和身体健康的侵害,这就意味着作为人生存的最基本的条件已被剥夺,进而可以想象其对家庭成员在财产及精神上的侵害程度。如果国家对交通事故中的死亡人员或者留有后遗症的伤残人员放任不管,必将会带来一系列的社会问题。因此,面对

---

① 有关本问题的详细论述可参见崔吉子:《交通事故的损害赔偿责任主体——以韩国机动车运行者责任为中心》,载梁慧星主编:《民商法论丛(第30卷)》,法律出版社2004年版,第366—379页。

逐年增长的交通事故,如何救济交通事故中的受害人,不再仅仅是当事人个人的问题,而是已成为需要国家和社会共同关心和解决的重要社会问题。(2)考虑如何及时救济交通事故中的受害人,并为此制定相对稳定的相关法律制度。如果受害人与加害人为了解决补偿问题进行长时间交涉或者办理繁琐的诉讼程序,将有悖于及时补偿人身损害的现代侵权行为法理念。而且交通事故的形态及人身损害的补偿形式大多较为相似,所以完全可以使之类型化并规定相关赔偿额的计算方式。此外,为了及时补偿全体受害人的损害,除了矫正过去的过失责任原则外,各国还通过缓和请求赔偿的要件,加强驾驶人的注意义务来降低事故发生率。

根据交通事故的特殊性,对于交通事故中受害人人身损害的赔偿,各国一般采用无过失责任原则或建立国家灾害补偿制度。无过失责任原则,指不考虑加害人是否有无过失,即损害请求权的发生与过失间不存在任何联系,直接由与交通事故有一定关联的人员承担无过失责任。为此,各国对无过失责任主体实行强制加入责任保险,使受害人在该保险金中及时得到一定范围的补偿。如德国的《道路交通法》(Strassenverkehrsgesete,1952)、瑞士的《关于道路交通的联邦法律》(Bundesgesetz ber den Trassenvekehr,1958)、英美法的无过失责任保险制度均属之。在采用国家灾害补偿制度的国家,基于由国家保护交通事故中所有受害人的理念,以社会福祉原理替代传统私法的损害赔偿制度,由国家出面予以解决。这种社会福祉制度对于人身损害补偿的各种体系形成一元化,由事故补偿委员会予以处理。新西兰的《事故补偿法》即属之。

二、机动车交通事故侵权责任的含义及法律性质

(一)机动车交通事故侵权责任的含义

关于机动车交通事故侵权责任的概念,有广义和狭义之分。广义的机动车交通事故侵权责任,是指机动车事故中对人身、财产损害的赔偿责任不仅包括侵权责任,也包括违约责任;狭义的机动车交通事故侵权责任,是指机动车运行者对第三人的人身、财产损害应当承担的赔偿责任。侵权法中的机动车交通事故侵权责任是指后者。

(二)机动车交通事故侵权责任的法律性质

《民法通则》第123条将机动车交通事故致人损害列为高度危险作业责任的一种形态。《道路交通安全法》对此予以细化,该法第75条规定:"医疗机构对交通事故中的受伤人员应当及时抢救,不得因抢救费用未及时支付而拖延救治。肇事车辆参加机动车第三者责任强制保险的,由保险公司在责任限额范围内支付抢救费用;抢救费用超过责任限额的,未参加机动车第三者责任强制保险或者肇事后逃逸的,由道路交通事故社会救助基金先行垫付部分或者全部抢救费用,道路交通事故社会救助基金管理机构有权向交通事故责任人追偿。"2007年第一次修订的《道路交通安全法》①第76条规定:"机动车发生交通事故造成人身伤亡、财产损失的,由保险公司在机动车第三者责任强制保险责任限额范围内予以赔偿;不足的部分,按照下列规定承担赔偿责任:(一)机动车之间发生交通事故的,由有过错的一方承担赔偿责任;双方都有过错的,按照各自过错的比例分担责任。(二)机动车与非机动车驾驶人、行人之间发生交通事故,非机动车驾驶人、行人没有过错的,由机动车一方承担赔偿责任;有证据证明非机动车驾驶人、行人有过错的,根据过错程度适当减轻机动车一方的赔偿责任;机动车一方没有过错的,承担不超过百分之十的赔偿责任。交通事故的损失是由非机动车驾驶人、行人故意碰撞机动车造成的,机动车一方不承担赔偿责任。"

机动车交通事故侵权责任中,机动车之间发生交通事故的,实行过错责任;机动车与非机动车驾驶人、行人之间发生交通事故的,由机动车一方承担无过错责任。区分的理由在于,机动车与非机动车驾驶人、行人之间,符合危险责任的法理,即机动车对非机动车驾驶人、行人足以造成不正常的危险;机动车之间则不存在此种情形。

考虑到机动车交通事故的特殊性,《道路交通安全法》确立了道路交通事故社会救助基金制度。② 该制度实际上已近似于新西兰的国家灾害补偿制度,具有一定的社会保障性质:在道路交通事故社会救助基金管理机构未能找到交通事故责任人或责任人无力承担责任时,实际上是由社会直接分担了损害。

三、机动车交通事故侵权责任的构成要件与免责事由

(一) 构成要件

1. 损害的发生须为机动车交通事故所致

交通事故,是指车辆在道路上因过错或意外造成的人身伤亡或财产损失的事件(《道路交通安全法》第119条)。

2. 须为对第三人造成损害

所谓"第三人",是指除肇事机动车的运行者、驾驶人、辅助人员以外的受害人。具体而言:(1) 肇事机动车的运行者对自己请求自己损害的赔偿不合逻辑,故不属于第三人。但是,在两个以上共同运行者的情形下,受损害的共同运行者

---

① 《道路交通安全法》自2004年5月1日起施行,于2007年12月29日进行第一次修订,于2011年4月22日进行第二次修订。

② 最高人民法院《关于被盗机动车辆肇事后由谁承担损害赔偿责任问题的批复》规定:"使用盗窃的机动车辆肇事,造成被害人物质损失的,肇事人应当依法承担损害赔偿责任,被盗机动车辆的所有人不承担损害赔偿责任。"虽然此"请示"文为"肇事者逃跑的由谁承担",但"批复"未提及"逃跑"。《道路交通安全法》建立社会救助基金制度,弥补了过去肇事者逃逸后受害人不能得到赔偿的法律漏洞。

对其他共同运行者能否主张侵权责任？如果共同运行者相互之间存在共同目的、经费分担、共同运行支配的真正共同运行的情况，受损害的共同运行者则不具有"第三人"性，故对于其他共同运行者不得主张运行者责任；但是，在营业用出租车的共同运行关系中，如果两个以上的共同运行者因采取隔日制等形式，事实上存在只有其中一人交换支配的部分共同运行的情况，对于其他共同运行者应当承认"第三人"性。在租赁关系中，所有人和承租人为重叠的共同运行者，也应认定"第三人"性，故受损害的共同运行者可以向其他共同运行者主张运行者责任。(2) 驾驶人、辅助人员负有谨慎驾驶、辅助驾驶、防患于未然的注意义务，当然成为责任主体，不构成第三人。

(二) 免责事由

机动车之间发生交通事故的，无过错即无责任；机动车与非机动车驾驶人、行人之间发生交通事故的，损失是由非机动车驾驶人、行人故意造成的，机动车一方不承担责任。此为法定免责事由。不可抗力是否构成免责事由，有肯定说与否定说。《道路交通安全法》第119条将车辆在道路上因意外造成的人身伤亡或财产损失的事件也列为交通事故，①因只将受害人故意列为免责事由，似可认为排除了不可抗力。但也可认为《民法通则》已规定不可抗力为一般免责事由，故《道路交通安全法》不作规定，且否定不可抗力免责似对机动车运行者过苛。对此问题，尚待进一步探讨。

四、机动车交通事故侵权责任的责任主体

(一) 概述

《道路交通安全法》未明确规定机动车交通事故侵权责任的责任主体。实务中多以机动车所有人作为责任主体，某些情形下也包括管理人。确切的认定标准为，责任主体应是"为自己利益而运行机动车者"，既不同于机动车保有人(包括所有人、承租人、借用人等有权使用机动车者)，又不同于驾驶人。构成运行者，必须同时具备运行支配性与运行利益两个要件。理由在于：(1) 运行者通过机动车的运行享受扩大活动领域而带来的利益，而正因为这些利益增加了社会危险，所以由运行者承担该危险责任更为合理；(2) 运行者与驾驶人相比，更具有偿还资力和投保资力，由运行者承担更有利于保护受害人并符合社会现实的需要。

所谓"运行支配性"，是指除了实际的管理和运营的事实状态外，还包括客观上的可支配或应当支配的状态，既不需要运行者主观的支配意思，也不需要现实的支配，只要有客观上的支配可能性即可。所谓"运行利益"，指使用机动车

---

① 原《道路交通事故处理办法》(1991年)第2条将道路交通事故限定于过失造成损害的事故。

而归属于自己的利益,其不仅包括经济的和直接的利益,而且包括精神上的满足等间接利益。

在社会生活中,保有者与运行者并非始终是同一人,但在社会的一般观念上两者为同一人的盖然性较高。因此,在实践中,受害人只要能够证明被告为机动车所有人或者使用权人,而被告又不能证明事故当时自己没有运行支配性的,就推定被告为运行者。关于如何判断"为自己利益的运行",应采外形标准说,即在客观上、外形上有运行支配情况,该机动车保有人就要承担运行人责任。

(二) 运行者的具体类型

运行者这一概念较抽象,在实际操作中有一定的复杂性,在学说及判例上一般归纳为以下几种类型:

1. 第三人驾驶

对于运行者责任,不要求须由机动车保有人直接驾驶。在机动车保有人自己不直接驾驶而由其雇用驾驶人或由其亲友驾驶的情形下,仍由保有人承担运行者责任。

2. 擅自驾驶机动车

擅自驾驶,指与机动车保有人有一定身份或人事关系的人,如雇佣关系或者亲属关系的人,未经该机动车保有人允许而驾驶该机动车。须明确的是,与机动车保有人无任何身份关系者的驾驶不属于擅自驾驶,而属于盗窃驾驶。受雇司机的私用驾驶和国家公务员对国家所有机动车的私用驾驶,均属于擅自驾驶。在擅自驾驶的情形,原则上机动车保有人承担运行者责任。当根据社会一般观念认为机动车保有人不具有运行支配性时,保有人可以免责。

3. 盗窃驾驶

盗窃驾驶,是指与保有人没有身份或人事关系者,驾驶盗窃机动车的情形。关于盗窃驾驶的情形,机动车保有人不具有运行支配性,所以不承担运行者责任。《关于被盗机动车辆肇事后由谁承担损害赔偿责任问题的批复》规定:"使用盗窃的机动车辆肇事,造成被害人物质损失的,肇事人应当依法承担损害赔偿责任,被盗机动车辆的所有人不承担损害赔偿责任。"《侵权责任法》第52条进一步详细规定:盗窃、抢劫或者抢夺的机动车发生交通事故造成损害的,由盗窃人、抢劫人或者抢夺人承担赔偿责任。保险公司在机动车强制保险责任限额范围内垫付抢救费用的,有权向交通事故责任人追偿。

但是,在机动车保有人有过失的情形下,如存在将机动车钥匙放置车上等保管上的过失时,可认为由保有人承担一般侵权行为或使用人责任。

4. 租赁及借用

在保有人对第三人出租或出借机动车的情形下,借用人为运行者。但此时出借人是否也构成运行者,学说对此有分歧。通说认为此时出借人通过借用人间接支配其运行,故构成运行者。《侵权责任法》第 49 条亦采此说,规定了因租赁、借用等情形机动车所有人与使用人不是同一人,且发生的交通事故属于该机动车一方责任时,对于机动车强制保险责任限额范围以外的赔偿部分,由机动车使用人承担赔偿责任,而机动车所有人承担过错责任、按份责任,①即"机动车所有人对损害的发生有过错的,承担相应的赔偿责任"。

5. 未办理登记手续

现行法上,机动车登记不是所有权变动的要件,也无法律规定登记为对抗第三人的要件,登记实际上只具有机动车行政管理功能,故在机动车转让中,除当事人另有约定外,所有权自交付时起转移(《合同法》第 133 条),是否登记对所有权转移不发生影响,司法实践中亦如此认定。在《侵权责任法》实施以前,此情况下一旦机动车发生交通事故造成他人损害,应由何人承担责任,有不同观点。有观点认为,受让人取得机动车所有权后,即构成运行者,出让人则不再具有运行者身份;即使在出卖人保留所有权的情形,只要出卖人不具有运行利益与运行支配性,也不承担责任。如 2000 年最高人民法院《关于购买人使用分期付款购买的车辆从事运输因交通事故造成他人财产损失,保留车辆所有权的出卖方不应承担民事责任的批复》规定,采取分期付款方式购车,出卖方在购买方付清全部车款前保留车辆所有权的,购买方以自己名义与第三人订立货物运输合同并使用该车运输时,因交通事故造成第三人财产损失的,出卖方不承担民事责任。另有观点认为,机动车原所有人在对机动车所有权发生变动时,应办理转移登记,此为法律所要求,原所有人违反这一规定,当然要承担风险,并且要求原所有人与实际所有人承担连带责任对于受害人的保障更为有利。《侵权责任法》最终以法律的形式予以确立,第 50 条规定:当事人之间已经以买卖等方式转让并交付机动车但未办理所有权转移登记,发生交通事故后属于该机动车一方责任的,由保险公司在机动车强制保险责任限额范围内予以赔偿。不足部分,由受让人承担赔偿责任。

6. 在机动车维修、清洗或保管期间

在机动车维修、清洗或保管期间发生的交通事故,维修人、洗车人或保管人因为对机动车的维修、清洗和保管而对机动车产生了暂时的运行支配和运行利益,此时,维修人、洗车人或保管人为运行者。

五、肇事者逃逸或责任人不明时的机动车交通事故损害赔偿

发生交通事故后,在肇事者逃逸的情形下,如果肇事车辆经查明已参加强制

---

① 参见奚晓明主编:《〈中华人民共和国侵权责任法〉条文理解与适用》,人民法院出版社 2010 年版,第 362—363 页。

保险的,受害人可直接要求保险公司在机动车强制保险责任限额范围内予以赔偿;而在肇事机动车不明或该机动车未参加强制保险的情况下,为了及时保障受害人的权益,由社会救助基金先行垫付被侵权人人身伤亡的抢救、丧葬等费用,垫付后,其管理机构有权向交通事故责任人追偿(《侵权责任法》第 53 条)。需注意,社会救助基金先行垫付的规定仅适用于机动车交通事故导致人身损害的情形,因财产损失不存在抢救问题,且道路交通事故社会救助基金具有一定的社会保障性质,其资源有限,只应用在最需要的领域。

道路交通事故社会救助基金管理机构向交通事故责任人追偿时,可代位行使受害人的权利。

[比较法] 韩国《机动车损害赔偿保障法》第 14—18 条规定了保有者不明的机动车致人伤亡时的赔偿主体及赔偿方法。依据该法,不能确定加害车辆保有人时,受害人可以从政府得到补偿,该赔偿额限于强制责任保险范围。因此,《机动车损害赔偿保障法》除了单纯的机动车损害的填补功能外,还具有社会保障制度的功能。机动车损害赔偿法的资金来源于免除机动车损害保险业者和机动车强制责任保险或者加入责任共济的机动车保有人(属于驻韩外交公馆及外交官、驻韩国际联合机关等的机动车)缴纳的分担金。

保有者不明的机动车的受害人根据国家赔偿法、产业灾害补偿保险金及其他总统令规定的法律得到赔偿或补偿时,受害人在该金额的范围内不能得到《机动车损害赔偿保障法》的填补,即禁止双重补偿。政府依据《机动车损害赔偿保障法》向受害人补偿损害时,在其所支付金额的范围内,可以代位行使受害人的损害赔偿请求权。

第三节 产品责任

一、产品责任概述

产品责任,指产品制造者和销售者由于生产和销售的产品存在缺陷,致使他人的人身、财产遭受损害时,该缺陷产品的生产者、销售者依法所应承担的损害赔偿责任。

产品责任是特殊的侵权责任,其产生较晚。美国法率先于 20 世纪中期确立产品责任制度。美国《侵权法第二次重述》第 402A 条规定,产品销售者因其产品对使用人、消费者的人身或财产具有不合理危险之缺陷,致使最后使用人、消费者的人身或财产发生物质损害,应承担责任,即使销售者已尽其一切可能之注意。该制度对各国法律产生重大影响。自 20 世纪 80 年代以来,产品责任逐渐成为各国通行的侵权行为法制度。我国产品责任问题的产生,是在改革开放之后。伴随市场经济的发展,至80年代中期,出现了损害消费者利益的严重社会问题,相继发生啤酒瓶爆炸、燃气热水器泄漏、化妆品毁容、食品中毒等致消费者伤害、死亡的事件,甚至出现生产、贩卖假药、假酒和有毒食品等严重危害消费者生命及财产安全的犯罪活动。在这种情况下,立法机关接受学者建议,参考美国产品责任法和欧共体产品责任指令,在《民法通则》中规定了产品责任。《民法通则》第122条规定:"因产品质量不合格造成他人财产、人身损害的,产品制造者、销售者应当依法承担民事责任。运输者、仓储者对此负有责任的,产品制造者、销售者有权要求赔偿损失。"该条的立法目的,在于使产品制造者承担严格责任。但由于当时对产品责任法理论研究不足,条文未采用严格产品责任法上通用的"缺陷"概念,而误用"产品质量不合格"一语,导致与合同法上的"瑕疵"概念混淆。至20世纪80年代末90年代初,产品质量问题愈益严重,成为危害消费者人身财产安全、危害整个国民经济发展的公害。因此,立法机关于1993年2月22日颁布《产品质量法》,其中专设损害赔偿一章,对产品责任作了较详细、具体的规定。《侵权责任法》专设第五章"产品责任",对产品责任制度进一步加以完善。

二、产品责任的构成要件

一般认为,构成产品责任须具备以下条件:

1. 产品存在缺陷

产品是指经过加工、制作,用于销售的产品(《产品质量法》第2条)。其中,导线传输中的电,视为产品;建设工程不适用产品责任规定,但建设工程使用的建筑材料、建筑构配件和设备,属于产品范围的,适用产品责任规定。所谓"缺陷",是指产品存在危及人身、财产安全的不合理危险或产品有保障人体健康、财产安全的国家标准、行业标准,而不符合该标准(《产品质量法》第46条)。缺陷包括四种:(1)设计缺陷。指产品设计时在产品结构、配方等方面存在不合理的危险。(2)原材料缺陷。指生产使用的原材料不当或质量不符合标准。(3)制造缺陷。指产品在制造、加工过程中,因原材料、配件、工艺程序等方面存在错误,导致制作的最终产品具有不合理的危险。(4)警示缺陷。指产品设计、生产均无问题,质量也符合标准,只是未对产品的安全使用提供充分的提示和警告。产品缺陷采取双重标准:其一,缺陷是指不合理的危险;其二,缺陷是指不符合法定安全标准。此双重标准规定所引发的问题是:若产品符合该强制标准而仍造成消费者人身、财产损害,生产者可否以产品符合强制性标准而主张不存在缺陷,并据以要求免责?若认可生产者免责,则受害人可否向国家要求赔偿?或者生产者对受害人承担责任后,可否向国家要求赔偿?如果对制造商以产品符合强制性标准而主张免责予以认可,则应当允许受害人向国家要求赔偿。但国家制定产品强制性标准,不属于具体行政行为,因此不可能根据现行国家赔偿法和行政诉讼法获得赔偿。有鉴于此,对于产品符合国家强制性标准而仍然造成消费者或使用人受害的情形,应当解释为制造者不能以产品符合国家强制性标准而要求免责,从而贯彻消费者保护之立法目的。

2. 人身、财产损害的事实

产品责任以缺陷产品造成用户、消费者人身、财产遭受损害为前提。

3. 因果关系

产品责任的因果关系指受害人的损害是产品缺陷所致。确认产品责任的因果关系,须由受害人承担举证责任。首先,受害人要证明缺陷产品曾被使用或消费过;其次,要证明使用或消费缺陷产品是损害发生的原因。如损害不是产品缺陷所致,则生产者或销售者不负产品责任。

三、产品责任的承担

《产品质量法》规定,因产品存在缺陷造成人身、他人财产损害的,受害人可以向产品的生产者要求赔偿,也可以向产品的销售者要求赔偿;属于产品的生产者责任,产品的销售者赔偿的,产品的销售者有权向产品的生产者追偿;属于产品的销售者责任,产品的生产者赔偿的,产品的生产者有权向产品的销售者追偿。

生产者是指以制造、加工该产品为业者,或者自己作为该产品的生产者在该产品上表示其姓名、商号、商标及其他表示者,或误认为该产品的生产者而为姓名等的表示者,或者根据该产品的制造、加工或有关贩卖形态的其他事项可以认为是该产品的实质的生产者的自然人或者法人。产品的进口商,视为该产品的生产者。

1. 生产者的免责条件和举证责任

因产品存在缺陷造成他人损害的,生产者应当承担侵权责任(《侵权责任法》第41条),此为无过错责任。但《产品质量法》第41条规定了生产者的三项免责条件,生产者对免责理由负有举证责任:

(1) 未将产品投入流通的;

(2) 产品投入流通时,引起损害的缺陷尚不存在的;

(3) 将产品投入流通时的科学技术水平尚不能发现缺陷存在的。

2. 销售者的责任与举证责任

《产品质量法》第42条对销售者承担产品责任作了规定:"由于销售者的过错使产品存在缺陷,造成人身、他人财产损害的,销售者应当承担赔偿责任";"销售者不能指明缺陷产品的生产者也不能指明缺陷产品的供货者的,销售者承担赔偿责任"。销售者是指具有产品销售行为的人,包括自然人、法人和社会组织。从《产品质量法》第 42 条第 1 款可以看出,销售者承担产品责任以过错为要件之一。在特殊情况下,规定了销售者应当承担严格责任,即销售者销售的产品具有缺陷,而这种缺陷并非销售者所造成;由于该缺陷造成了消费者人身伤害、财产损失,但销售者不能指明该缺陷产品的生产者和供货者,销售者则被视为生产者,由其承担责任。

《侵权责任法》第 42 条对销售者承担产品责任的规定与《产品质量法》内容一致。

3. 生产者、销售者的追偿权

产品从设计制造到进入生产和销售领域,要经过设计、生产、检验、运输、仓储、销售等环节,因此,造成产品缺陷并非一定就是生产者的原因。因为运输者、仓储者等第三人的故意或过失致使产品存在缺陷,造成他人损害的,且生产者或销售者已向被侵权人承担了赔偿责任,生产者或销售者有权向有过错的第三人行使追偿权(《侵权责任法》第 44 条)。

3. 产品责任的诉讼时效

《产品质量法》第 45 条规定,因产品存在缺陷造成损害要求赔偿的诉讼时效期间为两年,自当事人知道或者应当知道其权益受到损害时起计算。因产品存在缺陷造成损害要求赔偿的请求权,在造成损害的缺陷产品交付最初消费者满十年丧失;但是,尚未超过明示的安全使用期的除外。

4. 产品责任中的惩罚性赔偿责任

明知产品存在缺陷仍然生产、销售,造成他人死亡或者健康严重损害的,被侵权人有权请求相应的惩罚性赔偿(《侵权责任法》第 47 条)。与《消费者权益保护法》上的双倍惩罚性赔偿不同,本条所称的惩罚性赔偿未设上限。

我国民法理论和立法沿袭德国民法理论,坚持民法责任与公法责任的严格区分,因而现行《民法通则》未规定惩罚性损害赔偿。80 年代中、后期发生"假冒伪劣、缺斤短两"的损害消费者利益的严重社会问题,民法学者和消费者协会建议借鉴美国法上的惩罚性损害赔偿制度,1993 年制定的《消费者权益保护法》设第 49 条规定惩罚性赔偿,但该规定的惩罚性赔偿金额仅为合同价金的两倍。2008 年,我国发生"三鹿奶粉致婴幼儿受害事件",当年颁布的《食品安全法》第 96 条规定"价款十倍"的惩罚性赔偿金。[①]

按照《侵权责任法》第 47 条,惩罚性损害赔偿制度的适用,被限定于"产品责任"范围内,产品责任之外的侵权行为,不得适用惩罚性损害赔偿,其立法目

---

① 2015 年《食品安全法》对该条款作出了修正,第 148 条第 2 款规定:"生产不符合食品安全标准的食品或者经营明知是不符合食品安全标准的食品,消费者除要求赔偿损失外,还可以向生产者或者经营者要求支付价款十倍或者损失三倍的赔偿金;增加赔偿的金额不足一千元的,为一千元。但是,食品的标签、说明书存在不影响食品安全且不会对消费者造成误导的瑕疵的除外。"

的值得重视。但本条未规定惩罚性赔偿的"倍数",而是规定被侵权人有权请求"相应的"惩罚性赔偿,将惩罚性赔偿金数额(倍数)之决定,委托给审理案件的人民法院结合具体案情予以裁量。当造成损害的产品属于"食品"时,《食品安全法》关于可以判处"价款十倍"的惩罚性赔偿金的规定,将作为本条规定之特别法而优先适用,自不待言。

第四节 环境污染责任

一、环境污染责任概述

《民法通则》第 124 条规定,违反国家保护环境防止污染的规定,污染环境造成他人损害的,应当依法承担民事责任。《侵权责任法》第 65 条重述了环境污染责任的一般规定,即"因污染环境造成损害的,污染者应当承担侵权责任"。2014 年修订的《环境保护法》第 64 条则规定:"因污染环境和破坏生态造成损害的,应当依照《中华人民共和国侵权责任法》的有关规定承担侵权责任。"

环境污染责任的归责原则为无过错责任原则。20 世纪 50 年代以后,因环境污染造成的危害空前突出,因公害引起的赔偿案件也急剧增加。此类案件中除少数事故性污染外,绝大多数污染损害都不是出于污染者的故意或过失。因而,最重要的是保护环境和受害人的合法权益,而不是考虑污染者有无故意和过失。在环境侵权中实行无过错责任原则,除前述关于无过错责任的共同法理基础外,还基于以下特殊考虑:(1) 环境污染是现代工业的产物,即使企业无过错,也会给他人造成损害。污染的后果不仅仅是造成财产或经济损失,危害人体健康和生命,甚至还威胁到人类的生存和社会的发展。(2) 由于现代生产的高度专业化和复杂化,且环境污染行为具有频发性、渐进性、多因性的特点,受害人难以证明加害人的过错。(3) 环境污染的行为者大多是企业。从一定意义而言,污染企业获利是以污染环境和给他人造成一定危害为代价的,适用无过错责任原则具有公平合理性。(4) 适用无过错责任原则,可以推动和促使污染企业积极主动地采取措施防止环境污染,以降低成本。

[比较法] 除特别法外,民法上多有调整环境污染致人损害的责任制度。如德国法上的不可量物侵害制度(Immission)、英美法的侵扰制度(nuisances)、日本法的公害责任制度,名称各异,但调整内容实质上相同。

二、环境污染责任的构成要件与免责事由

(一) 构成要件

1. 污染环境的行为

污染环境的行为是否具有违法性,不影响侵权行为的构成。在确定某一行

为是否属于污染环境的行为时,《民法通则》与《环境保护法》《侵权责任法》的规定存在矛盾。《民法通则》第 124 条规定,污染环境的行为应当是"违反国家保护环境防止污染的规定"的行为,而《侵权责任法》第 65 条规定中并无此项要件,2014 年修订的《环境保护法》第 64 条则规定:"因污染环境和破坏生态造成损害的,应当依照《中华人民共和国侵权责任法》的有关规定承担侵权责任。"依据新法优于旧法原则,环境侵权责任不以违法性为要件。国家环保局在《关于确定环境污染损害赔偿责任问题的复函》中明确答复:"承担环境污染赔偿责任的法定条件,就是排污单位造成环境污染危害,并使其他单位或者个人遭受损失",并指出:"至于国家或者地方规定的污染物质排放标准,只是环保部门决定排污单位是否需要交纳超标排污费和进行环境管理的依据,而不是确定排污单位是否承担赔偿责任的界限。"

2. 损害

环境污染致人损害,有其特殊性,表现为:(1) 潜伏性。多数侵权行为所造成的损害后果,都在损害发生时或者发生后不久即显现出来,但环境污染致人损害的后果,尤其是损害他人健康的后果,一般要经过较长的潜伏期才显现出来。(2) 广泛性。多数环境污染损害都具有广泛性特征,表现为受污染地域、受害对象的广泛。与此种特殊性相适应,法律一般对环境污染责任规定长于普通时效期间的诉讼时效,以免受害人因时间的经过,在损害发生之前即已丧失权利,也便于受害人能够充分收集关于损害的证据。如《环境保护法》第 66 条规定,提起环境损害赔偿诉讼的时效期间为三年,从当事人知道或者应当知道其受到损害时起计算。

3. 因果关系

环境污染责任采用因果关系推定原则。因污染环境发生纠纷,污染者应当就法律规定的不承担责任或者减轻责任的情形及其行为与损害之间不存在因果关系承担举证责任(《侵权责任法》第 66 条)。之所以适用因果关系推定原则,是由环境污染因果关系的复杂性决定的:(1) 环境污染形式复杂多样,同一危害后果可能由数个不同的行为引起,而且绝大部分环境危害后果的发生,是由环境污染行为和污染物以及外部条件互相影响、共同作用所致,环境污染行为并非即时完成的,而是持续渐进的,污染行为的实施与危害后果的发展时间间隔较长,其因果关系具有松散性和隐蔽性,证据也易灭失。(2) 由于人力、物力和科学技术的局限,要查明环境污染行为与损害后果之间的关系尚非现代诉讼手段力所能及。如果处理环境案件仍要求有严密科学的因果关系的证明,并按通常的诉讼程序查证因果关系,势必拖延诉讼时间,使受害人无法得到及时的赔偿。

(二) 免责事由

《海洋环境保护法》第 92 条、《水污染防治法》第 85 条是免责事由的基本法律依据。免责事由包括:不可抗力、受害人自身责任、第三人过错。《侵权责任法》第 68 条对第三人造成环境污染的后果有不同规定:因第三人的过错污染环境造成损害的,被侵权人可以向污染者请求赔偿,也可以向第三人请求赔偿。污染者赔偿后,有权向第三人追偿。但该规定不能适用于《海洋环境保护法》等特别法已作出特别规定的领域。

第五节 工作物致害责任

一、工作物致害责任的概念与性质

工作物致害责任,是指工作物致人损害时,由工作物的所有人、占有人或者管理人所承担的特殊侵权责任。

《民法通则》第 126 条规定,建筑物或者其他设施以及建筑物上的搁置物、悬挂物发生倒塌、脱落、坠落造成他人损害的,它的所有人或者管理人应当承担民事责任,但能够证明自己没有过错的除外。①《侵权责任法》第 85 条规定:"建筑物、构筑物或者其他设施及其搁置物、悬挂物发生脱落、坠落造成他人损害,所有人、管理人或者使用人不能证明自己没有过错的,应当承担侵权责任。所有人、管理人或者使用人赔偿后,有其他责任人的,有权向其他责任人追偿。"据此,工作物致害责任以过错责任为归责原则,但例外情况下适用无过错责任。

工作物致害责任的法律适用,须注意民法与国家赔偿法的关系。比较法上多有将公有公共营造物致害责任作为国家赔偿责任处理的做法。即公有公共营造物因设置、管理有缺陷致使他人受到损害时,由国家承担赔偿责任,适用国家赔偿法。我国《国家赔偿法》并未将公有公共营造物的国家赔偿责任列入适用范围。解释上认为公有公共营造物致人损害应当适用《民法通则》有关工作物致害责任的规定。

二、工作物致害责任的形态

工作物致人损害的侵权行为包括两种形态:一为建筑物或者其他设施以及建筑物上的搁置物、悬挂物发生倒塌、脱落、坠落致人损害,此为一般情形,适用过错推定规则,称为"一般工作物致害责任";一为道路、桥梁、隧道等人工建造的构筑物因设计、施工缺陷致人损害,此为特殊情形,适用无过错责任原则,称为"特殊工作物致害责任"。

---

① 《建设工程合同解释》第 27 条规定,因保修人未及时履行保修义务,导致建筑物毁损或者造成人身、财产损害的,保修人应当承担赔偿责任。保修人与建筑物所有人或者发包人对建筑物毁损均有过错的,各自承担相应的责任。

(一) 一般工作物致害责任

此类工作物致害责任的构成要件为：

1. 工作物的存在

工作物主要包括建筑物、建筑物上的搁置物和悬挂物以及其他设施，如房屋、码头、桥梁、堤坝、电线杆、堆放物、广告牌等。所谓"其他设施"，包括桥梁、铁路、矿井、路牌等人工营造物。道路、桥梁、隧道等人工建造的构筑物因维护、管理瑕疵致人损害的，堆放物品滚落、滑落或者堆放物倒塌致人损害的，以及树木倾倒、折断或者果实坠落致人损害的，也均适用上述规定（《侵权责任法》第88—90条、《人身损害赔偿解释》第16条第1款）。

2. 工作物存在设置、管理上的瑕疵

建筑物或者其他设施以及建筑物上的搁置物、悬挂物发生倒塌、脱落、坠落的事实本身，已足以构成工作物存在设置、管理瑕疵的初步证据。受害人证明上述事实后，即应由所有人或管理人承担举证责任，证明该工作物不存在设置或管理上的瑕疵。

3. 所有人、管理人不能证明自己无过错

一般工作物致害责任实行过错推定责任，无过错的证明责任由所有人、管理人负担。但工作物存在设置、管理上的瑕疵，并不当然表明所有人、管理人有过错，工作物存在设置、管理上的瑕疵，多数情况下固然是因所有人或管理人疏于管理、维护、修缮所致，但也可能是因设计、施工的不当所致，更可能是因为其他自然力、自然事实或第三人原因等所致。建筑物或其他设施的所有人能够证明自己没有过错的，不承担侵权责任。此处所谓"过错"，主要类型是指所有人或管理人疏于管理、维护、修缮。设计、施工的不当一般不是因为所有人或管理人的行为所致，是否可以认为不属于所有人、管理人的过错而免除其责任？对此应作否定回答。因为所有人或管理人对设计、施工不当所引起的风险有预见力和控制力，且一般与设计人、施工人存在合同关系，较容易确定设计人、施工人并向其求偿。若不由所有人或管理人负责，则必须由受害人向设计人、施工人求偿，显然对受害人有失公平。而所有人、管理人承担责任后，自可向设计人、施工人求偿。纯因不可抗力所致的倒塌、坠落、脱落等，所有人或管理人无过错，可以免责。

(二) 特殊工作物致害责任

道路、桥梁、隧道等人工建造的构筑物因设计、施工缺陷造成损害的，由所有人、管理人与设计人、施工人承担连带责任（《人身损害赔偿解释》第16条第2款）。《侵权责任法》第86条第1款规定："建筑物、构筑物或者其他设施倒塌造成他人损害的，由建设单位与施工单位承担连带责任。建设单位、施工单位赔偿后，有其他责任人的，有权向其他责任人追偿。"

该规定实际上采用了无过错责任原则,类似于适用于动产的产品责任,只要受害人证明道路、桥梁、隧道等人工建造的构筑物存在设计、施工缺陷,所有人、管理人与设计人、施工人即应承担责任,无论有无过错。理由在于,道路、桥梁、隧道等人工建造的构筑物关系公共安全,一旦发生损害,后果往往特别严重,且鉴于其重要性,所有人、管理人与设计人、施工人应保证其必要的安全性,既然存在缺陷,即使在设计、施工中已尽注意义务,也不得免责。课以无过错责任,有利于激励、督促设计人、施工人保障工程质量,尽量减少恶性事故发生的可能;同时也有助于防止设计人、施工人滥用专业优势,利用受害人与法官在专门知识和证据认定方面能力的欠缺,通过证明自己无过错推脱责任。现代设计、施工技术所固有的专业性,使得设计人、施工人易于证明设计、施工的无过错,而受害人和法官固然可以借助于专家证人弥补不足,但聘请和使用专家证人将增加额外的维权成本和诉讼成本,且专家证人往往与设计人、施工人同属一个行业,具有间接利害关系,未必能公正、有效地维护受害人的权益。

三、责任的承担

法律将所有人与管理人并列为赔偿责任主体,应认为两者负有连带责任,受害人可以向其中一人或全体请求承担侵权责任。工作物的所有人,无论是否实际占有工作物,均应承担责任;管理人一般是指实际占有工作物或对工作物负有维护、修缮职能者(如物业公司)。所有人或管理人向受害人承担赔偿责任后,可以就超过自己应承担的份额向实际责任人求偿。另有其他责任人(如设计人)时,可向该责任人求偿。

第六节 地面施工致人损害的侵权责任

一、地面施工致人损害侵权责任的含义

《民法通则》第125条规定:"在公共场所、道旁或者通道上挖坑、修缮安装地下设施等,没有设置明显标志和采取安全措施造成他人损害的,施工人应当承担民事责任。"《侵权责任法》第91条第1款规定基本相同。地面施工致人损害的侵权责任采用无过错责任归责原则,只要施工人没有设置明显标志和采取安全措施造成他人损害,即应承担侵权责任,即使安全标志或设施虽已设置但被他人破坏、窃取且施工人对此无过错的,也不例外。

二、地面施工致人损害侵权责任的构成要件

地面施工致人损害侵权责任的构成要件如下:

1. 施工地点为公共场所等有人通行处,即具有发生场合的特殊性。之所以对地面施工行为课以无过错责任,正是因为公共场合的施工行为对不特定人造成了特殊危险。

2. 施工行为须为挖坑、修缮安装地下设施的行为,即施工涉及地面、地下两个区域。单纯的地面施工(如铺设地砖)和地下施工(修建隧道)不致造成特殊危险,故不实行无过错责任。

3. 没有设置明显标志和采取安全措施。明显标志和安全措施不仅应适于保障一般人的安全,也应适合残疾人、未成年人的安全保障需要。

4. 造成他人损害。

5. 明显标志和安全措施的欠缺与他人损害之间的因果关系。

第七节 饲养动物损害责任

一、饲养动物损害责任的含义

饲养动物致人损害的侵权行为,指因饲养的动物造成他人人身或财产损害而依法由动物饲养人或保管人承担侵权责任的行为。我国对饲养动物损害责任采无过错责任归责原则。《民法通则》第127条规定:饲养的动物造成他人损害的,动物饲养人或者管理人应当承担民事责任;由于受害人的过错造成损害的,动物饲养人或者管理人不承担民事责任;由于第三人的过错造成损害的,第三人应当承担民事责任。但《侵权责任法》对《民法通则》的规定有重大改变。该法第78条规定:饲养的动物造成他人损害的,动物饲养人或者管理人应当承担侵权责任,但能够证明损害是因被侵权人故意或者重大过失造成的,可以不承担或者减轻责任。第83条规定:因第三人的过错致使动物造成他人损害的,被侵权人可以向动物饲养人或者管理人请求赔偿,也可以向第三人请求赔偿;动物饲养人或者管理人赔偿后,有权向第三人追偿。

饲养动物损害责任自罗马法以来即是无过错责任的典型形态。动物不存在人的理性,且具有难以预见的攻击性,足以对人身与财产造成一定的危险性,而此种危险系因饲养行为而起,故应由饲养人或管理人承担侵权责任。

二、饲养动物损害侵权责任的构成要件与免责事由

(一)构成要件

饲养动物损害责任的构成要件如下:

1. 须为饲养的动物致人损害。饲养的动物,是指为人们管束喂养的动物。非人们饲养的动物,因无人管束,其造成的损害将不可能由人承担。家养动物、

动物园的饲养动物均属于饲养的动物。野生动物园中的动物,仍由动物园对其实施一定的饲养行为,且动物园对其有控制力,故亦属于饲养的动物。自然保护区中的野生动物不存在饲养人与管理人,故不构成饲养的动物。但《侵权责任法》却对动物园的动物致人损害于第81条另作单独规定,采取了与第78条不同的归责原则,即过错责任原则,只不过是举证责任反转,由动物园来举证证明其尽到了管理职责的无过错。这种在饲养动物之外另行规定动物园动物的过错损害赔偿责任模式,在比较法上是一种创新。①

2. 须为饲养动物独立的动作造成他人损害。动物独立的动作是指动物自身的动作,而非受人驱使所为的动作。驱使动物致人损害的,构成一般侵权行为。

(二) 免责事由

《侵权责任法》缩减了侵权人的免责事由,从《民法通则》规定的受害人过错限缩为"受害人故意或重大过失"。受害人挑逗、戏弄动物导致损害,并不当然构成重大过失。第三人过错亦不再成为动物饲养人、管理人的免责事由,仅使饲养人、管理人可得追偿而已。受害人、第三人的过错,应依适用于加害人过错的标准加以确定。过错的认定,应结合动物的特性、当时情形、受害人或第三人行为的合理性等因素确定。

三、责任的承担

饲养动物致人损害的责任主体为动物饲养人或者管理人。动物的直接占有人应认定为管理人,但占有人系受他人雇用或委托而直接占有动物的,仅是动物的占有辅助人,不构成饲养人或管理人。

法律将动物饲养人或者管理人并列为赔偿责任主体,在两者不属于同一人时,应认为两者负有连带责任,受害人可以向其中一人或全体请求承担侵权责任。饲养人或者管理人向受害人承担赔偿责任后,可以就超过自己应承担的份额向实际责任人求偿。

第八节 使用人责任(雇用人责任)

一、使用人责任的含义、性质与归责原则

使用人责任,是指使用人对被使用人在执行职务过程中致他人损害应承担的侵权责任。使用人责任的基本形态为雇主责任(或称"雇用人责任"),即雇主

---

① 参见奚晓明主编:《〈中华人民共和国侵权责任法〉条文理解与适用》,人民法院出版社2010年版,第538页。

应对雇员执行职务造成他人损害承担责任。雇主责任以雇佣关系的存在为适用条件,适用范围较为狭窄。使用人责任则广泛适用于一切具有使用与被使用关系的情形,而无论是否存在雇佣关系。例如,我国现行法上的无偿帮工关系中的侵权责任,也可归入使用人责任的范畴。

使用人责任的特征在于使用人是对他人的行为承担责任,因此属于替代责任(或称"转承责任")。所谓"替代责任"(vacarious liability),是指为他人的侵权行为承担民事责任的制度。对于替代责任的范围,各国做法不一,或将其等同于雇用人责任,或不限于雇用人责任,还包括监护人代替无行为能力人承担责任等制度。我国现行法上的使用人责任实行无过错责任原则,只要被使用人在执行职务过程中造成了他人损害,无论使用人有无过错,均应承担侵权赔偿责任,因此其性质属于无过错责任。虽然使用人有无过错不影响责任的构成,但这并不意味着被使用人有无过错也没有意义,只有被使用人的行为构成侵权行为,才有使用人代替其承担责任的基础。

《侵权责任法》对雇主责任的规定采取了分拆式立法,区分用人单位和个人,分别加以规定。第34条主要是规定用人单位的工作人员因工作造成他人损害的责任主体,而第35条则是个人因劳务造成他人损害的责任主体。尽管在立法上予以区分,但该两条规定的内容和适用的侵权法原理基本相同,因此,在理解上不能孤立,应密切联系。

《民法通则》第43条规定:"企业法人对它的法定代表人和其他工作人员的经营活动,承担民事责任。"《人身损害赔偿解释》第8条第1款规定:"法人或者其他组织的法定代表人、负责人以及工作人员,在执行职务中致人损害的,依照《民法通则》第121条的规定,由该法人或者其他组织承担民事责任。上述人员实施与职务无关的行为致人损害的,应当由行为人承担赔偿责任。"上述规定将法人自己的行为与法人的替代责任混为一谈,有欠妥当。法定代表人(负责人)的职务行为,即为法人(或其他组织)的行为,构成侵权时,系法人(或其他组织)为自己行为承担责任,而非替代责任;法定代表人以外的工作人员所为职务行为,方属于替代责任之范畴。《侵权责任法》第34条概括地规定:用人单位的工作人员因执行工作任务造成他人损害的,由用人单位承担侵权责任。学者认为,第34条第1款所谓"用人单位",应包含公、私企业及国家机关和事业单位在内,因此本法未专条规定所谓"公务员之侵权行为",第34条第1款将取代现行《民法通则》第121条,成为国家机关工作人员侵权行为之一般法,而《行政诉讼法》(第67条、第68条)关于行政机关工作人员侵权责任的规定,及《国家赔偿法》,均应属于第 34 条第 1 款的特别法。①

[比较法]　比较法上对于雇主责任归责事由的规定各异,主要包括三种:无过错责任、过错责任、过错责任和公平责任混合。(1) 英美法系国家及法国、意大利、丹麦等国采无过错责任原则。雇用人对受雇人执行职务时因侵权行为致他人遭受损害的应负赔偿责任,雇用人不得主张选任或监督受雇人已尽相当注意而免责。(2) 德国、日本、瑞士等国采过错责任原则。雇用人对其受雇人因执行职务所致损害,仅就其本身对于损害的发生具有过失,即对受雇人的选任、监督管理未尽必要的注意时,才负赔偿责任。如《德国民法典》第 831 条规定,雇用他人执行事务的人,对受雇人在执行职务时不法施加于第三人的损害,负赔偿的义务。但雇用人在受雇人的选任,并在其提供设备和工具器械或应监督事务的执行时,对装备和监督已尽相当的注意,或纵然已尽相当的注意仍难免发生损害者,不负赔偿责任。此类立法虽采过错责任原则,但因实行举证责任倒置,实际操作中雇用人证明自己无过错而得以免责者,极为罕见,故实际效果与无过错责任相差无几。(3) 过错责任与公平责任混合。我国台湾地区"民法"第 188 条规定,受雇人因执行职务,不法侵害他人之权利者,由雇用人与行为人连带负损害赔偿责任。但选任受雇人及监督其职务之执行已尽相当之注意,或纵加以相当之注意仍不免发生损害时,雇用人不负赔偿责任。被害人以前项但书之规定,不能受损害赔偿时,法院因其申请,得斟酌雇用人与被害人之经济状况,令雇用人为全部或一部之赔偿。雇用人赔偿时,对于为侵权行为之人,有求偿权。该条适用过错推定规则并以公平责任为补充。

二、使用人责任的法理基础

侵权法以自己责任、过错责任为一般原则,令使用人为他人的侵权行为承担责任,其正当理由与法理基础在于:

1. 被使用人执行职务的行为系为了使用人的利益,执行职务的行为对他人造成损害的,自应由作为受益者的使用人承担责任。

2. 被使用人执行职务的行为系基于使用人的指示或受使用人监督,即使用人对被使用人有控制关系,当无辜的第三人受到损害时,使用人须为他选择或监督被使用人的风险而负责。

3. 无过错责任的核心思想,即"合理分担危险的损失",有理由适用于使用人责任。使用人责任的基础不是使用人的过错,而是企业的危险事故。被使用人的侵权行为是使用人不可能完全避免的风险和代价。被使用人职务行为所发

---

① 参见奚晓明主编:《〈中华人民共和国侵权责任法〉条文理解与适用》,人民法院出版社 2010 年版,第 254 页。

生的损害赔偿实际上是使用人的一项商业成本,面对职务行为导致的损害,最有效的途径是让使用人承担损失,而不是让无辜的第三人来承担,因为使用人可以通过价格、费用、薪资、责任保险、对被使用人进行纪律和处分约束等方式事先分摊损失,在全社会的领域内分散风险。而受害人不可能事先预见损害的存在,当然不可能拥有这种分散损害的渠道与能力。

三、使用人责任的要件

(一) 须有使用关系的存在

认定使用关系的存在,一般有下列标准:双方有无雇佣合同关系或无偿帮工关系;受雇人有无报酬,无报酬的不是雇员而是帮工;被使用人是否提供了劳务;被使用人是否受使用人的选任、监督和控制。

认定使用关系的存在,首先须确定雇佣关系与承揽关系的区别。两者的责任承担具有重大区别。承揽人在完成工作过程中对第三人造成损害或者造成自身损害的,定作人不承担赔偿责任。但定作人对定作、指示或者选任有过失的,应当承担相应的赔偿责任(《人身损害赔偿解释》第10条)。雇佣合同与承揽合同均为有偿合同、均有提供劳务的内容,而区别在于:

(1) 雇佣合同以提供劳务为主要目的和主要内容;承揽合同以完成并交付工作成果为主要目的和主要内容。

(2) 雇员在雇主的控制、指示下工作;承揽人则是独立地开展工作,基本上不受定作人控制。

(3) 雇员的工作属于为雇主执行的任务,其收益归属于雇主,雇员只是通过薪水方式得到劳务补偿,并非直接从工作本身获利;承揽人是为自己利益而工作,所得利润归属于自己所有。

(4) 雇佣合同多属于长期性、继续性合同;承揽合同一般是一次性给付合同。

上述区分标准并非穷尽性标准,不排除其他标准的适用,且相互之间也不存在排斥关系。实践中交易形态复杂多变,并不受理论与教条的拘束。雇佣关系与承揽关系在某些情形下极难区别,此时应综合考量多种因素,并结合当事人的交易目的与交易习惯而为判断。

(二) 须被使用人在执行职务时使第三人受到损害

使用人仅对被使用人在执行职务过程中所实施的侵权行为承担责任。执行职务的认定标准,一般有以下三种:

(1) 使用人主观意志标准。即以使用人的主观意志为标准,依使用人命令被使用人办理的有关事项为执行职务的范围,超出使用人委办的事项,即使有利于使用人的利益也不认为是执行职务的行为。

（2）被使用人主观意志标准。即以被使用人的主观意志为标准，依使用人的命令或为使用人所委办事务的利益而实施的行为，是执行职务的行为。若被使用人为自己的利益，则不是执行职务的行为。

（3）客观标准。客观标准以被使用人行为的外观为标准，即行为和使用人所委办的事务有同一外观形式，而不问使用人和被使用人的主观意思如何。此外，与外观上为职务行为有适当牵连关系的，也可以认定为执行职务的行为。

现行法兼采上述标准。《人身损害赔偿解释》第9条第2款规定：从事雇佣活动，是指从事雇主授权或者指示范围内的生产经营活动或者其他劳务活动；雇员的行为超出授权范围，但其表现形式是履行职务或者与履行职务有内在联系的，应当认定为"从事雇佣活动"。认定使用人执行职务的行为，应综合考虑主客观因素，就通常与职务合理相关的事项加以判断。即认定执行职务的范围，应对被使用人在执行职务时通常会遇到的损害他人的危险、执行职务的行为为使用人支配领域内的事务、被使用人的行为是默示地为雇主利益实施的等主客观因素作综合考虑。

（三）须被使用人的致害行为构成侵权

被使用人的行为必须是侵权行为。在被使用人因执行职务所从事的活动属于适用无过错责任的情形，如高度危险作业、环境污染活动等，无须证明被使用人有过错，只需证明被使用人执行职务的行为造成损害即可。此时，对于特殊侵权，如果使用人不能证明有法律规定的免责事由，将承担损害赔偿责任。

四、责任的承担

雇员在从事雇佣活动中致人损害的，雇主应当承担赔偿责任；雇员因故意或者重大过失致人损害的，应当与雇主承担连带赔偿责任。雇主承担连带赔偿责任的，可以向雇员追偿（《人身损害赔偿解释》第9条第1款）。据此，雇员的侵权行为基于一般过失的，雇主无求偿权。但《侵权责任法》第34、35条规定仅雇主应当承担责任，未规定雇员对他人的责任。在本法审议过程中，全国人民代表大会法律委员会对此予以了说明，从说明内容看，立法者还是倾向肯定雇主享有追偿权。

无偿帮工关系中的侵权责任承担基本相同。为他人无偿提供劳务的帮工人，在从事帮工活动中致人损害的，被帮工人应当承担赔偿责任。被帮工人明确拒绝帮工的，不承担赔偿责任。帮工人存在故意或者重大过失的，帮工人和被帮工人承担连带责任（《人身损害赔偿解释》第13条）。

第九节　无行为能力人和限制行为能力人致人损害的侵权责任

一、无行为能力人和限制行为能力人致人损害的侵权责任的含义

《民法通则》第 133 条规定，无民事行为能力人、限制民事行为能力人造成他人损害的，由监护人承担民事责任，监护人尽了监护责任的，可以适当减轻他的民事责任。有财产的无民事行为能力人、限制民事行为能力人造成他人损害的，从本人财产中支付赔偿费用，不足部分，由监护人适当赔偿，但单位担任监护人的除外。

《侵权责任法》第 32 条对《民法通则》的上述规定有所改变，尤其是删除了意义含混、颇具歧义的"但单位担任监护人的除外"之但书，规定："无民事行为能力人、限制民事行为能力人造成他人损害的，由监护人承担侵权责任。监护人尽到监护责任的，可以减轻其侵权责任。有财产的无民事行为能力人、限制民事行为能力人造成他人损害的，从本人财产中支付赔偿费用。不足部分，由监护人赔偿。"但当被监护人的财产不足，且由单位作为监护人的情形时，仍应依照《民法通则》第 133 条规定处理，单位应不承担责任，否则可能导致单位之间相互推诿、谁都不愿担任监护人的情况出现。①

二、无行为能力人和限制行为能力人致人损害的侵权责任的构成要件

1. 须无民事行为能力人或限制民事行为能力人所为的行为。

2. 须无民事行为能力人或限制民事行为能力人自己独立的行为对他人造成的损害。如果是他人的教唆、帮助所为，应由教唆、帮助人直接承担侵权责任或承担主要侵权责任（《民通意见》第 148 条）；该无民事行为能力人、限制民事行为能力人的监护人未尽到监护责任的，应当承担相应的责任（《侵权责任法》第 9 条第 2 款）。

3. 无民事行为能力人或限制民事行为能力人致人损害的行为，必须在客观上具有违法性。行为不具有违法性则不构成侵权行为。不过，《侵权责任法》仅规定无行为能力人、限制行为能力人"造成他人损害"即应由监护人承担侵权责任，并未提及违法性或过错要件。

---

① 参见奚晓明主编：《〈中华人民共和国侵权责任法〉条文理解与适用》，人民法院出版社 2010 年版，第 240 页。

三、监护人对被监护人致人损害的行为承担责任

(一) 监护人责任的法理基础

监护人对其所监护的无行为能力人、限制行为能力人致人损害的行为所承担的责任,属于替代责任的一种,性质上为无过错责任。无行为能力人、限制行为能力人因欠缺健全的识别能力和判断能力,不能充分认识其行为的结果,故足以对他人的人身或财产安全形成一定的危险性。监护人通常对其行为有控制力,由其对被监护人的行为承担责任符合危险责任的法理。在此意义上而言,监护人对被监护行为承担责任,与饲养人或管理人对饲养动物的举动承担责任,在法理基础上存在一定的共通之处。但被监护人毕竟是独立的民事主体,故在其有财产时,仍应以其财产承担赔偿责任。①监护人仅对不足部分予以适当赔偿,《民法通则》规定在单位担任监护人的情形下,无须补充赔偿。此项规定旨在适当减轻单位的监护责任,因单位具有自身的任务与职能,并非专职的监护机构,且主要是政府部门或基层组织,带有一定的公共或公益性质。《侵权责任法》将此项但书删除,虽对单位监护人的责任有所加重,但从受害人角度而言,保护功能则有增强,或将有助于促进监护人善尽监护职责。

实际生活中,被监护人由于其生活上的特性,不可能时时处于监护人的监护之下,法律也不应对监护人课以过重的责任与过高的风险,迫使其在无过错责任的压力之下,对被监护人严加监管,以致妨碍被监护人的人格发展和健康成长。因此,在监护人尽了监护责任时,可以适当减轻他的民事责任。

(二) 监护人责任的确定

监护人应依有关法律规定予以确定。有明确的监护人时,由监护人承担民事责任;监护人不明确的,由顺序在前的有监护能力的人承担民事责任(《民通意见》第 159 条)。

夫妻离婚后,未成年子女侵害他人权益的,同该子女共同生活的一方应当承担民事责任;如果独立承担民事责任确有困难的,可以责令未与该子女共同生活的一方共同承担民事责任(《民通意见》第 158 条)。

监护人将监护职责部分或者全部委托给他人时,因被监护人的侵权行为需要承担民事责任的,应当由监护人承担,但另有约定的除外;被委托人确有过错

---

① 《民通意见》第 161 条规定:"侵权行为发生时行为人不满十八周岁,在诉讼时已满十八周岁,并有经济能力的,应当承担民事责任;行为人没有经济能力的,应当由原监护人承担民事责任。行为人致人损害时年满十八周岁的,应当由本人承担民事责任;没有经济收入的,由扶养人垫付,垫付有困难的,也可以判决或者调解延期给付。"

的,负连带责任(《民通意见》第22条)。此外,对未成年人依法负有教育、管理、保护义务的学校、幼儿园或者其他教育机构,未尽职责范围内的相关义务致使未成年人遭受人身损害,或者未成年人致他人人身损害的,应当承担与其过错相应的赔偿责任(《人身损害赔偿解释》第7条第1款)。

第十节 国家侵权责任

一、国家侵权责任概述

《民法通则》第121条规定:"国家机关或者国家机关工作人员在执行职务中,侵犯公民、法人的合法权益造成损害的,应当承担民事责任。"《国家赔偿法》第2条规定:"国家机关和国家机关工作人员违法行使职权侵犯公民、法人和其他组织的合法权益造成损害的,受害人有依照本法取得国家赔偿的权利。"2012年修正的《国家赔偿法》第2条第1款规定:"国家机关和国家机关工作人员行使职权,有本法规定的侵犯公民、法人和其他组织合法权益的情形,造成损害的,受害人有依照本法取得国家赔偿的权利。"依据后法优于前法原则,《国家赔偿法》应优先于《民法通则》适用。

《民法通则》《国家赔偿法》对国家侵权责任的规定有相似之处,但也存在较大差别:

1. 构成要件不同。《民法通则》仅规定以"执行职务"为要件,并不关注该执行职务的行为是否违法。修订前的《国家赔偿法》亦强调"违法行使职权",屡受批评,2010修正案将违法性要件删除。

2. 责任方式不同。《民法通则》概括地规定了国家侵权责任应当承担民事责任,但未限定承担责任的方式,既包括财产责任也包括非财产责任。《国家赔偿法》将责任方式限定为损害赔偿、恢复名誉等几种。

3. 赔偿范围不同。《民法通则》中的国家侵权责任适用该法关于赔偿责任的规定,实行"有损害即有赔偿"原则,只要法律没有规定不予赔偿即可获得赔偿。对受害人的人身损害和财产损害都予以赔偿,并且以使被侵害权利恢复到原状为目的。《国家赔偿法》上的国家赔偿责任是一种限制赔偿,只有法律规定可以赔偿的才予赔偿。一般只对加害人身权、财产权的予以赔偿;对侵犯人格权、名誉权的,仅当受害人为个人时,才予赔偿;且以赔偿直接损失为限,并规定了统一的人身损害赔偿计算标准。①

4. 赔偿程序不同。《民法通则》中的国家侵权责任,不以向义务人先行赔偿为必要条件,受害人可直接向法院提起民事诉讼,适用民事诉讼程序解决。而因《国家赔偿法》中的国家赔偿责任致害的,赔偿请求人要求赔偿,应当先向赔偿义务机关提出,也可以在申请行政复议或者提起行政诉讼时一并提出(刑事赔偿除外)。

应予指出的是,《国家赔偿法》对国家赔偿责任的限制,存在较大的不合理性。如赔偿数额过低、赔偿计算标准僵化、赔偿程序复杂烦琐,在实践中对国家侵权的受害人的权利救济造成了诸多障碍。考虑到现代法治国家的理念,国家侵权的受害人不应处于比私人侵权的受害人更不利的地位。《国家赔偿法》的规定应予修订,以符合尽量填补损害的根本宗旨。

二、国家侵权责任的构成要件

1. 主体必须是国家机关或国家机关工作人员或行使公权力的其他组织或个人。国家机关是指依法享有一定范围的国家权力、行使国家职能的国家权力机关、行政机关、审判机关、检察机关、军事机关等。国家机关作为公共利益代表的抽象法律人格,不能自行实现其职能,而需要借助其内部组成分子即国家机关工作人员来完成。国家机关工作人员指一切在国家机关中依法从事公务的人员。法律、法规授权行使国家职权的组织,以及受国家机关依法委托执行职务的组织或个人,与国家机关具有实质上相同的地位,也可作为国家侵权责任的主体。

2. 侵权行为是行使国家职权行为。侵权行为发生在行使国家职权(执行职务)的过程中。国家机关工作人员实施与执行职务无关的个人行为所致的损害,则由个人承担责任。职务行为的认定应采客观说,即不论是否在自己业务范围内、不论是否在自己辖区内,只要国家机关、国家机关工作人员或者被授权、受委托的组织及其工作人员的行为具有利用职权的外在形式,即构成执行职务的行为。客观说排除了行为人的主观因素,从外观上将侵害行为与执行职务行为

---

① 《国家赔偿法》第 33 条规定:"侵犯公民人身自由的,每日赔偿金按照国家上年度职工日平均工资计算。"第 34 条规定:"侵犯公民生命健康权的,赔偿金按照下列规定计算:(一)造成身体伤害的,应当支付医疗费、护理费,以及赔偿因误工减少的收入。减少的收入每日的赔偿金按照国家上年度职工日平均工资计算,最高额为国家上年度职工年平均工资的五倍;(二)造成部分或者全部丧失劳动能力的,应当支付医疗费、护理费、残疾生活辅助具费、康复费等因残疾而增加的必要支出和继续治疗所必需的费用,以及残疾赔偿金。残疾赔偿金根据丧失劳动能力的程度,按照国家规定的伤残等级确定,最高不超过国家上年度职工年平均工资的二十倍。造成全部丧失劳动能力的,对其扶养的无劳动能力的人,还应当支付生活费;(三)造成死亡的,应当支付死亡赔偿金、丧葬费,总额为国家上年度职工年平均工资的二十倍。对死者生前扶养的无劳动能力的人,还应当支付生活费。前款第二项、第三项规定的生活费的发放标准,参照当地最低生活保障标准执行。被扶养的人是未成年人的,生活费给付至十八周岁止;其他无劳动能力的人,生活费给付至死亡时止。"

联系起来,便于限定行使职权的范围,更有利于保护受害人。

三、责任的承担

国家机关工作人员执行职务的行为即为国家机关的行为,由国家机关承担赔偿责任,赔偿金从国库中支付。国家机关承担责任后,应当向有故意或重大过失的行为人追偿。值得注意的是,追偿不仅是国家机关的权利,更是义务。因为国家机关所支付的赔偿金来源于全民,若国家机关怠于追偿,无异于由纳税人为具有故意或重大过失的行为人承担责任。

第十一节 共同侵权行为与共同危险行为

一、共同侵权行为

(一) 共同侵权行为的概念和特征

共同侵权行为,是指两人以上共同致人损害的行为。二人以上共同实施侵权行为,造成他人损害的,应当承担连带责任(《侵权责任法》第8条)。

共同侵权行为与单独侵权行为相比,具有如下特征:

1. 主体的复数性。侵权人必须是两个或两个以上的人。

2. 行为的共同性。在共同侵权行为中,数人的行为相互联系,构成一个统一的致人损害的原因。共同致害行为既可能是共同作为,也可能是共同的不作为。从因果关系上看,任何一个侵权行为人的行为都对结果的产生发挥了作用,即各种行为交织在一起,共同发生作用,因而由各侵权行为人承担连带责任。

3. 结果的同一性。是指数人的行为造成同一结果。

(二) 共同侵权行为的本质

学者基于对"共同"的不同理解,对共同侵权的本质的认识存在两种不同观点:一为主观说,一为客观说。

主观说认为,共同侵权行为的存在应当以共同侵权人之间对于损害结果的发生有共同意思或共同认识为必要条件。所谓"共同意思",是指数人主观上相互联络形成共同追求某一损害后果发生的意思,即共同故意。所谓"共同认识",是指数人对于各自行为相结合会引起某一损害后果的发生都有认识,在此基础上,如果共同追求该结果的发生,即为共同故意;如果并没有共同追求该结果的发生,但都因为违反注意义务,则为共同过失。对于主张以意思联络为要件的学说,称为"严格的主观说";对于主张以共同认识为要件的学说,称为"宽缓的主观说"。

客观说认为,认定共同侵权行为的存在不以共同侵权行为人之间有意思联络或共同的认识为必要条件,只要客观上数人的行为结合在一起,共同导致同一损害结果的发生,即数行为有客观上的关联性,就可以认定共同侵权行为的存在。客观说持这一主张的理由是:在数人虽然没有意思联络或对于损害结果的发生没有共同的认识,但其行为相互结合造成同一损害时,如果让各人只就其单独的行为负责,那么由于受害人不能举证每个人造成损害的确定范围,必将承受不利的后果,有违公平,因此,在各人加害部分不能确定时,应让他们承担连带责任,以保护受害人。

本书认为采客观说更为合理,理由如下:侵权法的基本目的在于尽量补偿受害人的损害,而非惩罚加害人,因此不能将刑法上关于共同犯罪的要件套用于共同侵权。证明单个加害人的过错本已颇为困难,再要求证明侵权人有意思联络,将更加加重受害人的证明负担。法律特设共同侵权的规定,原本目的即在于通过对共同侵权人课以连带责任而对受害人提供更为强大的保护,而采用主观说的结果恰与该目的背道而驰。

《人身损害赔偿解释》第 3 条规定:二人以上共同故意或者共同过失致人损害,或者虽无共同故意、共同过失,但其侵害行为直接结合发生同一损害后果的,构成共同侵权,应当依照《民法通则》第 130 条规定承担连带责任(第 1 款);二人以上没有共同故意或者共同过失,但其分别实施的数个行为间接结合发生同一损害后果的,应当根据过失大小或者原因力比例各自承担相应的赔偿责任(第 2 款)。据此,现行法采用客观说。

(三) 共同侵权行为的构成要件

1. 加害人为二人以上。加害人可以是自然人、法人或其他组织。加害人为自然人时,原则上不以具有行为能力为要件。但教唆、帮助无行为能力人、限制民事行为能力人实施侵权行为的,教唆、帮助人为侵权人,应当承担侵权责任;该无民事行为能力人、限制民事行为能力人的监护人未尽到监护责任的,应当承担相应的责任(《侵权责任法》第 9 条第 2 款)。

2. 各加害人均实施了加害行为。各加害行为共同造成了损害的发生,即各加害行为均与损害结果存在因果关系。

加害行为不以直接实行的为限。教唆、帮助他人实施侵权行为的,应当与行为人承担连带责任(《侵权责任法》第 9 条第 1 款)。

在加害人存在共同故意或共同过失的情形,各加害行为之间不必存在结合关系;在加害人不存在共同故意或共同过失的情形,各加害行为之间必须存在直接结合关系,方可构成共同侵权(《人身损害赔偿解释》第 3 条第 1 款)。

3. 各加害人存在共同故意或共同过失,或各加害行为之间存在直接结合关系。共同侵权行为的构成,不以加害人有意思联络为必要。数行为人无共同故意或共同过失,但其侵害行为直接结合发生同一损害后果的,构成无意思联络的共同侵权。

《人身损害赔偿解释》第3条将数行为结合而致同一损害后果的情况分为两种:一种是数行为直接结合发生同一损害后果,构成共同侵权;另一种是数行为间接结合发生同一损害后果,不构成共同侵权行为,各行为人应当根据过失大小或者原因力比例各自承担相应的赔偿责任。

有下列情形之一的可以认定为"直接结合":加害行为具有时间与空间上的同一性;加害行为相互结合而为损害后果的唯一原因。有下列情形之一的可以认定为"间接结合":数行为作为损害结果发生的原因不具有时间与空间上的同一性,而是相互继起,相互独立;数行为分别构成损害结果的发生原因且不存在直接关联等。

4. 数行为造成同一损害。

(四) 共同侵权行为的法律后果

数人实施共同侵权行为的,承担连带责任。连带责任原则上适用债法总则关于连带之债的规定,但在连带责任人内部,根据各自责任大小确定相应的赔偿数额,难以确定责任大小的,平均承担赔偿责任(《侵权责任法》第14条第1款)。

二、共同危险行为

(一) 共同危险行为的概念和法理基础

共同危险行为,又称"准共同侵权行为",是指数人共同实施的危及他人人身或财产安全并造成损害结果,且不能确定实际加害人的行为。《侵权责任法》第10条规定:二人以上实施危及他人人身、财产安全的行为,其中一人或者数人的行为造成他人损害,能够确定具体侵权人的,由侵权人承担责任;不能确定具体侵权人的,行为人承担连带责任。

共同危险行为之所以称为"准共同侵权行为",是因为如果实施危险行为的人不能举证证明自己的行为未造成实际的损害,则其法律后果与共同侵权一样,即与其他人一起对外负连带责任。

共同危险行为人承担连带责任的法理基础在于:在无法确定实际侵害人的情况下,基于增加受害人获赔几率、保护受害人的考虑,将全体危险行为人认定为一个侵权主体的推定,实际上是将证明不能的风险转由行为人承担。否则,受害人将因不能证明实际加害人而得不到救济。而且行为人的可归责性显然大于受害人。因在共同危险行为中,每个危险行为人的行为都有致害的危险性,同时,鉴于行为人实施危险行为,对他人造成损害风险,已违反在社会生活中照顾他人安全的一般注意义务,具有相当的过失,由其承担连带责任并无不当。若最后造成损害的行为确非向受害人承担了责任的行为人所为,该行为人自可向实际加害人追偿。

(二) 共同危险行为的构成要件

共同危险行为不同于共同侵权行为,除须具备主体的复数性以及损害结果的同一性外,还须具备以下要件:

1. 共同行为人的数行为均具有共同的危险性质:任何一人的行为客观上都有危及他人人身和财产安全的现实可能性;这种危险性的性质和指向是相同的,但其危险程度不必相同。如数家化工厂同时向一条河流排放污水,污水超标率分别为200%、350%、500%,这并不影响共同危险的认定。

2. 只有其中一行为或数行为造成了实际的损害后果。此为共同危险行为与共同侵权行为的区别之一。

3. 实际侵害行为人不明。

4. 整个共同危险行为与损害结果之间具有关联性。即每一个危险行为均有可能造成损害的发生。

(三) 共同危险行为的免责抗辩

共同危险行为是在加害人不明的情况下,采取法定的因果关系推定方式,由各参与危险行为人承担连带责任。从因果关系角度分析,参与危险行为与损害结果间属于"选择因果关系"或称"择一的因果关系",也就是说参与危险行为人中有一部分人的行为事实上并未造成实际损害,与损害结果之间没有因果关系。由此产生一个问题,即共同危险行为人能否通过举证证明其行为与损害结果间不存在因果关系而免责。对此,民法理论主要有两种观点:

1. "因果关系排除说"。该说认为,共同危险行为人只要能证明其行为与损害结果没有因果关系,根本不可能导致损害结果的发生,即可免责。

2. "因果关系证明说"。该说认为,仅证明自己的行为与损害结果之间没有因果关系尚不足以免责,必须进一步证明数行为人中谁是真正的加害人,即证明损害结果与何人的行为具有因果关系,才能免除证明者的责任。

《人身损害赔偿解释》第4条规定:"共同危险行为人能够证明损害后果不是由其行为造成的,不承担赔偿责任。"显然是采取"因果关系排除说"。而《侵权责任法》第8条"能够确定具体侵权人的,由侵权人承担责任;不能确定具体侵权人的,行为人承担连带责任"的规定,采何种立场,有两种理解:即一种认为采"因果关系证明说",一种认为并未明确规定免责抗辩。本书倾向第二种观点,因为依其文意,应当是对共同危险行为与独立侵权行为的要件构成进行区别的规定,即强调只有加害人不明的情形才构成共同危险行为,承担连带责任;加害人能够确定的,即非共同危险行为,而系独立侵权行为,应由成立该独立侵权的行为人承担侵权责任。且具体侵权人能否确定,系事实证明问题,而非免责抗辩问题,不能证明的,本法为保护受害人,仍采取法定的因果关系推定,使共同危险行为人负连带责任,受不利推定的人可以事实反证推翻该项推定。此项事实反证,即是因果关系不存在;而指证具体侵权人不能成为免责抗辩的强制性义务和唯一路径。[1]

---

[1] 参见奚晓明主编:《〈中华人民共和国侵权责任法〉条文理解与适用》,人民法院出版社2010年版,第85—87页。

第二十一章 侵权的民事责任

侵权责任是指侵权人因侵害他人民事权利或利益,依法应当承担的民事责任。

《民法总则》第179条规定:"承担民事责任的方式主要有:(一)停止侵害;(二)排除妨碍;(三)消除危险;(四)返还财产;(五)恢复原状;(六)修理、重作、更换;(七)继续履行;(八)赔偿损失;(九)支付违约金;(十)消除影响、恢复名誉;(十一)赔礼道歉。法律规定惩罚性赔偿的,依照其规定。本条规定的承担民事责任的方式,可以单独适用,也可以合并适用。"这些责任形式有些既可以适用于侵权,又可以适用于违反合同,如赔偿损失和返还财产;有些只适用于违约责任,如修理、重作、更换、支付违约金;有些只适用于侵权,如停止侵害、排除妨碍、消除危险、消除影响、恢复名誉、赔礼道歉。《侵权责任法》第15条较为准确地规定了侵权责任方式:"承担侵权责任的方式主要有:(一)停止侵害;(二)排除妨碍;(三)消除危险;(四)返还财产;(五)恢复原状;(六)赔偿损失;(七)赔礼道歉;(八)消除影响、恢复名誉。以上承担侵权责任的方式,可以单独适用,也可以合并适用。"

一、侵权的民事责任方式

(一)停止侵害

对正在进行的加害行为,受害人得依法请求停止侵害。停止侵害适用于各种正在进行的侵权行为,对已经终止和尚未实施的侵权行为,不适用停止侵害的责任方式。责令停止侵害,实际上是要求加害人不实施某一侵害行为,即不作为。停止侵害的请求可以向加害人提出,也可直接向法院提出。

(二)排除妨碍

加害人实施某种侵害行为而妨害他人正常行使权利或妨害他人合法利益的,受害人有权请求排除妨碍,以保障权利人的权利正常行使或合法利益得到保护。加害人的妨碍既可能针对受害人的财产权利,也可能针对受害人的人身权利。排除妨碍所针对的应当是已经实际存在的妨碍或必然即将出现的妨碍,如截流河水影响他人的用水,搭建高棚遮蔽别人的阳光,设置障碍影响他人通行等。对于并不存在或并不必然即将出现的妨碍,不适用排除妨碍的侵权责任方式。同停止侵害一样,排除妨碍可以单独适用,也可以与其他承担侵权责任的方式合并适用。

(三) 消除危险

加害人实施某种行为,对他人的人身或财产安全构成威胁时,受到威胁的人有权要求消除危险。在实践中,消除危险并不要求危害的现实存在,而是要求存在一种威胁,即极有可能给他人造成损害。例如,邻居的房屋即将倒塌而威胁到自己的安全,从事高度危险作业而没有按有关规定采取必要的安全防护措施等。适用此种责任方式,能有效地防止损害的发生,充分保护民事主体的民事权利。

(四) 返还财产

在侵权行为法中,返还财产主要适用于侵占他人财产的侵权行为。当权利人的财产被他人非法占有时,权利人有权要求非法占有人返还财产。这里的财产权利人既可以是财产的所有人,也可以是在财产上享有某种物权性质权利的人。同时,返还财产还应该包括财产所生孳息,因为不能取得该物之所有权,当然也不可能取得物之孳息。

(五) 恢复原状

恢复原状是指权利人的财产被非法损坏时,权利人有权要求行为人将损坏的财产进行修复,恢复到财产原有的状态。有观点认为:恢复原状有广义和狭义之分,广义的恢复原状是指恢复到权利侵犯前的原有状态,包括修理、重作、更换;而狭义的恢复原状是指将损害的财产修复。本书认为,侵权行为法中的恢复原状应解释为狭义的恢复原状,而修理、重作、更换应该作为违反合同应承担的民事责任,是违反合同所采取的补救措施。恢复原状时,应考虑修复的可能性和必要性,如果被损坏的财产无法修复,或修复所需要的费用远远高于财产的价值的,则不应适用恢复原状的措施,而应折价赔偿。

(六) 赔偿损失

赔偿损失是适用最广泛的一种责任形式,既可以适用于违约责任,也可以适用于侵权责任。在侵权行为法中,赔偿损失是指加害人的行为造成他人的财产损失、人身伤亡或精神损害,而以其财产来赔偿受害人所受损害的一种承担侵权责任的方式。在实践中,多以加害人支付一定数额的金钱作为赔偿,但不限于金钱。

(七) 消除影响、恢复名誉

消除影响、恢复名誉是法院责令加害人在一定范围内采取适当方式消除对受害人名誉的不利影响以使其名誉得到恢复的一种侵权的民事责任方式。刊登更正声明或者将法院的判决书刊登于适当的媒体是最典型的消除影响、恢复名誉的做法。这种民事责任方式主要适用于侵害名誉权的情况,一般不适用于侵害隐私权的情况。因为消除影响、恢复名誉应公开进行,而公开消除影响和恢复名誉又可能进一步披露受害人的隐私,造成进一步的损害。但是受害人要求公开消除影响、恢复名誉的,不受此限制。

(八) 赔礼道歉

赔礼道歉是指加害人通过口头或者书面方式向受害人进行道歉,以取得其谅解的一种民事责任方式,适用于侵害名誉权、隐私权、人身自由权、姓名权、肖像权或其他人格尊严的情况。赔礼道歉可以公开进行,也可以不公开进行,具体如何适用由法官依据案件的具体情况确定。赔礼道歉作为一种承担民事责任的方式,与一般道义上的赔礼道歉不同,它是靠国家强制力保障实施的,它的运用反映了法律对侵权行为的否定评价和对侵权行为的谴责,有利于缓和矛盾,实现补救目的。最高人民法院《关于审理名誉权案件若干问题的解答》第 11 条规定,侵权人拒不执行生效判决,不为对方恢复名誉、消除影响的,人民法院可以采取公告、登报等方式,将判决的主要内容和有关情况公布于众,费用由被执行人负担,并可依照《民事诉讼法》第 111 条第 6 项(妨害民事诉讼行为的制裁)的规定处理。

二、侵权损害赔偿

(一) 侵权损害赔偿基本制度

侵权损害赔偿基本制度,指在确定侵权损害赔偿的范围时所应当遵循的基本原则与规则。其中主要包括完全赔偿原则、过失相抵规则、损益相抵规则、衡平规则等。上述制度基本上与债务不履行的损害赔偿制度相同,但仍存在一定的特殊性。

1. 完全赔偿原则。又称"全部赔偿原则",是侵权行为法中最主要的具有补偿性功能的赔偿原则。完全赔偿原则的目的,是使受害人恢复到损害没有发生时的状态,即意味着加害人必须赔偿因侵权行为导致的一切损害。完全赔偿原则为各国通例,但没有一个国家僵硬得在一切情形下均遵循这一原则。在符合公平与合理原则的情形下,允许对完全赔偿原则作一定的偏离,包括过失相抵、损益相抵、基于衡平目的的损害酌减等。同时,为了维护责任人与受害人的利益平衡,并维护某些有利于社会整体利益的活动的顺利开展,某些特别法上对完全赔偿原则设定了数额限制,如海上油污损害民事责任即有最高额赔偿限制。

侵权法中的完全赔偿原则与债务不履行的完全赔偿原则的不同之处在于:前者系以恢复受害人未发生侵权行为时的利益状态为目的,故一般不存在赔偿受害人可得利益的问题;后者旨在使受害人达到债务完全履行(债权完全实现)应有的利益状态,故原则上允许可得利益的赔偿。简言之,侵权损害赔偿以维护债权人固有利益为重心,而债务不履行损害赔偿以实现债权人期待利益为重心。

2. 过失相抵规则。又称为"与有过失"规则,是指受害人对损害发生有过错的,应当依据其过错的大小减轻或免除责任人的赔偿责任。《民法通则》第131条规定:"受害人对于损害的发生也有过错的,可以减轻加害人的民事责任。"《侵权责任法》第26条规定:"被侵权人对损害的发生也有过错的,可以减轻侵权人的责任。"侵权损害赔偿中的过失相抵以加害人与受害人的过错程度为重要考量因素,这一点与债务不履行损害赔偿不同。

3. 损益相抵规则。是指受害人在遭受损失的同时也获有利益的,应将其所得到的利益从应得的赔偿金额中扣除,侵权损害赔偿的目的,仅在于使受害人所受损害得到补偿,而并非使受害人得到额外的利益。但这里所得的利益仅限于经济利益或可以用金钱计算的财产性质的利益,而不包括感情利益。这一规则既可适用于侵权损害赔偿,也可适用于违约损害赔偿,但两者仍有不同。侵权损害赔偿中,如果损害事件同时给受害人带来利益,该利益仅在符合公平和合理原则时,方可予以考虑;对于获益是否符合公平与合理原则,应以损害的类型、加害人的过错程度为依据,并且当利益是由第三人提供时,还应考虑提供该利益的目的。① 例如,受害人因损害事件而得到保险赔偿金时,所得保险金不得当然从加害人应支付的损害赔偿金额中扣除。而在违约损害赔偿中,则不存在此类基于公平和合理原则的考量。原因在于,侵权法包含了一定的制裁与预防功能,若受害人为维护自身权利通过付出自己的努力和代价获得收益的,不允许加害人利用此类收益以减轻自己本应承担的赔偿责任。而违约损害赔偿纯粹以补偿损害为原则,并不考虑加害人的过错程度和行为的可非难性,故以单纯的利益计算决定赔偿数额。

4. 衡平规则。是指在某些情况下判决加害人完全赔偿可能会导致加害人难以维持生计、履行法定扶养义务,从而有悖于公共秩序和善良风俗、有悖于公平原则,在此情况下,法院可基于当事人经济状况的考量,适当减少赔偿数额或延长赔偿金支付期限。

(二) 财产损害赔偿

财产损害赔偿是指侵权责任人对加害行为给他人造成的财产损害应负的赔偿责任。《民法通则》第117条规定:"侵占国家的、集体的财产或者他人财产的,应当返还财产,不能返还的,应当折价赔偿。损坏国家的、集体的财产或他人财产的,应当恢复原状或折价赔偿。受害人因此遭受其他重大损失的,侵害人并应当赔偿损失。"在学说上,广义的财产损害赔偿是指侵害他人的人身权或财产权所产生的可以用金钱衡量的侵权责任,其方法包括返还财产、恢复原状、赔偿损失等;狭义的财产损害赔偿仅指侵害人身权或财产权所产生的赔偿责任,其方法为赔偿损失。此处所指的财产损害赔偿限于狭义的财产损害赔偿,即赔偿

---

① 参见《欧洲侵权行为法》第6:103条。

损失。赔偿损失不以侵害财产权益为限,侵害他人的人身权益也可以出现间接或附带的财产损失。《侵权责任法》第 20 条规定:"侵害他人人身权益造成财产损失的,按照被侵权人因此受到的损失赔偿;被侵权人的损失难以确定,侵权人因此获得利益的,按照其获得的利益赔偿;侵权人因此获得的利益难以确定,被侵权人和侵权人就赔偿数额协商不一致,向人民法院提起诉讼的,由人民法院根据实际情况确定赔偿数额。"须注意的是,侵害"人身权益"中的"生命、身体、健康"所造成的财产损失(及非财产损失)之计算,已在本法第 16 条规定。因此,本条中"被侵权人的损失难以确定,侵权人因此获得利益的,按照其获得的利益赔偿",应指侵害"生命、身体、健康"之外的"人身权益",如侵害姓名、肖像、名誉、隐私等的情形。

赔偿损失分为两种:一是折价赔偿,二是实物赔偿。折价赔偿是在对实物损害不能恢复原状、返还原物时,对侵权所造成的损害进行折价,以金钱予以赔偿。实物赔偿较为少见,通常是指用同种类、同等质量的实物赔偿受害人的损害。例如,毁损他人手表,购买同样的手表予以赔偿。

(三) 人身损害赔偿

人身损害赔偿,是加害人对其侵权行为造成的他人人身损伤或生命丧失所承担的财产赔偿责任。一般而言,造成他人人身损害包括侵害他人健康权和侵害他人生命权两种类型,而两者的赔偿计算不尽相同。侵害他人造成人身伤害的,应当赔偿医疗费、护理费、交通费等为治疗和康复支出的合理费用,以及因误工减少的收入。造成残疾的,还应当赔偿残疾生活辅助具费和残疾赔偿金。造成死亡的,还应当赔偿丧葬费和死亡赔偿金(《侵权责任法》第 16 条)。

1. 侵害他人健康权

健康权是自然人以其身体内部机能和器官乃至整体的功能利益为内容的权利。侵害他人的健康权包括致人一般伤害和致人残疾两种类型。

(1) 致人一般伤害的赔偿范围

根据《人身损害赔偿解释》第 19—24 条,致人一般伤害的赔偿范围包括:医疗费、误工费、护理费和必要的交通费、营养补助费等必要费用。

医疗费根据医疗机构出具的医药费、住院费等收款凭证,结合病历和诊断证明等相关证据确定。赔偿义务人对治疗的必要性和合理性有异议的,应当承担相应的举证责任。医疗费的赔偿数额,按照一审法庭辩论终结前实际发生的数额确定。器官功能恢复训练所必需的康复费、适当的整容费以及其他后续治疗费,赔偿权利人可以待实际发生后另行起诉。但根据医疗证明或者鉴定结论确定必然发生的费用,可以与已经发生的医疗费一并予以赔偿。

误工费根据受害人的误工时间和收入状况确定。误工时间根据受害人接受治疗的医疗机构出具的证明确定。受害人因伤致残持续误工的,误工时间可以计算至定残日前一天。受害人有固定收入的,误工费按照实际减少的收入计算。受害人无固定收入的,按照其最近三年的平均收入计算;受害人不能举证证明其最近三年的平均收入状况的,可以参照受诉法院所在地相同或者相近行业上一年度职工的平均工资计算。

护理费根据护理人员的收入状况和护理人数、护理期限确定。护理人员有收入的,参照误工费的规定计算;护理人员没有收入或者雇用护工的,参照当地护工从事同等级别护理的劳务报酬标准计算。护理人员原则上为一人,但医疗机构或者鉴定机构有明确意见的,可以参照确定护理人员人数。护理期限应计算至受害人恢复生活自理能力时止。受害人因残疾不能恢复生活自理能力的,可以根据其年龄、健康状况等因素确定合理的护理期限,但最长不超过二十年。受害人定残后的护理,应当根据其护理依赖程度并结合配制残疾辅助器具的情况确定护理级别。

交通费根据受害人及其必要的陪护人员因就医或者转院治疗实际发生的费用计算。交通费应当以正式票据为凭;有关凭据应当与就医地点、时间、人数、次数相符合。

住院伙食补助费可以参照当地国家机关一般工作人员的出差伙食补助标准予以确定。受害人确有必要到外地治疗,因客观原因不能住院,受害人本人及其陪护人员实际发生的住宿费和伙食费,其合理部分应予赔偿。

营养费根据受害人伤残情况参照医疗机构的意见确定。

(2) 致人残疾的赔偿范围

加害人致人残疾的,除了应赔偿上述费用外,根据《人身损害赔偿解释》第25、26条,还应当赔偿受害人的生活补助费、残疾赔偿金、残疾辅助器具费和残疾者扶养人的必要生活费。

残疾赔偿金根据受害人丧失劳动能力程度或者伤残等级,按照受诉法院所在地上一年度城镇居民人均可支配收入或者农村居民人均纯收入标准,自定残之日起按二十年计算。但六十周岁以上的,年龄每增加一岁减少一年;七十五周岁以上的,按五年计算。受害人因伤致残但实际收入没有减少,或者伤残等级较轻但造成职业妨害严重影响其劳动就业的,可以对残疾赔偿金作相应调整。

残疾辅助器具费按照普通适用器具的合理费用标准计算。伤情有特殊需要的,可以参照辅助器具配制机构的意见确定相应的合理费用标准。辅助器具的更换周期和赔偿期限参照配制机构的意见确定。

2. 侵害他人生命权

侵权行为人实施非法行为,剥夺他人生命,应承担的损害赔偿范围包括四部分:一是医疗费等与一般伤害相同的赔偿项目;二是被扶养人的必要生活费,与致人残疾相同;三是丧葬费;四是死亡赔偿金。关于前两项赔偿,上文已有说明,此处仅就丧葬费和死亡赔偿金作一说明。

丧葬费按照受诉法院所在地上一年度职工月平均工资标准,以六个月总额计算。

死亡赔偿金按照受诉法院所在地上一年度城镇居民人均可支配收入或者农村居民人均纯收入标准,按二十年计算。但六十周岁以上的,年龄每增加一岁减少一年;七十五周岁以上的,按五年计算。

（四）精神损害赔偿

精神损害是一种无形的损害,表现为受害人的精神痛苦或精神利益的丧失或减损。精神损害的救济方式包括停止侵害、恢复名誉、消除影响、赔礼道歉、赔偿损失（《民法总则》第179条）。侵害他人人身权益,造成他人严重精神损害的,被侵权人可以请求精神损害赔偿（《侵权责任法》第22条）。虽然精神损害难以用金钱衡量,但损害赔偿往往能够起到抚慰受害人精神损害的作用,并对加害人具有较强的制裁力度。

[**争议点**] 人的精神利益无法以金钱衡量,对其损失予以金钱赔偿,有无"人格商品化"之嫌？传统侵权法上即以精神损害赔偿无异于将人格商品化,有违人之所以为人的基本尊严与个人价值为由予以否定。但否认精神损害赔偿请求权,将使单纯侵害非物质性人格权的行为无法得到有效制裁,客观上造成放纵甚至鼓励此类侵权行为的恶劣后果。消除影响、赔礼道歉等责任方式的力度极为有限,侵权人并不会因此遭受具有实际意义的损失,在实际效果上有悖于损失转移的法律目的。从受害人角度而言,财产权与物质性人格权尚可得到实际补偿,非物质性人格权的救济反而远比其他权利薄弱,不免对社会成员的权利感情与权利观念产生消极影响,即法律为非物质性人格权提供的保护远少于对其他权利的保护,人之尊严反而不及人之财产、人之身体,法律有关非物质性人格权的保护规定未免有沦为空文之嫌。故肯定精神损害赔偿,具有深远的社会意义与宏观价值。抚慰与补偿固为其应有之义,更重要者在于能够充分发挥侵权法的惩罚、威慑、预防功能,尤其对故意侵权行为课以惩罚性精神损害赔偿,其功能更非任何其他救济方式所能替代。

精神损害赔偿适用的范围包括：

1. 自然人的生命权、健康权、身体权、姓名权、肖像权、名誉权、荣誉权、人格尊严权、人身自由权受到侵害。法人或其他组织人格权遭受损害的,不适用精神损害赔偿。

2. 违反社会公共利益、社会公德侵害他人隐私或者其他人格利益。

3. 非法使被监护人脱离监护,导致亲子关系或者近亲属间的亲属关系遭受严重损害,监护人有权请求精神损害赔偿。

4. 自然人死亡后,其近亲属因下列侵权行为遭受精神痛苦,有权请求赔偿精神损害:(1)以侮辱、诽谤、贬损、丑化或者违反社会公共利益、社会公德的其他方式,侵害死者姓名、肖像、名誉、荣誉;(2)非法披露、利用死者隐私,或者以违反社会公共利益、社会公德的其他方式侵害死者隐私;(3)非法利用、损害遗体、遗骨,或者以违反社会公共利益、社会公德的其他方式侵害遗体、遗骨。

5. 具有人格象征意义的特定纪念物品,因侵权行为而永久性灭失或者毁损,物品所有人有权请求赔偿精神损害。

第五编　不当得利、无因管理、单方允诺

第二十二章　不当得利

第一节　概　述

一、不当得利的概念、性质与法理基础

《民法总则》第122条规定："因他人没有法律根据，取得不当利益，受损失的人有权请求其返还不当利益。"所谓"不当得利"，就是指没有合法根据取得利益而使他人受损失的事实。在这一事实中，取得不当利益的一方成为受益人，受到损失的一方成为受损人。依照法律规定，无正当理由致他人受损而自己获得利益的受益人，负有向受损人返还不当得利的义务，而受损人则享有请求受益人返还不当得利的权利。因不当得利而形成的债的关系中，不当得利返还请求权人为债权人，造成债权人损失而直接取得不当利益的人为债务人。

不当得利作为引起债的发生的法律事实，是属于行为还是属于事件，学说有分歧。通说认为，不当得利属于事件。因为不当得利本质上是一种利益，与当事人的意志无关。不当得利的发生原因既有事实行为也有事件，但法律不考虑受益人取得不当利益时的主观状态如何，仅根据无法律上的原因发生不当得利的这一事实，直接规定受益人的返还义务。亦即不当得利制度的目的，并不在于制裁受益人的不当得利"行为"，而在于纠正受益人不当得利这一不正常、不合理的"结果"，调整无法律原因的财产利益的变动。

不当得利制度是民法中比较抽象的制度，其抽象原因在于其基础，这是不当得利制度最具有理论争议之处。所谓"不当得利的基础"，是指判定不当得利的根据，何种情形才构成不当得利，即寻找受益的非正当性根据，通俗地说就是如何解释"无合法根据"（或"无正当理由""无法律上的原因"）这一问题。关于不当得利制度的基础，主要有非统一说和统一说。非统一说认为，各种不当得利形

态各有其构成要件与法理根据,并不存在统一适用于任何类型的不当得利的根据。统一说认为,不当得利应该有其统一的基础,所有不当得利都是在此基础上建立的,因此,对不当得利的核心构成要件"无合法根据"应该有统一的认识。多数学者认为不当得利就是违反公平正义而获得利益,违反正义就是"无合法根据",不当得利制度就在于调整违反公平正义的财产变动。公平说是最早用来解释不当得利制度的学说,在长达两千多年的发展过程中,公平正义说居于重要地位。依据这一观点,即使财产的变动在形式上是正当的,如果实质上有不正当情形,也可依不当得利要求返还,因此,不当得利请求权是在形式的法与实质的法发生冲突而有违正义时的救济手段。

不当得利制度的功能,在于认定财产变动过程中受益者得保有其所受利益的正当性是否具有法律上的原因。主要有以下两个功能:

1. 矫正欠缺法律关系的财货移转。基于当事人之间意思而发生的财货转移,系以有效的法律关系尤其是债之关系为基础。一方为财产的给付,当其法律关系不存在时,其财货的移转欠缺法律上的原因,构成非债清偿,有赖不当得利的有关规定加以矫正。

2. 保护财货的归属。不当得利请求权具有权利保护的作用。无论是矫正欠缺法律关系的财货变动还是保护财货的归属,不当得利法的规范目的在于去除受益人无法律上原因而受的利益,而非在于赔偿受损人所受的损害,故受益人是否有过失或者故意,其行为是否具有非法性,在所不问。

二、不当得利的沿革

现代法的不当得利制度,起源于罗马法上所谓的"condictio"(不当得利返还请求诉权)。"condictio"是一种对人诉讼,以请求给付特定债的标的物为内容,其主要特色在于诉讼上原告不必陈述被告应为给付的原因,具有广泛的适用范围,从而亦被用于请求被告返还无法律上原因而取得的特定标的物。随着商品经济的发展,民事关系日渐增多和复杂,有些既无合法契约关系又非因私犯而产生的义务,不加处理,显违公平原则。因此,该原则又发展为"任何人不得损人利己"的原则,以扩大适用范围,不局限于收回金钱和特定物,且可以索回所支出的费用。公平原则终于战胜了严格的市民法。但在古罗马法中并无现代意义所称"不当得利"之一般原则。罗马法是根据不当得利的发生原因承认个别的诉权,还没有统一的不当得利请求权。到了18世纪,自然法学者们将罗马法上的个别不当得利诉权发展为统一的、一般化的理论,以"通过他人受损失而自己获利,有悖于自然的正义"为基础,确立"任何人无正当理由因基于他人的损失而获利"之理论。

现代各国民法上普遍承认不当得利制度,确认不当得利是债的一种发生根据,但各国规定不尽一致。

大陆法系各国普遍将不当得利规定在民法典中。《法国民法典》以准契约的名目在第三编"取得财产的各种方式之非经约定而发生的债"中规定了若干不当得利类型,但未设不当得利的一般条款,仅列举了非债清偿等各种具体的不当得利形态(第 1376—1381 条)。德国普通法受自然法学说的影响,建立了不当得利制度的一般原则,《德国民法典》将"无法律上的原因"作为不当得利的构成要件,为《中华民国民法》所继受。《瑞士债务法》将不当得利作为债的发生之一规定在"总则"编的第一章第三节,规定了不当得利的构成要件、非债清偿、返还范围、请求费用、返还例外、诉讼时效等。《日本民法典》将不当得利规定在第三编"债权"中,较为详细地规定了善意受益人的返还义务、恶意受益人的返还义务、非债清偿、提前清偿、他人债务的清偿、不法原因给付等。苏联及东欧社会主义国家民法继承了由罗马法发展而来的不当得利制度,对我国 1949 年后的不当得利制度的确立,有直接的影响。现行《民法总则》规定的不当得利制度,仍属于继受源于古罗马法不当得利制度的范畴。

普通法系的不当得利制度发展较晚。英国早期普通法上奉行严格的诉讼程序和救济方式,无法定程式的诉求不能得到法律保护。为缓解普通法这种严酷性,贯彻公平原则,衡平法上的恢复原状(restitution)的救济方式逐渐趋发达。恢复原状之救济的核心,即是在一方当事人无正当理由(due cause)地以他人利益为代价获取利益时,对其课以返还该利益的义务。普通法学说与判例也偶尔使用不当得利一语,但更常用的仍是恢复原状,该用语与大陆法的不当得利名异实同。恢复原状之救济具有救济事由的广泛性、救济手段的多样性的特征,能够灵活适应纷繁复杂的社会生活关系对法律救济的需求,补充合同救济与侵权救济的不足。因合同法与侵权法作为规则主导型法律,其中的救济具有构成要件较为明确、救济方式较为有限、救济范围较为固定的特征,易出现法律漏洞。而恢复原状法属于原则主导型法律,以弹性与灵活性为其本质,在某种意义上居于合同法与侵权法的"兜底法"的地位。经由数世纪的变迁,恢复原状之救济逐渐发展成为与合同救济、侵权救济鼎足而立的法律救济方式,恢复原状法也已成为与合同法、侵权法并驾齐驱的法律部门。美国法沿袭英国普通法之制度,亦以"恢复原状"名之,美国法学会(American Law Institute)于 20 世纪初期编纂的《恢复原状法重述》(Restatement of Restitution)系统地总结了该制度。至 20 世纪 60 年代始开始编纂第二次重述时,正式将其命名为《恢复原状与不当得利法重述》(Restatement of Restitution and Unjust Enrichment)。

三、不当得利的种类

不当得利依其不同的发生原因,可分为给付型不当得利与非给付型不当得利。给付型不当得利,以非债清偿型不当得利为典型;非给付型不当得利,以侵害他人权益型不当得利为典型。

(一)非债清偿型不当得利

1. 非债清偿型不当得利的含义

非债清偿,是指无债务而以清偿的目的为一定给付。这是一种基于给付而发生的不当得利,非债而为给付,因给付原因不存在,受益人的受益无合法根据,因而构成不当得利。其效力在于使给付者得向受领者请求返还其欠缺给付目的而为的给付。如《日本民法典》第705条规定:"作为非债清偿而为给付者,如当时已知不存在该债务,则不得请求返还。"对此作反面解释,如行为人在为清偿行为时不知没有债务而为清偿,则可以要求返还。在非债清偿的情形,无论各国民法有何区别,对这一问题一般都设有规定。这一制度在市场经济及私法自治的环境下,具有重要意义,即法律一方面可由民事主体依其意思从事各种交易,决定其给付目的;另一方面又设不当得利制度,调整欠缺目的的财产变动,以补救失败的交易。

2. 非债清偿型不当得利的要件

非债清偿型不当得利系因给付而取得利益,其要件如下:

(1)须为清偿债务而为给付

给付,是债务人应为之行为,是有意识、基于一定目的而为的行为。此种给付须基于行为人清偿债务的意思而为之,如非基于清偿债务的意思而为的给付,则不成立非债清偿型不当得利。

(2)须一方由于给付而受损害

一方因其给付行为而使其财产减少。例如,甲误以为其与乙之间的债务还存在,而以清偿为目的向乙为给付行为,此时,甲的财产由于其给付而减少。

(3)须清偿人的受损失与受领清偿人的取得利益之间具有因果关系

清偿人的受损失与受领清偿人的取得利益之间具有因果关系,受损与受利益基于同一事实同时发生。

(4)须不存在债务

非债清偿的构成首先要求受领人与给付人之间不存在债务。如果两者之间存在自然债务,清偿人不知为自然债务而为给付时,仍成立非债清偿,只是此时不必履行不当得利的返还义务。法律债务不存在,须是事实上不存在债务,包括自始不存在的债务和嗣后不存在的债务,而清偿人或受清偿人主观上以为其存在并为清偿行为或接受清偿人的清偿行为。

(二)侵害他人权益型不当得利

1. 无权处分类型

无权处分,是指无权利人以自己的名义处分他人财产的行为。无权处分与不当得利之间的关系,在交易中最为常见。无权处分,除经权利人的追认或者无权处分人取得权利外,不发生法律上的效力,受让人不能取得标的物的所有权。但是民法上为维护交易安全,创设了善意取得制度,法律赋予善意的受让人取得物的所有权,而使原权利人丧失标的物的所有权。此时,原权利人的权利如何救济,便是不当得利制度发挥作用的时机,原权利人虽不能要求善意取得人返还标的物,但可依不当得利请求权要求无权处分人返还其处分所带来的不当得利。

根据善意取得人取得时是否有偿,可以区分为以下两种情况:

第一,有偿的无权处分。在这种情形,根据善意取得制度,在善意取得人取得标的物的所有权后,原权利人可请求无权处分人返还因其处分而获得的不当得利。

第二,无偿的无权处分。在此种情形,受让人不得依善意取得制度取得所有权,原所有权人则可依所有物返还请求权请求返还原物,或依占有不当得利返还请求权请求返还占有。

2. 无权使用类型

无权使用类型包括无权利人本人非法使用他人财产和非法利用他人财产获得收益。无权利人本人非法使用他人财产,如承租人在租赁期间届满后拒不返还并继续占有他人房屋;非法利用他人财产获得收益,如无权利人非法出租他人财产获得租金的行为。无权处分人非法使用他人财产或者非法出租他人财产获得收益,都构成不当得利。于此种情形,物的所有人可依违约责任或侵权责任追究无权处分人的责任,并可要求其返还由此所获得的不当得利。

第二节 不当得利的要件与效力

一、不当得利的要件

关于不当得利的要件,虽有三要件说或者四要件说,但不存在实质性区别。一般认为,不当得利须具备以下四个要件才能成立:

(一) 须一方受益

所谓"受益",是指因一定的法律事实而增加了财产或者利益上的积累,但不能用金钱价值衡量的利益不在此限。受益表现为财产利益的积极增加或者财产利益的消极增加。财产利益的积极增加包括:(1) 财产权利的取得。例如所有权、用益物权、担保物权、知识产权、债权的取得。(2) 占有的取得。占有人因占有的事实而取得持有财产利益的法律地位。(3) 财产权利的扩张。财产权利人在原有权利的基础上扩张了行使权利的标的范围或者权利的效力范围,如因添附而使所有权有所扩大。(4) 财产利益上的负担消灭。(5) 债务消灭。财产利益的消极增加,是指财产利益本应当减少而因一定法律事实未减少。财产利益本应减少而未减少,客观上仍然可以归结为利益的增加。财产利益的消极增加具体有:(1)本应承担的债务或者责任没有承担或者少承担。(2)本应支出的费用没有支出或者少支出。(3)本应设定的权利负担没有设定。

(二)须另一方遭受损失

所谓"损失",指因一定的法律事实而致财产利益减少或者丧失。不当得利构成要件所指"损失",不同于因侵权行为或者违约行为所造成的"损失",而应当作更为宽松的解释。不当得利制度的功能,不在于填补损害,而在于使受益人返还其没有法律上的原因所取得之利益。因此,不当得利制度所称"损失",应与赔偿损失所称的"损失"严格区别。在给付不当得利之情形,一方因另一方为给付而受利益,对另一方即构成损失;在非给付不当得利之情形,一方取得依权利内容应当归属于另一方的利益,另一方即构成损失。

损失包括积极损失和消极损失。积极损失,是指现有财产利益的减少,如所有权的丧失、担保权的消灭等;消极损失,是指财产应增加而未增加,即应得财产利益的损失。应得利益指权利人在正常情况下可以得到的利益,并非指必然得到的利益。例如没有合法依据使用他人的土地,所有人将丧失对该土地的使用收益的利益,尽管该利益不是所有人必然能得到的,但也不失为其损失。

(三)须一方取得利益与另一方受损失之间有因果关系

受益与受损之间应当存在因果关系。但不当得利法上的因果关系,以取得利益与他人受损之间有牵连关系为基础。所谓"牵连关系",是指取得利益与他人受损二者发生的原因事实之间的关联。不当得利构成要件之因果关系,不同于民法损害赔偿责任所要求的因果关系,即使取得利益和他人受损产生于不同的原因事实,若社会观念认为二者之间有牵连关系,即可认为存在因果关系。

基于对不当得利制度基础的不同认识,对不当得利制度因果关系的认识有统一说和非统一说。统一说谋求对这两种结果之间的关系作统一的解释。而非统一说认为,对受损害与受利益之间关系的探究,不能脱离不当得利制度的基础即"无法律上原因"。统一说中关于受利益与受损失之间的因果关系,有直接因果关系说与非直接因果关系说两种学说。按照直接因果关系说,须一方受益和另一方受损产生于同一原因事实,才认可其具有因果关系;如果受利益与受损失是由两个不同的原因事实造成的,即使二者之间有牵连关系,也不应视为具有因果关系。例如,甲依据无效的合同自乙处购得瓷砖用于装饰丙的房屋,乙不得向丙请求返还不当得利。此例中,乙的损失是由无效合同造成的,而丙的受益是由于甲对乙的行为,因此乙受损失与丙取得利益的原因并不是同一个事实,二者之间没有直接的因果关系,丙不构成不当得利。因此,直接因果关系说旨在适当限制不当得利返还请求权当事人的范围,使受损人不得对于间接获利的第三人请求返还其所受的利益。直接因果关系说使不当得利只能发生于有直接权益变动的当事人之间,有利于维持市场交易的安全。按照非直接因果关系说,不要求一方受益和另一方受损产生于同一原因事实,即使产生于不同的原因事实,若社会观念认为二者之间有牵连关系,亦认可存在因果关系。因此,此种学说又称为"社会观念说"。该说认为,如果认为受损害与受利益之间必须具有直接的因果联系,则违背了不当得利制度的立法目的,会导致为实现公平正义而设立的不当得利制度在运用上陷入僵化。不当得利制度的适用范围固然应该明确,但并非必须有直接因果关系的存在,而仅须于社会观念上认为有相关性即可。例如,甲骗乙的钱而对丙为非债清偿,若依直接因果关系,丙显然不构成不当得利,而依非直接因果关系或依社会观念,显然这二者之间有牵连关系,则丙构成不当得利。

我国立法并未明定采取何种立场。因不当得利制度对于不公平的财产变动关系具有调节作用,非直接因果关系说可以充分实现不当得利制度的此项功能。鉴于不当得利制度的目的在于调节个别当事人之间的"没有法律上的原因"所发生的财产权益的变动,对市场交易的安全并无直接的妨碍,故采非直接因果关系说较为切合不当得利制度的宗旨。

(四) 没有合法根据

获得利益须有法律上的正当性,欠缺正当性时,法律则依据不当得利制度予以矫正以维护社会公平。在不当得利的构成中,受益的一方须无合法的根据,这是成立不当得利之债的一个至关重要的条件。所谓"没有合法根据",即受利益缺乏正当性,或者受利益违反公平正义,或者双方之间本无债权关系,或者一方受益时有合法根据,嗣后由于情况发生了变化而丧失了合法根据。受益的合法根据的含义因不当得利属于给付不当得利或者非给付不当得利而有不同。在给付不当得利的情形,没有法律上的原因实际为给付原因欠缺,主要有给付原因自始不存在、给付原因嗣后不存在以及给付目的落空三种;在非给付不当得利的情形,没有法律上的原因,或为侵害他人权益,或为欠缺受益基础,或为基于法律的直接规定。

二、不当得利的效力

不当得利一经成立,发生由受益人向受损人返还不当利益义务之法律效果,即发生受损人向受益人的不当得利返还请求权。不当得利的债权人、债务人并不限于有直接损益变动关系的受损人、受益人。不当得利之债的债务人,包括与债权人有直接损益变动而取得利益的人以及其权利义务继受人,但不包括因一定法律事实而受让不当得利之第三人。例如受益人将其利益转让给善意第三人,此时善意第三人如受善意取得制度的保护,不能成为不当得利之债的义务主体。不当得利之债的债权人,包括与债务人有直接损益变动关系的债权人,也包括其权利义务继受人。

1. 不当得利返还的标的

根据传统民法的观点,不当得利返还的标的包括原物以及由原物产生的利益。但是,由于在受益人取得不当得利和返还不当得利之间有一段时间间隔,其间利益形态可能已经发生了变化,因此,有必要确认不当得利返还的标的形态。不当得利返还的客体即为受益人所取得的利益,包括原受利益和本于原受利益所取得的利益。原受利益是指受领人因给付或非给付所受利益本身,为不当得利成立时所受的利益。表现为积极利益和消极利益,已如前述。

将本于原受利益所取得的利益包括在不当得利返还之列,为各国普遍做法。本于原受利益所取得的利益主要包括以下三类:

(1) 原物的用益。包括原物的孳息(天然孳息和法定孳息)以及使用利益。根据《民通意见》第131条,返还不当得利,应当包括原物和原物所生的孳息,但同时规定,利用不当得利所获得的其他利益,扣除劳务管理费用后应当予以收缴,这一规定与不当得利之宗旨不尽相符。按照权益归属理论,利用不当得利所取得的其他利益,原则上应该返还给受损害人,这在侵权型不当得利的情形下尤其具有意义。不当得利之债一般仅关乎私人之间损益的分配,公权力的此种干预并无必要。

(2) 基于使用权利而获得的利益。例如擅自使用他人商业秘密所得收益。

(3) 原物的替代物。如原物因他人的侵权行为或其他原因而毁损时,债务人从他人处所获得的损害赔偿金、保险金,因被征收、征用而获得的补偿费等。

不当得利之债的债务人在返还不当得利时以返还原物为原则,如果原物返还已不可能,则偿还价额。价额的计算应以不当得利请求权成立时当地的市场价为准。

2. 不当得利返还的范围

不当得利返还的范围,根据受益人在受益时的善意、恶意而区别对待。善意与恶意以是否知道"没有合法根据"为界限。我国现行法对善意与恶意未作区分,适用时应依据不当得利制度的目的作肯定解释。

(1) 受益人为善意时的返还范围

受益人为善意,即受益人在受益时不知其受益"没有合法根据"而受益,也称"善意受益"。在此情形下,其返还的范围以不当得利返还请求时的现存利益为限。如果请求返还时其利益已经不存在,则不论出于何种原因不存在,受益人都不负返还责任。所谓"现存利益",是指受益人主张不当得利返还请求权时所存在的利益,不以原利益形态为限,虽然原利益形态已经不存在,但是其代替物如出卖所得的价款、所获得的损害赔偿金、保险金等还存在的,也属现存利益,债务人仍须负返还责任。

无论受益人的受益如何,债务人所返还的范围都以受损害人所受到的损害为限,超过部分不予返还。

(2) 受益人为恶意时的返还范围

受益人为恶意,是指受益人在受益时知道其取得利益"没有合法根据",也称"恶意受益"。于此情形,受益人应当返还其所取得的全部利益,即使利益已经不存在,也应全部返还。

(3) 受益人受益时为善意、其后为恶意时的返还范围

受益人在受益时并不知道"没有合法根据",但是以后知道的,其返还的范围以知道"没有合法根据"为分界点,并根据以上两种情况决定其返还的利益范围。

三、不适用不当得利的例外情形

不适用不当得利的例外情形,是指具备不当得利的构成要件,但是依据法律规定不得请求返还不当得利的情形。主要包括两类,即非债清偿之例外与不法原因给付。

(一) 非债清偿之例外

非债清偿原则上构成不当得利,应予返还,但有下列情形之一者除外:

1. 符合道德观念的给付

因履行道德上义务而为给付,例如对于拯救自己生命的人给予重金酬谢,不得请求不当得利返还。此规定的目的在于协调法律与道德、社会责任之间的关系,使法律规定符合社会伦理道德或者社会生活观念。

2. 履行未到期的债务

债务人在履行期限届至前为履行的,不得请求返还。所谓"期限利益",例如债权人受领后利用清偿利益所得的孳息(将债务人支付的价款存入银行所得的利息等)。当债务人在清偿期未届满而为清偿时,债务人由于提前清偿而丧失其期限利益,债权人由此而得到利益。于此情形,可视为债务人自愿放弃了他的期限利益。但债务人因错误而为履行的,债权人应返还由此取得的期限利益。

3. 明知没有债务而为给付

一方明知自己没有给付义务而向他人交付财产,对方接受该财产的,无须返还不当得利。给付人明知没有给付义务而为给付,对于其因自己不合理行为而产生的损失,法律自无保护的必要。并且,禁止给付人请求返还,旨在否定其反复无常的行为,法理基础为"禁反言原则"(doctrine of estoppel)。

但给付人的非债、自愿给付是以逃避法律规定为目的而损害第三人的权益的,则可要求返还。

[**争议点**]　诉讼时效完成后的给付是否构成非债清偿之例外？

在采绝对消灭说的情形下，时效完成后，实体权利消灭，此时债务人清偿债务已不存在法律上的原因，构成非债清偿。但该给付属于符合道德观念的给付，故债务人不得请求返还。在采相对消灭说的情形下，时效完成仅消灭胜诉权或请求权，债权仍然存在，故并不构成不当得利。在债务人明知时效完成的情形下，无论采何种学说，均可视为债务人自愿抛弃时效利益，当然不得请求返还。我国现行法采相对消灭说。《民法总则》第192条第2款规定，诉讼时效期间届满后，义务人同意履行的，不得以诉讼时效期间届满为由抗辩；义务人已自愿履行的，不得请求返还。《民通意见》第171条规定，超过诉讼时效期间，义务人履行义务后，又以超过诉讼时效为由反悔的，不予支持。

(二) 因不法原因而为给付

所谓"不法原因给付"，指给付的原因违反法律、行政法规的强制性规定，以及违反公序良俗。给付原因不法，不得请求不当得利返还。但给付的不法原因仅存在于受益人一方时，受益人取得利益没有法律上的原因，给付行为本身并不违反强行法的规定或者社会公共利益，给付人可以请求受益人返还其所受之利益。

[**示例**]　有妇之夫赵某包养刘某，约定包养期一年，支付费用20万元，先付10万元，另10万元写下欠条。后因赵某一直未按协议给付欠款，刘某便将其告上法庭，要求赵某给付尚欠补偿金10万元。在庭审中，赵某提出反诉，要求刘某返还两年前已给付的10万元现金。本案中，双方发生两性关系有悖于公序良俗，由此而产生的债权债务关系不受法律保护，因此，刘某不得要求赵某支付尚欠的补偿金。同时，适用不法原因给付原则，给付原因违反公序良俗，赵某亦不得请求刘某返还先付的10万元。

第二十三章 无因管理

一、无因管理的意义

无因管理是指没有法定的或者约定的义务,为避免他人利益受损失而进行管理或者服务的法律事实。事务受他人管理或服务的一方称为"本人"或"受益人",进行管理或服务的一方称为"管理人",本人和管理人均可以是自然人,亦可以为法人或其他组织。《民法总则》第121条规定:"没有法定的或者约定的义务,为避免他人利益受损失而进行管理的人,有权请求受益人偿还由此支出的必要费用。"

[示例] 甲、乙为好友,甲病亡时身边无亲人,乙便为其支出了丧葬费,后甲配偶丙返回,乙可依无因管理请求丙返还所支出的费用。

无因管理是一项古老的法律制度,最早起源于罗马法。无因管理制度旨在保障协助他人者的利益,同时又要保护每个人就自身的事务不受过度干预,另一方面,将这种不属于契约关系而涉及他人财产利益的行为的利益及费用加以规范。现代大陆法系各国大多明文予以承认。普通法系更强调个人主义原则,并不肯定自作主张管理他人事务者的诉权,以防个人自治领域随意受他人干预。但在个别情形下,裁判法也持肯定立场。

二、无因管理的性质

罗马法把无因管理视为一种准契约,《法国民法典》沿袭了罗马法的观点。在德国,学说上曾认为无因管理是准法律行为,应类推适用关于法律行为的规定,以管理人有行为能力为必要。《意大利民法典》第2029条规定,管理人应当有缔约能力。但现代各国法大都认为无因管理属于事实行为。首先,无因管理与人的意志有关,不属于事件,而属于行为。其次,在无因管理中,管理人并不以发生一定民事法律后果为目的而实施管理行为,因此不以管理人的意思表示为要素,无因管理之债的发生及其内容完全基于法律的直接规定,而不问管理人是否具有此种效果意思。而法律行为以意思表示为要素,故无因管理不属于法律行为。尽管法律也要求管理人有为他人管理的意思,但这种意思并非效果意思,也不需要通过某种方式表示于外部。

另有学者指出,无因管理行为与一般的事实行为不同,属于混合的事实行为。一般的事实行为不以人的精神作用为必要,也就是与人的心理状态无关,而无因管理行为是以人的精神作用为要素的行为。①

三、无因管理的要件

(一) 管理他人事务

1. 须为管理事务

所谓"管理",指对事务进行处理,实现事务内容的行为。管理事务的手段可以是事实行为,如抢救他人失火的财物,也可以是法律行为,如雇人修缮他人的房屋。在实施法律行为时,管理人可以以自己的名义,也可以以本人的名义。如管理人以本人名义实施法律行为,则还会发生无权代理的问题。

对下列事务的管理不能构成无因管理:(1) 违法的或违背公序良俗的行为;(2) 不发生民事法律后果的纯粹道义上的、宗教上的或者其他一般性的生活事务以及与社会公益相关的事项;(3) 单纯的不作为;(4) 依照法律规定须由本人实施或须经本人授权才能实施的行为。

2. 须为他人事务

纯为自己的事务不能成为无因管理上的事务。但管理的事务系为管理人自己和他人的共同事务时,可以就属于他人的事务部分成立无因管理。

事务可能由于其属性在客观上即属于他人的事务,此即客观的他人事务属性,具有该属性的事务为客观的他人事务。但也有必须等到事情发展到一定程度始显现出其他人事务属性的,例如购买建材为他人修缮房屋的情形,在购买阶段,该买卖契约之他人事务属性并不明显,必须等到所购建材运至修屋现场,甚至将之用在他人房屋上,使之因附合而成为他人房屋的成分时,才显现出其他人事务属性。在此之前,该建材之购买是否因管理人的主观意思,而提前认定其具有他人事务属性?此即主观的他人事务属性的肯定问题,以持肯定见解为当,具有该属性者为主观的他人事务。

(二) 为他人管理事务的意思

为他人管理事务的意思,为无因管理成立的主观要件,也是无因管理阻却违法性的根本原因。为他人管理的意思,又称"管理意思",指管理人在进行管理事务时,所具有的为他人谋取利益的意思或者使管理所产生利益归属于他人的意思。管理意思的有无,成为区分无因管理与侵权行为、不当得利的标志。管理人是否具有管理意思,可从管理人是否具有"为避免他人利益受损失"的动机、目的以及效果进行综合判断。对管理人是否有管理意思发生争议时,应由

---

① 参见史尚宽:《债法总论》,中国政法大学出版社2000年版,第58页。

管理人承担举证责任。无因管理的成立虽以管理人有为他人管理事务的意思为要件,但并不以管理人将其管理意思对外或对本人表示为必要。表示与否,仅具有事后证明的意义。事前或在管理中,管理人如未将其为本人管理事务的意思表达出来,因该意思属于内心世界的事项,事后其有无之证明便只能借助于外部的表见事实,通过推论间接证明,由此将增加管理人证明无因管理成立的难度。

管理人管理的事务具有客观的他人事务属性的,推定管理人有为他人管理事务的意思;反之,如仅具有主观的他人事务属性,管理人应举证证明其有为他人管理事务的意思。管理人为他人管理的意思并不以管理人完全为他人管理事务的意思为必要,可以兼有为自己利益的意思。

另外,学说认为无因管理原以"为他人管理事务之意思"为要件,具有该意思而管理他人事务者称为"真正的无因管理",不具有该意思而管理他人事务者称为"不真正的无因管理"。在真正的无因管理中,其管理事务不违反本人明示或可以推知的意思,且以有利于本人的方法为管理的,为适法的无因管理;管理事务不合于上述要件的,则为不适法的无因管理。后者又称为"不当的无因管理",例如清偿他人拒绝给付的自然债务,或违反他人意思,擅自将他人交由自己代管的房屋出租为他人赚取租金等。对于不当的无因管理,因管理行为无违法性阻却事由,依侵权法的规定,管理人应负损害赔偿责任。至于因不当的无因管理所生的利益,本人可请求返还因管理所得的利益,例如上例中,得请求返还管理人所收取的房租,但应在所得利益范围内,偿还管理人支出的必要费用;当然,本人亦可不主张因无因管理所得利益,而依不当得利法主张权利。

在不真正的无因管理中,管理人为自己的利益而事实上管理了他人事务,管理人没有为他人利益管理他人事务的意思的,为误想管理;明知是他人事务而当成自己的事务而为管理的,为不法管理。误想管理和不法管理构成侵权行为,管理人的管理行为致使本人遭受损害的,应当承担民事责任。但若他人对管理人的管理行为表示承认,则溯及地发生无因管理的效果。承认可以是明示的,也可以是默示的。

(三) 无法律上的义务

无因管理中的"无因"是指管理人的管理没有法律上的原因或根据。《民法总则》规定为"没有法定的或者约定的义务"。法定的义务是指法律直接规定的义务,例如失踪人的财产代管人管理失踪人的财产是民法上规定的义务;约定的义务是指管理人与本人基于合同而约定的义务。在实际生活中,这类合同主要是委托合同,因此,许多国家民法在规定"无因"时均特别提到管理人"未受委托",含未受本人及第三人的委托。当然其他一些合同亦可产生管理他人事务的义务,如雇佣合同。

认定管理人有无管理他人事务的义务,应以管理人着手管理时的客观事实而定,而不能以管理人主观的判断为标准。管理人原无管理的义务,但于管理时有义务的,不能成立无因管理;反之,管理人原有管理的义务,但于管理时已无义务的,则自没有义务时起可成立无因管理。管理人事实上没有管理的义务,而管理人主观上认为有义务的,可以成立无因管理;管理人事实上有管理的义务,而主观上误认为无义务的,则不能成立无因管理。

四、无因管理的效力

无因管理一经成立,则产生两方面的效力。一方面为阻却违法性,即管理人的管理行为成为合法行为,而非违法行为,不构成侵权行为。无因管理人虽干预他人事务,但系以为他人谋利为目的,其管理并不违反他人的意思,或虽违反其意思,但系为维护公益,故法律使其具有阻却违法性,成为合法行为。但管理人就其管理的目的、方法上因过失而致本人受到损害时,则可能产生义务不履行的赔偿责任。若在管理过程中,管理人出于故意或过失不法侵害本人的合法权益,此种侵害与事务管理无关或者仅与事务管理具有间接关系时,仍成立侵权行为。另一方面则为无因管理之债,即在管理人与本人之间产生债权债务关系。无因管理之债的内容也就是管理人与本人双方当事人享有的权利和负担的义务。对于无因管理之债的内容,可以从管理人的义务和权利两方面说明。

(一)管理人的义务

管理人的义务是管理人在着手管理后依法承担的义务。

1. 适当管理的义务

管理人的基本义务就是不违反本人意思,以最适合于本人利益的方法为适当管理。所谓"本人的意思"包括本人明示或可推知的意思。本人的意思与其根本利益不一致的,管理人则应依其根本利益而为管理。

[示例] A患重病,邻居B欲送其就医,A因家贫无力支付高额医药费,明确表示拒绝。不久A陷入昏迷。B见事态危急,火速将A送至医院,并先行垫付医药费。B、A之间构成无因管理。

管理方法是否最适合于本人利益,应以管理人管理事务当时的具体情况而定,不能以管理人的主观意思而定。管理人应尽善良管理人的义务,亦即如同管理自己的事务一样管理本人的事务。管理人虽主观上认为其管理方法有利于本人,但客观上不利于本人,甚至使本人利益受损失的,则其管理是不适当的。反之,本人主观上认为管理人的管理方法不利于自己,但从客观情况看,是有利于本人利益的,则管理人的管理方法是适当的。如果管理人所管理的事务是本人应尽的法定义务或公益义务,则管理的结果即使不利于本人,管理人的管理也是适当的。

[示例] 甲为个体工商户,拖欠税款拒不缴纳。后甲因家事而关门返回家中处理,此间,邻街商户乙代甲缴纳了税款。乙的行为虽违反甲本人的意思,但仍构成无因管理。

管理人因过失造成本人损害,或者因其不合理中断管理造成本人损害的,应当承担赔偿责任。管理人所为管理行为违反本人利益,或者违反本人真实意思或者可推知的意思的,视为管理人有过失。如管理系为本人尽公益上之义务,或为其履行法定扶养义务,或本人之意思违反公共秩序善良风俗的,即使违反本人真实意思或者可推知的意思,管理人也不构成过失。

2. 通知义务

管理人在开始管理后,应当将开始管理的事实通知本人,但有以下情形之一的,管理人对本人不负通知义务:(1) 管理人无法通知的。包括管理人不知道本人是谁、本人的住址或下落不明,或者知道本人下落但因情况紧急而不能通知的。(2) 本人已知的。管理人将开始管理的事实通知本人后,如无急迫的情形,应停止管理,等待本人的指示。管理人未履行通知义务的,对因其不通知所造成的损失负赔偿责任。

3. 继续管理义务

管理人在本人、本人的继承人或法定代理人可以进行管理前,应当继续管理。但继续管理违反本人意思或者显然对本人不利的除外。无因管理应当符合本人意思或者有利于本人,如本人或者其继承人、代理人已经可以管理其事务,管理人仍然继续管理他人事务,将与本人的意思或者利益发生直接冲突,更有悖于民法不干预他人利益的基本理念。如本人、其继承人或代理人不能对其事务进行管理,管理人放任此等情形而终止对本人事务的管理,亦违反其开始管理后所应当承担的诚信义务,故法律规定管理人有继续管理的义务。管理人承担继续管理义务,应当符合本人意思或者有利于本人利益,否则管理人的行为将构成不法无因管理,而应对本人承担民事责任。

4. 报告与计算义务

管理人开始管理后应及时向本人报告事务管理的进行情况及其管理结果,但管理人不知道本人是谁、本人的住址或下落不明致使无法告知的除外。在管理关系终止时,管理人应将因管理所收取的物品、金钱及孳息交付给本人,并应将因管理所取得的权利移转于本人。按照无因管理制度的目的,管理人不得因无因管理行为而获益。故管理人在无因管理期间受领第三人所为给付的,应当向本人交付。管理人为了自己的利益使用应交付于本人的金钱的,应当自使用之日起支付利息,如有损害并应赔偿。管理人因尽报告义务所支出的费用,属于管理人为无因管理所支出的必要费用,由本人负责偿还。

(二) 管理人的权利

管理人的权利即本人应承担的义务。

1. 必要费用偿还请求权

无因管理人的权利主要就是请求本人偿付由管理事务所支出的必要费用。《民法总则》第 121 条规定，管理人"有权请求受益人偿还由此支出的必要费用"。本人应偿还管理人为管理本人事务所支出的必要费用，并应同时偿还自支出时起的利息。该费用是否为必要，依支出时的客观情况判定，而不以管理人的主观认识为准。

必要费用不包括管理人的报酬。管理人对本人不享有因从事无因管理而收取任何报酬的权利，但本人自愿支付报酬的除外。鉴于无因管理本为社会善良行为，法律鼓励社会成员从事无因管理，但不鼓励社会成员通过无因管理为自己谋取利益。管理人因无因管理行为而收取报酬，与无因管理制度为他人利益而存在的基本目的不合，因此法律明确规定管理人无收取报酬的权利。但如本人自愿向管理人支付报酬，因管理人付出了劳动，本人自愿支付的报酬为劳动之对价，具有法律上的原因，自应受法律保护。且本人自愿对管理人支付报酬，纯属私法自治范畴，法律无须干预。

2. 负债清偿请求权

管理人在事务管理中以自己名义为管理事务向第三人负担的必要债务，本人应当予以清偿。本人应当负责清偿的债务，也仅以为事务管理所必要者为限。对于管理人所负担的不必要债务，本人不需负责清偿，而应由管理人自行负责清偿。本人向第三人为清偿时，可适用债务转移的规定。

3. 损害赔偿请求权

管理人为管理事务而遭受损害时，本人应当予以赔偿。本人对于损害的发生有无过失，在所不问，但如果管理人对于该损害的发生也有过失的，应适当减轻本人的赔偿责任。如果管理人对该损失的发生没有过失，而该损失又大于本人因管理所受的利益的，仍应由本人承担责任，否则不利于贯彻法律鼓励补偿无因管理的宗旨。

(三) 紧急无因管理

管理人为避免对本人身体、名誉或者财产的急迫危险而管理其事务，属于紧急无因管理，管理人对因此造成本人的损害不承担赔偿责任，但管理人有恶意或者重大过失的除外。急迫危险，指不采取一定的行为不足以避免本人的身体、名誉或者财产所面临的危险。

当本人的身体、生命、名誉或者财产面临急迫危险时，管理人为本人之利益进行无因管理，造成本人损害，仅因管理人有过失，就要求其承担损害赔偿责任，则相对于管理人积极助人的良好愿望，以及本人已经或者可能避免之急迫危险而言,未免不近情理。且在本人的身体(包括生命)、名誉或者财产面临急迫危险时,要求管理人对自己之一般过失行为承担责任,则管理人不得不考虑自己之无因管理的妥当性,将妨碍管理人及时有效地进行无因管理。有鉴于此,法律对紧急无因管理中的管理人作出豁免规定,以鼓励管理人积极进行无因管理。

第二十四章 单方允诺

一、单方允诺的概念与特征

单方允诺,是指行为人对不特定人作出给付的意思表示之单方行为。作出单方允诺的行为人,为允诺人。

单方允诺的法理基础在于,根据私法自治原则,民事主体在不违反法律的禁止性规定和公序良俗的前提下,可以任意地处分自己的财产或权利。民事主体完全可以根据自己的需要,为自己单方面设定义务。一旦作出允诺,即应恪守信用,不得随意撤回允诺,以免损害相对人的信赖利益。

单方允诺作为债的发生根据之一,具有如下特征:

1. 单方允诺属于意定之债,适用民法总则中关于意思表示的规定。单方允诺是表意人单方的意思表示,不需要相对方对其意思表示进行承诺,因而区别于合同。合同是双方当事人意思表示一致的结果,仅有一方的意思表示,合同不能成立。

2. 单方允诺的意思表示的相对人是不特定的人。凡是符合单方允诺中所列条件的人,都可能成为债权人,取得表意人所予允诺的权利。

3. 单方允诺的内容是表意人为自己单方设定某种义务,使相对人取得某种权利。单方允诺不需要相对人付出对价,合同中的等价有偿的原则在单方允诺中并不体现。单方允诺的内容仅以给付为限。给付为债之标的,欠缺给付内容之意思表示,不能引起债的发生,不构成单方允诺。

4. 单方允诺之债在相对人符合条件时才发生。允诺人指定的条件成就,且相对人可以确定时,在允诺人与相对人之间发生债权债务关系。

二、悬赏广告

(一)悬赏广告的概念

悬赏广告是最常见的单方允诺的形态。悬赏广告,是指允诺对实施或者完成特定行为的人给付一定报酬的公开的单方允诺。

(二)悬赏广告的法律性质

对于悬赏广告的性质,历来有两种对立的观点,一为契约说,一为单独行为说。

　　契约说认为,悬赏广告是对不特定人发出的要约,相对人只要完成广告中约定的指定行为,即构成有效承诺,合同成立,随即在广告人与相对人之间产生合同之债的约束力。完成广告指定行为的相对人享有报酬请求权,悬赏人负有按照悬赏广告的约定支付报酬的义务。日本及我国台湾地区部分学者持此观点。普通法系亦持该立场,认为悬赏广告为单务合同(unilateral contract)。

　　单独行为说认为,悬赏广告不是要约,而是广告人单方作出的单独法律行为。广告人的悬赏广告行为一经作出,即负有对完成指定行为的相对人支付报酬的义务,却不具有任何契约说主张的合同权利。同时完成指定行为的相对人享有报酬请求权,不必负担任何合同义务。在悬赏广告中,广告人对完成一定行为的相对人负有单方面支付报酬义务,不需要相对人作出承诺。瑞士、德国及我国台湾地区的部分学者采此观点。

　　在契约说与单独行为说的实益比较上,单独行为说优于契约说,理由在于:

　　1. 将悬赏广告认定为单独行为,有利于维护相对人的利益。按契约说,契约为双方法律行为,以主体意思表示为要素,以契约主体具备行为能力为生效要件。如果相对人为无行为能力人或限制行为能力人,即便完成广告规定行为,广告人仍可以其无适法资格,主张合同无效而逃避义务。而按单独行为说,单独行为是仅由一方意思表示而成立的法律行为,只要广告人发出了悬赏广告,约定不特定相对人完成指定行为即支付报酬,随即在当事人之间产生有效之债;相对人有无行为能力不影响债的效力,广告人应对任何完成指定行为人支付报酬。

　　2. 将悬赏广告认定为单独行为,有利于维护交易安全。依契约说,悬赏广告为广告人的要约,要约可以撤回或撤销。在相对人完成指定行为之前,合同仍未成立,广告人可按合同法规定撤回或撤销要约。相对人完全可能已为完成指定行为做好准备工作,广告人撤回或撤销要约将使合同不能成立,使得因信赖广告行事的相对人难以对广告人主张权利。而依单独行为说,悬赏广告为单方法律行为,广告人单方为己设定债务负担,相对人无论是否知晓悬赏广告的存在或内容,均不影响其主张权利。

　　3. 将悬赏广告认定为单独行为,有利于减少举证成本,方便诉讼。依契约说,相对人主张报酬请求权,须证明合同存在,特殊情况下,还须举证意思表示的真实性。相对人完成指定行为作为承诺,适用法律行为制度,须符合意思表示的生效要件。而在单独行为理论中,相对人完成指定行为只是作为一种事实行为,证明负担较轻。相对人只需证明完成了指定行为,即可主张债权。

　　我国现行法上原未规定悬赏广告。《合同法解释(二)》第 3 条规定:"悬赏人以公开方式声明对完成一定行为的人支付报酬,完成特定行为的人请求悬赏人支付报酬的,人民法院依法予以支持。但悬赏有合同法第五十二条规定情形的除外。"依该条之体例及含义,似将悬赏广告归为合同。但这或许也是在现阶段我国尚未制定民法典的大环境下的权宜之举。将来制定民法典时,悬赏广告之定性,或再有变化。

(三) 悬赏广告的分类

按悬赏广告的内容和形式,可以将悬赏广告分为普通悬赏广告、公务悬赏广告和优等悬赏广告三种。

1. 普通悬赏广告。此为平等主体之间的民事法律行为。普通悬赏广告可以由公民、法人或其他组织自行发布,例如个人寻人、寻物启事,企事业单位提供奖金,对完成某项特定任务而给予奖赏等。

2. 公务悬赏广告。此为国家行政机关或司法机关为更好地行使公共权力,依据法定条件和程序,向社会公众发出广告,并对完成指定行为的人给予奖励的一种法律行为。其他法人、组织、自然人无权自行发布此类广告。

公务悬赏广告又分为行政悬赏广告、刑事悬赏广告和执行悬赏广告三种。行政悬赏广告由国家行政机关依据法定条件和程序进行发布,如政府发出通告,对诸如"扫黄打非"活动提供重要线索的人员给予奖赏。刑事悬赏广告由公安、检察机关依据法定条件和程序进行发布,如公安、检察机关通过张贴协查通告,承诺对于为缉拿在逃犯罪嫌疑人、罪犯或其他侦查活动提供有效线索的有功人员,给予奖励。执行悬赏广告由人民法院依据法定条件和程序进行发布,如人民法院发出通告,对提供被执行人的去向及其财产状况线索的人员给予奖励。

3. 优等悬赏广告。这是指悬赏人以广告方式公开表示,对在一定时间内完成广告指定行为的数人中按照事先确定的标准评选为优等者给予报酬的广告。如:企业提供奖金征集企业名、商号、广告词、商标名与商标图案、技术难题解决方案,指出产品缺陷、服务不足之处,以及个人提供奖金征集姓名、笔名、艺名、签字字体,提供建筑装潢设计方案、贵重财物购买配置方案等。完成优等悬赏广告指定行为的人中的优胜者,有权获得悬赏金额。若完成悬赏行为的优胜者为数人,除非悬赏广告另有声明,各优胜者有共同取得受领悬赏金额的权利,广告人应当以均等比例分配悬赏金额于各优胜者。完成悬赏行为的优胜者的产生,依赖于判定人的判定。负责判定完成悬赏广告指定行为优劣的人,为判定人。广告人应当指定判定人,如果没有指定判定人,由广告人充任判定人,广告人得自行决定判定方法和程序,对完成指定行为的优劣作出判定。对完成悬赏广告指定行为的判定,应当有结果,不得作出无优胜者的判定,除非悬赏广告对于完成悬赏行为的判定已经声明优胜者的客观标准,而无人达到这个标准。否则将使广告人可以任意耍弄公众、沽名钓誉,危及相对人的信赖利益。判定人就完成悬赏广告指定行为的优劣所作出的判定结果,对广告人和行为人均有约束力,完成悬赏行为的人不得对之提出异议,但判定人违反悬赏广告中声明的判定程序所作出的判定结果的除外。

(四) 悬赏广告的要件

1. 须悬赏人适格。悬赏人可以是自然人、法人或其他组织。悬赏人应具有完全行为能力。无行为能力或限制行为能力人应经法定代理人同意方可作出悬赏广告。

2. 须以广告方式对不特定人作出意思表示。广告的方法原则上无限制,只要使不特定人知晓的一切方式均可,如报纸刊登、广告栏张贴、街头叫喊、在广播电视或互联网上发布消息等。

3. 须有赏格,即酬金。悬赏广告必须以"赏"为要件,否则即为普通广告,而非悬赏广告。悬赏人因广告行为而使自己受债务拘束。当行为人完成一定行为时,债务发生效力,悬赏人向行为人给予报酬。报酬的内容可以是确定的,也可以是不确定的,如"必有重赏""定重谢"等。至于报酬的种类、数额,由悬赏人自己决定,通常表现为一定的财物,但也可以是其他的利益,如提供度假旅游等。报酬不限于金钱,凡能为法律行为标的之任何利益均可。因此可以是称号、奖章、匾额等等,但标的物不应具有人身性质,如古代的"比武招亲""卖身葬父"等在现代不应归属于悬赏广告的范畴。

4. 广告中应提出特定要求,即实施或者完成特定行为。如发现或返还遗失物、走失的动物;告知或送回走失的亲人;举报坏人坏事及抓捕逃犯;医治疑难杂症;征集创作作品或动植物标本;解决特定的技术问题及求得发现或发明等。这也是悬赏广告区别于普通广告的重要特征之一。广告对于此等要求应当有明确的描述,其所描述的特定行为是可以实施或者完成的,否则将因标的不确定而不能成立债的关系。

(五) 悬赏广告的效力

悬赏广告一经发布即对广告人产生法律约束力,广告人不得随意撤销悬赏广告。行为人完成广告中所指定的行为时,享有报酬请求权,即使行为时不知有悬赏广告,也有权请求广告人给付悬赏金额。

当数人完成指定行为时,应分别情况,具体对待:

1. 数人分别先后完成指定行为,应以完成行为在先者享有报酬请求权。何者为最先完成悬赏行为的人,以广告人接受完成悬赏行为的通知的先后为准。先通知广告人完成悬赏行为的人,推定为最先完成悬赏行为的人。若最先通知的人实际并非最先完成悬赏行为的人,则其所受领的给付属于不当得利,应将其所受领的给付返还给最先完成悬赏行为的人。

2. 数人同时完成指定行为的,各有以平等的比例分享报酬的权利。数人同时完成悬赏行为,包括数人同时分别完成悬赏行为和数人同时共同完成悬赏行为。若悬赏的性质决定悬赏金额不可分而只能由一人受领(如悬赏标的物为不可分物)或者悬赏广告已经指明悬赏金额只能由一人受领的,各行为人应当以抽签方法确定一人为受领人。若悬赏广告对于数人完成悬赏行为的受领人另有声明的,则依照悬赏广告的声明确定受领人,广告人应当向依照声明确定的受领权人给付悬赏金额。

(六)悬赏广告的撤销

为照顾广告人的利益,悬赏广告得于广告中指定行为完成前以与悬赏广告相同的方式撤销。撤销悬赏广告应具备以下条件:第一,撤销悬赏广告须在行为人完成指定行为之前作出;第二,撤销悬赏广告须以与原广告相同的方式作出,不能以原方式撤销的,可以其他方法撤销,但撤销仅对知悉撤销者有效,知悉应由广告人举证;第三,须广告人未抛弃撤销权。悬赏广告中已有不得撤销广告的意思表示,或者广告人在悬赏广告中明定实施悬赏行为的期间的,广告人受其意思表示的约束,不得撤销悬赏广告。

悬赏广告的撤销有溯及力,其结果犹如自始未存在悬赏广告。行为人于广告人撤销悬赏广告之前已着手实行广告中指定的行为,并已支付了必要的费用的,由于悬赏广告被撤销,债权债务关系不成立,行为人没有报酬请求权,但行为人支出的必要费用系因信赖悬赏广告所受的损失,基于信赖利益保护的原则,广告人应补偿行为人所支出的合理费用。该合理费用不得超过悬赏广告中指明的悬赏金额。广告人能够证明行为人在支付费用之前已经知道悬赏广告被撤销的,无补偿义务,故此种情况下相对人系自愿承担风险,不存在信赖利益。

主要参考书目

中文书

梁慧星:《民法总论》,法律出版社2011年版。
梁慧星主编:《中国民法典草案建议稿附理由(侵权行为编·继承编)》,法律出版社2004年版。
崔建远主编:《合同法》,法律出版社2007年版。
崔建远、韩世远、于敏:《债法》,清华大学出版社2010年版。
韩世远:《合同法总论》,法律出版社2008年版。
王利明、崔建远:《合同法新论·总则》,中国政法大学出版社2000年版。
王利明:《债法总则研究》,中国人民大学出版社2015年版。
史尚宽:《债法总论》,中国政法大学出版社2000年版。
郑玉波:《民法债编总论》,中国政法大学出版社2004年版。
邱聪智:《新订民法债编通则(下)》,中国人民大学出版社2004年版。
奚晓明主编:《〈中华人民共和国侵权责任法〉条文理解与适用》,人民法院出版社2010年版。
王泽鉴:《侵权行为法》,北京大学出版社2009年版。
杨立新:《侵权责任法》,法律出版社2012年版。
陈华彬:《债法各论》,中国法制出版社2014年版。
张民安:《债权法》,中山大学出版社2013年版。
李适时主编:《中华人民共和国民法总则释义》,法律出版社2017年版。

韩文书

郭润直:《债法总则》,博英社1998年版。
郭润直:《债法各论》,博英社1997年版。
李好珽:《英国契约法》,经文社2003年版。
权五乘:《民法特讲》,弘文社1994年版。
梁彰洙:《民法入门》,博英社2001年版。

日文书

我妻荣:《新订债权总论》,岩波书店1964年版。
我妻荣:《债权各论(上卷)》,岩波书店1954年版。
北川善太郎:《债权总论》,有斐阁1996年版。
北川善太郎:《债权各论》,有斐阁1995年版。

英文书

Arthur L. Corbin, Corbin on Contracts (1951), West Publishing Co.
E. A. Farnsworth, Farnsworth on Contracts (1990), Boston: Little, Brown and Company.
P. S. Atiyah, An Introduction to the Law of Contract (1995), New York: Clarendon Press, Oxford.
Restatement (Second) of Contracts (1981).